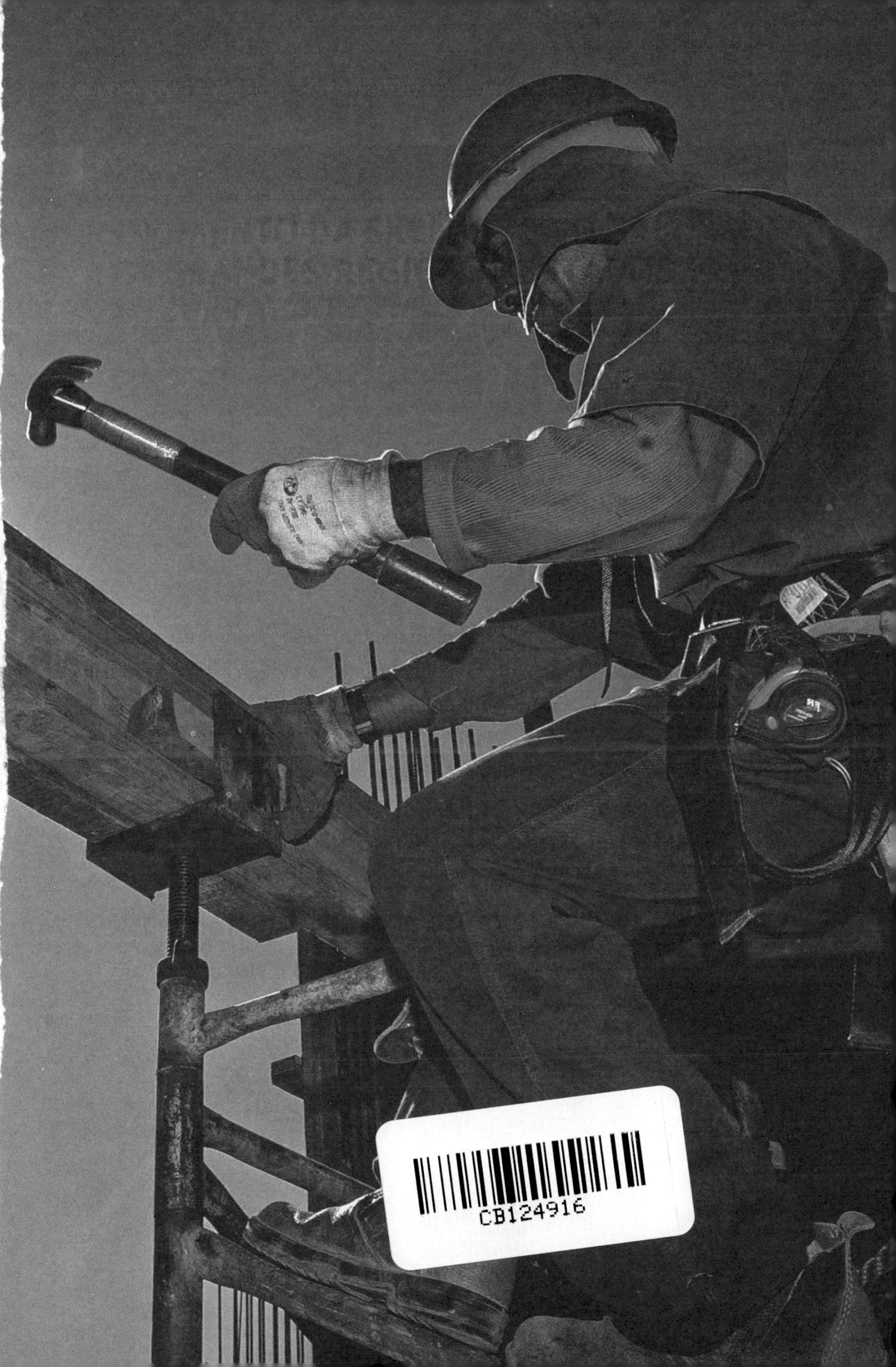

Dados Internacionais de Catalogação na Publicação (CIP)
(Câmara Brasileira do Livro, SP, Brasil)

Atlas da exclusão social no Brasil : dinâmica da exclusão social na primeira década do século XXI / Alexandre Guerra, Marcio Pochmann, Ronnie Aldrin Silva, organizadores. — São Paulo : Cortez, 2015.

Vários autores.
ISBN 978-85-249-2309-8

1. Classes sociais 2. Marginalidade social 3. Pobreza 4. Política social I. Guerra, Alexandre. II. Pochmann, Marcio. III. Silva, Ronnie Aldrin.

14-11483 CDD-305.568

Índices para catálogo sistemático:

1. Exclusão social : Classes sociais : Sociologia 305.568

ATLAS DA EXCLUSÃO SOCIAL NO BRASIL

Volume 2

Dinâmica da exclusão social na primeira década do século XXI

Alexandre Guerra
Marcio Pochmann
Ronnie Aldrin Silva
Organizadores

André G. Campos
Daniel Castro
Marcos Paulo Oliveira
Ricardo L. C. Amorim
Rodrigo Coelho
Autores

CORTEZ EDITORA

Dinâmica da exclusão social na primeira década do século XXI
Alexandre Guerra, Marcio Pochmann, Ronnie Aldrin Silva (Orgs.)

Capa: Aeroestúdio
Foto de capa: Ubirajara Machado/Olhar Imagem
Preparação de originais: Ana Paula Luccisano
Revisão: Marcia Nunes
Composição: Aeroestúdio
Coordenação editorial: Danilo A. Q. Morales

Direitos para esta edição
CORTEZ EDITORA
R. Monte Alegre, 1074 – Perdizes
05014-001 – São Paulo – SP
tel. (11) 3864 0111 Fax: (11) 3864 4290
e-mail: cortez@cortezeditora.com.br
www.cortezeditora.com.br

Impresso no Brasil – fevereiro de 2015

O que faz muitas pessoas aparentemente considerarem tanto impossível quanto indesejável que os seres humanos possam, por si mesmos livrarem-se dos perigos que constituem para os outros e para si do mesmo modo que aprenderam a eliminar, ou pelo menos a conter, muitos dos perigos com os quais a natureza não humana os ameaçava nos tempos passados?

Norbert Elias (1897-1990)

SUMÁRIO

APRESENTAÇÃO E INTRODUÇÃO METODOLÓGICA

Na contramão da visão homologadora da pós-modernidade que acompanha o movimento maior da globalização desde o final do século XX, assiste-se à pressão das margens sobre o leito da diversidade e multiplicidade se estreitar, produzindo enorme polarização desigualizadora inter e intrapaíses. As formas de propriedade e o uso de espaços pela produção e reprodução capitalista refletem cada vez mais assimétricos os estágios de convivência, da distribuição de renda, riqueza, poder e oportunidades.

A existência de uma hierarquia no desenvolvimento capitalista segue impondo à proliferação da desigualdade uma expressão crescentemente reclamada politicamente e inaceitável socioeconomicamente. É nesta perspectiva que a presente produção teórico-coletiva engaja-se na árdua tarefa de buscar refletir a manifestação contemporânea da exclusão social como oposição à condição de cidadania almejada em todas as sociedades, sobretudo no Brasil.

A base de todo o esforço de análise assentada por referência empírica considerada e sistematizada concentra-se no desempenho brasileiro durante a primeira década do século XXI. Isso porque, após acompanhamento da trajetória anterior de evolução temporal da exclusão social brasileira, constatam-se elementos de ordem empírica que apontam para uma inflexão recente.

Recorda-se que o projeto Atlas da Exclusão Social surgiu como uma proposta metodológica inovadora, voltada à classificação de forma multidimensional da manifestação territorial do grau de exclusão nos municípios brasileiros. Imediatamente passou a ser adotado como instrumental de diagnóstico, formulação e avaliação dos efeitos das iniciativas de caráter público ou de interesse público, conforme atentam diferentes atores e estudos destinados à melhoria das condições socioeconômicas da população brasileira.

A partir da união de um grupo de pesquisadores pertencentes a formações acadêmicas e de universidades distintas, a primeira publicação do Atlas da Exclusão Social no Brasil ocorreu em 2002, e, posteriormente, tornaram-se públicos mais quatro volumes que abordaram a caracterização dos territórios brasileiros por meio de informações censitárias de 1960, 1980 e 2000.

Em 2012, o mesmo conjunto de pesquisadores se uniu novamente e, após a dedicação coletiva em mais dois anos, conseguiu gerar nova coletânea de análise da exclusão social no Brasil na primeira década do século XXI. O primeiro volume, publicado em 2014, oferece uma espécie de "fotografia" da exclusão social nas cidades brasileiras por meio de informações censitárias do ano de 2010.

Este segundo volume projeta uma espécie de "filme" referente ao período 2000-2010. Assim, aponta as principais mudanças sociais verificadas no conjunto do país, em suas unidades federativas e nos municípios.

A presente publicação visa aprimorar e atualizar os estudos realizados anteriormente pela equipe de pesquisadores envolvidos no projeto. Para tal, utilizaram-se os dados dos Censos Demográficos 2000 e 2010 (ambos disponibilizados pelo Instituto Brasileiro de Geografia e Estatística – IBGE) e do Sistema de Informações de Mortalidade (SIM) para 2000 e 2010 (informações disponibilizadas pelo Ministério da Saúde).

Com base na sistematização das informações censitárias do IBGE e do Ministério da Saúde, tornou-se possível constituir o Índice de Exclusão

Social, capaz de possibilitar a síntese dos principais elementos de manifestação da exclusão social provenientes de indicadores referentes a três dimensões de análise: Vida Digna, Conhecimento e Vulnerabilidade Juvenil – ver Quadro 1.

A dimensão Vida Digna buscou mensurar o bem-estar material da população e contou com um Indicador de Pobreza (proporção de domicílios com renda igual ou menor a ½ salário-mínimo), Indicador de Emprego (proporção de trabalhadores formais na população economicamente ativa) e Indicador de Desigualdade (índice Gini da renda domiciliar *per capita*).

A dimensão Conhecimento mesurou o acúmulo simbólico e cultural da população brasileira e incorporou um Indicador de Alfabetização (proporção de pessoas com mais de 5 anos de idade que sabem ler e escrever) e Indicador de Escolaridade (proporção de pessoas com 17 anos ou mais que concluíram o ensino médio).

Por fim, a dimensão Vulnerabilidade, voltada para a avaliação da exposição da população jovem e para as situações caracterizadas pela violência, incluiu um Indicador de Juventude (proporção da população com até 19 anos de idade) e um Indicador de Violência (taxa de homicídios para cada 100 mil habitantes).

Quadro 1. Composição dos indicadores do Índice de Exclusão Social

Indicador	Descrição	Fonte
Indicador de Pobreza	Proporção de domicílios com renda igual ou menor que ½ salário-mínimo*	IBGE. Censos demográficos, 2000 e 2010.
Indicador de Emprego	Proporção de trabalhadores com carteira de trabalho assinada e funcionários públicos estatutários na população economicamente ativa	IBGE. Censos demográficos, 2000 e 2010.
Indicador de Desigualdade	Índice de Gini da renda domiciliar *per capita* da população residente	IBGE. Censos demográficos, 2000 e 2010.

Indicador	Descrição	Fonte
Indicador de Alfabetização	Taxa de alfabetização das pessoas com 5 anos ou mais de idade	IBGE. Censos demográficos, 2000 e 2010.
Indicador de Escolaridade	Proporção de pessoas com 17 anos ou mais que concluíram o ensino médio	IBGE. Censos demográficos, 2000 e 2010.
Indicador de Concentração Juvenil	Proporção da população com até 19 anos de idade	IBGE. Censos demográficos, 2000 e 2010.
Indicador de Violência	Taxa de homicídios por 100 mil habitantes	Ministério da Saúde. Sistema de Informações de Mortalidade, 2000 e 2010.

*Nota: Para efeito de comparação temporal do indicador de pobreza se considerou para 2010 o ½ salario-mínimo vigente, equivalente a R$ 255,00. Para o ano 2000, o valor de R$ 255,00 foi deflacionado a preços de julho/2000 pelo Índice Nacional de Preços ao Consumidor (INPC)

Fonte: Elaboração própria.

A padronização dos sete indicadores dessas três dimensões em índices foi feita pela técnica idealizada por Amartya Sen e aplicada no cálculo do Índice de Desenvolvimento Humano (IDH) do Programa das Nações Unidas para o Desenvolvimento (PNUD),[1] que transforma os indicadores em variáveis contínuas com variação entre zero e um. Assim, optou-se em aplicar para todas as variáveis investigadas a seguinte fórmula:

$$Xi,p = (Xi - MIN(Xi) / (MAX(Xi) - MIN(Xi))$$

onde:

p: identifica qual indicador está em estudo

i: identifica a unidade de análise (municípios)

X: valor do indicador utilizado no cálculo

MIN(X): valor mínimo encontrado na distribuição do indicador

MAX(X): valor máximo encontrado na distribuição do indicador

[1] Ver *Atlas do Desenvolvimento Humano no Brasil*. PNUD, 2014.

Tal processo permitiu a apuração do Índice de Exclusão Social para os mais de 5,5 mil municípios brasileiros. Finalmente, para interpretar o resultado de cada município, basta ter em mente duas coisas:

1. O índice varia de zero a um;
2. As piores condições de vida equivalem a valores próximos de zero, enquanto as melhores situações sociais estão próximas de um.

Para a construção do Índice Sintético de Exclusão Social foram considerados pesos diferentes para cada índice investigado. Desse modo, os índices de pobreza, emprego, desigualdade e juventude tiveram peso de 17%. Os índices de escolaridade e alfabetização tiveram peso de 11,3% e 5,7%, respectivamente, enquanto o índice de violência teve peso correspondente a 15%.

Torna-se relevante informar aos leitores algumas mudanças metodológicas ocorridas na exposição dos dados em relação às publicações anteriores. Neste livro, o indicador sintético da exclusão social foi apresentado por meio de número índice, como de costume, no entanto, todas as demais variáveis (emprego, pobreza, desigualdade, analfabetismo, escolaridade, juventude e violência) foram apresentadas em formato de indicadores não padronizados em índices.

O motivo da opção por este formato de apresentação se deve ao fato de as padronizações serem baseadas na relação entre o valor mínimo e máximo de cada indicador, que o torna bastante apropriado para comparações territoriais. No caso de comparações temporais, vale chamar a atenção sobre mudanças de patamares muito extremas que são captadas com menor intensidade pelo método de padronização em índices. Nos testes realizados pela equipe do Atlas, para apresentar uma visão mais fiel da realidade da condição social do país, o formato de exposição a partir dos indicadores se mostrou mais adequado (Quadro 2).

Quadro 2. Peso atribuído às variáveis que compõem o índice de exclusão Social

Índice	Peso
Índice Pobreza	17,0%
Índice Emprego	17,0%
Índice Desigualdade	17,0%
Índice Alfabetização	5,7%
Índice Escolaridade	11,3%
Índice Juventude	17,0%
Índice Violência	15,0%

Fonte: Elaboração própria.

Por fim, utilizam-se também técnicas de geoprocessamento para produzir os mapas temáticos. Os intervalos dos mapas expostos a seguir foram definidos pelo método algoritmo de Jenks (Natural Break).[2] Para comparação temporal dos indicadores e índices da publicação, mantiveram-se os mesmos intervalos para os anos de 2000 e 2010.

Uma vez identificado o manejo metodológico, o conjunto das análises que se seguem buscará verificar a racionalidade em torno do tema da exclusão social no Brasil. Nos cinco capítulos a seguir, encontra-se referência à dinâmica pela qual a exclusão social se manifestou no território nacional ao longo da primeira década do século XXI. A partir da síntese dos desafios que se colocam frente ao fenômeno atual da exclusão social, chega-se às análises tanto de sua evolução descrita por índices e mapas como de seus resultados atestadores de um balanço nada singular do caminho das políticas públicas adotadas no país.

Uma boa leitura a todos é o que desejam sinceramente os autores.

---

[2] O método do algoritmo de Jenks busca maximizar a variância interclasses utilizando uma base matemática para determinar o valor de seus intervalos. Para o cálculo dos valores dos intervalos é feito um cálculo da soma dos Desvios Absolutos sobre a Mediana da Classe, para o estabelecimento das quebras naturais da série de dados, ou seja, quanto menor for o resultado dos desvios, mais acurada será a divisão das classes. Nesse método de classificação os dados com menor variação são agrupados, estabelecendo de maneira estatística os padrões espaciais dos dados utilizados.

Capítulo 1

DESAFIOS DO ENFRENTAMENTO DA EXCLUSÃO SOCIAL NO INÍCIO DO NOVO SÉCULO

Após registrarem uma das trajetórias mais exitosas do capitalismo mundial durante o século XX em termos de enfrentamento da exclusão social, os países ricos ingressaram numa fase de regressão socioeconômica das mais graves de sua história. O que ocorre desde o final do século XX pode ser comparado – guardada a devida proporção – aos momentos anteriores de interregno dos anos 1920.

A piora nos indicadores nacionais indica que uma das saídas da crise de 2008 mais constantemente utilizada tem sido o descolamento do crescimento econômico dos avanços sociais. O bloqueio ao longo ciclo exitoso do capitalismo, que permitiu combinar crescimento das forças produtivas desde o segundo pós-guerra mundial, aponta a capitulação ao receituário neoliberal proveniente do Consenso de Washington.

A reversão deste movimento alvissareiro por mais de três décadas fez reposicionar o tema da exclusão social em novas bases. Por conta disso, a primeira parte busca retratar a temática da cidadania e da exclusão social.

Na sequência, trata-se das complexidades do mundo atual e sua relação com a exclusão social a ser enfrentada neste início do século XXI. Ao mesmo tempo, verifica-se o reposicionamento brasileiro no período recente, que aponta para trajetória distinta da verificada em relação aos países que até então eram considerados referência em termos do enfrentamento da exclusão social.

1.1. CIDADANIA E EXCLUSÃO SOCIAL

A condição de cidadania que se estabeleceu com a emergência da nova sociedade urbana – em substituição ao velho agrarismo – foi embalada pelo progresso econômico da primeira Revolução Industrial e Tecnológica, desde a Inglaterra da segunda metade do século XVIII. Em conformidade com um conjunto de práticas inovadoras construídas no campo jurídico, político, econômico e cultural, a condição de cidadania se expressou cada vez mais como definição do indivíduo no interior da sociedade.

Concomitantemente aos avanços materiais, efetivados pela crescente mecanização da produção e divisão social do trabalho, aumentou a assimetria do poder econômico no conjunto da sociedade. Frente a isso, as lutas sociais e as mobilizações políticas, em torno das utopias e estratégias igualitárias pelos direitos, assumiram elevada importância na afirmação da condição de cidadania.

Por se estabelecer como oposição à cidadania, a manifestação da exclusão social passou a impossibilitar a noção de sociedade como referência homogênea, coerente e organizada de uma população. Ao longo do tempo, a exclusão social se apresenta como um fenômeno com características próprias (Turner, 1993; Habermas, 1999).

Até na sociedade agrária, por exemplo, os laços de solidariedade definidos pela família estavam associados à comunidade local, sem a presença do Estado. Assim, uma condição de cidadania pré-moderna poderia ser identificada à sociedade da época (Offe, 1991).

O disparate aberto entre fortes e fracos, ricos e pobres, patrões e trabalhadores, ou seja, incluídos e excluídos, somente tendeu a crescer mais na emergente sociedade urbana e industrial. A força da organização capitalista, consolidada pelo poder vigente dos Impérios, não favorecia a contenção do curso da exclusão – apesar do estranhamento social gerado, com conflitos, greves e revoltas amordaçadas pelo autoritarismo dos governos ancorados no liberalismo, decorrente das democracias censitárias predominantes até o início do século XX.

Mesmo assim, a luta social terminou sendo parteira dos direitos civis, que reconheceram formalmente a igualdade entre os homens perante a lei, conforme o pleito inovador das revoluções burguesas na Inglaterra (1688), Estados Unidos (1776) e França (1789). Para além da declaração dos diretos dos homens, que consagrou os direitos civis, ganhou também importância a batalha em torno dos direitos políticos, que atribuiu um voto a cada um dos indivíduos.

Como o liberalismo continha o vírus da limitação do Estado, conciso em funções mínimas (exercício dos monopólios da violência, da emissão de moeda e da arrecadação), a garantia de direitos dos cidadãos era possível, sempre que não implicasse a não intervenção estatal (Hobbes, 1983; Locke, 1983). O que se estabeleceu, então, foi o conjunto de direitos da liberdade individual à vida, à propriedade, à segurança como garantia de cidadania a ser exercido por limitado e contido papel do Estado.

Ao final do século XIX, a tradição liberal de fundamentação da cidadania encontrou seus limites diante da nova rodada de profundas transformações do capitalismo. De um lado, a Depressão entre os anos de 1873 a 1896 transcorreu paralelamente ao desenvolvimento de uma segunda Revolução Industrial e Tecnológica ancorada em novos materiais e produtos, como energia elétrica, motor a combustão química, entre outros verdadeiros complexos industriais.

Com isso, o antigo regime capitalista de concorrência perfeita foi sucedido por estrutura de mercados com imperfeição competitiva expressa por grandes empresas oligopolistas nos ramos petrolíferos, automobilísticos, químicos, entre outros. Assim, o preço final dos produtos que anteriormente dependia da "lei" da oferta e procura deslocou-se cada vez mais para o estabelecimento da margem de lucro sobre o custo final da produção frente ao grau de monopólio exercido pela grande empresa.

De outro lado, o espraiamento do segundo ciclo da industrialização para mais países terminou por acirrar a competição capitalista sem regulação, redundando em duas grandes guerras mundiais capazes de definir, entre Alemanha e Estados Unidos, a nação que viria a substituir a função anterior do centro dinâmico mundial exercida pela Inglaterra (Hobsbawm, 1982). Ao mesmo tempo, a era dos impérios finalizava com a expansão dos Estados nacionais, que passaram de cerca de cinquenta em 1945 para mais de duzentos no ano 2000.

Neste contexto, que envolveu a segunda Depressão capitalista em 1929 e as duas grandes guerras mundiais, bem como a guerra fria entre os Estados Unidos e a União das Repúblicas Socialistas Soviéticas, diversos países capitalistas passaram a ampliar a condição da cidadania de base liberal. Com as experiências de governos democráticos, o Estado mínimo foi transformado no Estado de bem estar-social, incorporando parcialmente algumas das antigas reivindicações operárias de igualdade (Marx e Engels, 1991; Marshall, 1967).

Assim, a reconfiguração da condição de cidadania, nos marcos do espaço territorial a partir do Estado-Nação, permitiu perseguir a lógica de homogeneização dos direitos civis, políticos e sociais em âmbito do espaço nacional. Ainda que não enfrentasse as desigualdades materiais como contradições estruturais do sistema de classe sociais prevalecentes no capitalismo, observou-se inegável redução no grau da exclusão social vigente até então.

Resumidamente, a marcha da modernidade permaneceu sólida como possibilidade de consolidar a cidadania no interior das fronteiras do espaço nacional, desde a passagem para a sociedade urbana e industrial, manejada inicialmente pelo Estado mínimo e, posteriormente, ampliada pelo Estado de bem-estar social (Weber, 1991; Karsz, 2004).

Mas a partir da década de 1970, com uma nova onda de transformações capitalistas, a condição de cidadania passou a ser posta em xeque frente ao impulso da modernidade cada vez mais líquida (Bauman, 2004). A frequência das crises no centro do capitalismo mundial, em meio às oscilações produtivas e organizacionais do trabalho, promovidas por conta de uma terceira revolução Industrial e Tecnológica (microeletrônica, tecnologias de comunicação e informação, entre outros), favoreceu o avanço da flexibilização neoliberal das regulações públicas que haviam sido estabelecidas desde o segundo pós-guerra mundial.

O resultado final tem sido o avanço da exclusão social, uma vez que a relação entre o Estado-Nação e as forças privadas que conduzem o processo de globalização se tornou ainda mais desequilibrada ao escrutínio público. Por força disso, os atores da globalização, representados pelas altas finanças e corporações transnacionais, seguem cada vez mais à margem da regulação pública, distanciando-se dos direitos de cidadania (Cordera et al., 2008; Harvey, 2003).

Para um subconjunto de cerca de 500 corporações transnacionais, que respondem por cerca da metade da produção e menos de 2% do total da ocupação global, a operacionalização das cadeias globais de valor impõe um novo padrão de modernidade líquida, que se adapta aos novos centros de decisões fora dos espaços nacionais. Enquanto o Estado de bem estar-social se apequenava, agigantava-se o poder privado de expressão global, no estabelecimento de onde e como produzir e distribuir a produção e os fluxos de riqueza.

O esvaziamento dos centros nacionais de poder em prol do poder privado global expresso por corporações transnacionais coloca em marcha uma nova fase da exclusão social. A modernidade sólida, que universalizava a condição de cidadania como enfrentamento do Estado à exclusão, deu lugar à modernidade líquida, que se configura diante do esvaziamento do espaço público e do poder de garantia da cidadania pelo Estado nacional.

O avanço da dinâmica espontânea das forças do mercado e os paliativos sociais protagonizados pelo Estado reformado pelo neoliberalismo propagaram pobreza e desigualdade em meio à concentração de riqueza em grande escala global. A contenção dos espaços públicos torna os indivíduos desprotegidos da condição de cidadania, acompanhado pelo desgaste dos laços sociais, o que coloca a exclusão em novas bases.

Os excluídos que se situam à margem da condição de cidadania se generalizam pela precariedade, que provoca a desfiliação da condição de cidadania (Castel, 1998; Bourdieu, 1998; Standing, 2013). Ao mesmo tempo, a contida capacidade de o Estado fazer face ao poder das grandes corporações transnacionais tende a fortalecer as atuações pontuais e focalizadas na dimensão social, contemporâneas da própria precarização.

1.2. EXCLUSÃO SOCIAL NO NOVO MUNDO DAS COMPLEXIDADES

O avanço do neoliberalismo debilitou o poder do Estado, concomitantemente ao fortalecimento de centros do poder privado cada vez mais distantes da esfera pública. O alargamento do poder privado domina as razões pelas quais a exclusão social se apresenta cada vez mais em oposição à condição de cidadania moderna.

A complexidade no enfrentamento do processo de exclusão apresenta-se não apenas no apequenamento imposto ao papel do Estado, mas também na pluralidade de manifestações da própria exclusão social, que se expressa em pelo menos três dimensões conceituais distintas, a saber.

A primeira dimensão explicita-se pela noção da desfiliação da condição de cidadania em decorrência da contenção das esferas públicas. Isso porque a concepção do público se constituiu como espaço comum e de agrupamento construído pelo discurso e ação coletiva medianizado por instituições.

Nesse sentido, a esfera pública se diferencia do lugar privado. Ao se assentar na pluralidade, prevalece a busca de propósitos e interesses comuns contendo vínculos de associação e compromissos mútuos.

Com o debilitamento mais recente dos vínculos sociais, com o avanço do poder privado protagonizado pelo neoliberalismo, o individualismo e a intimidade pessoal ganharam maior proeminência (Arendt, 2000; Sennet, 1999). Assim, o Estado perde referência comum, sendo as políticas públicas tradicionalmente focadas e pontuais, o que limita a geração de maior integração social e faz crescer as relações de clientelas e avanços dos interesses patrimonialistas e curtoprazistas (Subirós, 1998; Rabonikof, 2005).

Uma segunda dimensão conceitual refere-se à perda da identidade do capital social que consagrava, até então, o plano da integração social em oposição à exclusão social. A segurança incorporada pelo Estado e instituições públicas continha e favorecia as relações sociais fundadas em formas de confiança e atitudes de reciprocidade e cooperação no conjunto da sociedade.

Dessa forma, a produção de bens públicos e facilidades constitutivas de relações de confiança e reciprocidade garantiam trajetórias sociais de identidade coletiva e cooperação grupal. As apostas recentes à promoção do individual empobrecem o capital social, comprometendo o grau de coesão social no mesmo ritmo de valorização da competição promotora de uma espécie de *neodarwinismo* social (Coleman, 1990; Rancière, 1997).

Por fim, a terceira dimensão conceitual da exclusão social associa-se à noção de sociedade individualizada, capaz de colocar no plano inferior a perspectiva da diversidade societal. Desaparece, assim, o conjunto da sociedade consagrada por um todo em busca da coerência e organização dos valores da solidariedade universal para o horizonte de condução da vida individual mobilizada pelos problemas e medos.

Nesse sentido, ergue-se de importância o sentido de culpa maior frente às falhas e desconfortos presentes nas trajetórias individuais. A apatia política e organizativa em torno da coletividade dá lugar à colonização dos espaços públicos (Bauman, 2009; Giddens e Hurtton, 2001).

As três dimensões, que buscam apenas sintetizar a manifestação atual da exclusão, parecem expressar aspectos importantes do movimento de redução do papel do Estado, pelo agigantamento desde o final do século XX do poder privado. Este, por sua vez, mostra-se cada vez mais organizado a partir dos centros de poder supranacional, que, aliado a convergências intranacionais, busca minar o enfrentamento, em novas bases do processo contínuo da exclusão social gerado no interior do capitalismo.

Sem atores internacionais com capacidade de fazer frente à globalização neoliberal, salvo as contradições exaradas pela crise de proporções internacionais, especialmente aquela experimentada desde 2008, recoloca aos poderes locais movimentos de frenagem e resistência. Seus resultados positivos se contrapõem, em parte, à perspectiva generalizada da exclusão social, que inunda inclusive as antigas ilhas de prosperidade registrada nos países ricos (Ilo, 2014: Piketty, 2014).

A exclusão social contemporânea requereu sempre considerar o diagnóstico de suas formas de apresentação, pois, mesmo frente a sua complexidade atual, há condições de avanços, não de retrocessos. Exemplos disso podem ser observados em alguns poucos países, conforme se orienta, a seguir, a recuperação da resposta recente do Brasil.

1.3. RESPOSTA BRASILEIRA À EXCLUSÃO SOCIAL NA PRIMEIRA DÉCADA DO NOVO SÉCULO

As bases da resposta brasileira à exclusão social atual remetem à Constituição Federal de 1988, que estabeleceu os grandes complexos do Estado de bem-estar social no Brasil. A difusão do receituário neoliberal ao longo da década de 1990 paralisou parte significativa da estratégia de desenvolvimento social, com contingenciamento de recursos e crescente focalização de políticas e desvios na tendência universalista.

Mas, de maneira geral, assistiu-se ao avanço importante do gasto social absoluto e relativo ao Produto Interno Bruto (PIB), especialmente no âmbito da seguridade social (saúde, previdência e assistência social). Atualmente, por exemplo, o gasto social agregado nacionalmente no país se aproxima ao equivalente a 23% do PIB, o que significa quase 10 pontos percentuais a mais do verificado em 1985 (13,5%). Ou seja, de cada quatro reais gastos no país, um vincula-se diretamente ao enfrentamento da questão social brasileira. Se for contabilizado também o seu efeito multiplicador (elasticidade de 0,8), pode-se estimar que quase a metade de toda a produção de riqueza nacional se encontra relacionada direta e indiretamente à dinâmica de uma economia social.

O impacto disso tornou-se observável por meio de uma inegável inflexão nos indicadores sociais, especialmente a partir da primeira década do século XXI. Isso pode ser constatado, por exemplo, na evolução tanto na desigualdade na repartição da renda como na pobreza.

Assim, o enfrentamento da exclusão social passou a ser compreendido como parte integrante do esforço maior voltado à superação do subdesenvolvimento brasileiro. Isso porque ele não poderia transcorrer de forma natural e espontânea pelas livres forças do mercado, conforme fundamentação neoliberal dos anos 1990.

Para isso, a primeira década do século XXI foi acompanhada do abandono da perspectiva neoliberal. Esta se assentava no preceito de que bastaria alcançar a estabilidade monetária para que, aliada à marcha da abertura produtiva, comercial, tecnológica, bancária e trabalhista, ocorressem automaticamente a expansão econômica e consequentemente os avanços sociais.

Se durante o regime militar prevaleceu a meta do crescimento do bolo da economia, para somente depois reparti-lo, o que redundou na exclusão mais primitiva, no neoliberalismo da década de 1990, o foco da estabilidade monetária como um fim em si mesma gerou uma exclusão mais sofisticada. Nos anos 2000 assistiu-se à recuperação do papel do Estado, o que permitiu retornar à luta pela superação do subdesenvolvimento.

Concomitante com a maior expansão econômica, houve redistribuição da renda, sobretudo na base da pirâmide social, bem como a elevação da participação do rendimento do trabalho na renda nacional. Ademais, a ênfase nas políticas sociais implicou romper com a perspectiva anterior de manter baixo o patamar do salário-mínimo, que partia do pressuposto da maior geração da informalidade e desemprego no mercado de trabalho, assim como a quebra da Previdência Social e a desorganização das finanças públicas.

A elevação em termos reais do salário-mínimo se deu em conjunto com a queda do desemprego e da informalidade da mão de obra ocupada. Em grande medida, a dinâmica da economia nacional passou a estar associada ao comportamento do gasto social, possibilitando o fortalecimento do setor privado na produção de bens e serviços adequados à crescente demanda que decorre do processo de inclusão de enormes segmentos tradicionalmente excluídos.

Assim, o gasto social, ao mesmo tempo que representa uma ferramenta fundamental na promoção da coesão da sociedade brasileira, torna-se cada vez mais o multiplicador da incorporação pelo mercado de consumo. Distribuir para ampliar os horizontes da economia, bem como fazer crescer mais rapidamente a renda para redistribuí-la menos desigualmente, configuram a singular experiência de liderança mundial, sobretudo após a crise internacional de 2008, que tem no Brasil, Índia e China os propulsores do novo desenvolvimentismo internacional.

Tudo isso indica o quanto a inflexão brasileira a partir da primeira década do século XXI resulta da adoção de uma estratégia de mudanças sociais substanciais. Mesmo assim, o país tem muito ainda o que avançar do ponto de vista do combate à exclusão social, seja pela herança acumulada, seja pelas novas formas de desigualdades produzidas no interior do capitalismo contemporâneo.

Capítulo 2

DINÂMICA NACIONAL DA EXCLUSÃO SOCIAL

O Brasil, nos primeiros anos do século XX, mostrava um grau tão elevado de exclusão social em seu território que, em debates da época, alguns autores questionaram se o país havia ultrapassado os limites da vida civilizada. Esta preocupação surgiu comprovada em números e mapas publicados na primeira edição do *Atlas da exclusão social no Brasil*, editado em 2003.

Hoje, em 2014, passados mais de dez anos desde a publicação daquela primeira pesquisa, a aplicação da mesma metodologia utilizada em 2003 sobre os números do Censo 2010 revelou um país diferente do observado naqueles anos iniciais do novo século.

Este capítulo analisa exatamente essas diferenças vividas pelo país: o que mudou na realidade de exclusão social no Brasil na última década? Para tanto, a próxima seção observa que o tema envolve grande complexidade, e isso ficará evidente ao longo do capítulo. A seção seguinte discute, por meio de mapas detalhados, as mudanças vividas pelo país em suas diferentes regiões. Na terceira seção, as manchas de extrema exclusão social no país serão explicitadas e observadas de acordo com seus movimentos mais recentes. Por fim, à guisa de conclusão, alguns comentários serão apresentados acerca dos problemas da desigualdade regional e sua relação com a redução da exclusão social no Brasil.

2.1. A EXCLUSÃO SOCIAL REQUER UMA ABORDAGEM COMPLEXA

Os problemas causados por séculos de exclusão social não podem ser menosprezados em suas consequências sobre a dinâmica política, econômica e cultural de toda a população. A manutenção de grande parte dos brasileiros em estado de pobreza e exploração do trabalho criou um país que, na interpretação de alguns, parecia ser apenas inteligível por meio de dualidades (Telles, 2001). Mais do que isso: tornou tão complexa a análise do conjunto social que era comum os economistas brasileiros tratarem de forma relativamente estanque temas como crescimento, macroeconomia e dívida social. Questões como inflação, PIB e investimento circulavam nas discussões sem preocupações que os conectassem aos outros problemas estruturais da sociedade brasileira.

A exclusão social, no entanto, flagrada em mapas e dados na edição de 2003 do *Atlas da exclusão social no Brasil*, não permitia ignorar a necessidade de estudos que interpretassem, conjuntamente, as relações estabelecidas entre o capital e o trabalho, os donos de terra e os despossuídos, as empresas multinacionais e o empresário nacional, a dinâmica e a troca entre as diferentes regiões do Brasil. Se a tarefa se mostrava complexa era simplesmente porque a realidade era e continua complexa, não existindo movimentos unidirecionais de causa e efeito, mas, múltiplas pressões não convergentes em qualquer fenômeno.

O movimento recente da exclusão social no país carrega esta indelével marca da complexidade da vida econômica e social. À época, a pobreza e suas mazelas pareciam fatos tão enraizados na sociedade brasileira, que sua superação parecia exigir transformações profundas na estrutura econômica nacional e na composição das forças políticas do país. No entanto, surpreendentemente, como os números e mapas a seguir confirmam, a exclusão social no Brasil sofreu importante redução na última década e, mesmo assim, pouca transformação em termos de poder e propriedade se observou na sociedade nacional.

Há diversas explicações para esse fenômeno. Já é claro, todavia, que a interpretação linear que afirmava serem necessárias transformações profundas na dinâmica social para superar ou amenizar o terrível quadro social brasileiro do início do século não estava correta. No Brasil, foi possível realizar políticas públicas, em nível federal, que redistribuíram volumes significativos de renda. Ao mesmo tempo, programas de estímulo à demanda e a retomada dos investimentos públicos lançaram o país em um período de crescimento que, ao criar postos de trabalho, muitos deles formais, reduziu para níveis recordes a taxa de desemprego no país.

Ou seja, sem enfrentar questões como propriedade ou poder, baseando-se apenas em programas de redistribuição de renda para as faixas mais pobres da população e estimulando o crescimento econômico, o Brasil alcançou reconhecimento internacional em termos de redução da pobreza e o governo federal logrou altos índices de legitimidade entre os eleitores.

Essa nova realidade aparece nos índices e mapas construídos e trabalhados neste capítulo e ao longo deste livro. Como se verá, houve melhoras importantes, e o grau de exclusão social no Brasil foi reduzido nos últimos dez anos. Os indicadores de escolaridade, o Índice de Gini e outros números disponíveis mostram, hoje, resultados melhores do que em todo século XX. Enfim, o conjunto da análise permite afirmar que o grau de exclusão social vivido no Brasil diminuiu, e este movimento é claro na última década.

O movimento, contudo, não foi transformador. A dinâmica social brasileira, sem um Estado de bem-estar social forte, permaneceu diretamente subjugada à lógica da acumulação de capital e, assim, como é natural em qualquer sociedade capitalista, tendente à concentração de renda, poder e cultura. Em outras palavras, apesar dos avanços, o Brasil não se moveu de forma significativa na direção da superação dos nós que o atam à exclusão social e aos privilégios de uns poucos.

A realidade que veremos a seguir mostra que o país avançou. Chama a atenção, porém, que mais terá de ser feito para consolidar e avançar na direção de um país socialmente justo e que gere oportunidades capazes de serem aproveitadas por qualquer cidadão, qualquer um.

2.2. ANÁLISE COMPARATIVA: O BRASIL DE 2000 E O BRASIL DE 2010

A análise dos mapas em que se desenham por cores a intensidade da problemática social mostra fundamentalmente dois fenômenos:

1. a realidade social brasileira melhorou e o país diminuiu o grau de exclusão social vivido pela população;

2. apesar dos avanços importantes, a desigualdade regional continua marcante e problematiza avanços futuros.

Um exemplo da justaposição dessas duas realidades surge quando se compara o indicador de pobreza coletado a partir do Censo 2000 do IBGE e o mesmo indicador preparado com base no Censo 2010. Para estimar a pobreza, mediu-se a *proporção de domicílios com rendimento per capita mensal de até meio salário mínimo* em cada município brasileiro. Ali, ficou claro, a partir dos mapas, a redução significativa da pobreza em quase todo o território nacional.

Em 2000, por exemplo, havia 1.898 municípios brasileiros com mais de 69,92% dos seus domicílios com renda *per capita* igual ou inferior a meio salário mínimo. Este número representava 35% de todas as cidades do país. A situação era tão preocupante que 60,3% dos municípios brasileiros tinham mais da metade dos seus domicílios com moradores vivendo com até meio salário mínimo mensal. Como se pode observar nas cores do mapa de 2000, dessas 60,3% cidades ou 3.322 municípios, 53,3% estavam localizados na região Nordeste e 12,6% na região Norte.

No polo oposto, as áreas verdes do mapa, municípios com menos de 35,3% dos domicílios vivendo com renda *per capita* até meio salário mínimo representavam apenas 17,7% dos 5.507 existentes no país.

É interessante notar que se consideradas apenas as regiões Sul e Sudeste, verifica-se que, em 2000, havia também, ali, concentração de municípios com mais de 50% dos domicílios pobres. Por exemplo, na região Sul, das 332 cidades pobres, 186 estavam no Paraná, ou 56% do total da região. No Sudeste, a concentração era ainda mais gritante: dos 575 municípios pobres, 475 estavam em Minas Gerais, ou 82,6%.

Em 2010, o quadro era claramente outro: houve redução de 38,4% no número de municípios com mais de 50% dos seus domicílios habitados por pessoas com renda até meio salário mínimo por mês. Agora, eram 2.046 cidades nessas condições. Deve ser observado, porém, que a região Nordeste, mesmo reduzindo o número desses municípios com elevado grau de pobreza domiciliar, de 1.769 em 2000 para 1.579 em 2010, foi a que menos avançou nesse quesito, concentrando agora em seu território 77,2% das cidades onde 50% ou mais das casas eram habitadas por pessoas com renda de até meio salário mínimo mensal.

Ao mesmo tempo, na outra ponta dos números da pobreza, as regiões Sul, Sudeste e Centro-Oeste reduziram firmemente o número de municípios pobres, todas ultrapassando quedas superiores a 70%.

Essa mesma tendência de melhora nos indicadores de exclusão social pode ser observada também quando se mede a desigualdade de renda no país utilizando o Índice de Gini. Este tradicional indicador, quando traduzido nas cores dos mapas a seguir, mostra que os melhores resultados eram bastante ralos em 2000 e tornam-se muito mais frequentes em 2010. Esta nova realidade impôs uma nova distribuição das cores do mapa Índice de Gini – 2000.

Índice de Pobreza, 2000

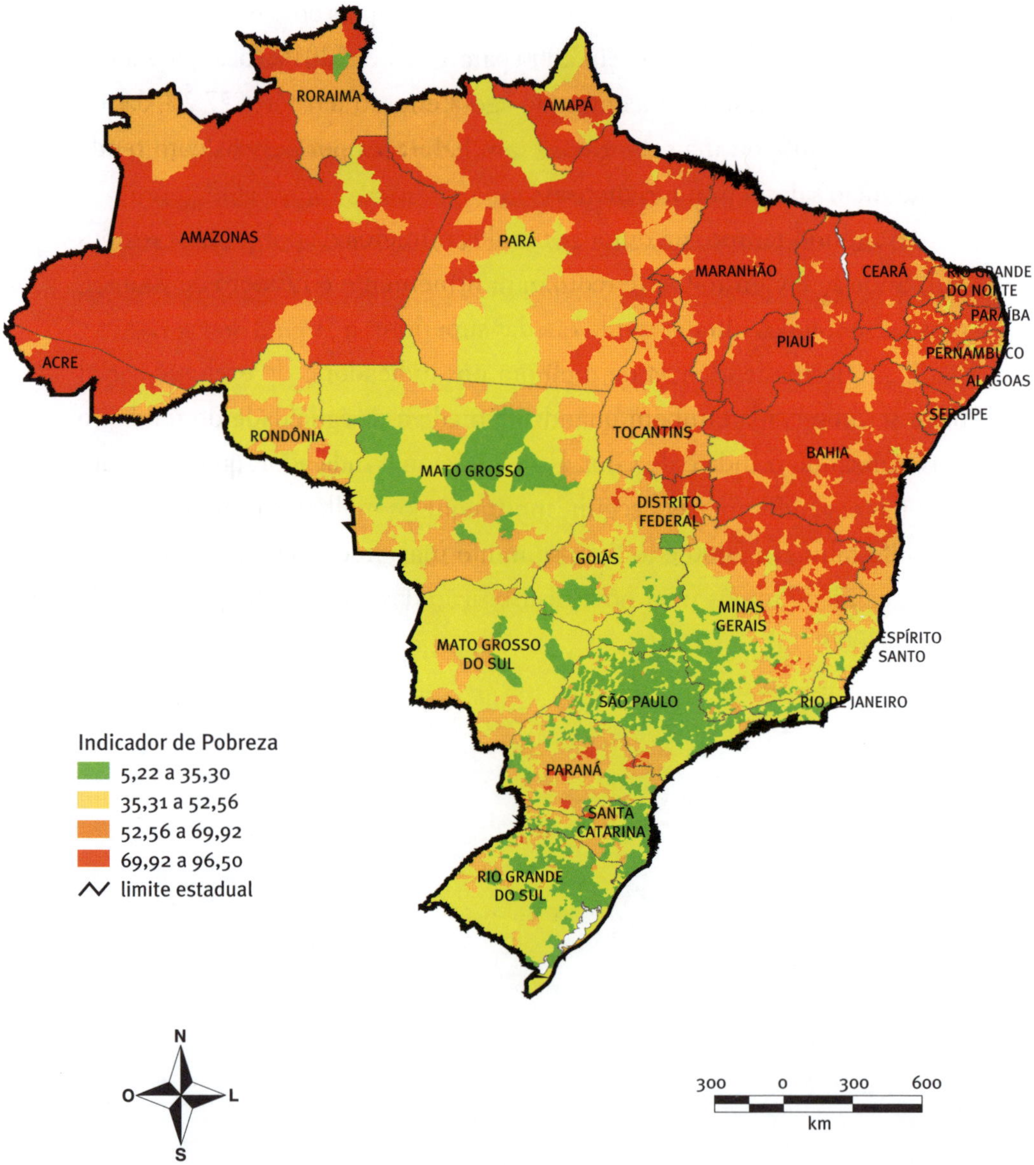

* Quanto maior o indicador,
maior a condição de pobreza.

Fonte: Elaboração própria, a partir dos microdados do Censo Demográfico 2010/IBGE.

Índice de Pobreza, 2010

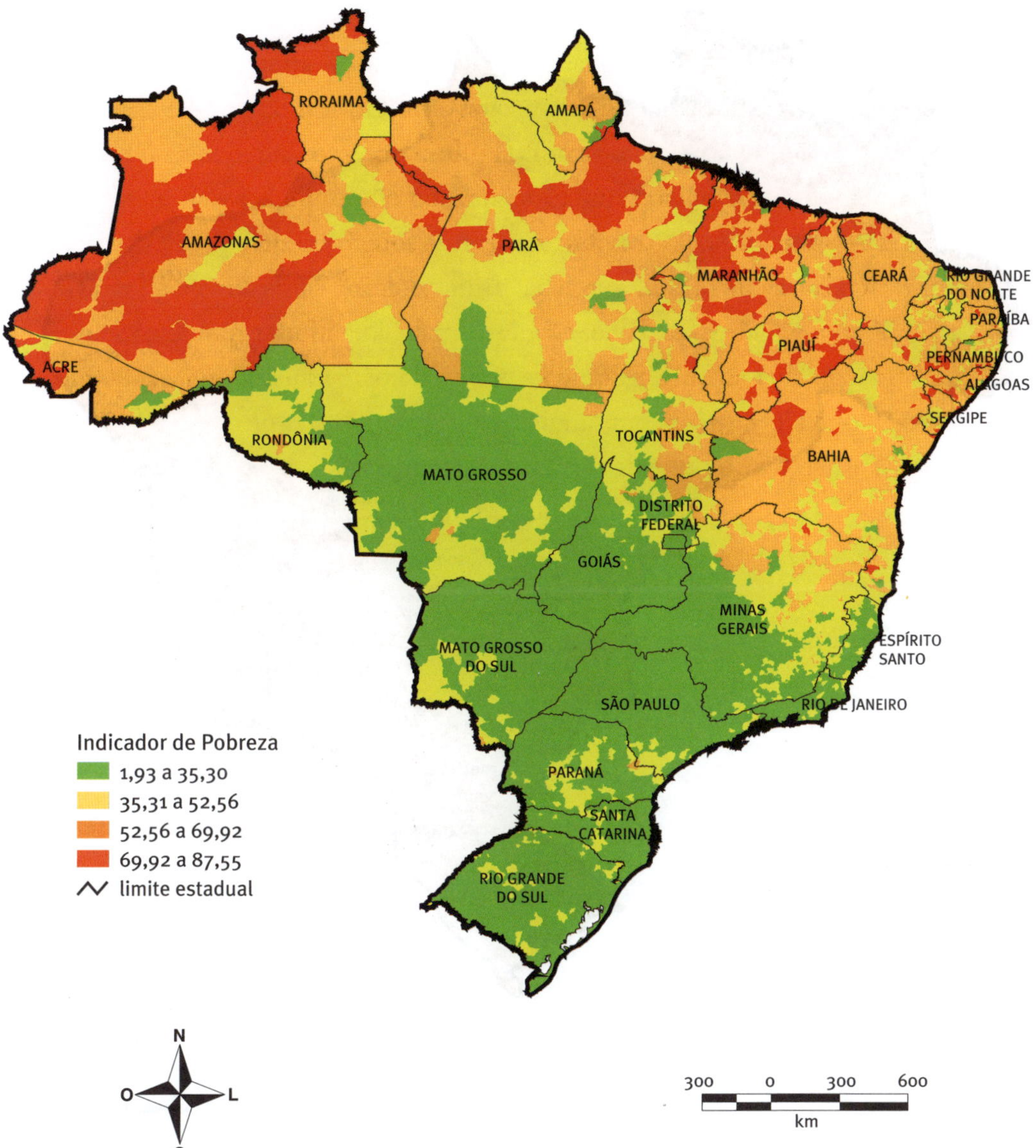

* Quanto maior o indicador, maior a condição de pobreza.

Fonte: Elaboração própria, a partir dos microdados do Censo Demográfico 2010/IBGE.

Índice de Gini, 2000

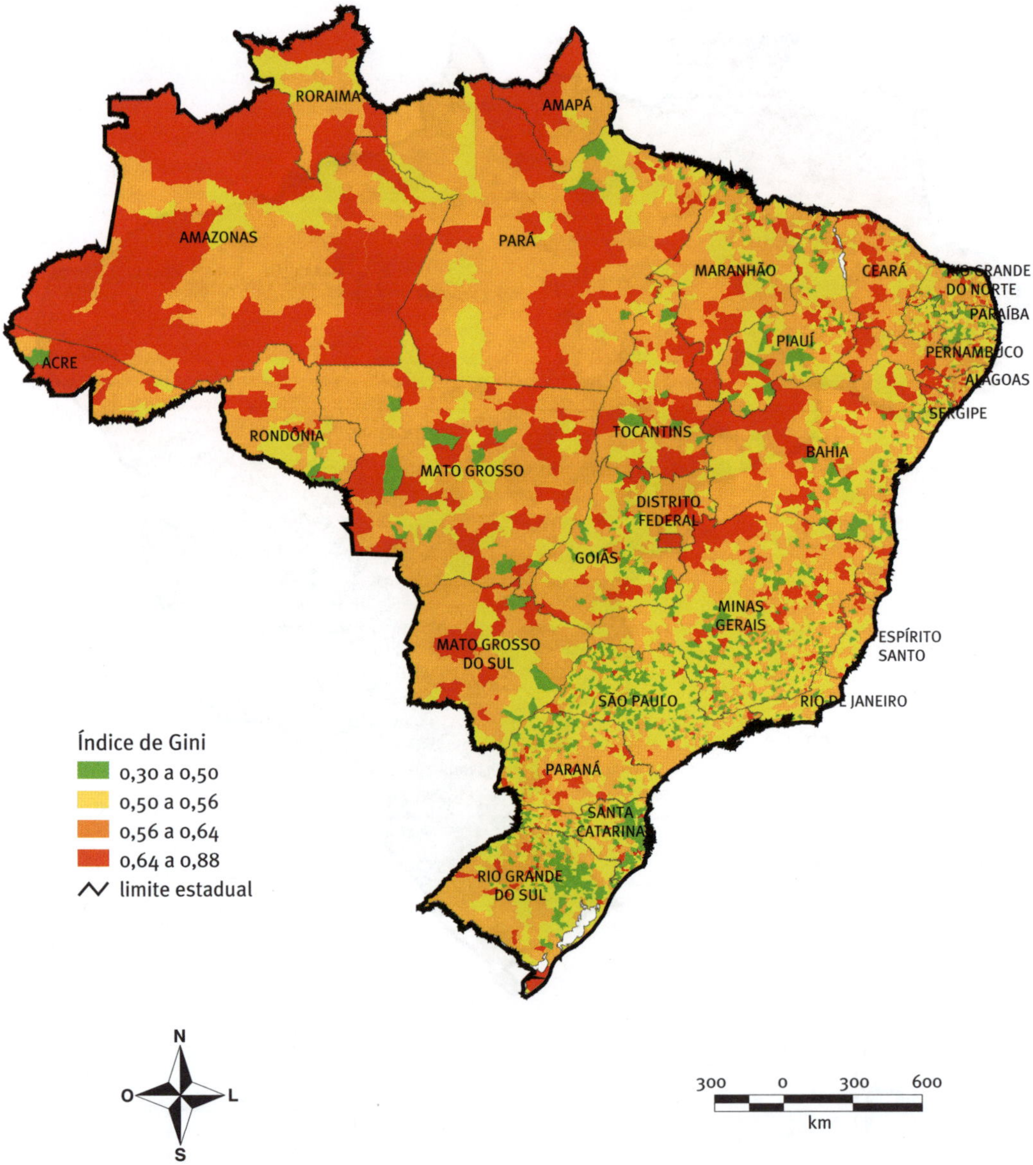

* Quanto maior o índice, melhor a condição social.

Fonte: Elaboração própria, a partir dos microdados do Censo Demográfico 2010/IBGE.

Índice de Gini, 2010

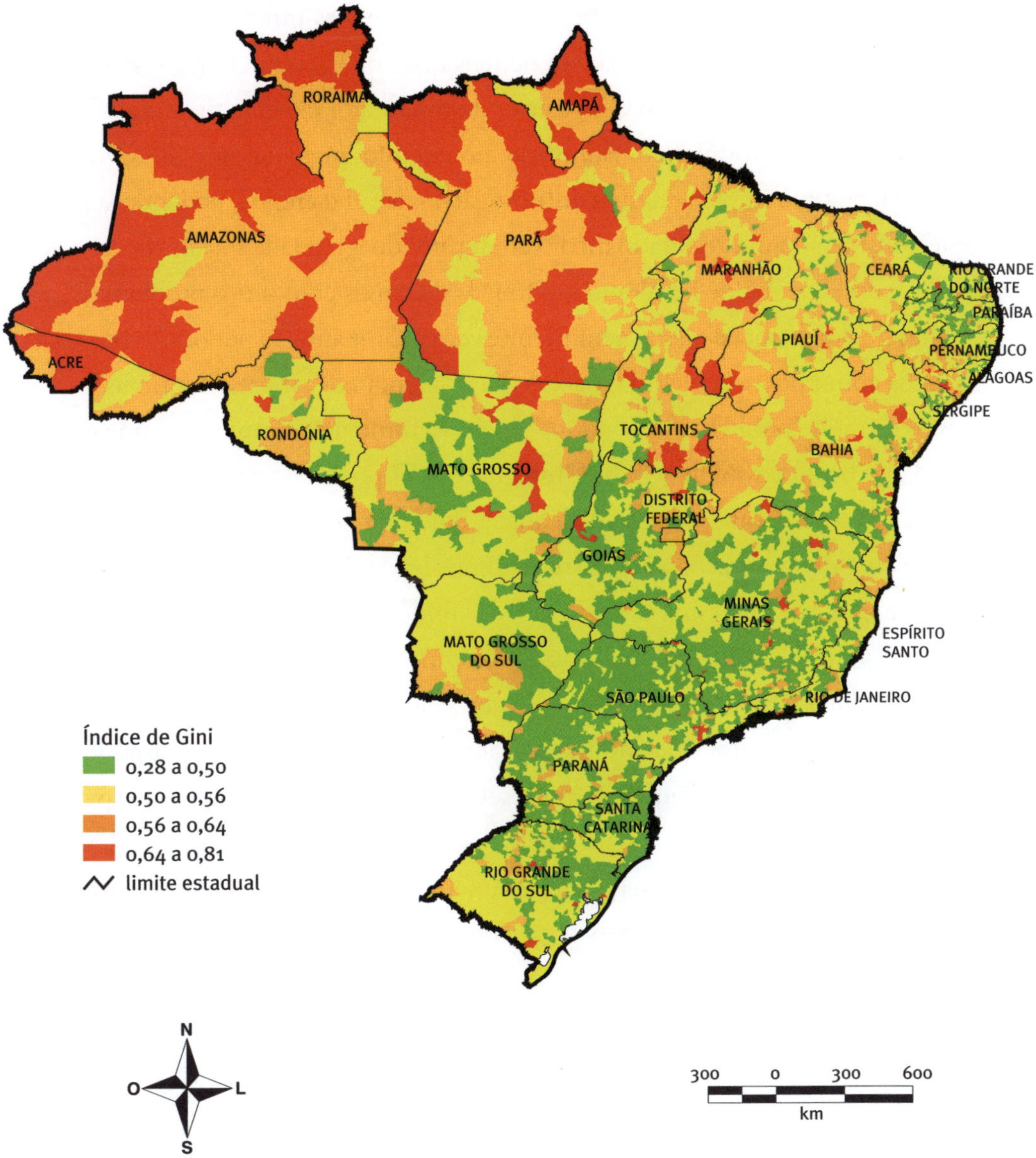

* Quanto maior o índice, melhor a condição social.

Fonte: Elaboração própria, a partir dos microdados do Censo Demográfico 2010/IBGE.

Antes de continuar a análise, é importante lembrar que o Índice de Gini varia entre dois extremos. O resultado zero indicaria que o município possui perfeita distribuição de renda e seus habitantes recebem exatamente o mesmo rendimento mensal. Por outro lado, um resultado igual a um indicaria uma situação de extrema desigualdade, em que apenas um morador da cidade embolsaria 100% da renda e os demais nada receberiam. Logo, quanto mais próximo o resultado do Gini estiver de um, maior é o grau de desigualdade de renda no município. É ilusório, no entanto, imaginar que um Gini igual a 0,5 ponto implicaria uma distribuição razoável da renda, podendo ser este considerado um resultado médio em termos de igualdade social. Na verdade, valores acima de 0,5 ponto são típicos de países com sérios problemas de desigualdade social e esta, geralmente, vem acompanhada por outros problemas como pobreza elevada, baixa educação, poucos empregos formais e níveis de saúde pública insatisfatórios. Apenas a título de exemplo, segundo o IBGE,[1] o Brasil possui, hoje, um Gini igual a 0,52 ponto. Esse valor, embora ainda considerado alto, chegou a alcançar, em 2000, 0,61 ponto.

Diante disso, e observando os municípios brasileiros mais de perto, percebe-se que, em 2000, havia 4.378 cidades onde o Índice de Gini ultrapassava 0,5 ponto. Isto é, 79,5% dos municípios brasileiros apresentavam graus de desigualdade considerados elevados ou, pior ainda, 45,6% podiam ser categorizados entre os que mostravam desigualdade muito alta (acima de 0,56 ponto). Esta realidade está representada de maneira clara no mapa Índice de Gini – 2000, no qual se percebe a raridade das manchas verdes ao longo do território nacional. Era neste sentido, marcadamente nas grandes cidades, que autores, no debate da época, questionavam se o Brasil não havia ultrapassado as fronteiras da vida civilizada.

Já o ano 2010 se apresenta distinto e a redução da desigualdade de renda no Brasil torna-se clara, embora insuficiente para comparar-se aos níveis dos

[1] Índice de Gini da distribuição do rendimento nominal mensal das pessoas de 10 anos ou mais de idade com rendimento. Disponível em: <http://www.sidra.ibge.gov.br/bda/acervo/acervo2.asp?ti=1&tf=99999&e=c&p=CD&v=880&z=t&o=25>. Acesso em: 20 mar. 2014.

países ricos. Por exemplo, conta-se agora 2.854 municípios com Índice de Gini elevado (acima de 0,5 ponto), reduzindo a proporção vivida, em 2000 (79,5% das cidades), para 51,3%, segundo o último Censo do IBGE. Do mesmo modo, se antes, em 2000, havia 2.509 municípios com graus de desigualdade social muito altos (acima de 0,56 ponto), em 2010, o número cai para menos da metade: 1.040 ou 18,7% do total dos municípios brasileiros.

Ao mesmo tempo, o número de cidades com Índice de Gini baixo (menor do que 0,5 ponto) mais do que duplicou, passando de 1.129, em 2000, para 2.711 em 2010. Assim, o mapa de 2010 mostra uma quantidade de manchas verdes superior àquelas vistas para o ano 2000, embora ainda concentradas nas regiões Sul e Sudeste do país.

O cenário é muito semelhante quando se analisa a proporção de trabalhadores formais na População Economicamente Ativa (PEA) em cada um dos municípios brasileiros. As diferenças entre o Brasil captado pelo Censo 2000 do IBGE e o descrito na mesma pesquisa, em 2010, guarda diferenças positivas também para esta variável (ver mapas a seguir).

Índice de Emprego Formal, 2000

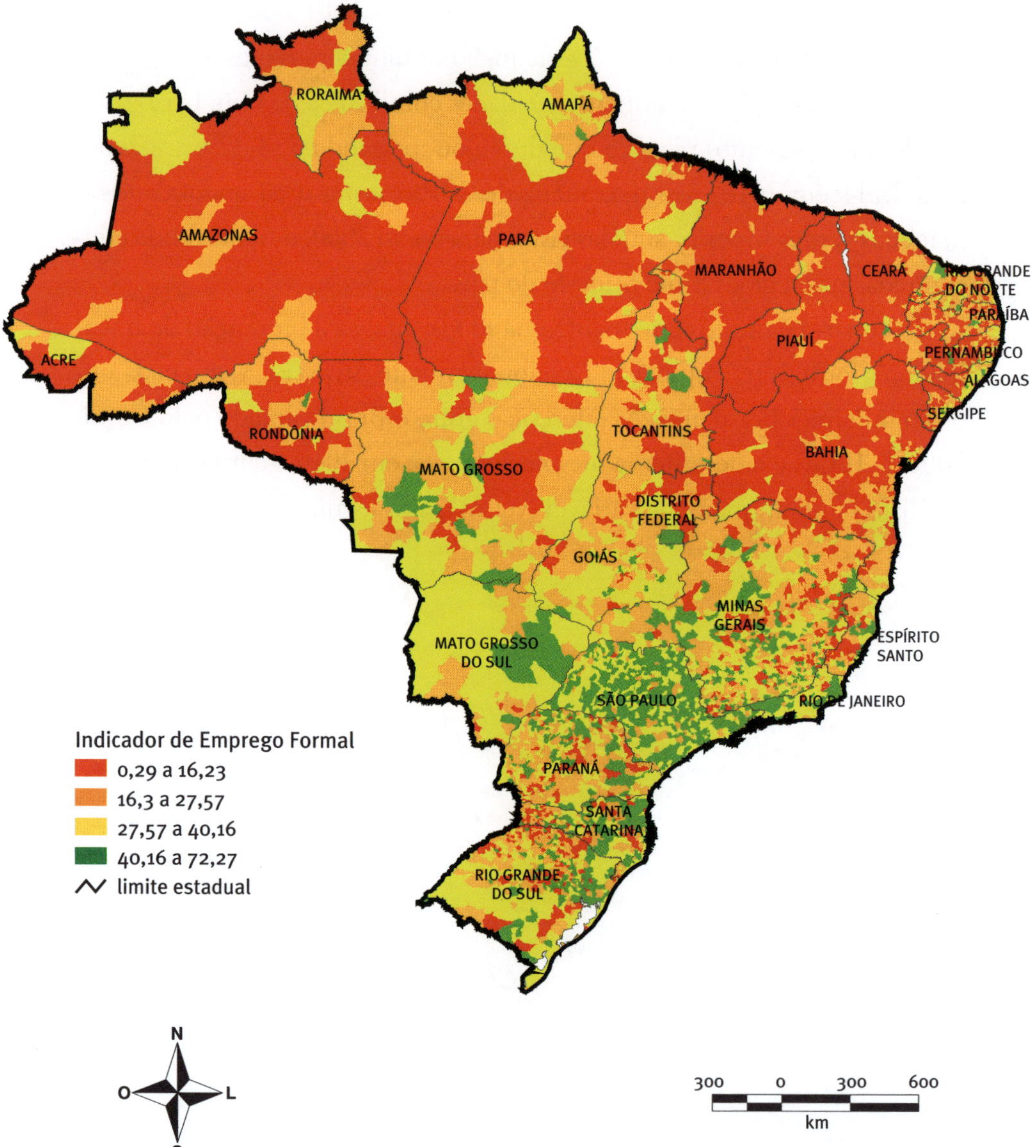

* Quanto maior o indicador, melhor a condição trabalhista.

Fonte: Elaboração própria, a partir dos microdados do Censo Demográfico 2010/IBGE.

Índice de Emprego Formal, 2010

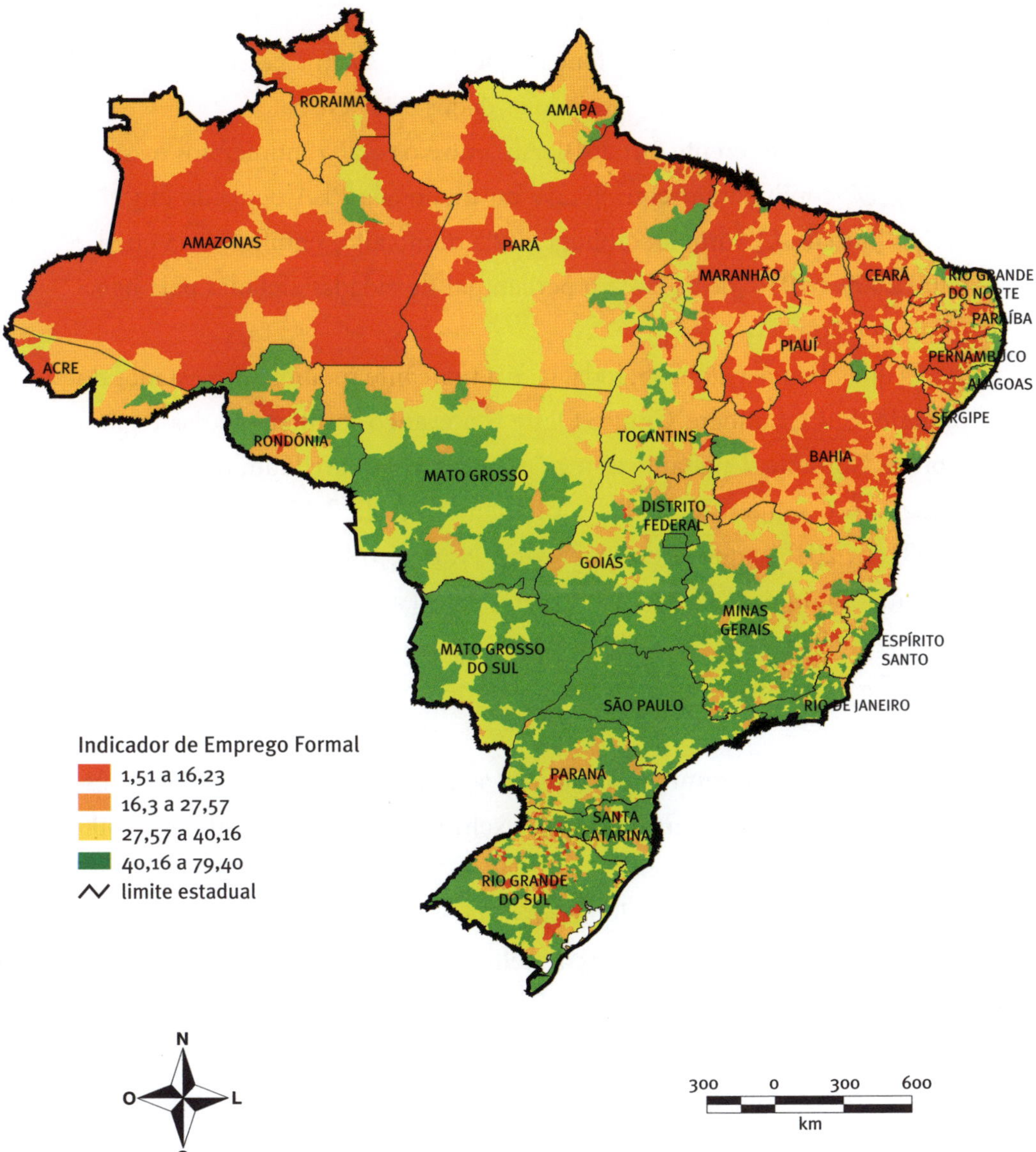

* Quanto maior o indicador, melhor a condição trabalhista.

Fonte: Elaboração própria, a partir dos microdados do Censo Demográfico 2010/IBGE.

Os mapas indicam que, em 2000, 4.633 municípios brasileiros (dos 5.507 existentes) possuíam menos de 40,2% da sua População Economicamente Ativa empregada em vagas formais. O problema era mais flagrante nas cidades do Nordeste, onde estavam localizadas 1.765 das cidades nessas condições. Em seguida, surgia o Sudeste, com 1.112 municípios com o mesmo problema. Chama a atenção que Minas Gerais possuía 81,7% de suas cidades nesta situação, segundo os dados do IBGE.

O quadro é diferente em 2010. Ali, entre os 5.565 municípios existentes, 65,4% continuaram com 40,2% ou menos da PEA ocupada em empregos formais. O número, embora ainda muito alto, significa uma queda, entre 2000 e 2010, de 21,5% no percentual de cidades afetadas pela baixa formalização.

O que chama a atenção, todavia, é a marcante melhora nos estados do Sudeste, Sul e também Centro-Oeste e o avanço insuficiente das regiões Norte e Nordeste. Enquanto as regiões que mais progrediram nesse quesito reduziram o número de cidades problemáticas de 2.426, em 2000, para 1.560, em 2010 – queda de 35,7% –, o Norte e o Nordeste, somados, diminuíram o número de municípios com baixa absorção formal da PEA de 2.207 (2000) para 2.079 (2010). Em outras palavras, enquanto o Centro-Sul do país caminhou – 35,7%, o Norte-Nordeste deu um passo de apenas – 5,8%.

O conjunto dos resultados colhidos acima, porém, informam que o esforço do país para reduzir o grau de exclusão social encontrado em 2000 surtiu efeitos positivos.

Por isso, é provável que alguns analistas afirmem que parte significativa dos avanços foi alcançada graças à melhoria nos indicadores de educação, tal como mostrados nos mapas de alfabetização e escolaridade apresentados a seguir. A taxa de alfabetização, por exemplo, apresenta uma evolução positiva no país facilmente visível ao comparar-se o conjunto dos municípios brasileiros entre 2000 e 2010.

Índice de Alfabetização, 2000

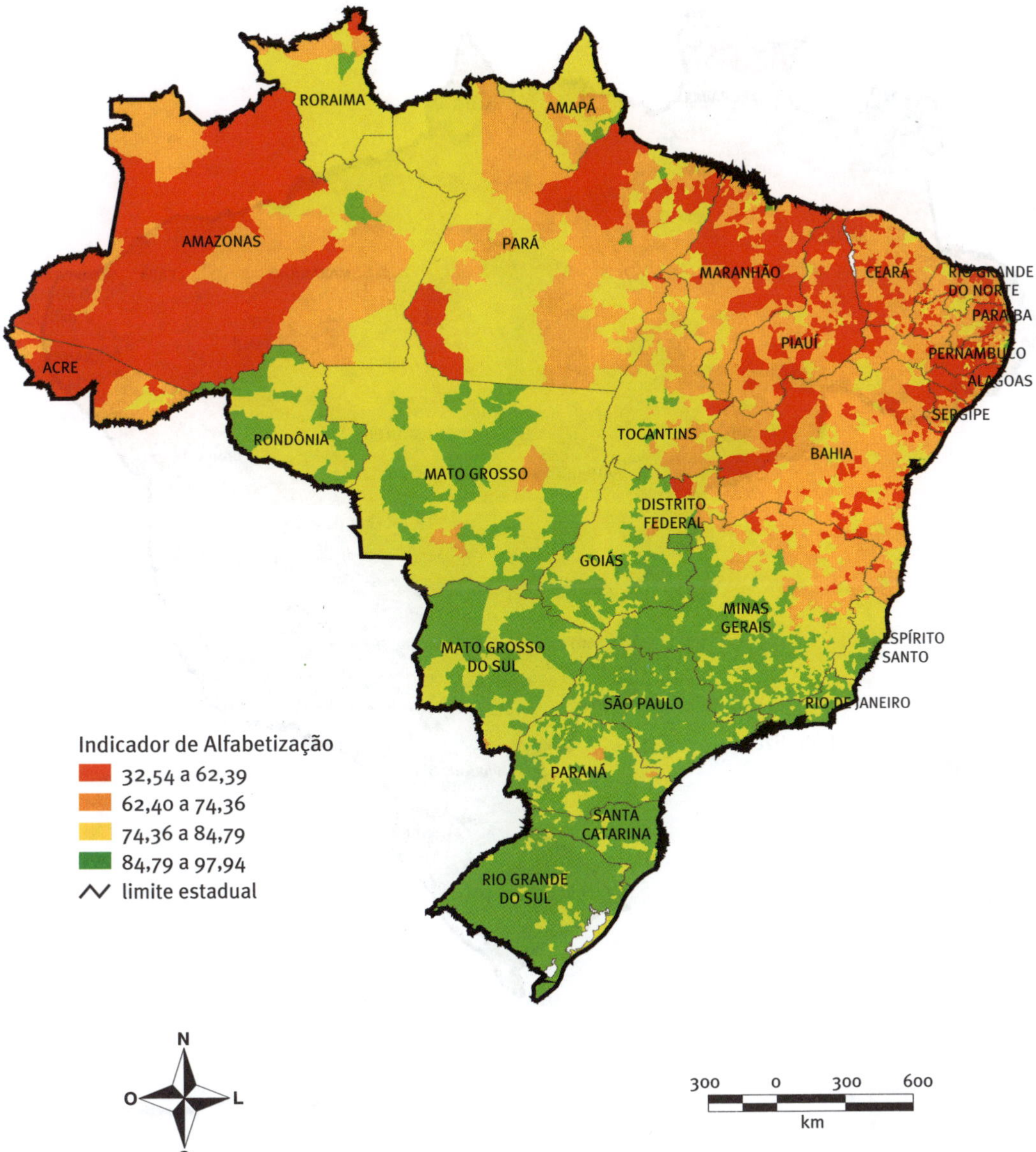

* Quanto maior o indicador, melhor a condição de alfabetização.

Fonte: Elaboração própria, a partir dos microdados do Censo Demográfico 2010/IBGE.

Índice de Alfabetização, 2010

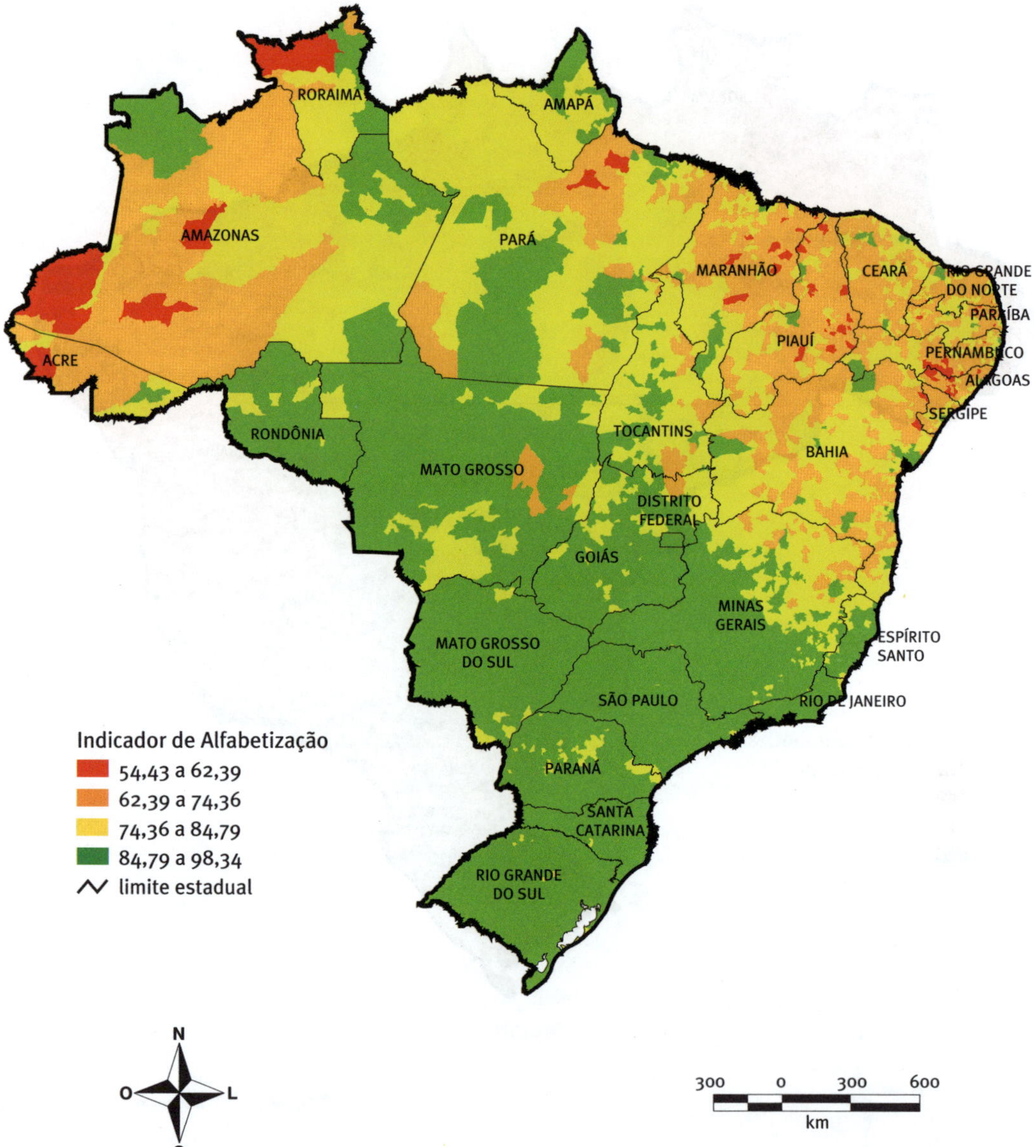

* Quanto maior o indicador,
melhor a condição de alfabetização.

Fonte: Elaboração própria, a partir dos microdados do Censo Demográfico 2010/IBGE.

A contagem apenas dos casos extremos verifica que, em 2000, 790 municípios brasileiros conviviam com taxas de alfabetização igual ou menor do que 62,4% da sua população. Desse total, 778 municípios pertenciam às regiões Norte e Nordeste. De outro modo, das 2.236 cidades dessas regiões somadas, 34,8% possuíam índice de alfabetização muito baixo.

Se forem considerados os municípios com baixo letramento, isto é, taxa de alfabetização menor do que 84,8%, percebe-se que, em 2000, havia 3.448 unidades (ou 62,6% dos 5.507 municípios brasileiros) nessa condição. Mais uma vez, o Norte e o Nordeste aparecem como as regiões mais preocupantes, pois, daqueles 3.448 municípios, 2.197 localizavam-se em seus territórios.

Já os números em 2010 apresentam melhoras significativas. Hoje são 80 municípios com baixíssima taxa de alfabetização (inferior a 62,4%) e todos eles situados nas duas regiões: Norte e Nordeste. Ao mesmo tempo, colocando a atenção sobre as cidades com baixo letramento (taxa de alfabetização inferior a 84,8%), descobre-se, agora, 2.460 municípios nessa condição, revelando uma queda acentuada de 28,7%. Se observadas as regiões Sul, Sudeste e Centro-Oeste, por exemplo, apreende-se que, em 2000, havia 1.251 municípios com níveis de alfabetização inferiores a 84,8% e, em 2010, esse número cai para 416 unidades.[2]

É importante ressaltar, contudo, que essa redução, embora interessante, esconde dentro de si as dificuldades enfrentadas para elevar a proporção de alfabetizados nos municípios brasileiros (Tabela 1, a seguir).

A Tabela 1, por exemplo, mostra que a redução do número de municípios com taxa de alfabetização muito baixa (inferior a 62,4%) foi bem mais intensa do que a alcançada nos extratos intermediários (municípios laranja e amarelos). Tal observação mostra que, embora desafios importantes tenham sido vencidos, o país está chegando a faixas cujos investimentos necessários para superar as atuais marcas são muito maiores. Mais do que isso,

[2] Destas regiões, apenas Minas Gerais ainda possui parte importante de seu território sob as marcas da baixa alfabetização, na faixa norte e nordeste do estado. De um total de 853 municípios de Minas Gerais, 259 cidades possuem índices de alfabetização inferiores a 84,8% população.

quando observados os números junto aos mapas, fica claro que tais esforços precisam ser direcionados para as regiões Norte e Nordeste do Brasil.[3]

Tabela 1. Número de municípios brasileiros por taxa de alfabetização, 2000-2010

Regiões	2000	2010	%
Municípios vermelhos (taxa de alfabetização inferior a 62,4%)	790	80	-89,9%
Municípios laranjas (taxa de alfabetização entre 62,4% e 74,4%)	1.206	1.135	-5,9%
Municípios amarelos (taxa de alfabetização entre 74,4% e 84,8%)	1.452	1.245	-14,3%
Municípios verdes (taxa de alfabetização superior a 84,8%)	2.059	3.015	50,8%
Sudeste + Sul + Centro-Oeste	1.251	416	-66,7%
Nordeste + Norte	2.197	2.044	-7,0%
Total de municípios com taxa de alfabetização inferior a 84,8%	3.448	2.460	-28,7%
Total de municípios no Brasil	5.507	5.565	1,1%

Fonte: Elaboração própria.

Por outro lado, analisando os mapas e observando o reverso da medalha, isto é, as manchas verdes (taxa de alfabetização superior a 84,8%), nota-se que, em 2010, esse grupo domina praticamente toda a região Sul, Sudeste e Centro-Oeste do país, deixando para as regiões Norte e Nordeste a franca maioria dos municípios com taxa de alfabetização inferior a 84,8%.

Caso similar se observa com a escolaridade. A comparação dos mapas do Brasil de 2000 e 2010 não deixa dúvidas quanto à elevação do nível de escolaridade em todo o país, com as regiões Sul, Sudeste e Centro-Oeste novamente alcançando os melhores resultados.

[3] Não se levou em conta, aqui, a transição demográfica pela qual passa o país e a proporção, cada vez mais alta, de crianças matriculadas nas escolas. Esses dois fenômenos somados levarão, em breve, à redução brutal da taxa de analfabetismo no Brasil.

Índice de Escolaridade, 2000

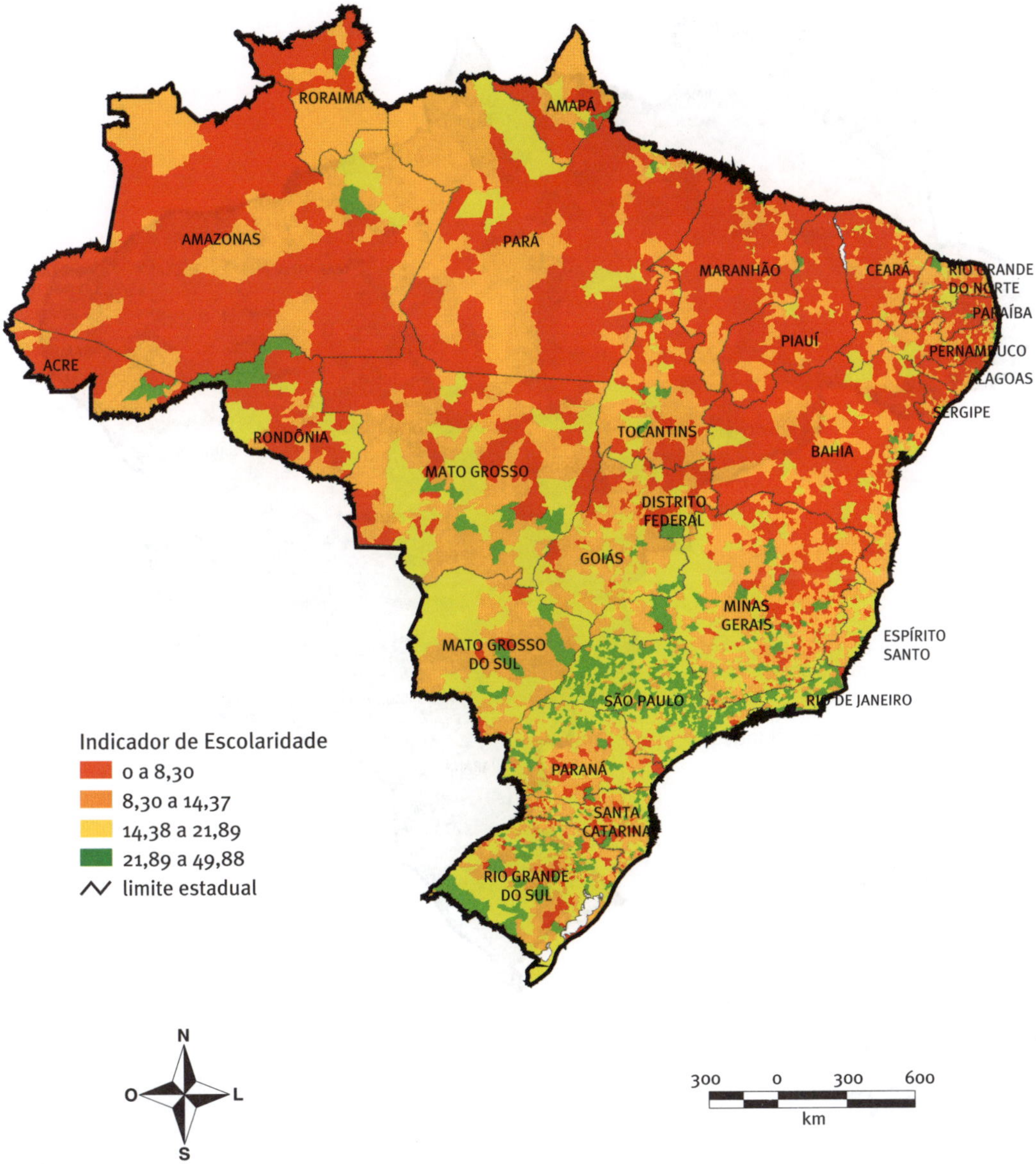

* Quanto maior o indicador, melhor a condição escolar.

Fonte: Elaboração própria, a partir dos microdados do Censo Demográfico 2010/IBGE.

Índice de Escolaridade, 2010

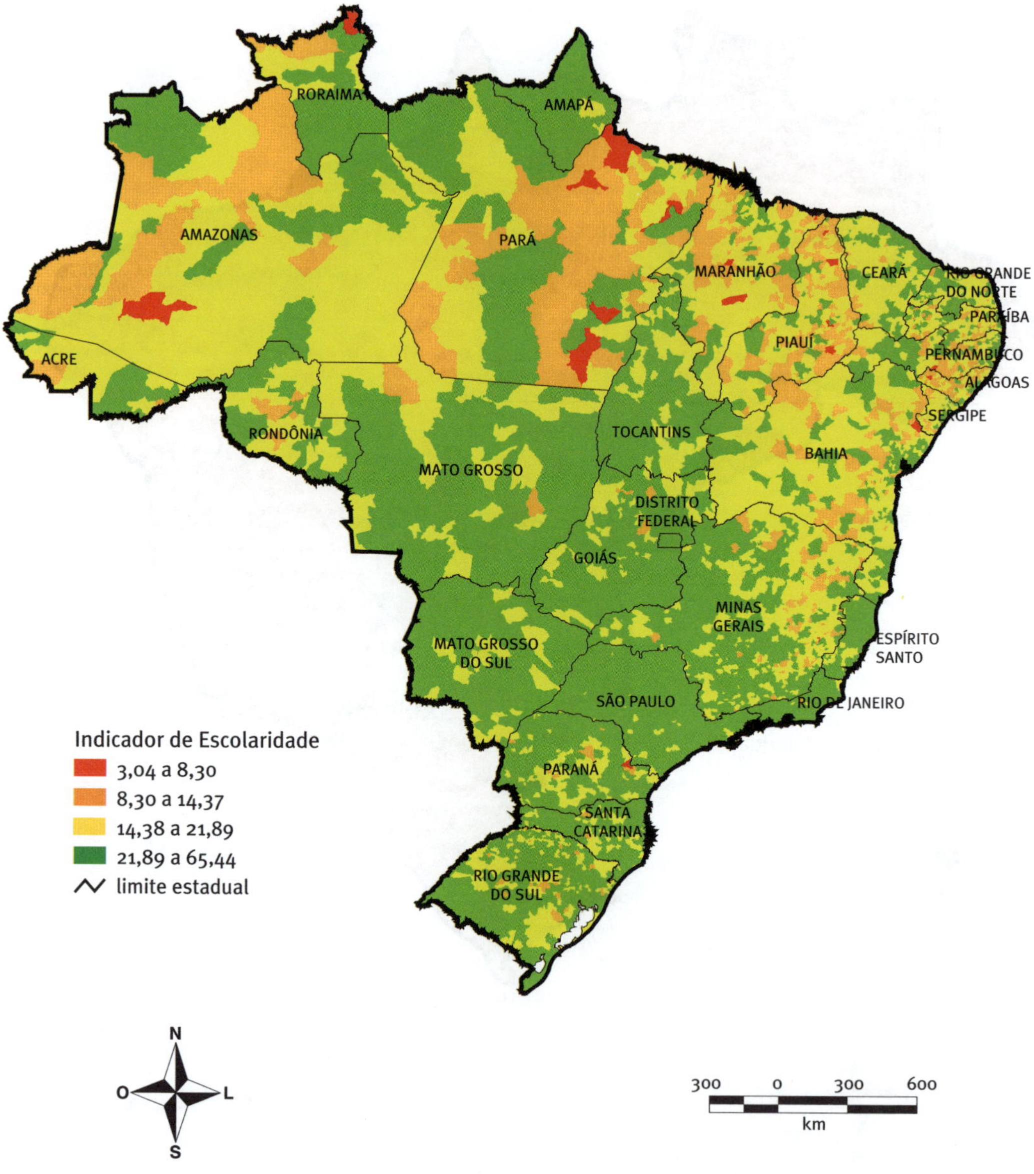

* Quanto maior o indicador, melhor a condição escolar.

Fonte: Elaboração própria, a partir dos microdados do Censo Demográfico 2010/IBGE.

A tabela 2 mostra que, em 2000, por exemplo, contava-se 1.864 municípios com menos de 8,30% dos seus jovens de 17 anos ou mais com ensino médio concluído. Outros 1.802 municípios tinham apenas entre 8,30% e 14,37% dos seus jovens na mesma condição. Ou seja, entre os 5.507 municípios brasileiros existentes em 2000, 66,57% deles apresentavam índices baixíssimos de até 14,4% dos seus habitantes com ensino médio concluído. No outro extremo, apenas 487 cidades possuíam mais de 21,9% dos seus jovens de 17 anos na mesma condição.

Tabela 2. Número de municípios brasileiros segundo a escolaridade, 2000-2010*

Regiões	2000	2010	%
Municípios vermelhos (proporção inferior a 8,3%)	1.864	22	-98,8%
Municípios laranjas (proporção entre 8,3% e 14,4%)	1.802	519	-71,2%
Municípios amarelos (proporção entre 14,4% e 21,9%)	1.354	1.914	41,4%
Municípios verdes (proporção superior a 21,9%)	487	3.110	538,6%
Sudeste + Sul + Centro-Oeste	2.819	875	-69,0%
Nordeste + Norte	2.202	1.580	-28,2%
Total de municípios com proporção inferior a 21,9%	5.021	2.455	-51,1%
Total de municípios no Brasil	5.507	5.565	1,1%

* Proporção de jovens de 17 anos ou mais com ensino médio concluído.

Fonte: Elaboração própria.

O cenário muda significativamente em 2010. Agora, apenas 22 municípios brasileiros não elevariam acima de 8,30% a proporção de pessoas com 17 anos ou mais que completaram o ensino médio. A queda é vertiginosa e transparece nos mapas. Ao mesmo tempo, 3.110 municípios estão na faixa mais alta, onde mais de 1/5 dos jovens concluíram o ensino médio. Um crescimento de mais de 500% na escolaridade em 10 anos.

Os números ressaltam também um ponto que merece atenção. A região que apresentou avanço mais lento em relação à escolaridade foi a do Nordeste. Ali, em 2000, havia 1.764 municípios com baixa escolaridade (menos de 21,9% dos jovens de 17 anos ou mais com ensino médio concluído). Em 2010, esse número baixou apenas 24,5%, para 1.332 cidades. O tema inspira cuidados pois, sendo uma região com elevado grau de exclusão social, obteve um resultado significativamente inferior às regiões Sudeste e Sul, que reduziram a quantidade de municípios com baixa escolaridade em -66,4% e -68,6%, respectivamente.

Outro ponto importante informa que, embora os resultados representem avanços extremamente importantes, eles merecem uma comemoração parcial. O progresso do indicador, nestes últimos 10 anos, se fez sobre uma base extremamente ruim, com índices de escolaridade incompatíveis com um país que pretende ser industrial e competir com outras nações no comércio internacional. Assim, mesmo com a melhoria da última década, o Brasil ainda apresenta uma escolaridade insuficiente e precisa redobrar os esforços no sentido de universalizar o ensino médio.

Por fim, não cabe imaginar que os bons resultados sociais recentes do país sejam fruto do aumento da escolaridade e redução das taxas de analfabetismo. E o motivo é bastante simples e imediato: não houve tempo hábil para que os jovens integrados ao ensino formal tenham chegado ao mundo do trabalho.[4] Logo, não é possível estabelecer uma correlação razoável entre a mudança no quadro da pobreza brasileira e os avanços na educação.

A problemática social brasileira também sofreu o impacto de outro componente poderoso nos últimos anos: a transição demográfica. O país vem, já há algumas décadas, desacelerando seu crescimento populacional graças à queda nas taxas de natalidade e a manutenção dos índices de mortalidade. O comportamento dessas variáveis demográficas tem levado pesquisadores a algumas projeções importantes para a população brasileira nos próximos decênios: 1. o Brasil, exceto por fatores migratórios, tende a atingir seu número máximo de habitantes em torno 2040; 2. o país está envelhecendo e envelhecerá mais nas próximas décadas; 3. isso exigirá um

[4] Seguindo a análise dos economistas do capital humano: a potencialidade laboral desses jovens ainda não foi capaz de influenciar a produtividade local e menos ainda a brasileira.

novo *mix* de políticas públicas, reestruturação das cidades e de suas opções de transporte, serviços e lazer; e 4. saúde e previdência social deverão impactar em níveis nunca vistos os custos do Estado.

Este processo já está se refletindo na *proporção de pessoas de até 19 anos na população* brasileira. Como mostram os mapas a seguir, o fenômeno espalhou-se por todo o território nacional, mas é mais visível nas regiões menos pobres ou com menor grau de exclusão social, de acordo com o *Atlas da exclusão social no Brasil*, edição de 2003, e o *Atlas da exclusão social no Brasil: dez anos depois*, de 2014.

Índice de Concentração Juvenil, 2000

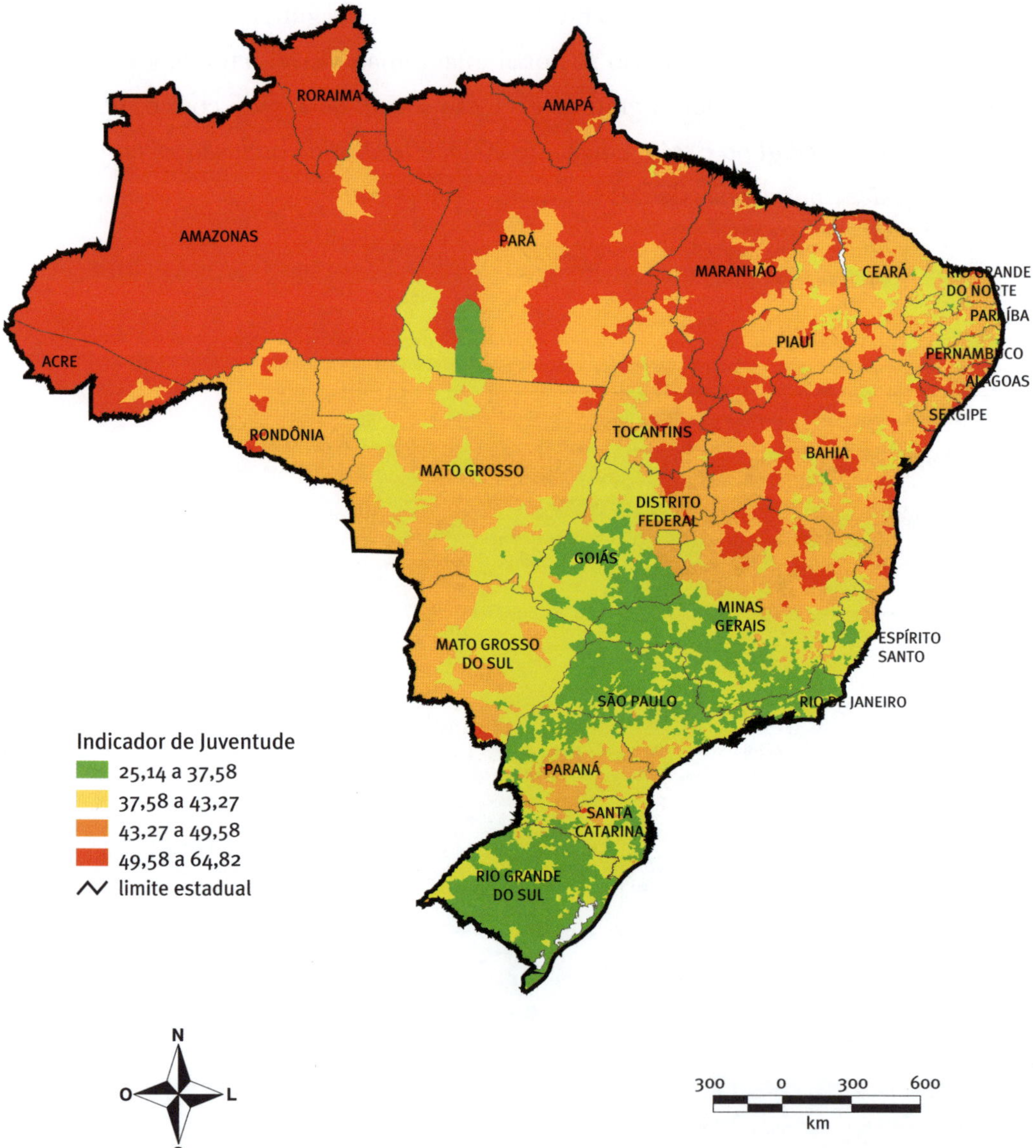

* Quanto maior o índice,
maior a concentração de jovens.

Fonte: Elaboração própria, a partir dos microdados do Censo Demográfico 2010/IBGE.

Índice de Concentração Juvenil, 2010

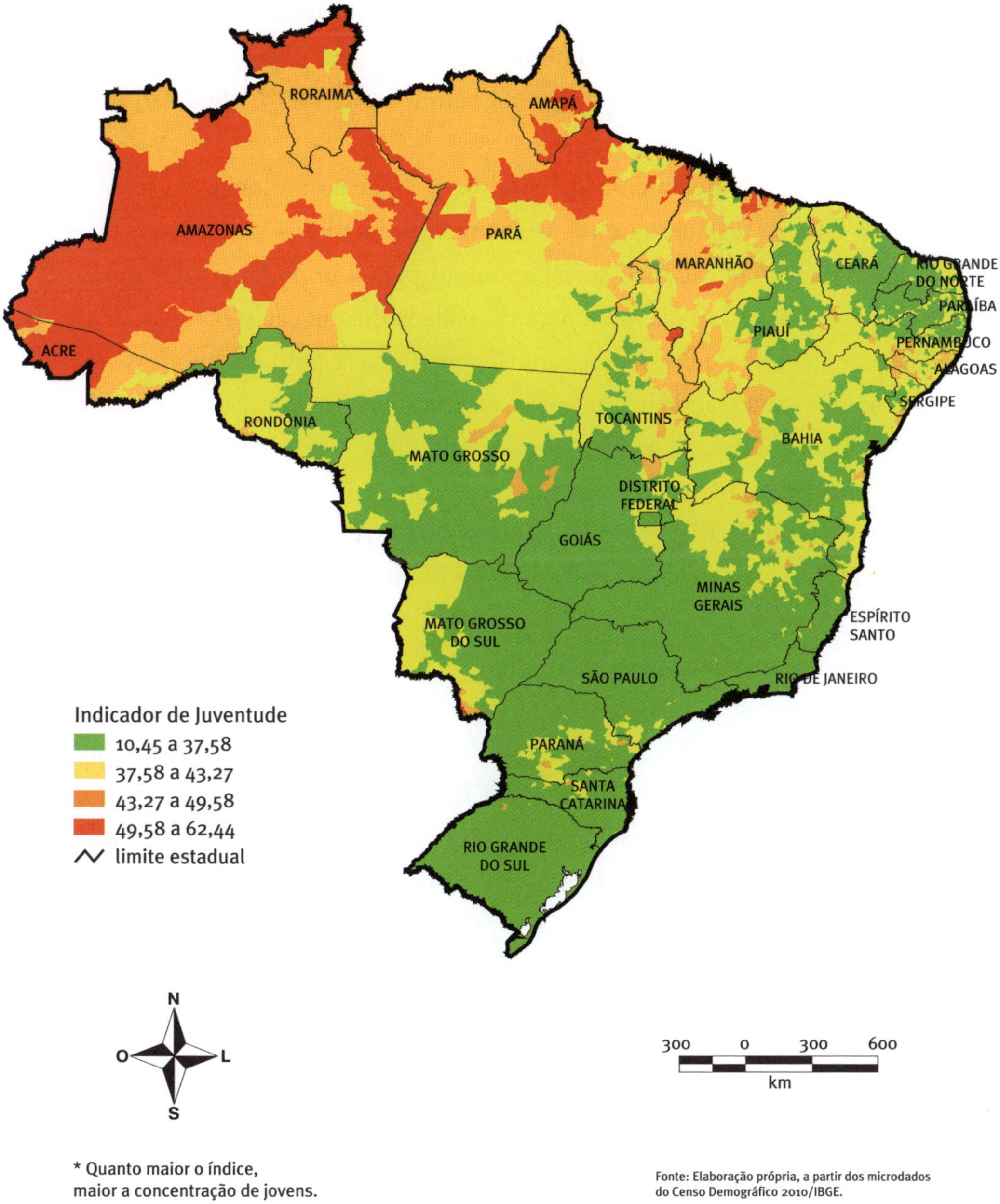

Fonte: Elaboração própria, a partir dos microdados do Censo Demográfico 2010/IBGE.

Entre 2000 e 2010, por exemplo, é visível que, nas regiões Sul, Sudeste e Centro-Oeste, houve queda no número de municípios onde a participação de jovens situava-se acima de 37,58% no total da população. No Sudeste a redução no número de cidades com grande percentual de jovens foi de 91,2% (de 592 para 52 cidades), no Sul a queda alcançou 85,1% (de 888 para 132) e no Centro-Oeste diminuiu 75,4% (de 342 para 84). Ao mesmo tempo, no Norte-Nordeste a queda foi bem menor: 44,3% (de 2.226 para 1.373 municípios).

Assim, o envelhecimento desigual da população ao longo do território traz duas impressões que merecem melhor análise: 1. as variáveis que expõem o grau de exclusão social apontam para a importância dos movimentos demográficos e reforçam a necessidade de atuação sobre elas; 2. as diferentes regiões do Brasil precisarão de programas e políticas públicas que se adaptem à sua realidade específica, exigindo maior articulação e eficácia por parte de governos e do Estado como um todo.

A nota destoante e preocupante surge com o último índice analisado: o *número de homicídios por 100 mil habitantes*. A taxa média mundial de homicídios é 6,2 casos para cada 100 mil habitantes, enquanto no Brasil, em 2012, a mesma taxa foi mais de quatro vezes maior, chegando a 25,2 homicídios para cada 100 mil habitantes.[5] Se o valor da taxa é elevado e chama a atenção, três outras questões merecem destaque neste índice: 1. as grandes disparidades regionais observadas nos demais índices e mapas são menos gritantes no indicador de violência; 2. sem obedecer à lógica da estrutura distributiva do país, os municípios com maiores taxas de homicídios por 100 mil habitantes situam-se em fronteiras, áreas de conflito de terras e grandes cidades, com seus entornos e periferias; por fim, muito mais grave e importante, 3. este é o único índice entre todos os pesquisados que mostrou piora ao longo da última década.

[5] Ver *Relatório Global sobre Homicídios 2013*, do Escritório das Nações Unidas sobre Drogas e Crime (UNODC). Disponível em: <http://www.unodc.org/documents/data-and-analysis/statistics/GSH2013/2014_GLOBAL_HOMICIDE_BOOK_web.pdf>. Acesso em: 25 maio 2014.

Taxa de Homicídios, 2000

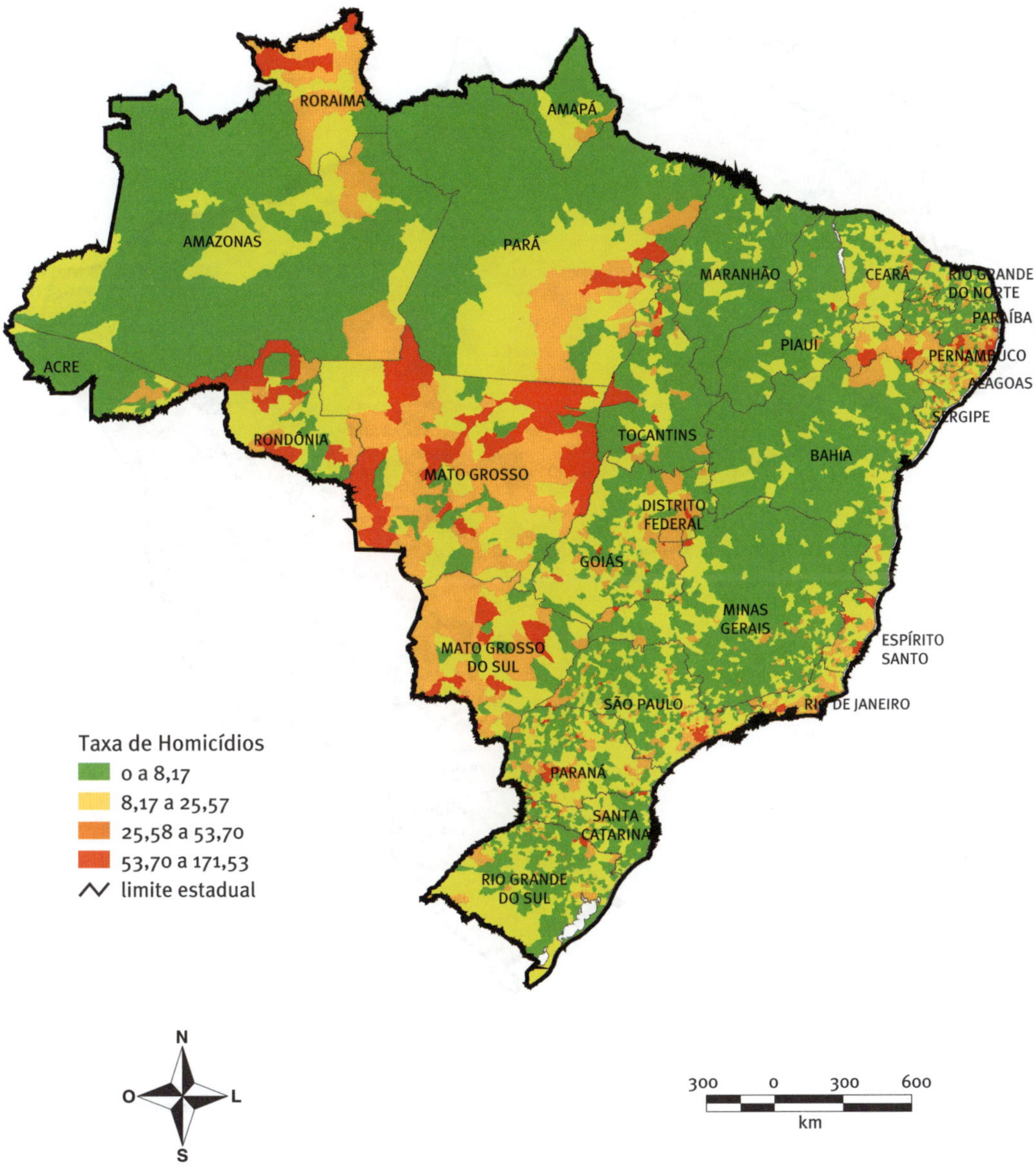

* Quanto maior o índice, melhor a condição social.

Fonte: Elaboração própria, a partir dos microdados do Censo Demográfico 2010/IBGE.

Taxa de Homicídios, 2010

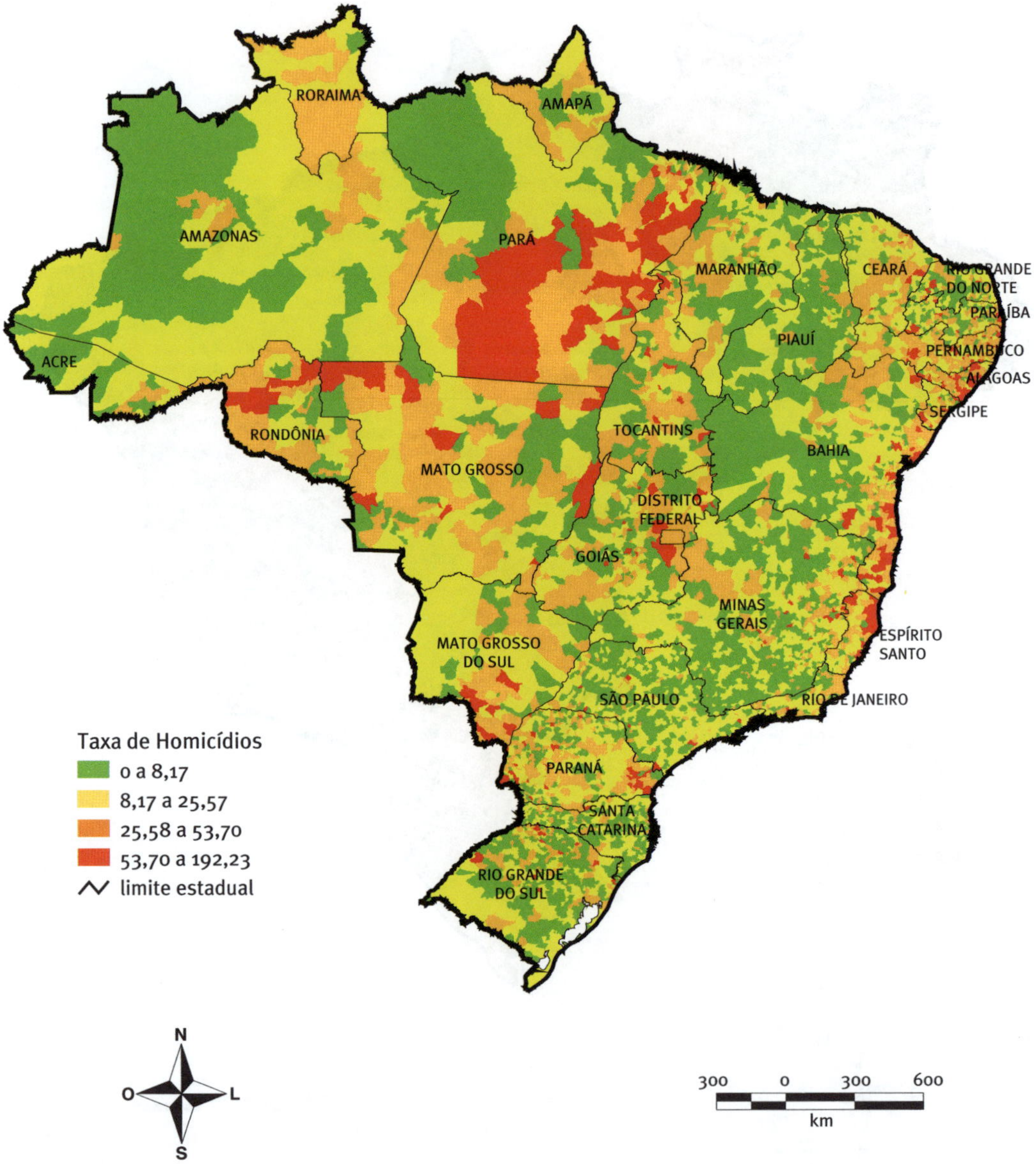

* Quanto maior o índice, melhor a condição social.

Fonte: Elaboração própria, a partir dos microdados do Censo Demográfico 2010/IBGE.

Os mapas mostram claramente uma diminuição das zonas verdes, indicando crescimento da violência no país. Se, em 2000, havia 2.243 cidades com mais de 8,17 homicídios para cada 100 mil habitantes, em 2010, esse número cresceu para 3.197. Um aumento de 42,5% no número de cidades com problemas ligados à violência. De outra forma, em 2000, havia 40,7% das cidades brasileiras com mais 8,17 homicídios por 100 mil habitantes. Agora, em 2010, contam-se 57,4%.

Preocupante também é o fato de este crescimento não se circunscrever a alguma região natural do país, mas espraiar-se por todo o território nacional. Por exemplo, em todas as regiões naturais houve aumento do número de cidades com taxas de homicídio superior a 8,17 por cem mil habitantes entre 2000 e 2010: no Centro-Oeste o número de cidades cresceu 14,4%, no Sul 21,9%, no Sudeste 34,5%, no Nordeste 65,6% e na região Norte 77,6%.

Observe-se, portanto, que, coincidência ou não, foi nas regiões onde o crescimento econômico foi maior nos últimos anos, mas que, ao mesmo tempo, apresentam os piores indicadores sociais do país, que a violência tornou-se mais intensa.

Uma das hipóteses para explicar a intensificação da violência nas regiões ao norte do Brasil está exatamente no crescimento econômico e no aumento significativo da urbanização em 61,9% dos estados brasileiros e uma urbanização moderada em 28,6% deles.[6] Esse fenômeno preocupante, todavia, merece melhor análise e cuidadosa observação dos dados demográficos, econômicos, sobre crime organizado e crimes comuns. O que fica da observação da taxa de homicídios por 100 mil habitantes e dos mapas desenhados a partir das informações disponíveis é que o agravamento desta

[6] Considerou-se *crescimento significativo da urbanização* o aumento de mais de 3% na população urbana do estado e *crescimento moderado da urbanização* o aumento entre zero e 2,99% da população urbana no estado. Por essa aproximação e excetuando os estados da região Norte (que não puderam ser avaliados entre as PNADs de 2001 e 2011), contam-se 20 estados mais o Distrito Federal, onde: treze tiveram *crescimento significativo da urbanização*; seis apresentaram *crescimento moderado da urbanização*; e dois mostraram *crescimento negativo da urbanização* (Maranhão e Sergipe).

variável compromete parte dos avanços alcançados pelas demais variáveis em diversos municípios brasileiros.

2.3. O MOVIMENTO DAS MANCHAS EXTREMAS DA EXCLUSÃO SOCIAL

O conjunto dos indicadores que forma o Índice de Exclusão Social (IES),[7] como se viu na seção anterior, apresentou, exceto para o item violência, progressos interessantes que evidenciam que o país passou, ao longo da última década, por um processo de redução do grau de exclusão social na maioria dos seus municípios. A nota preocupante ficou por conta da elevação dos índices de violência em muitas cidades, retirando graus de liberdade e bem-estar da população. Apesar disso, o conjunto do território nacional conseguiu avanços observáveis na análise dos mapas a seguir.

[7] Ver Apresentação e Introdução metodológica neste livro.

Índice de Exclusão Social, 2000

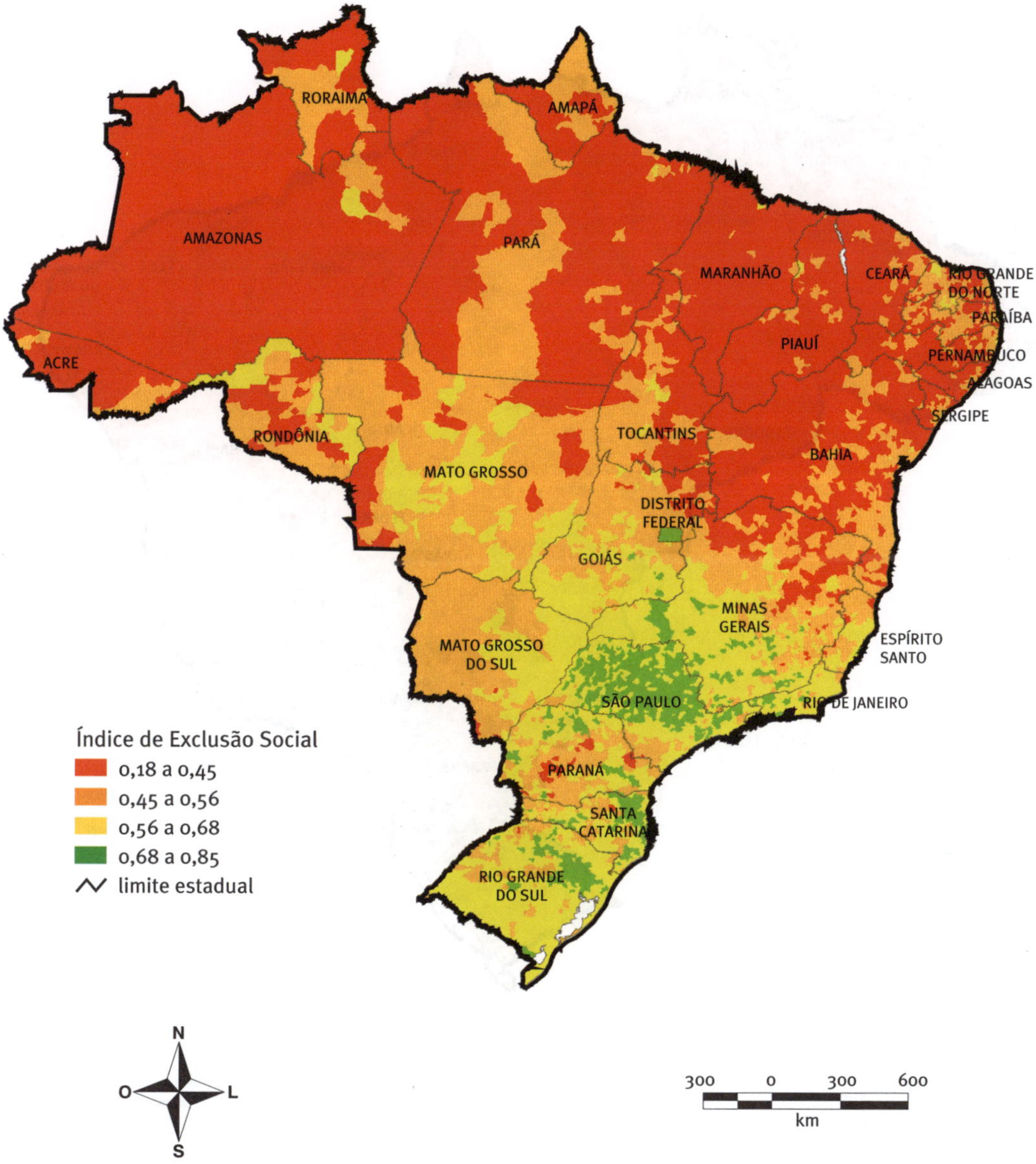

* Quanto maior o índice, melhor a condição social.

Fonte: Elaboração própria, a partir dos microdados do Censo Demográfico 2010/IBGE.

Índice de Exclusão Social, 2010

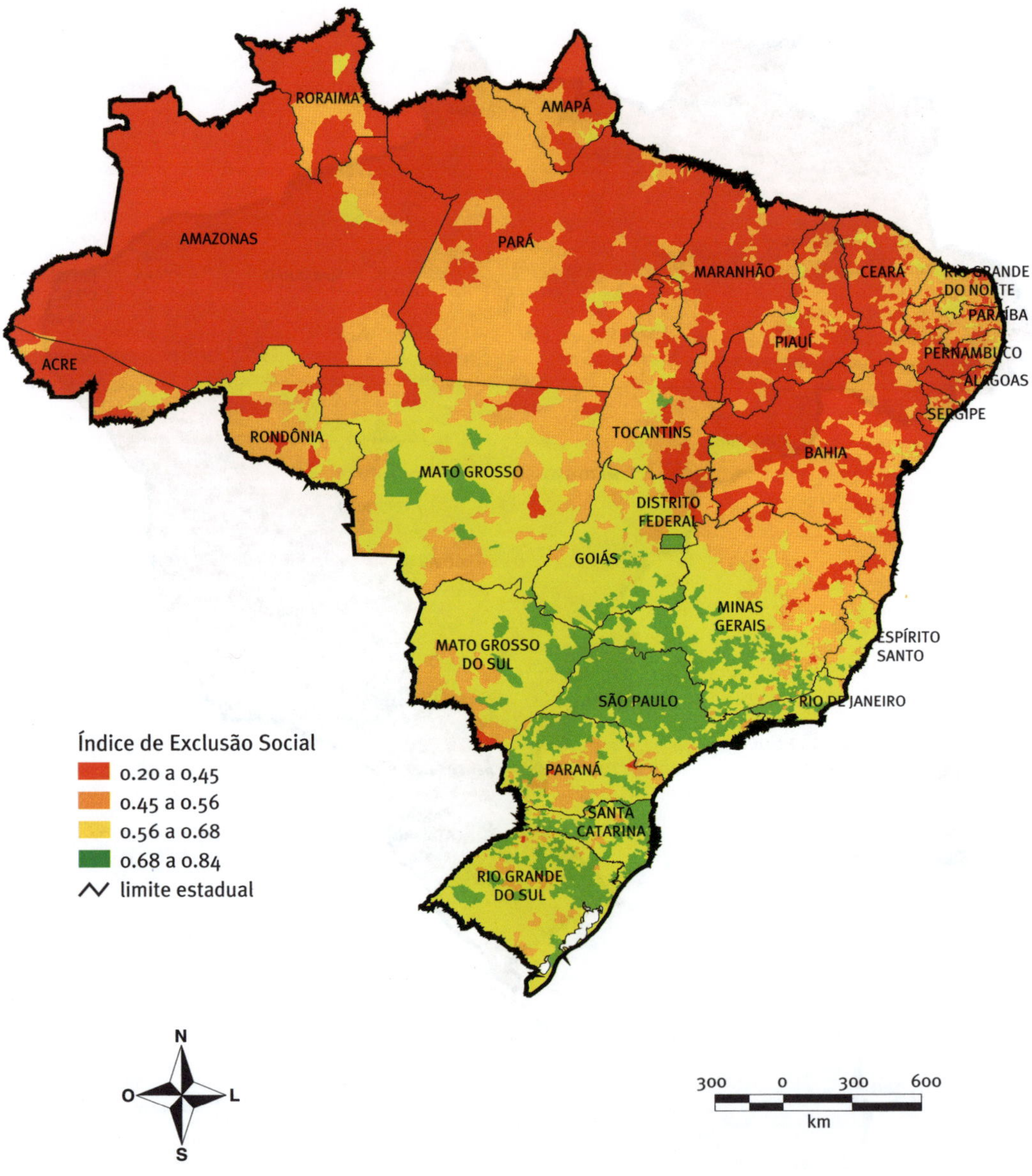

* Quanto maior o índice, melhor a condição social.

Fonte: Elaboração própria, a partir dos microdados do Censo Demográfico 2010/IBGE.

Manchas Extremas da Exclusão Social

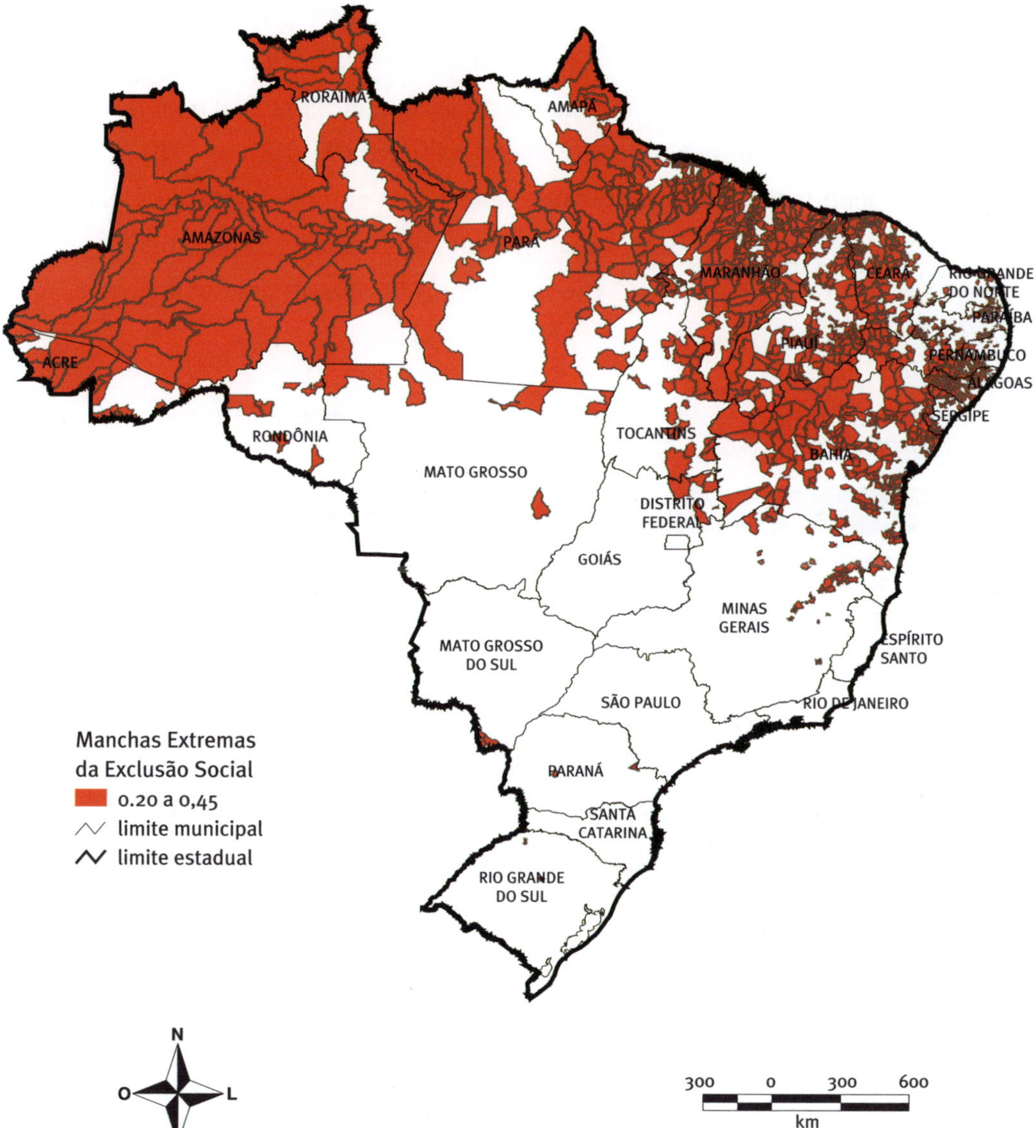

* Quanto maior o índice, melhor a condição social.

Fonte: Elaboração própria, a partir dos microdados do Censo Demográfico 2010/IBGE.

Os números, quando considerados em maiores detalhes, revelam o avanço sobre a exclusão social brasileira, mas também põem em evidência o quão longe o Brasil ainda está para ser considerado uma sociedade justa. Por exemplo, observando a Tabela 3, é possível perceber que os municípios com um grau elevado de exclusão social – IES inferior a 0,45 ponto – diminuíram seu número de maneira significativa em 10 anos. De outro modo, a proporção de municípios com elevado grau de exclusão social no total de municípios brasileiros caiu de 30,8%, em 2000, para 21,0%, em 2010.

No sentido contrário, as cidades com baixo grau de exclusão social – IES superior a 0,68 ponto – mais do que duplicaram em quantidade e passaram a representar 23,0% dos municípios brasileiros em 2010, ante a 11,2%, em 2000.

Tabela 3. Municípios brasileiros nas manchas extremas de exclusão e de inclusão social, 2000-2010

	2000	2010	%
Municípios com alto grau de exclusão social (IES < 0,45)	1.694	1.166	-31,2%
Municípios com baixo grau de exclusão social (IES > 0,68)	617	1.278	107,1%
Total de municípios no Brasil	5.507	5.565	1,1%

Fonte: Elaboração própria.

Esses números, por si sós, merecem alguma comemoração, dada a velocidade com que esses resultados foram conseguidos em comparação com o histórico de exclusão social vivido no país. Entretanto, deixam claro que ainda se discute sobre números pouco aceitáveis para a sexta economia do mundo e a maior da América Latina.

Há, no entanto, algo ainda mais sério a ser observado e que já estava em tela na primeira edição do *Atlas da exclusão social no Brasil*, em 2003: a desigualdade regional. Agora, com o *Atlas da exclusão social no Brasil: dez anos depois*, lançado em 2014, outra faceta tornou-se evidente: a resistência das desigualdades entre as áreas mais ricas e as mais pobres do país, apesar da melhoria geral nas condições de vida dos mais pobres.

As Tabelas 4 e 5 mostram como, ao longo da última década, foram diferentes os avanços vividos por cada uma das regiões naturais brasileiras, quando o assunto é a redução do grau de exclusão social nos municípios.

Tabela 4. Municípios brasileiros com alto grau de exclusão social, 2000-2010.

Regiões	2000	2010	%
Norte (NO)	296	238	-19,6%
Nordeste (NE)	1.231	876	-28,8%
Centro-Oeste (CO)	35	13	-62,9%
Sudeste (SE)	113	35	-69,0%
Sul (SU)	19	4	-78,9%
SE + SU + CO	167	52	-68,9%
NE + NO	1.527	1.114	-27,0%
Total de municípios com IES < 0,45	1.694	1.166	-31,2%
Total de municípios no Brasil	5.507	5.565	1,1%

Fonte: Elaboração própria.

A Tabela 4, por exemplo, aponta a intensa redução do número de municípios com elevado grau de exclusão social na região centro-sul do país quando comparada com a área norte-nordeste. Mesmo partindo, em 2000, de uma quantidade elevada de cidades localizadas nas manchas vermelhas do mapa Índice de Exclusão Social – 2000, as regiões Norte e Nordeste do país não chegaram a reduzir em 30% o número de municípios com condições sociais mais graves. Ao mesmo tempo, as demais regiões praticamente diminuíram a quantidade de cidades com alto grau de exclusão social a um terço do que se via em 2000.

Esse resultado torna-se evidente quando se observa que, em 2000, os municípios com alto grau de exclusão social do Norte e do Nordeste representavam 90,1% das cidades brasileiras com essa característica. Em 2010, a proporção cresceu e chegou a impressionantes 95,5% do total de municípios do país com as piores condições de exclusão social. Ou seja, o recente movimento de redução da exclusão social no Brasil atingiu menos intensamente – e isto não chega constituir uma novidade – as áreas onde a gravidade da exclusão social é mais intensa, isto é, nas regiões Norte e Nordeste do país.

No outro extremo, o reverso da medalha merece alguma comemoração por um lado, mas não alivia o problema levantado em razão da Tabela 4. A observação dos mapas Índice de Exclusão Social - 2000 e Índice de Exclusão Social – 2010 e da Tabela 5 mostra que as manchas verdes – municípios com menor grau de exclusão social, isto é, IES > 0,68 – cresceram e foram acompanhadas por áreas que, antes de cor laranja, tornaram-se amarelas, mesmo com alguns municípios vermelhos migrando para as cores laranja e amarela. O quadro, contudo, destaca que o país ainda continua eivado de manchas vermelhas e laranjas, ou seja: o Brasil ainda apresenta uma grande parte do seu território sob a marca do alto grau de exclusão social, e isso apesar dos bons resultados obtidos na área social nos últimos anos.

Tabela 5. Municípios brasileiros com baixo grau de exclusão social, 2000-2010.

Regiões	2000	2010	%
Norte (NO)	0	1	Nc*
Nordeste (NE)	1	2	100,0%
Centro-Oeste (CO)	6	49	716,7%
Sudeste (SE)	382	737	92,9%
Sul (SU)	228	489	114,5%
SE + SU + CO	616	1.275	107,0%
NE + NO	1	3	200,0%
Total de municípios com IES > 0,68	617	1.278	107,1%
Total de municípios no Brasil	5.507	5.565	1,1%

*Nc = não calculável.

Fonte: Elaboração própria.

Mais importante a este respeito é perceber que a grande mancha vermelha e laranja do país continua situada sobre as regiões Norte e Nordeste.

Embora seja, em 2010, menos aguda do que em 2000, é ainda sobre essas áreas do país que os municípios oferecem as piores condições de vida para sua população. A Tabela 5 é reveladora neste sentido.

É visível, por exemplo, que os municípios com menor grau de exclusão social aumentaram, entre 2000 e 2010, em apenas uma unidade em cada uma das regiões Norte e Nordeste do Brasil: respectivamente Palmas (Tocantins) e Parnamirim (Rio Grande do Norte).[8] No mesmo período, entretanto, a região Sudeste praticamente dobrou a mancha verde em seu território, aumentando o número de cidades com menos exclusão social de 382 para 737. O mesmo se viu para as regiões Sul e Centro-Oeste. Isto implica que praticamente a totalidade dos municípios com menor grau de exclusão social (IES > 0,68 ponto) está localizada no centro-sul do país: 99,8%, em 2000, e 99,8%, em 2010. Se o Centro-Oeste for excluído desta conta, o Sudeste e o Sul somados possuem ainda 98,9%, em 2000, e 95,9%, em 2010, das cidades com melhores condições de vida.

Assim, tal como representado nos mapas, apesar das importantes melhoras recentes sobre os diversos problemas sociais do país, percebe-se que a problemática regional continua uma questão em aberto, ansiando por maiores esforços para seu enfrentamento. Os números discutidos no presente livro e no *Atlas da exclusão social no Brasil: dez anos depois* (2014) deixam claro essa questão e colocam um novo desafio para as políticas de enfrentamento da exclusão social: é preciso apoiar desigualmente os desiguais.

2.4. COMENTÁRIOS FINAIS SOBRE O COMPORTAMENTO DA EXCLUSÃO SOCIAL BRASILEIRA

O quadro desenhado pelo comparativo das pesquisas realizadas em 2000 e 2010 apresenta um Brasil um pouco diferente das visões comumente

[8] A primeira é a capital do recente estado de Tocantins e a segunda pertence à região metropolitana de Natal (capital do estado) e vive um grande crescimento imobiliário, sendo 100% urbanizada. Ali também está localizada a base brasileira de lançamento de foguetes.

espraiadas pelos jornais e pelo debate político rasteiro. Se os dados do primeiro *Atlas da exclusão social*, publicado em 2003, mostravam um país com elevado grau de exclusão social e, principalmente, muito desigual do ponto de vista regional, o presente estudo e seus dados apontam que o Brasil não é o mesmo e que se movimenta na direção de enfrentar algumas de suas chagas sociais mais antigas. Ficou evidente o avanço sobre temas-chave, como alfabetização, escolaridade, pobreza e emprego formal. Mesmo a desigualdade mostrou sinais claros de redução de intensidade, embora continue ainda muito elevada. O envelhecimento da população reforça a impressão de que as condições de vida, marcadamente da população mais carente, melhorou na maioria dos municípios brasileiros.

Ao mesmo tempo, porém, observou-se o crescimento da violência, marcadamente em alguns estados das regiões Norte e Nordeste. Esse, aliás, foi o único índice entre todos os pesquisados que mostrou deterioração ao longo da última década.

Desse modo, se a exclusão social no Brasil ainda é um fato grave, verifica-se que progressos interessantes foram feitos, exigindo, agora, redobrados esforços para que novos passos sejam dados. Tanto é assim que a observação dos mapas e números chamou a atenção para três fenômenos importantes: 1. houve melhorias significativas na condição de vida da maioria dos municípios brasileiros; 2. a desigualdade regional é uma chaga facilmente observável no país; e 3. há especificidades importantes na dinâmica social e econômica das regiões brasileiras que diferenciam os resultados dos esforços de enfrentamento da exclusão social levados a cabo nos últimos 10 anos.

Emerge, então, dessas observações, que os mapas e os números disponíveis em 2000 e em 2010 reclamam por um olhar mais cuidadoso das desigualdades regionais do país. A exclusão social é um problema nacional, mas as especificidades regionais impedem que o problema seja enfrentado eficazmente de uma só forma ou por um só modelo. Parece estar posto para debate a necessidade de discutir o desenho de políticas específicas, capazes de atender desigualmente aos desiguais, a fim de confrontar desigualmente as diferentes misérias.

A tarefa é naturalmente complexa. Mas se assim o é, complexa, o fato decorre simplesmente de a realidade se apresentar notoriamente dessa forma, não existindo linearidades causais e estruturas sociais idênticas em diferentes tempos e lugares. Por isso, coexistindo diferentes estruturas produtivas, diversas relações de propriedade e dinâmicas econômicas específicas, não existirão movimentos unidirecionais de causa e efeito capazes de permitir o desenho de políticas públicas únicas para realidades sociais distintas. Em cada região, o que se vê são múltiplas forças sociais e diferentes poderes de pressão, quase sempre não convergentes, em qualquer fenômeno ou fato social. Todas mais ou menos específicas, referidas ao ambiente social local. Logo, para enfrentar questões intrincadas que imbricam vários outros problemas, como a problemática da exclusão social, as teorias econômicas e as políticas públicas que não observam a complexidade da vida econômica e social tendem ao esgotamento rápido ou mesmo ao fracasso. Por essa razão, ter claro que o Brasil avançou significativamente na última década, mas o fez de maneira desigual, é um bom começo.

Capítulo 3

MOVIMENTO DA EXCLUSÃO SOCIAL NAS GRANDES REGIÕES E ESTADOS DA FEDERAÇÃO

A seguir, apresenta-se uma análise do comportamento da exclusão social nas grandes regiões e estados da federação, entre 2000 e 2010, segundo as dimensões de vida digna, conhecimento e vulnerabilidade.

3.1. ANÁLISE REGIONAL COMPARATIVA 2000-2010 DAS DIMENSÕES DE VIDA DIGNA, CONHECIMENTO E VULNERABILIDADE

3.1.1. Dimensão vida digna

Entre 2000 e 2010, a dimensão vida digna (que é composta pelos indicadores de pobreza, emprego e desigualdade) apresentou uma melhora significativa. Sobre a pobreza, tínhamos em 2000 o índice máximo de 74,9% e o índice mínimo de 22,9%. Uma década depois, o índice máximo cai para 57,2% e o índice mínimo também foi reduzido para 11,3%.

Percebe-se a mesma tendência com os outros dois indicadores, isto é, o indicador de emprego em 2000 apresentava o índice máximo de 49,4% e o índice mínimo de 16,4%. Em 2010, o percentual máximo de trabalhadores com emprego formal sobe para 59,8% e o índice mínimo para 25,2%. Já o indicador de desigualdade em 2000 apresentava o maior Índice de Gini (logo, a pior situação) em 0,629 e o menor índice (e melhor situação) em 0,555; uma década depois passa a apresentar maior índice de 0,594 e um índice mínimo de 0,464.

De forma geral, os estudos econômicos e sociais realizados na década passada já apontavam estas tendências. Estes mapas apenas tornam mais visível a melhora da condição de vida da população brasileira. Observa-se que a cor verde avança nos mapas, a partir da queda da pobreza e elevação do emprego formal nos estados brasileiros, e esses dois fatores impactam na redução da desigualdade entre a população dos estados, bem como entre a população entre todos os estados brasileiros.

POBREZA

O indicador de pobreza é composto pela proporção de domicílios com renda domiciliar *per capita* igual ou menor a ½ salário mínimo no Brasil. Em 2000, das 27 unidades da federação, 14 tinham mais de 50% da população nessa situação. Em dois estados a proporção era mais de 70%, como Maranhão (74,9%) e Piauí (70,5%). Ainda no Norte do país, o estado de Roraima destoa dos índices de pobreza locais ao apresentar 45,8% da população nessas condições.

Ainda em 2000, temos as unidades da federação no outro extremo, isto é, com índices de pobreza abaixo de 30%, como Rio Grande do Sul (28,3%), Rio de Janeiro (27,6%), Santa Catarina (26,4%), Distrito Federal (24,6%) e São Paulo (22,9%). Ao olhar o mapa de pobreza para o ano de 2000, percebe-se o dualismo brasileiro entre as regiões norte-sul.

Ao analisar a evolução da proporção de pessoas em famílias pobres no Brasil nos anos de 2000 e 2010, percebe-se que houve uma queda dessa proporção em todos os estados. Das 27 unidades da federação, 23 apresentaram queda superior a 10 p.p. (pontos percentuais) do índice de pobreza. Em alguns estados, a queda foi superior a 18 p.p., como em Tocantins (-21,5 p.p.), Mato Grosso do Sul (-18,9 p.p.), Rio Grande do Norte (-18,3 p.p.), Piauí (-18,3 p.p.) e Goiás (-18 p.p.).

Diferentemente do ano 2000, o índice de pobreza em 2010 aponta 12 unidades da federação com índices acima de 40% e apenas três estados com índice acima de 50% (Maranhão, Alagoas e Piauí). Já outros estados apresentaram índices abaixo de 20%, como Paraná (17,7%), São Paulo (16,2%), Rio Grande do Sul (16,1%), Distrito Federal (15,3%) e Santa Catarina (11,3%).

Índice de Pobreza, 2000

* Quanto maior o indicador, maior a concentração de pobreza.

Fonte: Elaboração própria, a partir dos microdados do Censo Demográfico 2010/IBGE.

Índice de Pobreza, 2010

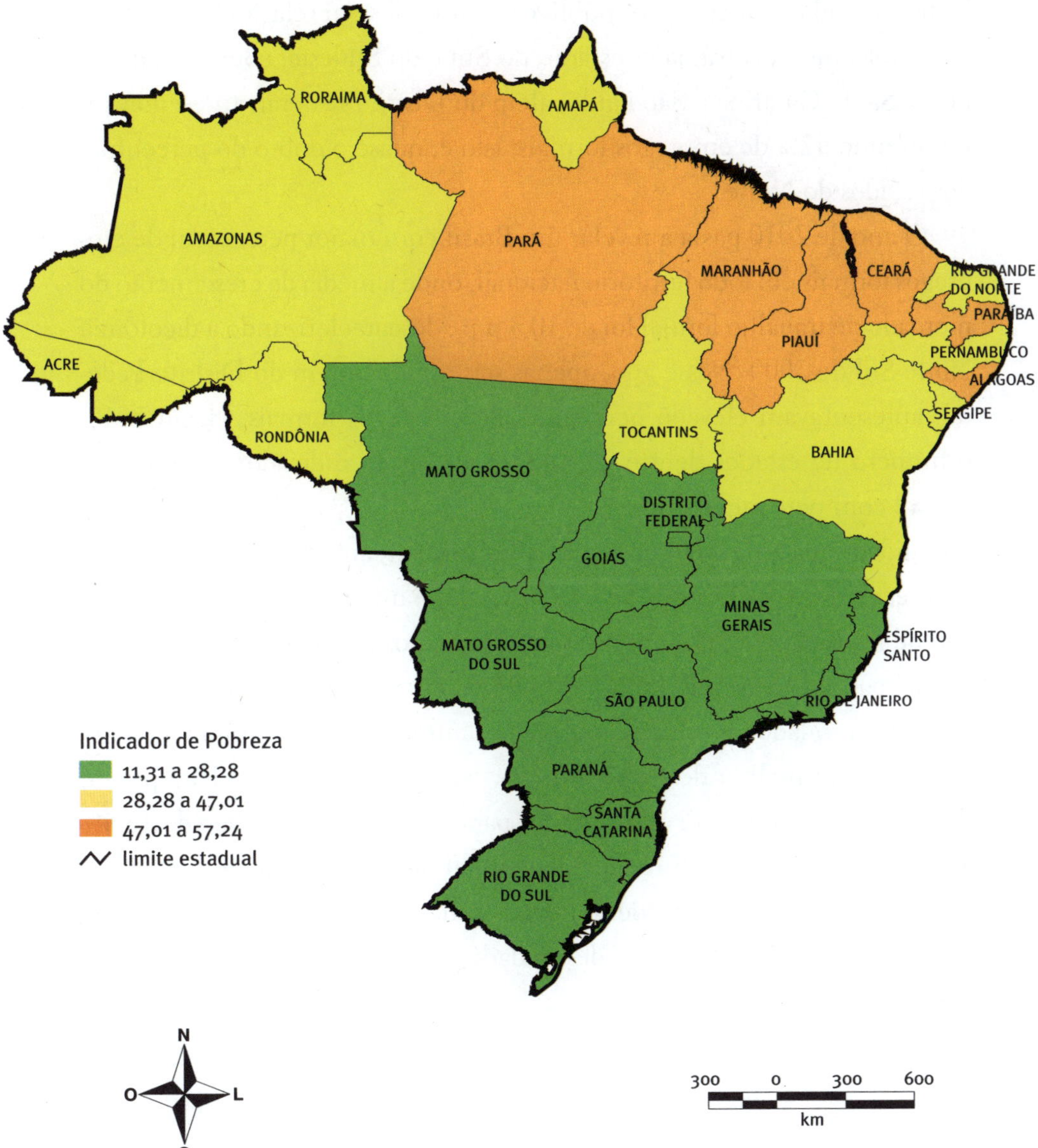

* Quanto maior o indicador, maior a concentração de pobreza.

Fonte: Elaboração própria, a partir dos microdados do Censo Demográfico 2010/IBGE.

EMPREGO

Em 2000, o Brasil apresentava uma elevada desigualdade entre estados da região Sul e Norte: estados como Pará, Maranhão e Piauí apresentavam apenas 22% de empregos formais ou de trabalhadores com carteira de trabalho assinada e funcionários públicos estatutários em relação à população economicamente ativa; já os estados do Sul e do Sudeste, como Rio de Janeiro, Santa Catarina e São Paulo, além do Distrito Federal, apresentavam no mínimo 42% de empregos formais, isto é, quase o dobro do percentual dos estados do Norte.

O ano de 2010 passa a revelar um Brasil com maior percentual de empregos formais em todo território nacional, onde a média de crescimento do mercado de trabalho formal foi de 10,3 p.p., descaracterizando a dicotomia Norte-Sul de 2000. Nesse ano, apenas seis estados, além do Distrito Federal, apresentavam elevado percentual de empregos formais. Já em 2010, o número de estados dentro da melhor escala do indicador de emprego formal com percentual entre 36,1% e 59,8% cresce para 19, e, destes, cinco unidades da federação passaram a ter um percentual acima de 50% de empregos formais (Distrito Federal, Paraná, Santa Catarina, São Paulo e Rio de Janeiro). Por apresentar essa evolução positiva, o mapa de emprego formal passa a apresentar maior número de estados na cor verde.

Por outro lado, os estados com menos empregos formais também apresentaram um melhor desempenho, por exemplo, o estado do Pará passou de 21,9% para 28,8%, Piauí de 19,2% para 28,6% e o Maranhão de 16,4% para 25,2%, sendo este o menor percentual do indicador de emprego formal em 2010. Esses fatos demonstram uma melhora e um mercado de trabalho no Brasil com menor disparidade por estados.

Índice de Emprego Formal, 2000

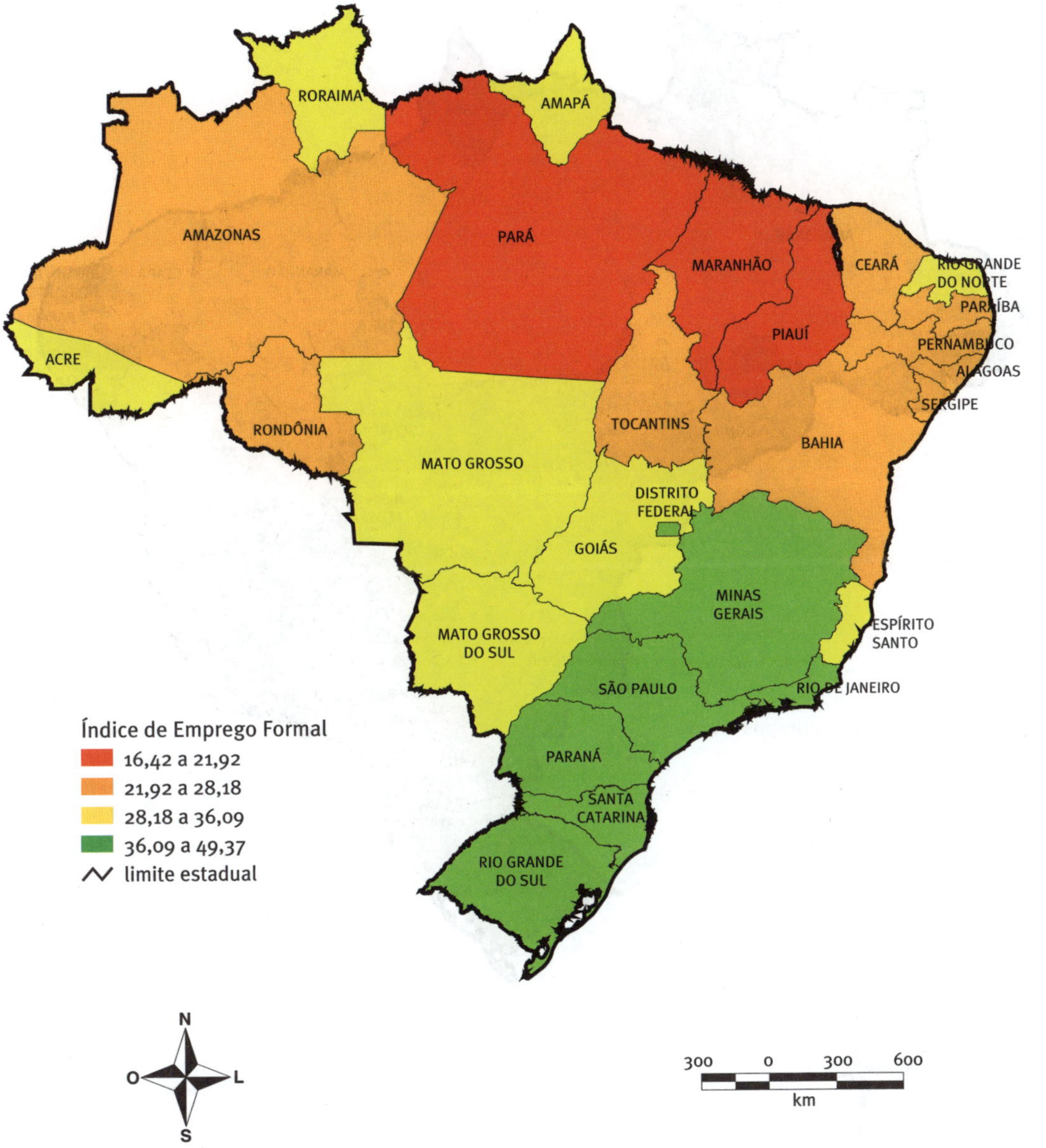

* Quanto maior o indicador, melhor a condição trabalhista.

Fonte: Elaboração própria, a partir dos microdados do Censo Demográfico 2010/IBGE.

Índice de Emprego Formal, 2010

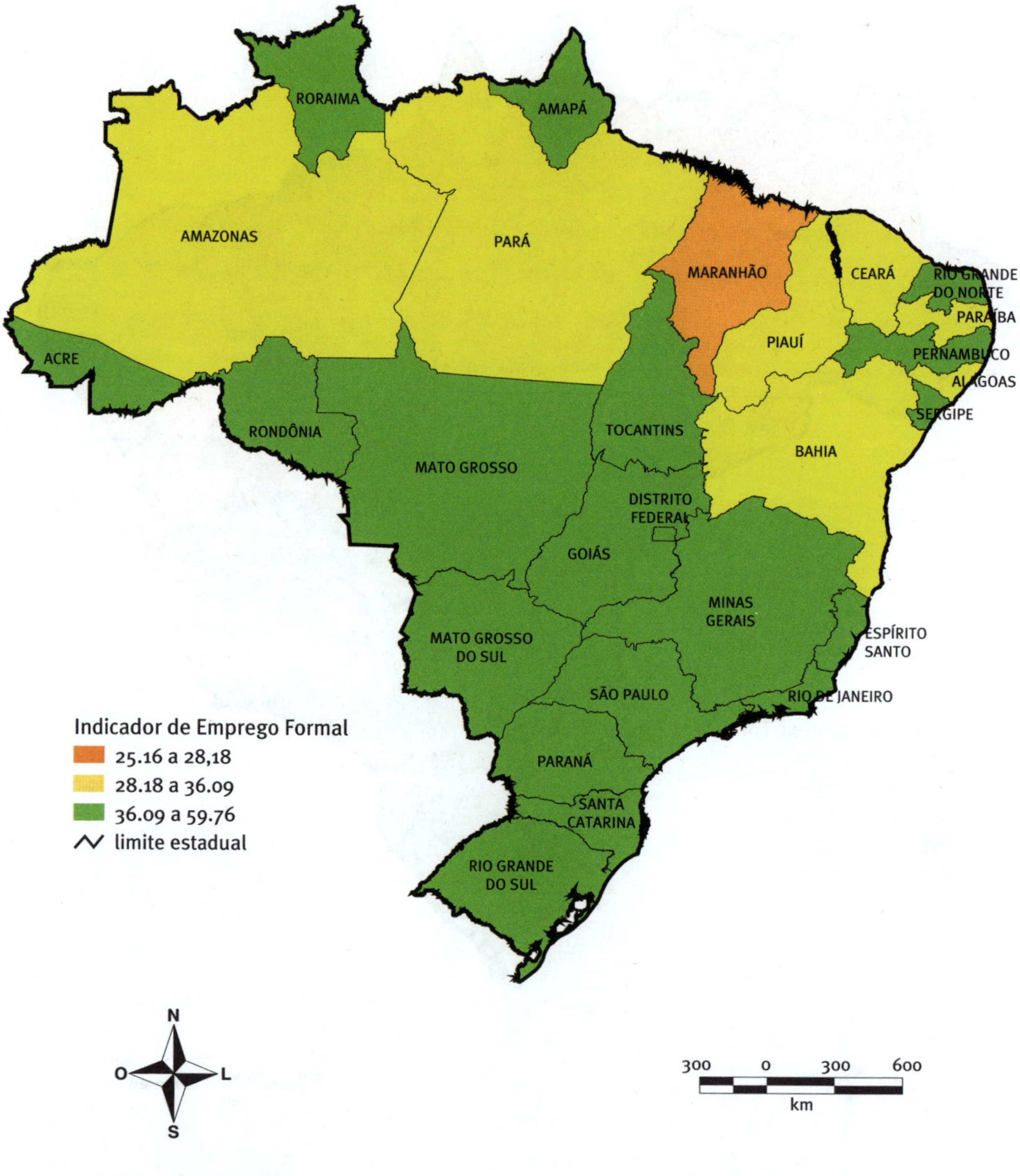

* Quanto maior o indicador, melhor a condição trabalhista.

Fonte: Elaboração própria, a partir dos microdados do Censo Demográfico 2010/IBGE.

DESIGUALDADE

Os mapas relacionados ao indicador de desigualdade são determinados pelo Índice de Gini da renda domiciliar *per capita* da população residente. Esse índice varia entre 0 e 1, sendo que 0 corresponde à completa igualdade de renda, isto é, todas as pessoas têm a mesma renda, e 1 que corresponde à completa desigualdade, ou seja, uma pessoa detém toda a renda. Assim, quanto maior o Índice de Gini, maior será a desigualdade.

Em 2000, das 27 unidades federativas, 13 apresentavam índices acima de 0,600. Destas, cinco estados estão dentro da escala do Índice de Gini com maior desigualdade, como Piauí (0,629), Ceará (0,627), Maranhão (0,619), Pernambuco (0,616) e Bahia (0,614). Já os estados que apresentaram os menores índices de desigualdade foram Rio Grande do Sul (0,569), Amapá (0,565), São Paulo (0,564), Roraima (0,556) e Santa Catarina (0,555).

Ao analisar a evolução do Índice de Gini por meio da comparação dos anos de 2000 e 2010, percebe-se a redução da desigualdade nas 27 unidades da federação. Por apresentar essa evolução positiva, o mapa de 2010 passa a apresentar maior número de estados na cor verde.

No ano de 2010, o menor e melhor índice foi 0,464 e o maior e pior 0,594. Os estados com índices superiores a 0,555 foram Distrito Federal (0,594), Piauí (0,569), Sergipe (0,564), Paraíba (0,563) e Bahia (0,560). Já os estados com índices abaixo de 0,510 foram Minas Gerais (0,509), Paraná (0,506), Rio Grande do Sul (0,504), Mato Grosso (0,503) e Santa Catarina (0,464).

Índice de Gini, 2000

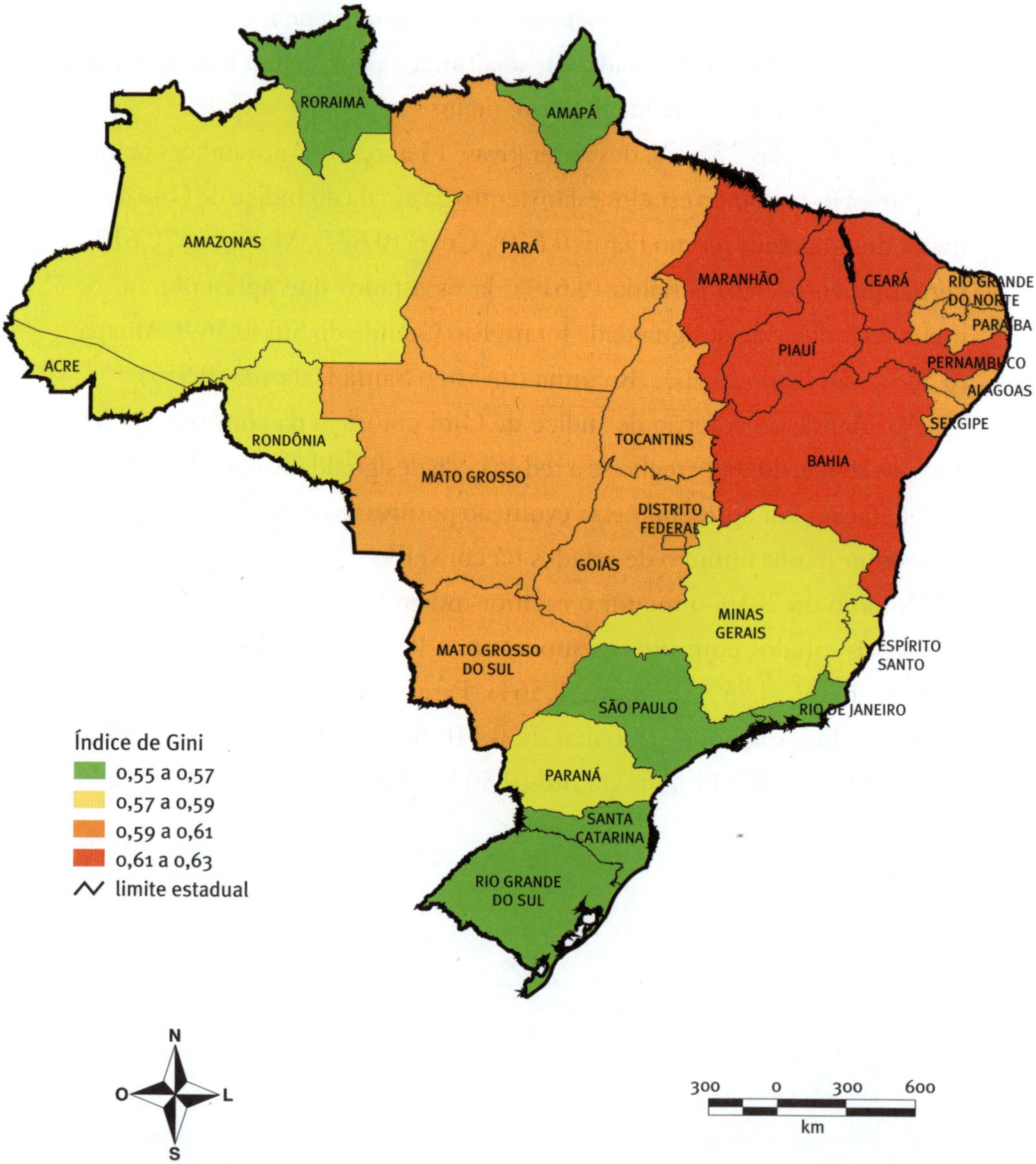

* Quanto maior o índice, maior a desigualdade.

Fonte: Elaboração própria, a partir dos microdados do Censo Demográfico 2010/IBGE.

Índice de Gini, 2010

* Quanto maior o índice, maior a desigualdade.

Fonte: Elaboração própria, a partir dos microdados do Censo Demográfico 2010/IBGE.

3.1.2. Dimensão conhecimento

Entre 2000 e 2010, a dimensão conhecimento obteve resultados positivos em uma velocidade bastante considerável. Entretanto, ainda persistem graves discrepâncias estaduais e resultados muito negativos. Esta persistência se relaciona ao péssimo quadro apresentado pelo indicador de escolaridade em 2000. O indicador de alfabetização era relativamente elevado, mas muito desigual entre os estados. Mesmo com os avanços observados na década 2000-2010, ainda há muito a se avançar na melhoria desta dimensão e na diminuição das diferenças regionais.

O indicador de alfabetização em 2000 apresentava o índice máximo de 91,7% e o índice mínimo de 70,8%. Em 2010, o percentual máximo de maiores de cinco anos que sabem ler e escrever sobe para 95,0% e o índice mínimo para 74,7%. Os resultados melhoram, mas a diferença entre estados continua elevada.

Já no caso do indicador de escolaridade, em 2000, a pior situação era de apenas 12,4% de pessoas com mais de 17 anos que tinham completado o ensino médio. A situação mais favorável foi observada no estado que conseguiu que 37,9% deste público tivesse concluído esta etapa educacional; dez anos depois, o pior indicador era de 25,8% e a melhor situação era de 55,4%.

ALFABETIZAÇÃO

O indicador de alfabetização está se tornando cada vez mais homogêneo por conta dos ótimos resultados alcançados pela média dos estados. A diferença entre o maior e o menor resultado estadual, que foi de 35% a mais em 2000, diminuiu para 25% a mais dez anos depois. Em 2010, todos os municípios apresentavam mais de 75% de pessoas com mais de cinco anos que sabiam ler e escrever. Nesse mesmo ano, 11 estados tinham um indicador de alfabetização superior a 90%.

Por conta disto, as situações extremamente negativas sumiram do mapa de 2010. Nos dez anos analisados, Alagoas, Paraíba, Ceará, Piauí, Maranhão e Acre deixaram de ser estados marcados em vermelho. Deve-se atentar que os estados do Ceará (cujo indicador cresceu para 81,2%) e do Acre (que alcançou 81,3% neste indicador) passaram de vermelho direto para amarelo, pulando o laranja.

Apesar da melhoria generalizada, o mapa de 2010 demonstra que há uma discrepância entre as regiões Sul, Sudeste e Centro-Oeste (todos os estados marcados em verde) e as regiões Norte e Nordeste. Estas últimas alternam estados amarelos e cor de laranja – a exceção é o Amapá (com 88,3% de alfabetizados) que se tornou o único estado "verde" dessas regiões.

Índice de Alfabetização, 2000

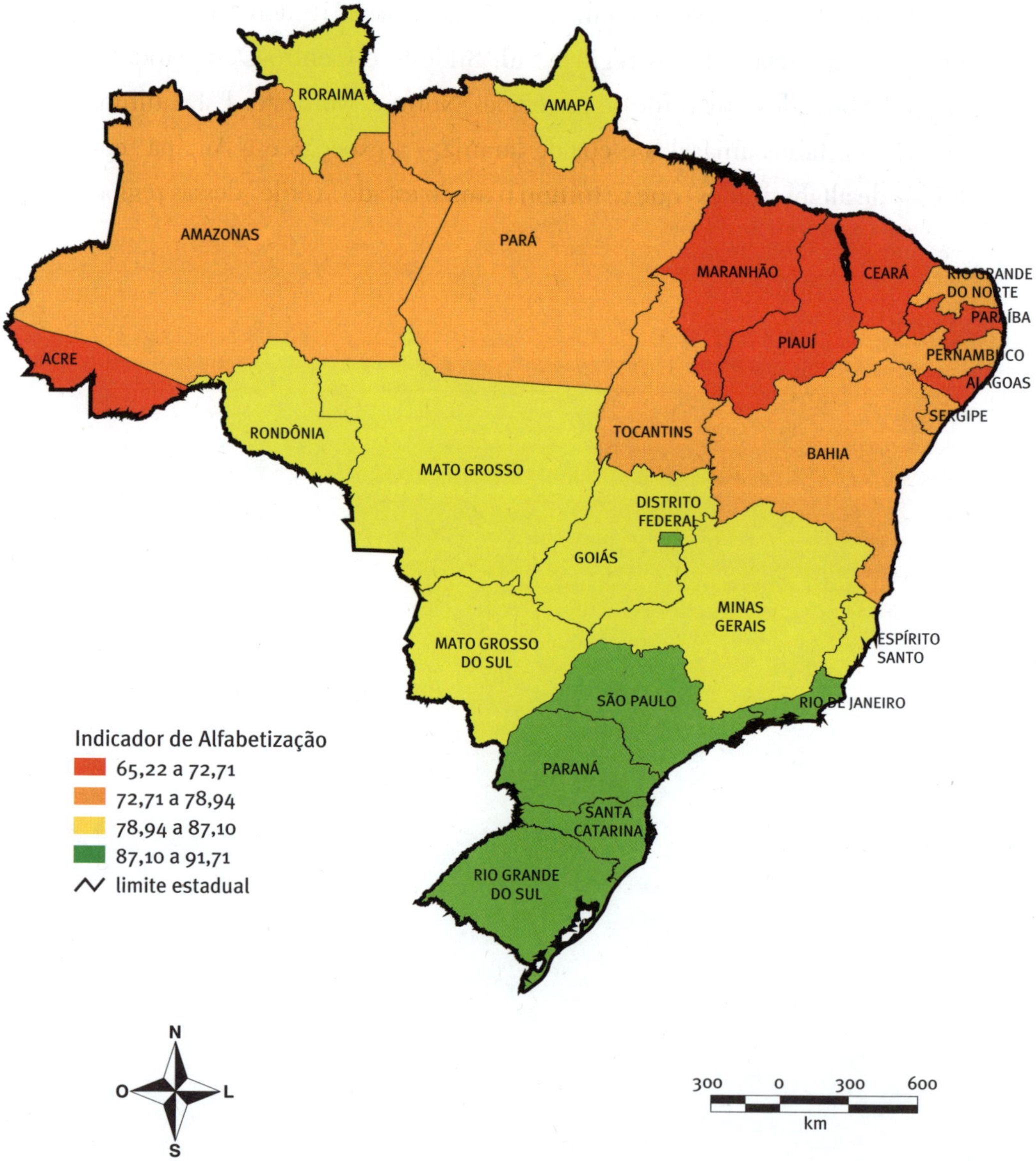

* Quanto maior o indicador,
melhor a condição de alfabetização.

Fonte: Elaboração própria, a partir dos microdados do Censo Demográfico 2010/IBGE.

Índice de Alfabetização, 2010

* Quanto maior o indicador, melhor a condição de alfabetização.

Fonte: Elaboração própria, a partir dos microdados do Censo Demográfico 2010/IBGE.

ESCOLARIDADE

A melhora no indicador de escolaridade entre 2000 e 2010 somente foi menos impressionante do que a evolução do Índice de Gini. Em 2000, os estados de Maranhão, Piauí e Alagoas apresentavam os piores indicadores de escolaridade, pois entre 12% e 13,5% de pessoas com 17 anos ou mais concluíram o ensino médio. A Unidade da Federação com melhor indicador (Distrito Federal) alcançava o triplo disso. O Nordeste apresentava um desempenho ruim: Piauí apresentava o pior indicador do país; e todos os demais estados apresentavam indicadores ruins – sempre abaixo de 20%.

Já o ano de 2010 apresentou uma situação muito mais favorável. Primeiro porque a distância entre os resultados estaduais caiu: o melhor resultado (ainda o Distrito Federal) equivale a pouco mais do dobro do indicador alcançado no pior dos casos (neste ano, Alagoas assumiu o pior lugar). Como resultado, o mapa torna-se integralmente verde.

Além da diminuição da desigualdade estadual, há uma melhora de patamar em todos os estados. Os resultados mais baixos alcançados em 2010 (Alagoas – 25,8%; Piauí – 26,4%; e Maranhão – 27,8%) são superiores aos resultados de quase todos os estados em 2000 – apenas Distrito Federal, Rio de Janeiro e São Paulo estavam melhor na virada do século. Não por acaso, eles eram os únicos pintados em verde naquele ano.

Índice de Escolaridade, 2000

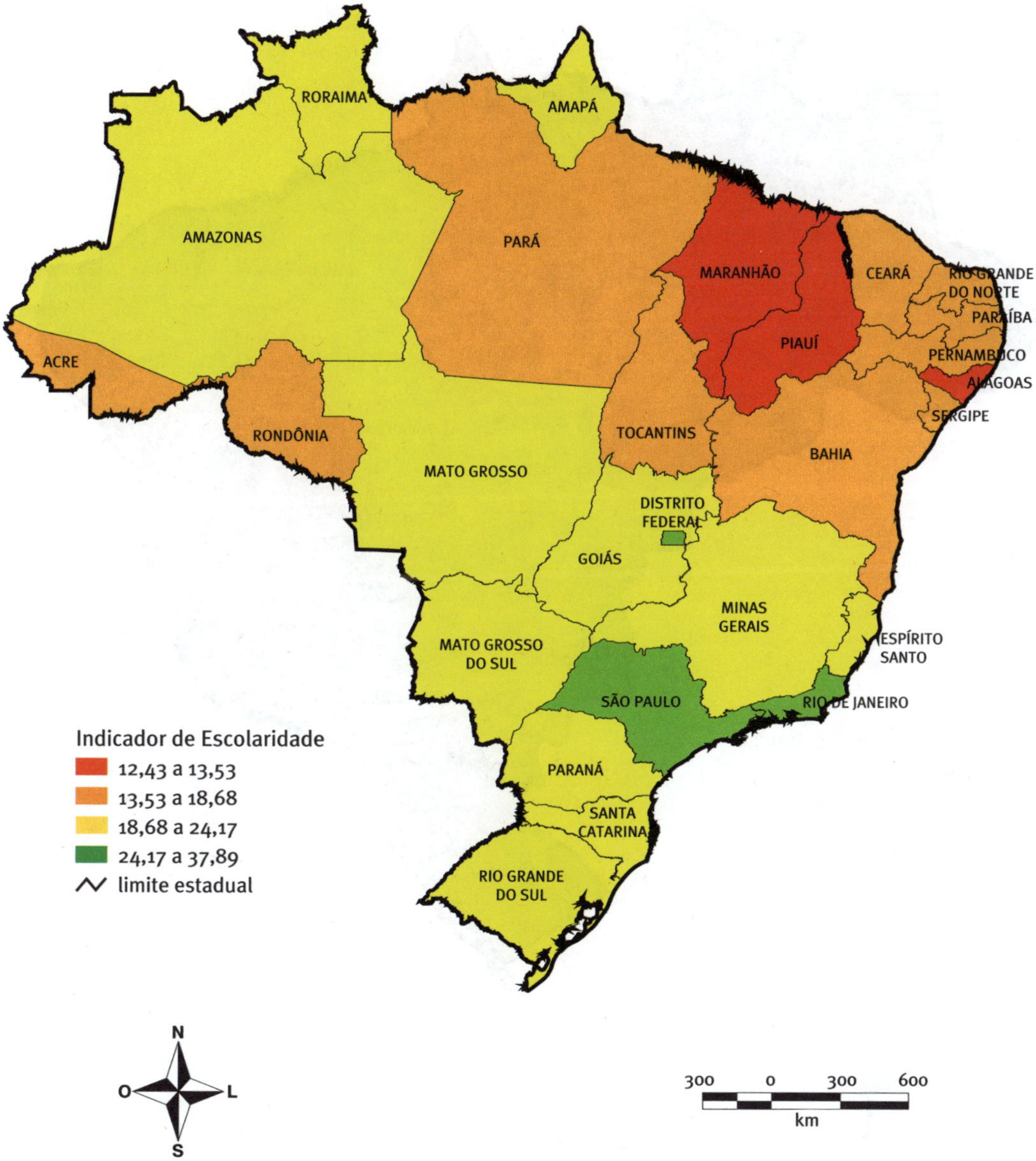

* Quanto maior o indicador, melhor a condição escolar.

Fonte: Elaboração própria, a partir dos microdados do Censo Demográfico 2010/IBGE.

Índice de Escolaridade, 2010

Fonte: Elaboração própria, a partir dos microdados do Censo Demográfico 2010/IBGE.

3.1.3. Dimensão vulnerabilidade

Entre 2000 e 2010, a dimensão vulnerabilidade foi a que teve pior desempenho. A proporção de crianças e adolescentes caiu em todos os estados – o que confirma as análises de diversos estudos sobre o comportamento demográfico brasileiro recente. Com isso, a condição de vulnerabilidade dos estados melhora, já que é maior a População Economicamente Ativa, há menos necessidade de serviços sociais para este público, entre outras mudanças.

Porém, a violência cresceu em diversos estados. Em 2000, o pior resultado era de 46,8 homicídios por 100 mil habitantes. Dez anos depois, a situação mais crítica chega a 50,8 homicídios por 100 mil habitantes. Já o estado menos violento de 2000 apresentava 6,2 homicídios por 100 mil habitantes, e havia cinco estados com menos de dez homicídios por 100 mil habitantes na virada do século. Já em 2010, o estado menos violento contava 13 homicídios a cada 100 mil habitantes, uma piora considerável.

Da combinação entre esses dois indicadores, o saldo foi negativo para o conjunto do país e para diversos estados em particular.

JUVENTUDE

Os dados sobre a proporção de jovens com até 19 anos no total da população tornaram-se muito mais homogêneos entre 2000 e 2010, um reflexo natural do evidente processo de envelhecimento da população brasileira observado desde os anos 1990. A diminuição desse grupo populacional foi tão acelerada que, em 2000, o estado com menor proporção de crianças e adolescentes na sua população era o Rio de Janeiro. Nesse estado, 34,30% da população tinha menos de 19 anos. Em 2010, 13 estados já estavam abaixo do piso de 2000, sendo que três deles (Rio de Janeiro, Rio Grande do Sul e São Paulo) estavam com a proporção de crianças e adolescentes abaixo dos 30% da população. Por outro lado, em 2010, nenhum estado tinha uma população majoritariamente formada por crianças e adolescentes, enquanto em 2000 havia quatro estados nesta situação. Na virada do século, tanto Roraima (50,08%) quanto Amazonas (50,8%), Acre (50,8%) e Amapá (51,4%) tinham mais de 50% da população com menos de 19 anos de idade.

O mapa de 2000 mostra que estados na região Sul e parte do Sudeste (exceto Espírito Santo) apresentavam as menores proporções dessa faixa etária na sua população. Em 2010, esse grupo continua abrangendo a região Sul, todos os estados do Sudeste, todos os estados do Centro-Oeste e grande parte do Nordeste.

No Nordeste, apenas os estados de Alagoas e Maranhão ficaram fora do grupo com menor proporção de crianças e adolescentes, porém, os dois estados apresentaram melhoras em relação à situação do ano 2000. Na região Norte, apenas Rondônia entrou no grupo verde, mas igualmente todos os demais estados apresentaram melhoras.

Índice de Juventude, 2000

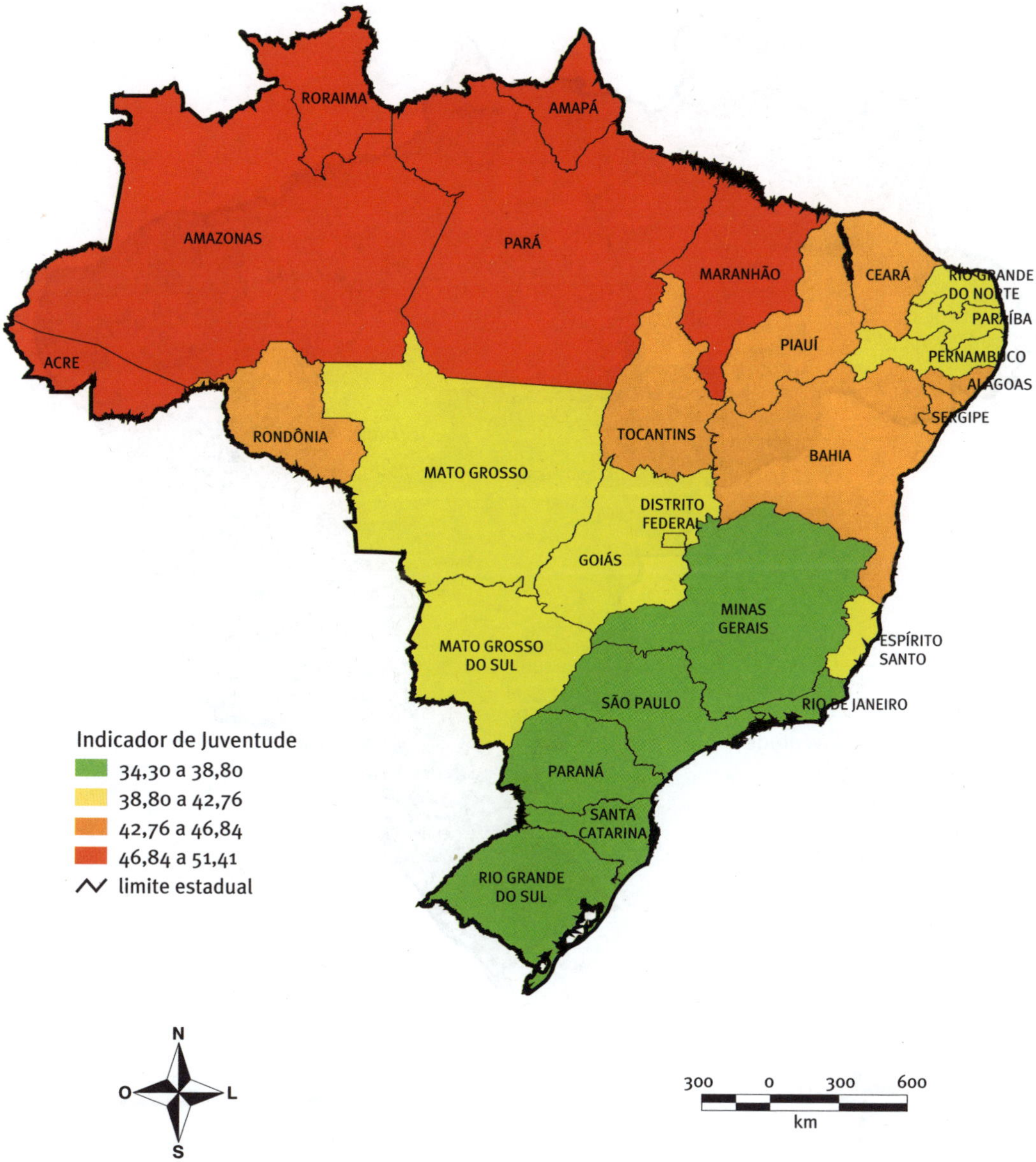

* Quanto maior o indicador, maior a concentração de jovens.

Fonte: Elaboração própria, a partir dos microdados do Censo Demográfico 2010/IBGE.

Índice de Juventude, 2010

* Quanto maior o indicador, maior a concentração de jovens.

Fonte: PNUD, a partir dos dados do Censo Demográfico 2010/IBGE.

VIOLÊNCIA

A taxa de homicídios por 100 mil habitantes determina o indicador de violência que compõe o Índice de Exclusão Social. Em 2000, tínhamos seis estados com taxas acima de 34%, entre eles, Pernambuco (51,8%), Rio de Janeiro (46,8%), Espírito Santo (46,2%), Roraima (40,1%), São Paulo (39,8%) e Mato Grosso (39,5%).

Ainda em 2000, tínhamos sete estados com taxas de homicídios abaixo de 13%. Eram eles: Pará (13,0%), Minas Gerais (11,6%), Bahia (9,5%), Rio Grande do Norte (9,3%), Piauí (8,1%), Santa Catarina (7,9%) e Maranhão (6,2%).

Percebe-se que, em 2000, dos seis estados com piores taxas de homicídios, três se encontravam na região Sudeste. Já dos sete estados com menores taxas de homicídios, temos quatro da região Nordeste e apenas um estado da região Sudeste, Sul e Norte.

Ao analisar a evolução da taxa de homicídios entre 2000 e 2010, percebe-se que a taxa de homicídios elevou-se na maioria das unidades federativas, entretanto, em sete delas, houve uma queda. Entre os estados que apresentaram uma queda do indicador de violência estão São Paulo (-26,0 p.p.), Rio de Janeiro (-16,8 p.p.), Roraima (-13,2 p.p.), Pernambuco (-12,9 p.p.), Mato Grosso (-8,0 p.p.), Distrito Federal (-2,9 p.p.) e Mato Grosso do Sul (-4,3 p.p.).

Das 27 unidades federativas, temos nove estados com taxas de homicídios acima de 34%, entre eles, Alagoas (66,9%), Espírito Santo (50,8%), Pará (46,1%), Bahia (39,9%), Pernambuco (38,8%), Amapá (38,8%), Paraíba (38,4%), Rondônia (34,1%) e Paraná (33,4%). Há apenas um estado com taxa de homicídios abaixo de 13%: trata-se do estado do Piauí, com a taxa de 13%.

Taxa de Homicídios, 2000

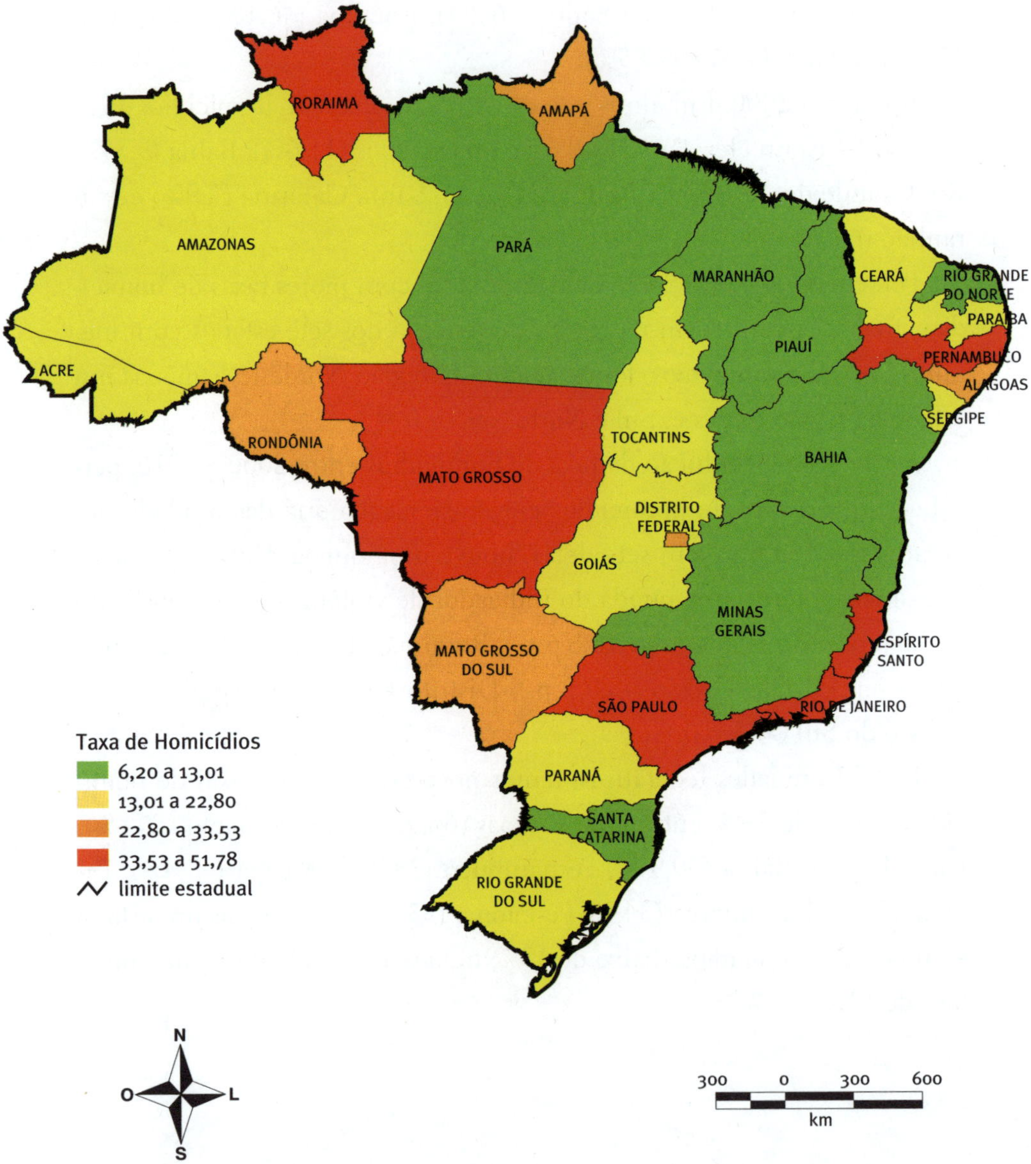

* Quanto maior a taxa, maior a violência.

Fonte: DATASUS/2000.

Taxa de Homicídios, 2010

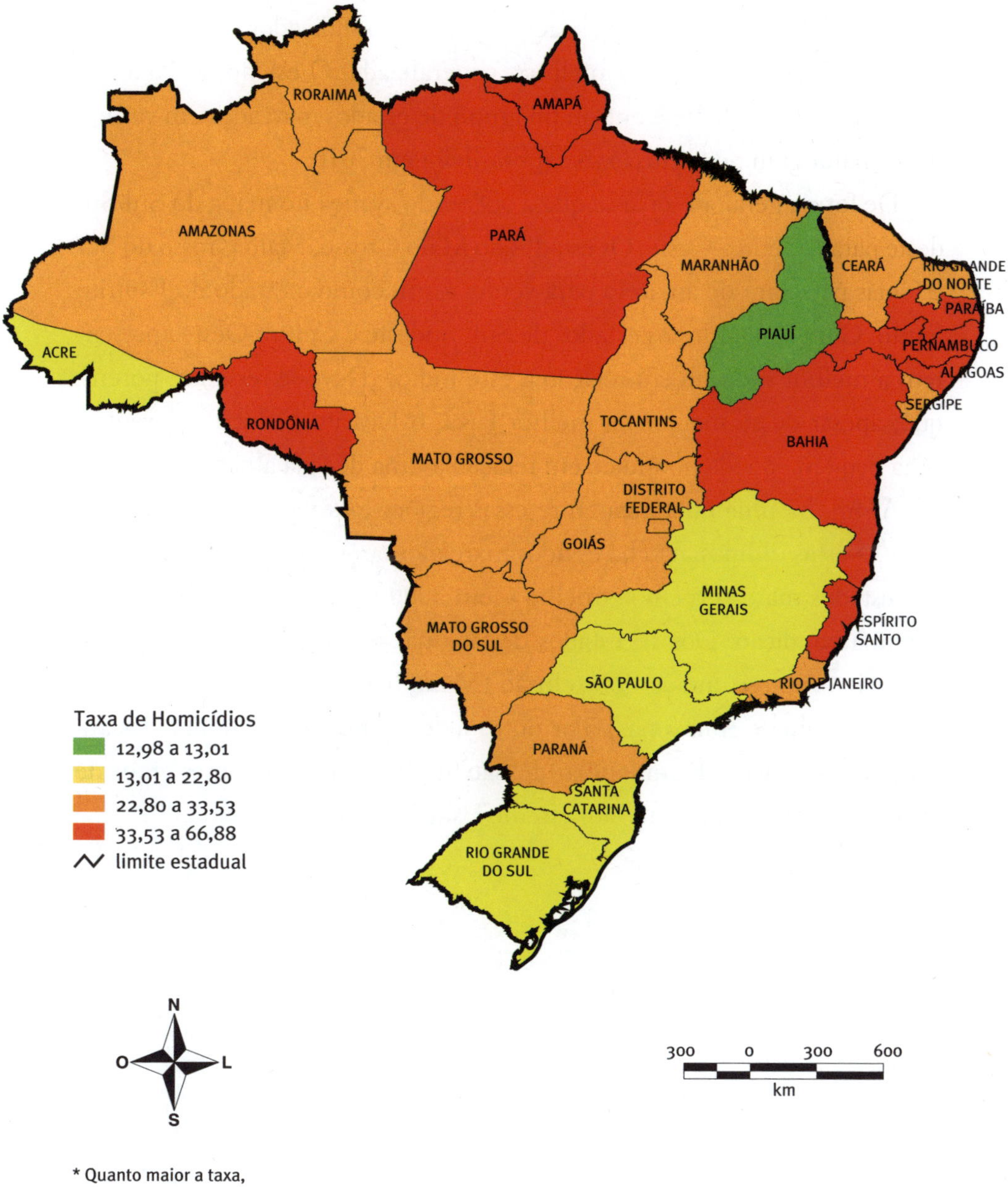

* Quanto maior a taxa, maior a violência.

Fonte: DATASUS/2000.

3.2. CONSIDERAÇÕES FINAIS SOBRE A EXCLUSÃO SOCIAL NAS REGIÕES E UNIDADES FEDERATIVAS

Entre 2000 e 2010, maior número de Unidades da Federação melhorou seu Índice de Exclusão Social, tornando-se menos excludentes. Porém, ao contrário da maioria dos indicadores (apenas o indicador de homicídios é exceção), não houve uma melhora generalizada. O estado do Pará tornou-se mais excludente e entrou no grupo de estados marcados em vermelho – maior grau de exclusão social brasileira em 2010.

De forma geral, observa-se que a cor verde avança no mapa do Sul/Sudeste para o Centro-Oeste. Os estados do Mato Grosso, Mato Grosso do Sul e Goiás passaram de amarelo para verde, assim como o estado do Espírito Santo. Com isso, todos os estados de Sul, Sudeste e Centro-Oeste apresentam a melhor situação em relação a esse índice. Deve-se ressaltar, porém, que, apesar de se manter na melhor faixa, o Distrito Federal apresentou uma pequena queda no índice em relação a uma década atrás.

Assim, há uma diferença entre essas regiões e as regiões Norte e Nordeste. Nestas últimas, não há estados marcados em verde e ainda persistem três estados marcados em vermelho – em 2000 eram quatro estados nessa péssima condição. Dos 16 estados destas duas regiões, sete apresentaram uma piora no seu índice de exclusão (Maranhão, Alagoas, Paraíba, Pará, Sergipe, Bahia e Amazonas). Por outro lado, Roraima, Rondônia, Tocantins, Pernambuco e Piauí, apesar de não alcançarem os menores graus de exclusão, apresentaram melhora frente à situação observada em 2000.

Índice de Exclusão Social, 2000

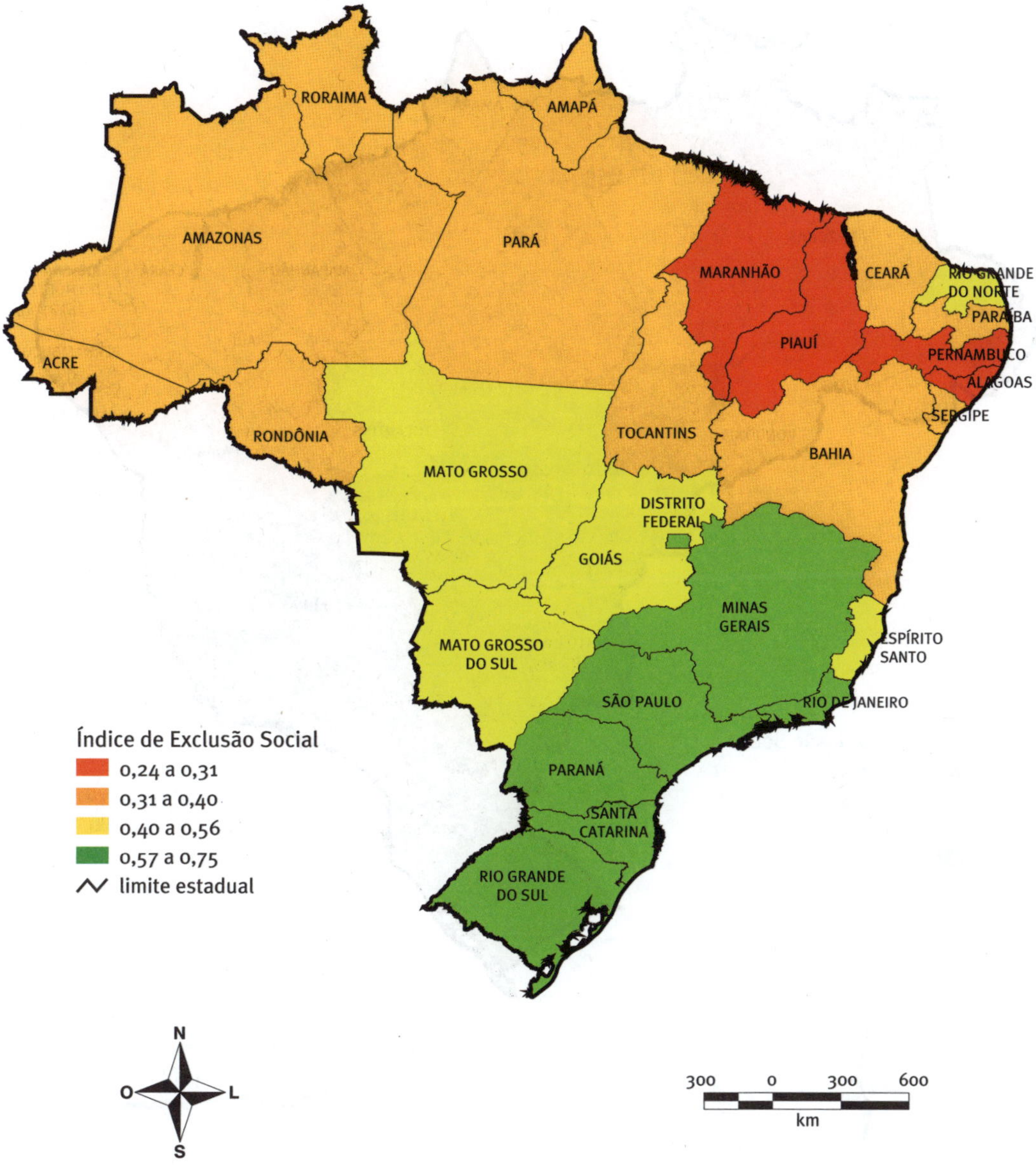

* Quanto maior o índice, melhor a condição social.

Fonte: Elaboração própria, a partir dos microdados do Censo Demográfico 2010/IBGE.

Índice de Exclusão Social, 2010

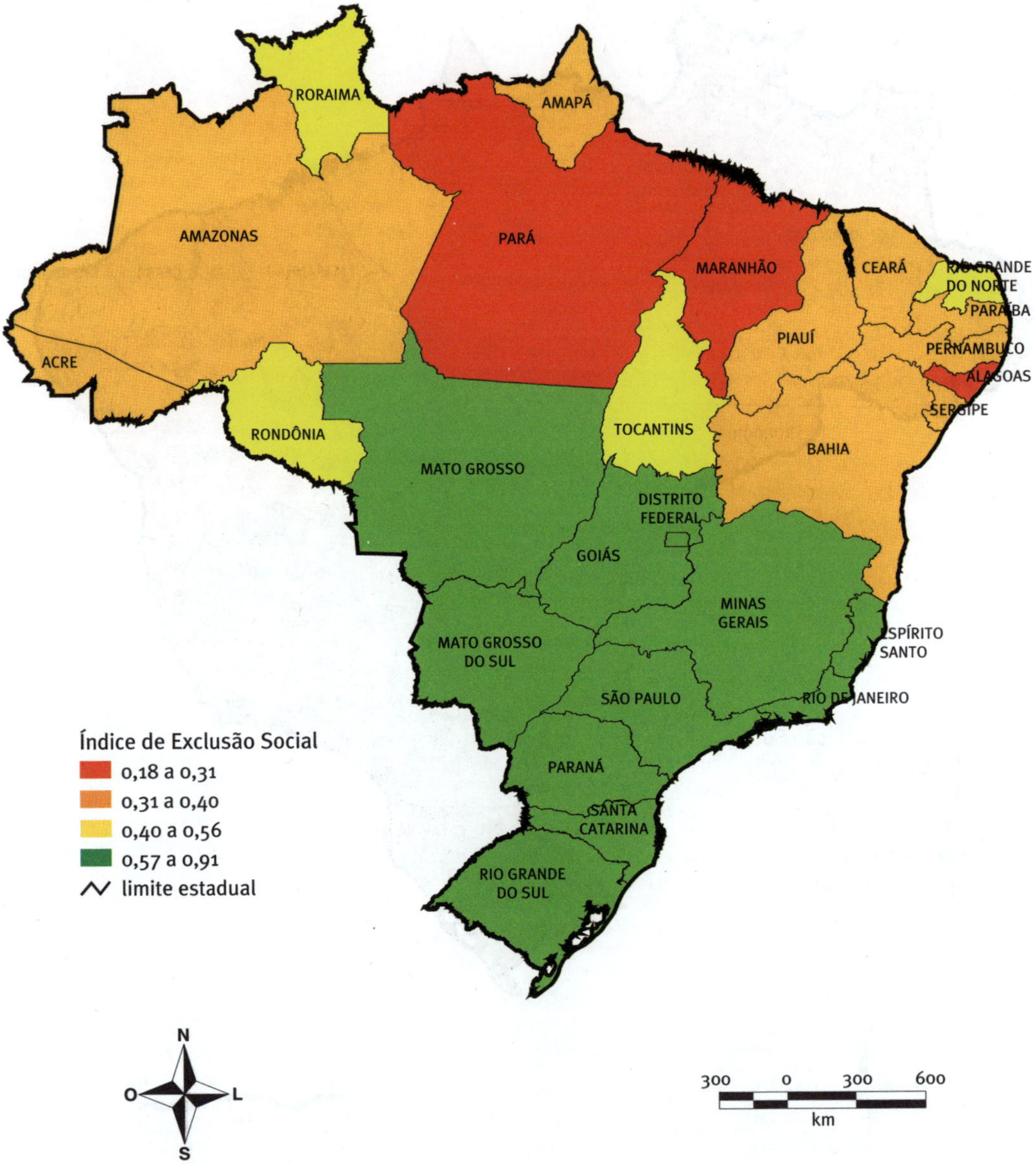

* Quanto maior o índice, melhor a condição social.

Fonte: Elaboração própria, a partir dos microdados do Censo Demográfico 2010/IBGE.

Capítulo 4

HETEROGENEIDADE SOCIAL NAS METRÓPOLES BRASILEIRAS

Dentro da perspectiva analítica possibilitada pelo Índice de Exclusão Social (IES), cabe o enfoque privilegiado a respeito das grandes cidades brasileiras. De acordo com o Censo Demográfico de 2010, o Brasil possuía 38 municípios (0,62% do total) com mais de 500 mil habitantes. Esse conjunto de municípios populosos congregou 55,8 milhões de habitantes, o que se aproximava de equivaler a quase 1/3 do total da população brasileira.

Neste capítulo, considera-se um grupo menor de cidades populosas com o objetivo de analisar o IES em oito cidades (Belém, Curitiba, Manaus, Porto Alegre, Recife, Rio de Janeiro, Salvador e São Paulo) mais Brasília. Nesse caso, trata-se apenas de 0,15% do total dos municípios do país, embora representassem 16,1% (30,7 milhões de habitantes) do total da população brasileira.

Enquanto o total dos brasileiros aumentou 12,3% entre os anos de 2000 e 2010, o conjunto da população dos municípios populosos aqui selecionados cresceu 10,6%. Assim, do acréscimo de 20,9 milhões de pessoas que se adicionaram à população do país, o conjunto de oito municípios mais Brasília contribuiu com 2,9 milhões, 13,9% do aumento dos residentes.

A partir das áreas de ponderação estabelecidas pelo IBGE, tornou-se possível obter o retrato do Índice de Exclusão Social dos municípios selecionados. Na sequência, os mapas dos municípios são apresentados, permitindo identificar a situação da exclusão social no interior de cada uma das cidades.

4.1. O RETRATO ATUAL DA EXCLUSÃO SOCIAL EM METRÓPOLES SELECIONADAS

Abandona-se a ordem alfabética dos municípios populosos aqui selecionados para oferecer uma perspectiva a partir das grandes regiões geográficas nacionais. Dessa forma, as cinco regiões geográficas encontram-se representadas. A começar pela região Norte, com a apresentação de Belém e Manaus.

Belém

O município de Belém, capital do estado do Pará, registrou, em 2010, quase 1,4 milhão de habitantes. Ou seja, 18,3% do total da população do estado. Em 2000, Belém respondia por 20,7% dos residentes no Pará, o que significa a existência de movimento de interiorização da população no estado.

De acordo com o mapa da exclusão social, Belém se apresenta demarcada pela desigualdade do IES no ano de 2010. Apenas poucas áreas do município registram baixo Índice de Exclusão Social.

Belém, Índice de Exclusão Social

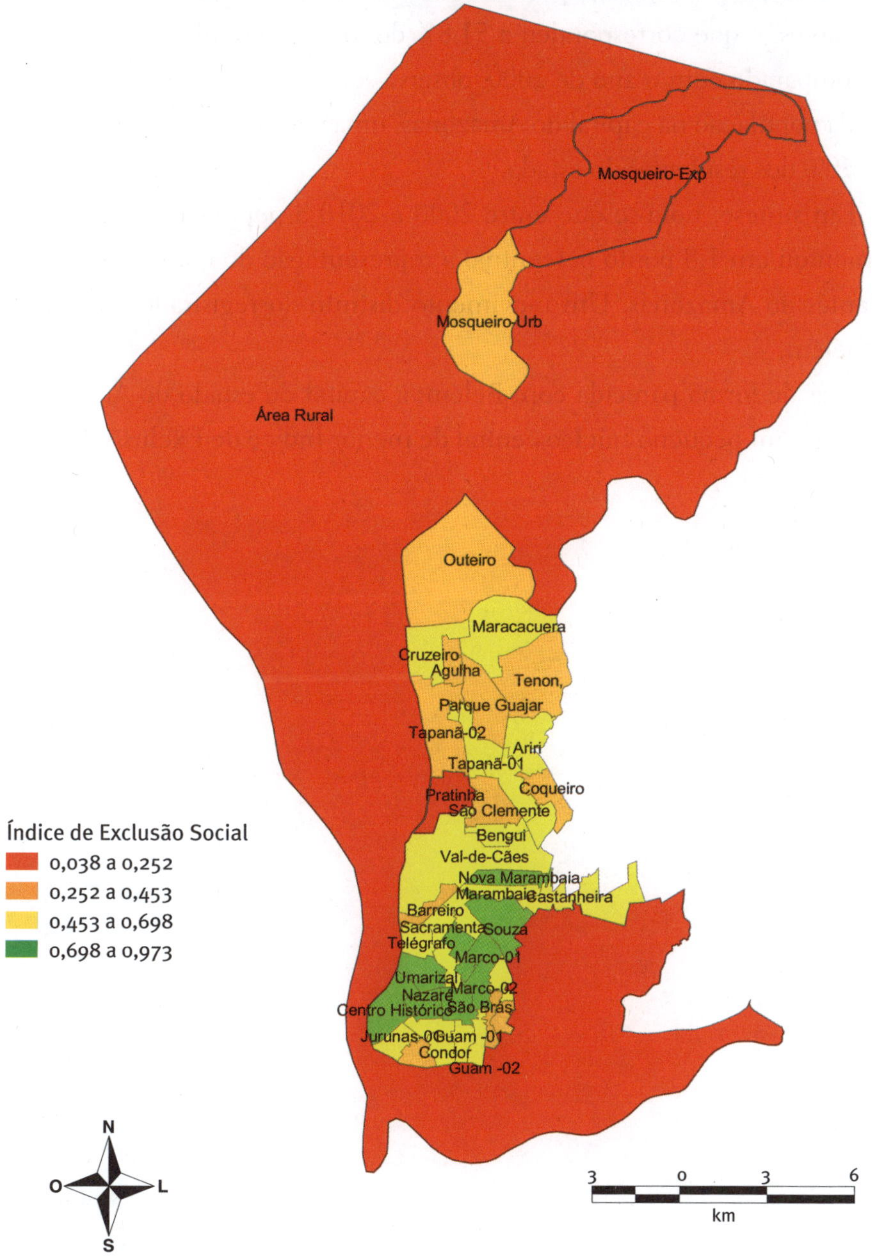

* Quanto maior o índice, melhor a condição social.

Fonte: Elaboração própria, a partir dos microdados do Censo Demográfico 2010/IBGE.

Manaus

Em 2010, Manaus, a capital do Amazonas, contou com 1,8 milhão de habitantes, o que correspondeu a 51,8% do total da população do estado. Se comparado com o ano de 2000, observa-se o movimento de concentração da população na capital do Amazonas, uma vez que Manaus respondia por 50% dos residentes do estado.

Em síntese, nota-se que entre 2000 e 2010 a população de Manaus aumentou em 1,8 ponto percentual a representação do conjunto dos habitantes do Amazonas. Um movimento distinto do registrado na cidade de Belém.

Mas de forma parecida com Belém, a capital do estado do Amazonas constitui um pequeno núcleo central de menor Índice de Exclusão Social.

Manaus (perímetro urbano), Índice de Exclusão Social

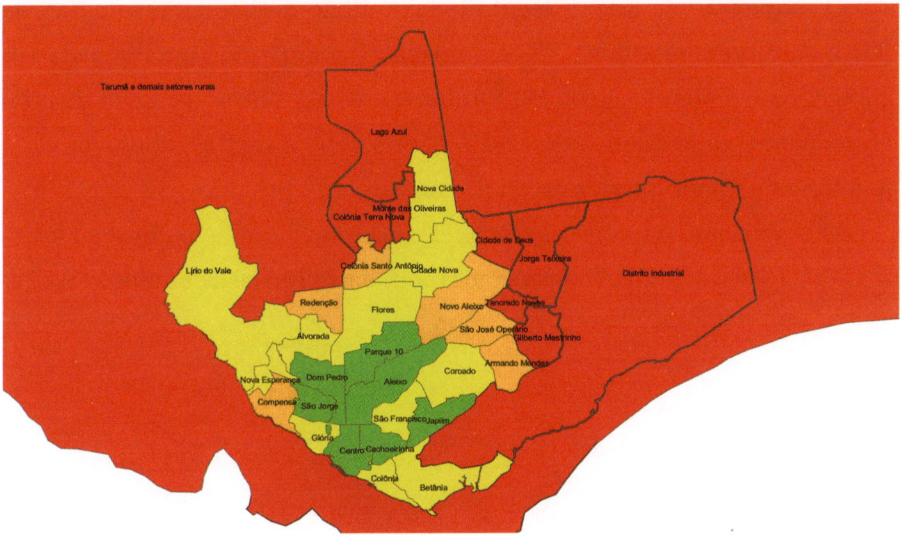

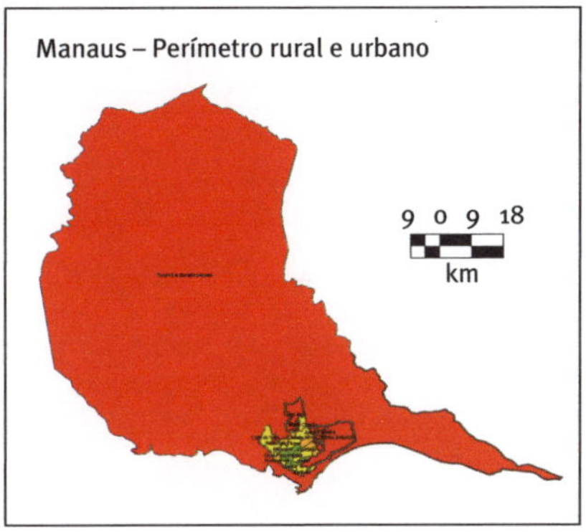

Índice de Exclusão Social

- 0,252 a 0,382
- 0,382 a 0,629
- 0,629 a 0,758
- 0,758 a 0,872

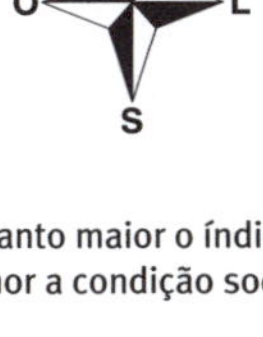

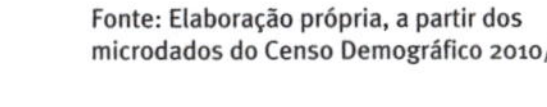

* Quanto maior o índice, melhor a condição social.

Fonte: Elaboração própria, a partir dos microdados do Censo Demográfico 2010/IBGE.

Obs. Os limites geográficos intramunicipais áreas de ponderação são fornecidos pelo IBGE, e para este período de 2010, estas áreas agregam as ilhas dentro de tais territórios, fazendo, por vezes, que trechos de rios, mar ou lagoas fiquem contemplados dentro destes limites para que não se perca a continuidade geográfica, e se contemple, por vezes, diversas pequenas ilhas constantes deste território.

Pela região Nordeste, apresentam-se as cidades de Recife e Salvador.

Recife

O município de Recife registrou 1,5 milhão de habitantes no ano de 2010, com crescimento de 8% em relação à população contabilizada em 2000. Como a população de Pernambuco cresceu 11,6%, a capital do estado reduziu o peso relativo de 18,1% para 17,5%, em 2010, consagrando a trajetória de maior interiorização dos residentes.

Mesmo assim, o município de Recife expressa a exclusão em seu território, com apenas sete áreas consideradas com baixo Índice de Exclusão Social.

Recife, Índice de Exclusão Social

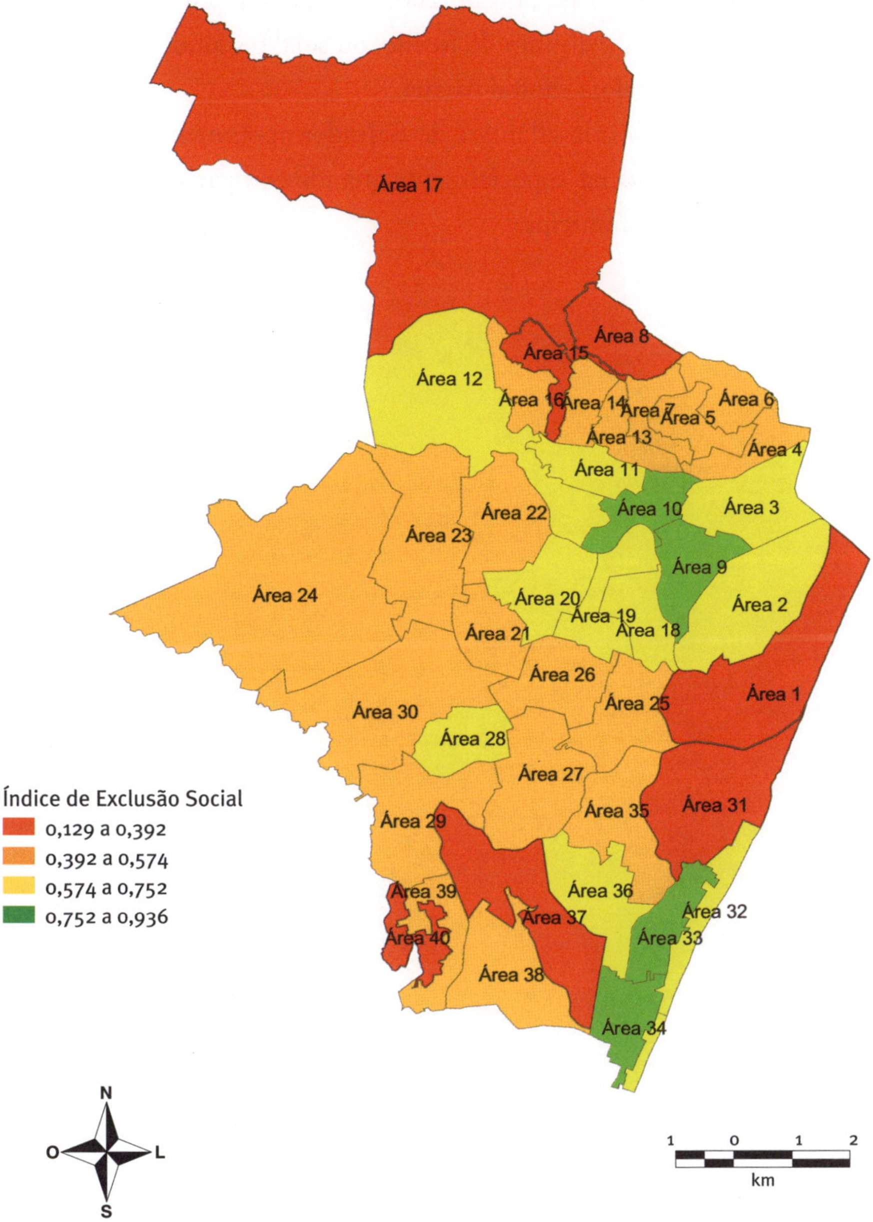

* Quanto maior o índice, melhor a condição social.

Fonte: Elaboração própria, a partir dos microdados do Censo Demográfico 2010/IBGE.

Salvador

No estado da Bahia, a sua capital respondeu, em 2010, por 19,1% de toda a população. Como no ano de 2000, Salvador representava 18,7%, percebe-se o movimento distinto de Recife, ou seja, o sentido de leve concentração populacional na capital baiana.

Algumas partes da orla atlântica de Salvador apresentam os menores Índices de Exclusão Social, especialmente quando comparados com o conjunto do território do município.

Salvador, Índice de Exclusão Social

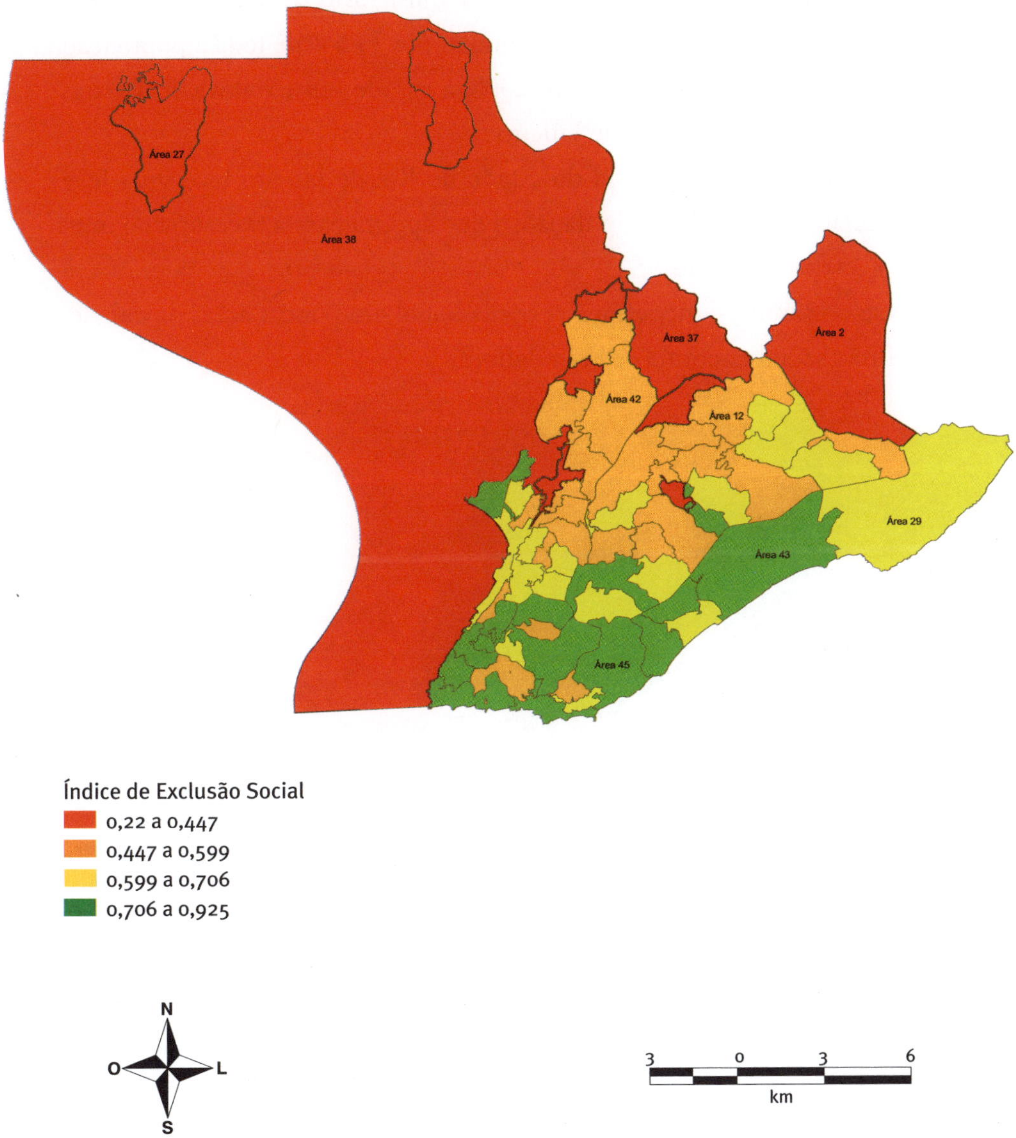

* Quanto maior o índice, melhor a condição social.

Fonte: Elaboração própria, a partir dos microdados do Censo Demográfico 2010/IBGE.

Agora se avança para a região Sudeste, a mais rica do país, tratando do Rio de Janeiro e São Paulo.

Rio de Janeiro

A segunda cidade mais populosa do Brasil, Rio de Janeiro, com 6,3 milhões de habitantes em 2010, respondeu por 39,5% de toda a população do seu estado. Dez anos antes, em 2000, a cidade representava 40,7% dos residentes no estado do Rio de Janeiro.

Resumidamente, a capital do estado do Rio de Janeiro teve uma leve queda relativa no total da população, o que aponta para a trajetória de interiorização dos residentes.

Não obstante a concentração populacional em poucas áreas da cidade, a exclusão social encontra-se bem definida.

Rio de Janeiro, Índice de Exclusão Social

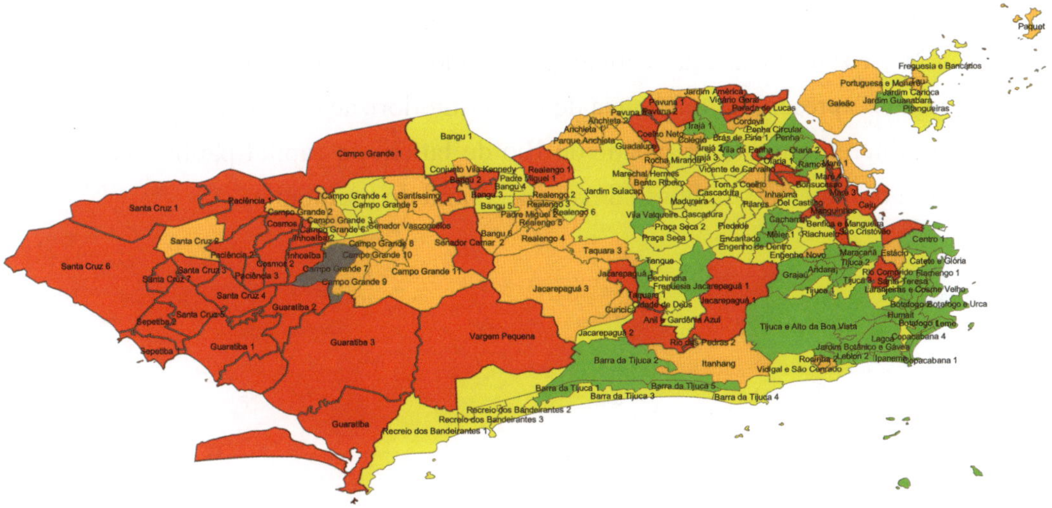

Índice de Exclusão Social

- 0,273 a 0,507
- 0,507 a 0,626
- 0,626 a 0,751
- 0,751 a 0,916

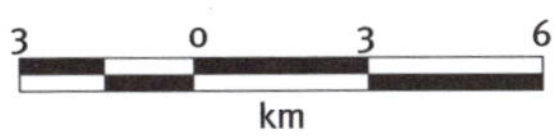

* Quanto maior o índice, melhor a condição social.

Fonte: Elaboração própria, a partir dos microdados do Censo Demográfico 2010/IBGE.

São Paulo

No estado mais populoso do país, a sua capital, São Paulo, assume a liderança de maior município com 11,2 milhões de habitantes registrados em 2010. Naquele ano, São Paulo respondia por 27,3% de todos os residentes do estado, enquanto em 2000 era responsável por abrigar 28,2% dos paulistas.

Nesse sentido, as duas capitais dos estados da região Sudeste aqui considerados apresentam tendência de maior interiorização de sua população. Mas, diferentemente da cidade do Rio de Janeiro, a capital paulista concentra o núcleo de menor IES na área central do município.

São Paulo, Índice de Exclusão Social

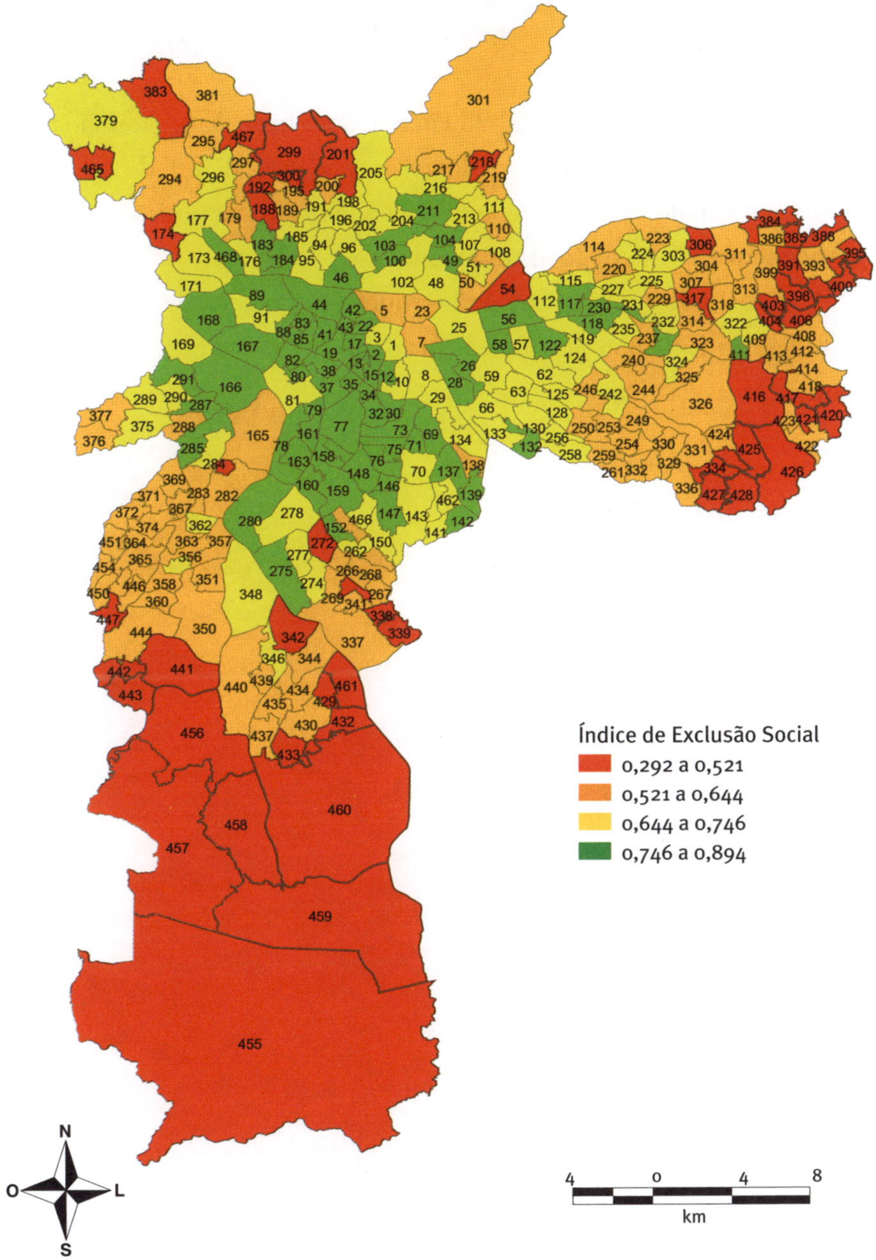

* Quanto maior o índice, melhor a condição social.

Fonte: Elaboração própria, a partir dos microdados do Censo Demográfico 2010/IBGE.

Na sequência, passa-se aos mapas das capitais de dois estados da região Sul.

Curitiba

No ano de 2010, a capital do Paraná, com mais de 1,7 milhão de habitantes, respondeu por 16,7% de todos os residentes do estado. Se comparado com o ano de 2000, percebe-se uma queda em sua posição relativa, pois concentrava 17,2% de todos os paranaenses.

Ademais do movimento de interiorização no Paraná, registra-se que o Índice de Exclusão Social de Curitiba está fortemente concentrado em poucas áreas da cidade.

Curitiba, Índice de Exclusão Social

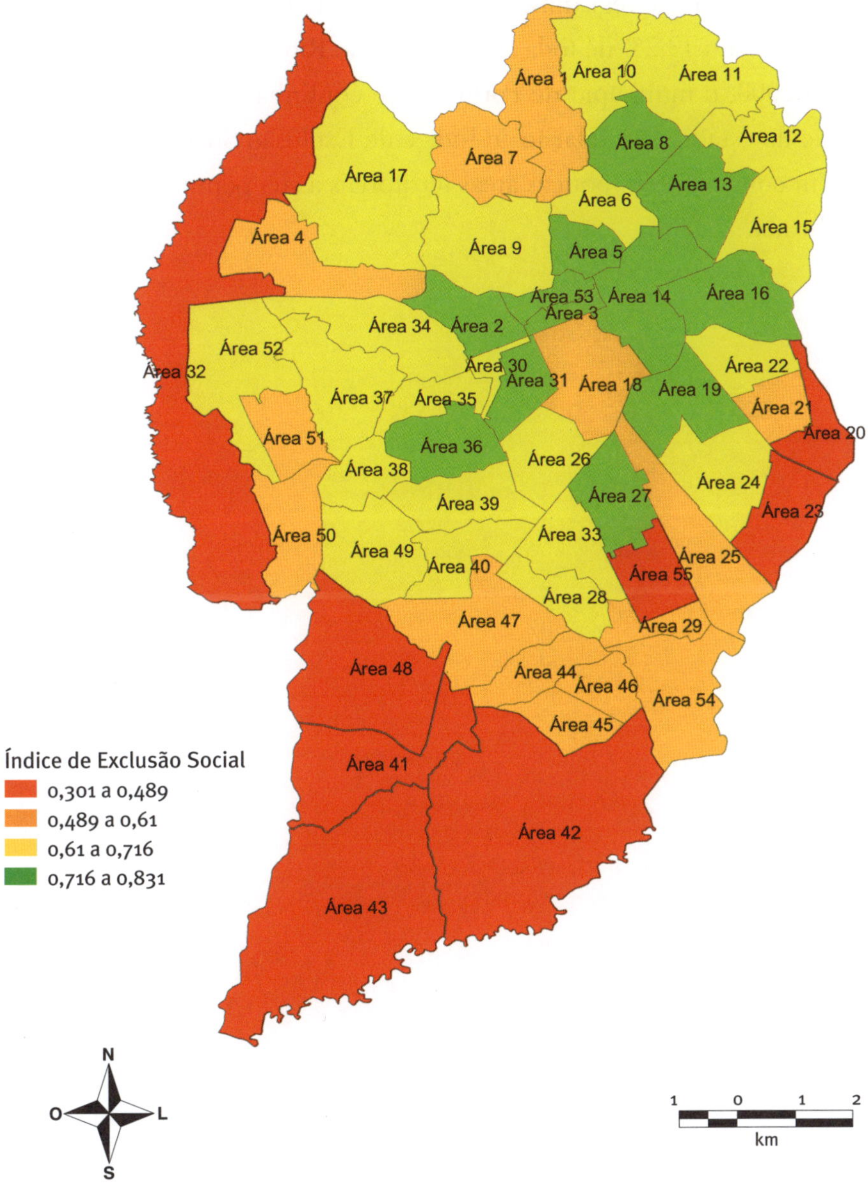

* Quanto maior o índice, melhor a condição social.

Fonte: Elaboração própria, a partir dos microdados do Censo Demográfico 2010/IBGE.

Porto Alegre

A capital dos gaúchos também apresentou trajetória similar à verificada em Curitiba, ou seja, o movimento de interiorização da população no estado, com Porto Alegre registrando 1,4 milhão de habitantes no ano de 2010, o que significou 13,2% de toda a população do Rio Grande do Sul.

Em 2000, o município de Porto Alegre continha 13,5% de toda a população do estado. Em relação ao Índice de Exclusão Social, Porto Alegre também concentra em poucas áreas territoriais a sua população mais bem aquinhoada.

Porto Alegre, Índice de Exclusão Social

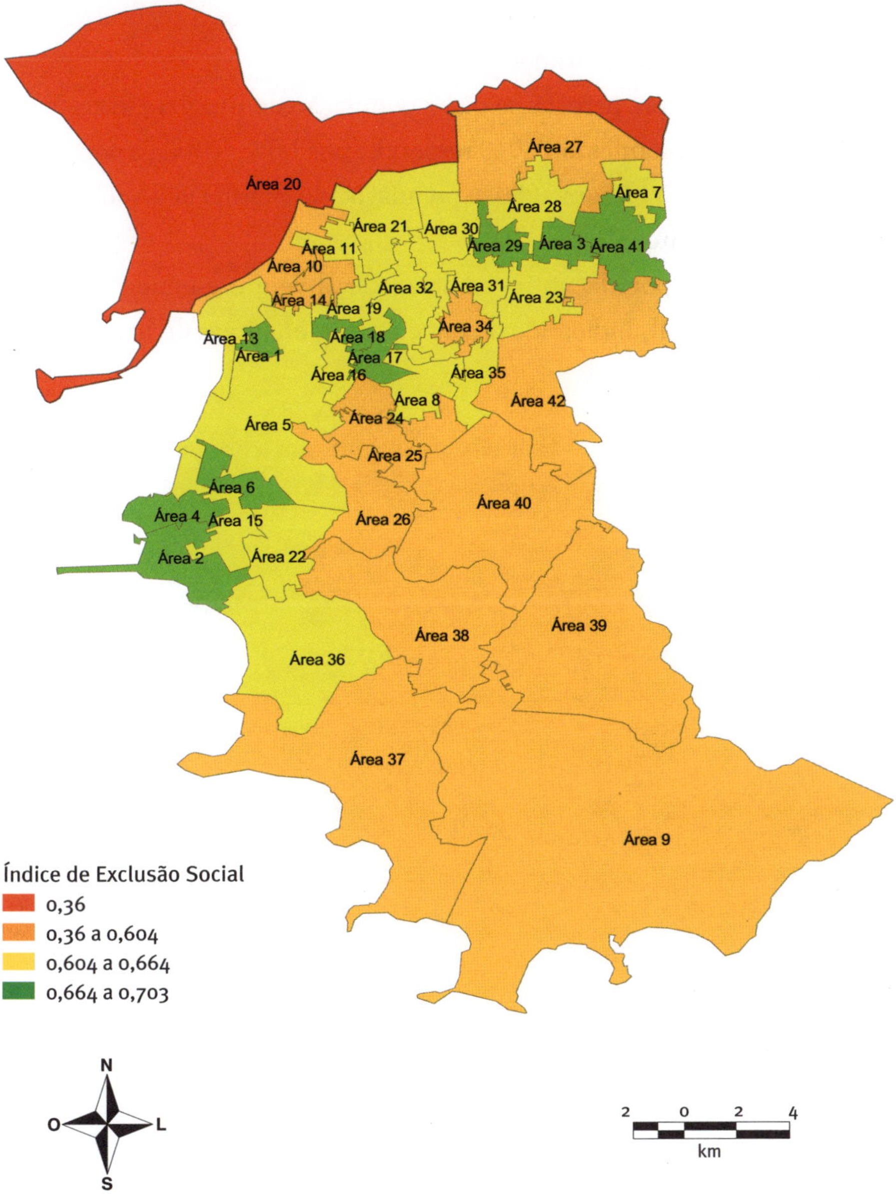

* Quanto maior o índice,
melhor a condição social.

Fonte: Elaboração própria, a partir dos microdados do Censo Demográfico 2010/IBGE.

Brasília

Por fim, Brasília, a capital de todos os brasileiros, respondendo, em certa medida, pela região Centro-Oeste. Não obstante a sua singularidade, pois foi planejada, Brasília apresenta IES que não foge à regra de outras cidades populosas aqui consideradas.

Ao mesmo tempo, percebe-se que a população de Brasília estimada em 2,6 milhões de habitantes em 2010 respondia por 1,3% de toda a população do país. Dez anos antes, em 2000, a população de Brasília equivalia a 1,2% de todos os brasileiros.

Em síntese, a população na capital federal vem crescendo acima da população do Brasil, indicando a concentração em áreas de maior exclusão social.

Brasília, Índice de Exclusão Social

Índice de Exclusão Social

- 0,106 a 0,331
- 0,331 a 0,58
- 0,58 a 0,79
- 0,79 a 0,965

N
O L
S

6 0 6 12
km

* Quanto maior o índice, melhor a condição social.

Fonte: Elaboração própria, a partir dos microdados do Censo Demográfico 2010/IBGE.

Capítulo 5

O ENFRENTAMENTO DA EXCLUSÃO SOCIAL E SEUS RESULTADOS NO BRASIL

De maneira estilizada, este capítulo apresenta a dinâmica do bem-estar da população brasileira nas últimas décadas, destacando especialmente a de 2000. A intenção é verificar, por um lado, alguns indicadores elementares de bem-estar (ou de sua ausência), como os de pobreza e extrema pobreza. Por outro, o propósito é analisar certos fatores responsáveis por esse bem-estar, como os associados aos rendimentos da população – advindos do mercado laboral e da política social.

Assume-se que, em uma economia organizada em torno de mercados, o bem-estar depende do acesso a rendimentos monetários, que permitam a aquisição privada de bens e serviços, necessários à vida cotidiana. É certo que, de modo secundário, esses bens e serviços também podem ser disponibilizados pelo Estado, de maneira pública e gratuita, sem demandar rendimentos da população. De toda maneira, em uma economia comandada por mercados, tal como a brasileira, isto nem sempre é a regra.

Assume-se também que os rendimentos monetários provêm majoritariamente do mercado laboral. Nas últimas décadas, o trabalho foi responsável por cerca de três quartos do fluxo de renda dos domicílios, sendo que quase metade desses domicílios teve no trabalho a sua fonte única (Barros et al., 2004). É verdade que a política social, principalmente a previdenciária/

assistencial, ganhou peso no fluxo de renda na década de 2000. Mas isso não chegou a obscurecer a relevância do mercado de trabalho como principal mecanismo definidor do bem-estar da população.

Para compreender o mercado laboral, é necessário entender a economia, principalmente em seu âmbito *macro*. Em certa extensão, a literatura já tratou da economia brasileira na década de 1990, quando se constituiu em uma acumulação capitalista com traços liberais (Cano, 2000; Cruz, 2007; Fiori, 2004). Igualmente, tratou das consequências dessa acumulação para o mercado laboral, em termos de desocupação em alta, ocupação em baixa, informalidade em alta, rendimentos em baixa etc. (Cardoso, 1999; Pochmann, 2001; Toledo, 2000).

Neste capítulo, pretende-se somente discutir a economia na década de 2000, quando se configurou uma acumulação com traços distintos.[1] A literatura a respeito ainda é incipiente, mas permite realizar algumas afirmações, mesmo que estilizadas (Baltar et al., 2010; Barbosa, 2011; Barbosa e Souza, 2010; Berg e Tobin, 2011; Berg, 2011; Cacciamali, Bobik e Celli Jr., 2012; Cacciamali e Cury, 2013; Cardoso Jr., 2007; Fiori, 2006; Marinakis, 2011; Medeiros, 2006; Pinto, 2013).

De início, é possível afirmar que houve uma alteração na dinâmica econômica, por volta de 2003. No âmbito da divisão mundial do trabalho, o Brasil voltou-se mais à Ásia e menos à América do Norte e à Europa.[2] A Ásia passou a importar bens primários do Brasil, em volumes crescentes e com preços elevados (especialmente produtos agrícolas, pecuários e minerais). E, ao mesmo tempo, passou a exportar bens secundários ao Brasil, em quantidades crescentes, mas com preços baixos (produtos de todas as espécies, com destaque para os de consumo).

[1] Sublinhe-se que as mudanças aqui descritas, que incidiram sobre a acumulação no sentido de transformar sua estrutura, ganharam relevância apenas gradualmente ao longo da década de 2000, tornando-se mais evidentes apenas em seu final (a partir de 2008, mais especificamente). Sobre isso, ver Barbosa e Souza (2010); Berg e Tobin (2011); Marinakis (2011).

[2] Mencione-se que o Brasil continuou a se voltar à América Latina, por meio da integração a blocos como o Mercosul e a Unasul. A este respeito, ver Cacciamali, Bobik e Celli Jr. (2012).

Por decorrência, ocorreu uma expressiva acumulação de divisas no Brasil. E isso atribuiu novos graus de liberdade às iniciativas de estabilização da moeda nacional, do ponto de vista monetário, creditício, cambial, tributário ou fiscal.[3] Com tais graus de liberdade, tornou-se viável, ao menos até 2010, alcançar patamares ampliados de crescimento do PIB, sem se aprisionar pelas históricas preocupações com a instabilidade do padrão monetário (Gráfico 1).

Gráfico 1. Taxa de variação real anual do PIB (em %).

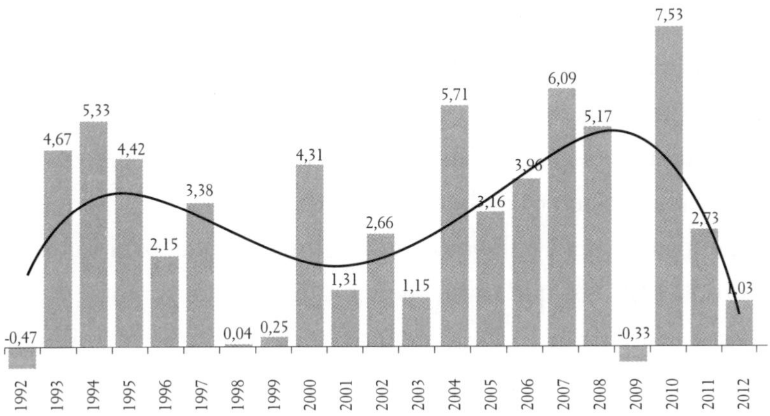

Fontes: Contas Nacionais/IBGE. Elaboração própria a partir de Ipeadata.

Notas: Média aritmética simples da taxa entre 1992 e 1993: 2,10%. Média aritmética simples da taxa entre 1994 e 2003: 2,51%. Média aritmética simples da taxa entre 2004 e 2010: 4,47%. Média aritmética simples da taxa entre 2011 e 2012: 1,88%. Linha de tendência: polinomial de quarta ordem.

Com esse crescimento ampliado do PIB, novos recursos externos afluíram para o Brasil. Não só recursos dedicados à produção de bens e serviços (os chamados "investimentos diretos externos"), mas também os direcionados aos mercados de juros, de câmbio, de ações etc. (os investimentos "em carteira"). Isso contribuiu para a acumulação de divisas externas – o que, em ampla medida, realimentou o círculo virtuoso antes descrito.

[3] Graus de liberdade que se traduziram, em determinados momentos da década, em taxas de juros inferiores, montantes de crédito superiores, taxas cambiais desvalorizadas etc. Sobre isso, ver Barbosa e Souza (2010).

Ademais, com a mudança do ciclo político, também no ano de 2003, houve uma retomada de papéis por parte do Estado – papéis que haviam sido antes relegados, como os de financiador, produtor, regulador etc. Essa retomada significou, entre outras coisas, mais regulações dos mercados (de bens, serviços, capitais, trabalho, terras etc.), mais arrecadação tributária (que cresceu bastante, até em consequência do avanço do PIB) e mais gasto estatal (particularmente na seara social, na qual se destacaram as transferências de rendimentos).

O maior gasto estatal, principalmente na área social, reforçou um aspecto da acumulação que começou a se desenhar: a ênfase no mercado interno, no consumo das famílias.[4] Apesar da relevância das exportações, o consumo interno apresentou destaque crescente na composição do PIB – em particular, após a crise mundial de 2008, que fechou parcela dos mercados externos, mesmo os de bens primários.

O maior gasto social colaborou, em alguma medida, para o crescimento ampliado do PIB. No que tange às transferências de rendimentos (previdenciárias e assistenciais), esse gasto inseriu, de forma direta, milhões de famílias no circuito de consumo de bens e serviços. E, mesmo quanto à prestação de serviços (de educação e saúde), tal gasto liberou recursos das famílias, que se dirigiram, de modo indireto, também ao circuito de consumo.

Sublinhe-se que o consumo das famílias correspondeu a um aspecto realmente importante da acumulação que começou a se esboçar na década de 2000. Esperava-se que, alavancado por tal consumo, o investimento (o público e, especialmente, o privado) fosse alçado a patamares superiores aos até então vistos. E, com esses patamares, o PIB conquistasse espaço ainda mais ampliado para sua variação futura, sem desequilíbrios (como inflação, déficits em contas etc.).[5]

---

[4] Ainda que se volte a esse ponto adiante, mencione-se desde já que o consumo das famílias é determinado, basicamente, pela renda disponível e pelo crédito ofertado a tais famílias.

[5] Mencione-se que o investimento não ficou apenas a reboque do consumo (das famílias). Parte do gasto estatal na década de 2000 foi dirigida a investimentos públicos em infraestrutura (em especial, transporte, energia, habitação e serviços urbanitários). Outra parte foi direcionada ao

Seja como for, em termos de conjuntura, pode-se dizer que as mudanças na estrutura da acumulação, tal como anteriormente descritas, fizeram com que a dinâmica da economia se mostrasse positiva. E isto teve um impacto também positivo sobre a dinâmica do mercado de trabalho, na qual se destacou principalmente o recuo da desocupação, bem como o avanço da ocupação, da formalidade e do rendimento laboral – aspectos cuja evolução será examinada a seguir.[6]

5.1. A DINÂMICA DO MERCADO DE TRABALHO

Esta seção apresenta, de maneira estilizada, a evolução de diversos parâmetros do mercado de trabalho nas últimas décadas, com destaque para a de 2000. Esses parâmetros são importantes para a compreensão dos fluxos de rendimentos dos domicílios – fortemente determinados pelos rendimentos do trabalho, como mencionado anteriormente.

Iniciando pela *oferta* de trabalho no mercado, verifica-se que a população brasileira, considerada como um conjunto, cresceu cada vez menos ao longo das décadas de 1990 e 2000. É certo que houve momentos de crescimento mais acelerado, como entre os anos de 1997-1998 (quando a variação de um ano para outro alcançou 2,06%), bem como entre os de 2009-2010 (1,25%). Entretanto, levando em conta as duas décadas, esse crescimento se mostrou mais vagaroso – ainda que tenha continuado positivo em todos os anos (mesmo entre 2011-2012, quando se restringiu a 0,81%) (Gráfico 2).

---

financiamento de investimentos privados (em particular, por meio dos bancos estatais, como o BNDES). Sobre isso, ver Ipea (2012).

[6] Ressalte-se que outras mudanças, não relacionadas à esfera da economia, mas à da demografia, da sociedade e da política, também são apontadas pela literatura citada como *concausas* da dinâmica econômica e laboral da década de 2000 – ver, por exemplo, Baltar et al. (2010); Berg (2011); Cardoso Jr. (2007). Ademais, destaque-se que quase todas essas mudanças também se fizeram presentes, de maneira simultânea, em outros países da América Latina, como Argentina, Venezuela, Bolívia etc. – ver, a este respeito, Cacciamali, Bobik e Celli Jr. (2012); Cacciamali e Cury (2012; 2013).

Paralelamente, a população brasileira envelheceu entre as décadas de 1990 e 2000. A proporção que se encontrava em idade ativa (dez anos ou mais) aumentou de maneira quase constante, passando de 76,2% para 81,1% entre 1992 e 2002 e para 85,4% em 2012 (Gráfico 3). Parte da literatura afirma que isso resultou em uma espécie de "bônus demográfico", com maior oferta de trabalho para a dinamização da economia (Berg, 2011). Se isso realmente confere, tal bônus parece ter sido mais bem aproveitado na década de 2000, quando o PIB apresentou crescimento mais ampliado.

De toda forma, mesmo para a década de 2000, é necessário ponderar essa afirmação. Afinal de contas, a participação da população em idade ativa no mercado laboral aumentou entre 1992 e 2005, de 58,3% para 59,8%. Contudo, daí até 2012, diminuiu para 57,5% (Gráfico 3). Mesmo com todo o dinamismo do mercado, bastante claro depois de 2005, a parcela da população em idade ativa atraída pelos rendimentos do trabalho não aumentou – antes, pelo contrário, reduziu-se ligeiramente.[7]

Gráfico 2. Taxa de variação da população (em %).

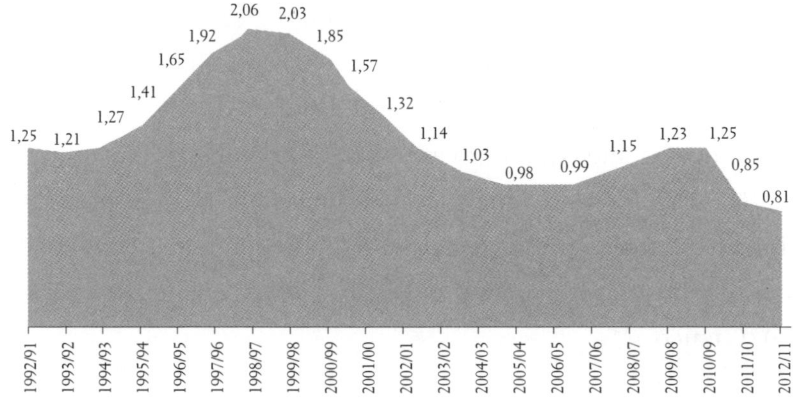

Fontes: Censos Demográficos/IBGE. Elaboração própria a partir de Ipeadata.

Notas: Taxa de variação aritmética. População intercensitária (e sua variação) estimada por interpolação.

[7] Como será visto adiante, a menor participação laboral da população, após 2005, tornou-se possível, em larga medida, pela elevação dos rendimentos derivados do trabalho e da política social. Ademais, essa menor participação foi mais destacada entre os jovens (até 25 anos de idade), estudando e não estudando, bem como entre os idosos (64 anos ou mais), como mostram Ulyssea e Barbosa (2013).

Gráfico 3. Proporção da população em idade ativa e proporção da população em idade ativa participando do mercado de trabalho (em %).

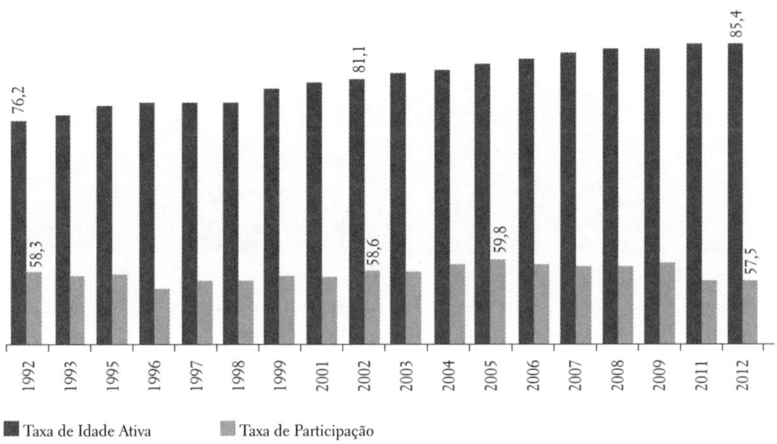

Fontes: PNAD/IBGE. Elaboração própria a partir de Ulyssea e Barbosa (2013).

Notas: Proporção da população em idade ativa = população em idade ativa (10 anos ou mais)/população total. Proporção da população em idade ativa participando do mercado = população economicamente ativa/população em idade ativa (10 anos ou mais).

Analisando a *demanda* por trabalho, por meio de *proxies*, constata-se que a taxa de desocupação experimentou movimentos distintos ao longo das décadas de 1990 e 2000.[8] Até 1999, ela aumentou bastante, alcançando cerca de 10% da População Economicamente Ativa. Entre 2000 e 2005, oscilou em torno desse patamar. E, após, ela diminuiu de modo acentuado (com a exceção de 2009 – ano de manifestação dos principais efeitos da crise mundial no país), chegando a 6,7% em 2012 (Gráfico 4).

É possível que essa dinâmica da desocupação pós-2005 tenha se relacionado a diversos fatores. De um lado, ela pode ter sido resultado do crescimento ampliado do PIB, no bojo da acumulação esboçada na década de 2000.[9] De outro, ela pode ter sido efeito do decrescimento da participação laboral da população, tal como observado antes.

[8] Trata-se da taxa de desocupação aberta, tal como mensurada pela PNAD/IBGE.

[9] Note-se que a diminuição da desocupação parece ser não apenas resultado, mas também causa do crescimento do PIB no período, pois este pôde contar com a possibilidade de incorporação de trabalho disponível.

Gráfico 4. Taxa de desocupação (em %)

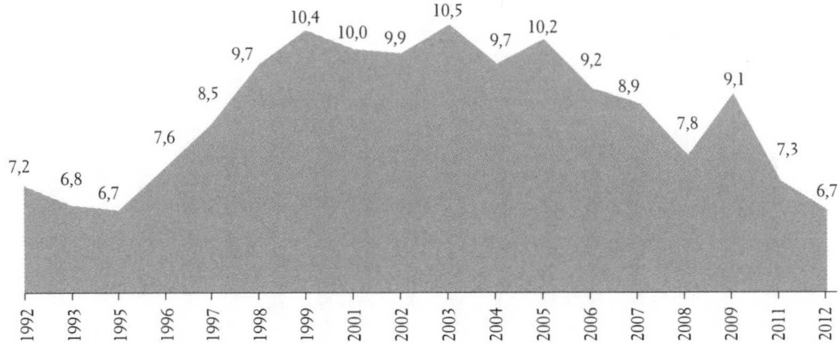

Fontes: PNAD/IBGE. Elaboração própria a partir de Ulyssea e Barbosa (2013).

Nota: Taxa de desocupação = população desocupada/população economicamente ativa.

A taxa de ocupação também presenciou movimentos diferentes durante as décadas de 1990 e 2000. Grosso modo, ela caiu bastante até 1998. Entre 1999 e 2001, permaneceu nivelada em 51,7% da população em idade ativa. Já entre 2002 e 2008, ela subiu para 54,4%. Posteriormente, caiu um pouco, atingindo 53,7% em 2012 (Gráfico 5).

É provável que essa dinâmica da ocupação entre 2002 e 2008 tenha sido resultado da demanda expandida por trabalho, catalisada pelo crescimento do PIB no período, na esteira da acumulação que então ganhava traços mais claros.

Ainda a respeito da ocupação, até o ano de 1999, ela tendeu a se informalizar, com o peso crescente de pessoas que trabalhavam por conta própria sem previdência social e dos assalariados sem carteira assinada no conjunto dos trabalhadores. Entre 2000 e 2002, o fenômeno se manteve no patamar de quase 52% da força laboral. Entretanto, a partir de 2003, a ocupação tendeu a se formalizar de novo, com o peso decrescente dos que trabalhavam por conta própria sem previdência e dos assalariados sem carteira – que alcançou "apenas" 39,3% em 2012 (Gráfico 5).

Acompanhada da taxa de desocupação, a taxa de informalidade talvez tenha sido o indicador que permitiu constatar mais claramente a dinâmica positiva do mercado laboral na década de 2000. Adicione-se que, ao mostrar um mercado operando em favor dos trabalhadores, essa dinâmica desdobrou-se também em rendimentos crescentes para estes últimos.

Em termos reais, os rendimentos dos trabalhadores passaram por movimentos distintos ao longo das décadas de 1990 e 2000, mas quase sempre acompanharam os movimentos do PIB.[10] Tais rendimentos aumentaram 33,7% entre 1992 e 1996 (de R$ 891,08 para R$ 1.187,89, em valores médios). Contudo, entre 1996 e 2003, eles diminuíram 16,8% (para apenas R$ 988,88). Só se recuperaram após 2003, quando aumentaram nada menos que 44,4% (atingindo R$ 1.432,59 em 2012) (Gráfico 6).

Este foi outro indicador que, acompanhado das taxas de desocupação e de informalidade, permitiu constatar a dinâmica positiva do mercado laboral na década de 2000. Dinâmica que fez com que os rendimentos do trabalho alavancassem fortemente os rendimentos dos domicílios.[11] A seguir, a ideia é analisar a evolução de outro tipo de alavancagem destes últimos: os rendimentos derivados da política social, com destaque para as transferências previdenciárias e assistenciais.

Gráfico 5. Taxa de ocupação e de informalidade da ocupação (em %)

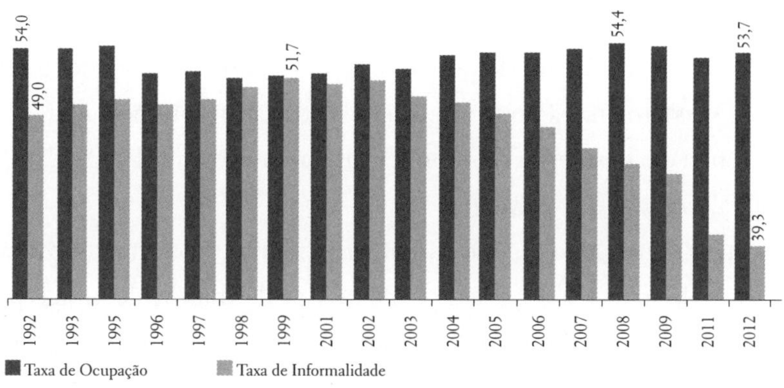

Fontes: PNAD/IBGE. Elaboração própria a partir de Ulyssea e Barbosa (2013).

Notas: Taxa de ocupação = população ocupada/população em idade ativa (10 anos ou mais). Taxa de informalidade da ocupação = (trabalhadores por conta própria que não contribuem para a previdência + assalariados sem carteira assinada)/(trabalhadores por conta própria + assalariados com e sem carteira assinada + assalariados estatutários civis e militares).

[10] E, importante dizer, também os movimentos dos índices de inflação.

[11] Sublinhe-se que, na década de 2000, os rendimentos dos domicílios foram decisivos para fomentar a acumulação baseada no consumo das famílias. Acumulação que, por sua vez, de modo circular e recíproco, contribuiu para fomentar os próprios rendimentos do trabalho.

Gráfico 6. Rendimento médio real do trabalho principal (em R$ mil de out./2012)

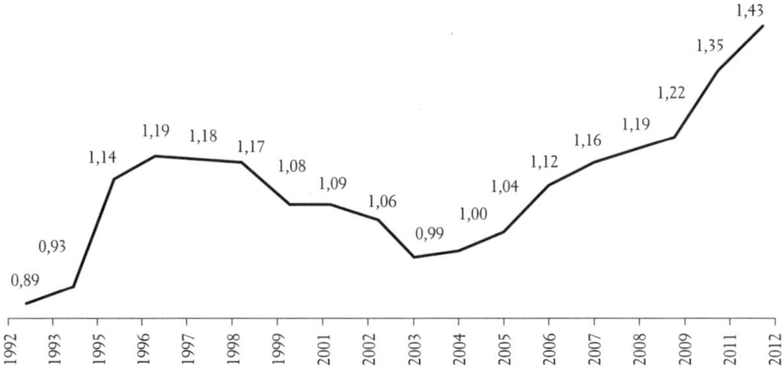

Fontes: PNAD/IBGE. Elaboração própria a partir de Ulyssea e Barbosa (2013).
Nota: Atualização pelo IPCA/IBGE.

5.2. A EVOLUÇÃO POLÍTICA SOCIAL

Esta seção apresenta, de forma estilizada, a contribuição da política social para os rendimentos dos domicílios. A fim de apreender essa contribuição, é preciso realizar alguns recortes analíticos. A literatura sobre esses recortes é extensa e variada, de modo que se recorre somente a uma fração dela neste texto. Mas uma fração que ajuda a entender a importância de tal política para a renda e o bem-estar dos domicílios nas décadas de 1990 e 2000 (Ipea, 2007a e 2007b; 2009a e 2009b).

Assume-se que a política social integra a regulação do trabalho, constituída desde pelo menos a década de 1920 no Brasil. Trata-se de uma espécie de regulação "indireta" do trabalho, instituidora de direitos sociais (provedores de recursos e serviços – de previdência, educação, saúde etc.). Em certa medida, esses direitos sociais possibilitam que os trabalhadores subsistam, mesmo sem recorrer ao mercado – seja o de trabalho, seja o de produtos e serviços.

De acordo com os recortes adotados pela literatura anteriormente considerada, que se foca no período posterior à Constituição Federal de 1988, a política social brasileira pode ser classificada de diversas formas.

Em primeiro lugar, quanto ao seu objetivo, ela pode ser a *proteção* dos trabalhadores, quando eles se veem diante da impossibilidade de auferir sua subsistência por meio do trabalho, por conta de eventos relacionados ao ciclo vital ou de eventos que independem de sua vontade. Paralelamente, ele também pode ser a *promoção de oportunidades* para os trabalhadores, quando há iniciativas para auxiliar na construção de parâmetros de igualdade entre eles (igualdade de meios e de resultados, entre grupos de classes, gêneros, idades etc.) (Figura 1).

Em segundo lugar, quanto aos recursos disponibilizados, a política social pode ser diferenciada pelas *transferências monetárias* (geralmente vinculadas a um valor padrão, como as existentes nas áreas previdenciária, trabalhista e assistencial), pelas *transferências patrimoniais* (de bens como glebas e moradias, nas áreas de desenvolvimento rural e urbano) e pela *prestação de serviços* (como os existentes nas áreas de saúde, educação e cultura, por exemplo) (Figura 2).

Em terceiro lugar, quanto aos mecanismos de custeio e de acesso, a política social pode ser denominada como *seguro social* (quando há contribuição prévia e direta exigida para acessar os benefícios – como nas áreas previdenciária e trabalhista) ou como *seguridade social* (quando há apenas contribuição indireta, por meio de impostos gerais, para a manutenção da política – que pode, por vezes, exigir determinadas condicionalidades para acessar seus benefícios – como nas áreas de assistência e saúde) (Figura 3).

Levando em conta essas classificações, aqui se analisam as seguintes áreas de política: *previdência* (regime geral e regimes próprios), *trabalho* (seguro-desemprego e abono salarial), *assistência* (transferências condicionadas de rendimentos), *saúde* (serviços de atenção em diversos níveis), *educação e cultura* (serviços em diversos níveis), *desenvolvimento rural* (transferências patrimoniais – terras e implementos rurais) e *desenvolvimento urbano* (transferências patrimoniais – moradias e acessórios para a vida urbana).

Implantadas sob a coordenação do governo federal, essas áreas correspondem às principais iniciativas de política social no Brasil, desde ao menos a Constituição de 1988.[12] Além disso, elas abrangem aproximadamente

[12] Sobre os princípios e as diretrizes que regem a integração de todas essas áreas à política social brasileira, ao menos desde a Constituição de 1988, ver Ipea (2009a e 2009b).

dois terços de todos os gastos efetuados com tal política no país (recursos arrecadados e administrados pelo governo federal).[13] É essencialmente sobre tais recursos que este texto se debruça a seguir.

Figura 1. Classificação da política social no Brasil – proteção versus *promoção de oportunidades*

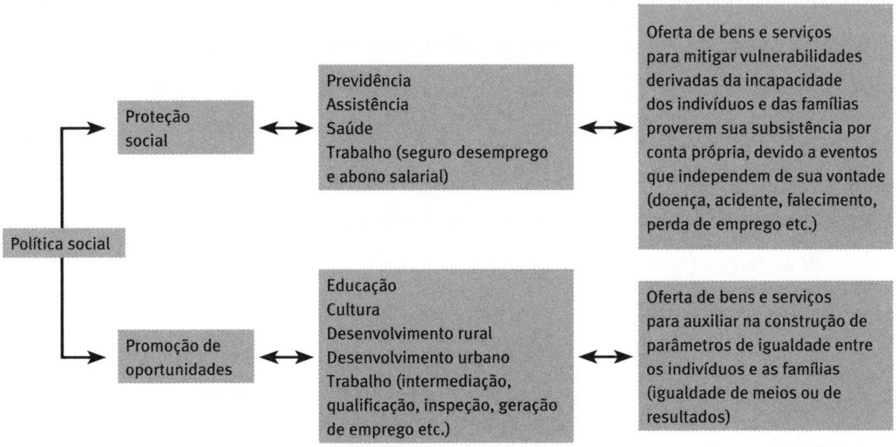

Fontes: Castro et al. (2012); Ipea (2007a e 2007b; 2009a e 2009b). Elaboração própria.

Figura 2. Classificação da política social no Brasil – transferências versus *serviços*

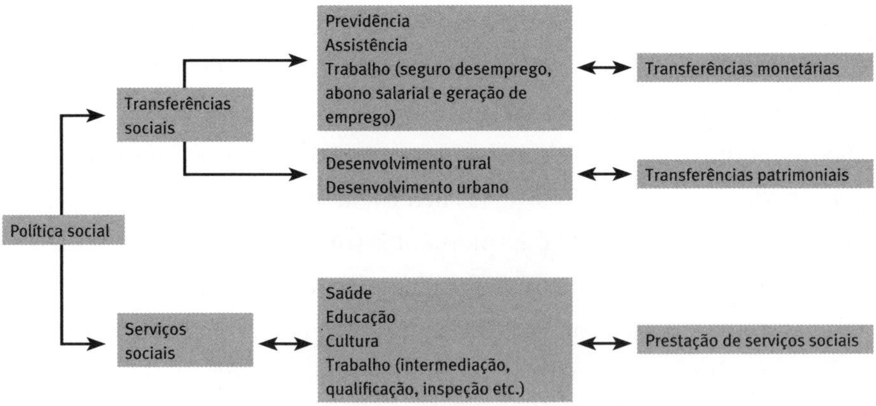

Fontes: Castro et al. (2012); Ipea (2007a e 2007b; 2009ae 2009b). Elaboração própria.

---

[13] Ver Castro et al. (2011, 2012); Chaves et al. (2011).

Figura 3. Classificação da política social no Brasil – seguro versus *seguridade*

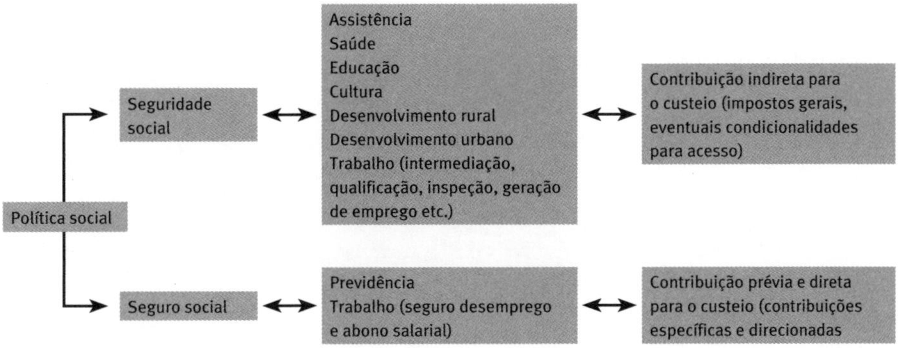

Fontes: Castro et al. (2012); Ipea (2007a e 2007b; 2009a e 2009b). Elaboração própria.

Ainda que só com valores disponíveis a partir de 1995, pode-se afirmar que, em termos absolutos, o nível do gasto social federal cresceu em todos os anos até 2010. Todavia, como mostra o Gráfico 7 a seguir, isso foi mais marcante na década de 2000. Entre 1995 e 2003, o gasto passou de R$ 234,0 para R$ 343,3 bilhões em valores reais (um avanço de 46,7% em oito anos, como exibe o Gráfico 8). Já entre 2003 e 2010, o gasto passou de R$ 343,3 para R$ 638,5 bilhões em valores reais (um avanço de 86,0% em sete anos). Tomando os limites de todo o período estudado, pode-se dizer que o gasto, como um conjunto, ampliou-se em nada menos que 172,9% entre 1995 e 2010.

Isso foi reflexo, em alguma medida, da implementação/ampliação de diversos programas que, de acordo com a Constituição de 1988, deveriam integrar a política social. Ao longo da década de 1990, a implantação/extensão se fez sentir, por exemplo, por meio de novos projetos, em áreas como a previdência (aposentadorias e pensões rurais) e a assistência (transferências condicionadas de rendimentos). Já durante a década de 2000, a implementação/ampliação se acelerou, por um lado, devido a novos programas em áreas como a assistência e o desenvolvimento urbano; e, por outro, por causa da valorização do salário mínimo (iniciada em 1995 e acelerada após 2003).[14]

[14] Ao menos desde a Constituição de 1988, o salário mínimo é uma referência básica, tanto

Gráfico 7. Gasto social federal (em R$ bilhões dez./2011)

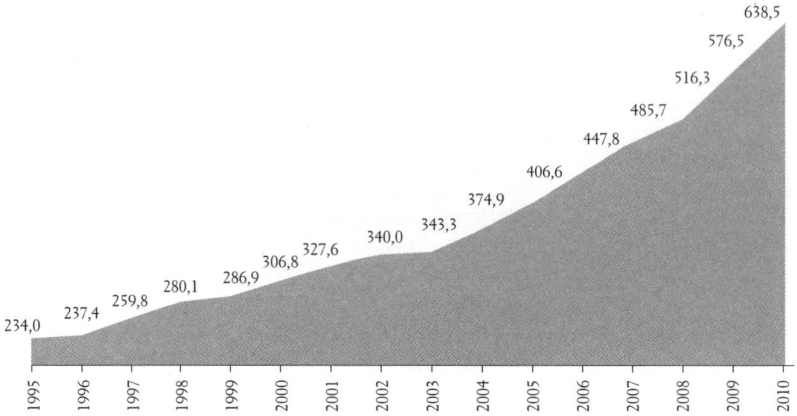

Fontes: MPOG. Siafi/Sidor. Elaboração própria a partir de Castro et al. (2012).
Nota: Atualização pelo IPCA/IBGE.

Gráfico 8. Gasto social federal (em índice – 1995 = 100,0).

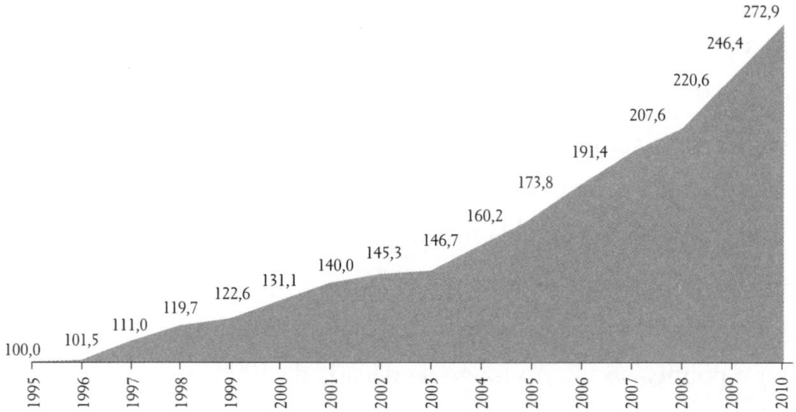

Fontes: MPOG. Siafi/Sidor. Elaboração própria a partir de Castro et al. (2012).

---

para funcionamento do mercado laboral (como a menor remuneração dos trabalhadores assalariados, que serve de baliza para a remuneração dos demais trabalhadores), quanto para o funcionamento de parte importante da política social (como a previdenciária – valor de referência da aposentadoria, da pensão e dos auxílios –, como a trabalhista – valor de referência do seguro-desemprego e do abono salarial – e, também, como a assistencial – valor de referência do benefício de prestação continuada). Ver Baltar, Dedecca e Krein (2005); Dieese (2010); Marinakis e Velasco (2006).

É possível realizar outro tipo de análise do nível do gasto social federal, comparando sua evolução com a do PIB, em cada momento das décadas de 1990 e 2000. Isso ajuda na compreensão da importância do gasto, quando comparado com o montante de recursos disponíveis na economia brasileira – montante corporificado no PIB.

Em termos relativos, o gasto aumentou em quase todos os anos entre 1995 e 2010 – contudo, como se pode ver no Gráfico 9 a seguir, esse aumento foi mais destacado após 2003.[15] No intervalo entre 1995 e 2003, o gasto foi de 11,2% para 13,0% do PIB (uma expansão de 1,7 ponto percentual em oito anos). Já no intervalo entre 2003 e 2010, o gasto foi de 13,0% para 15,5% do PIB (uma expansão de 2,6 pontos percentuais em sete anos). Levando em conta os limites desses intervalos, pode-se verificar que o gasto, como um todo cresceu 4,3 pontos percentuais do PIB entre 1995 e 2010.[16]

Em outros termos, na esteira da Constituição de 1988, o gasto social federal ganhou relevância – que pode ser observada quando ele é contrastado com os recursos disponíveis no país, traduzidos como o PIB. A implantação/ampliação de vários programas, tal como determinado pela Constituição, assim como a valorização de suas referências, como o salário mínimo, fizeram com que o gasto aumentasse mais que o PIB em quase todos os anos entre 1995 e 2010, como se pode enxergar no Gráfico 10 (as únicas exceções foram os anos de 1996/95 e 2003/02).

Essa relevância do gasto social federal tornou-se ainda mais clara no período após 2003. E, vale dizer, isso não constituiu algo "contraditório", de modo algum. Afinal, como já exposto, o gasto enfatizou um aspecto da acumulação que começou a se delinear neste período: a ênfase no mercado interno, no consumo das famílias. Em outras palavras, neste período, a dinâmica do gasto social não esteve em "contradição" com a da economia brasileira.

---

[15] É importante recordar que, após 2003 e até 2010, o PIB brasileiro cresceu em uma velocidade superior à registrada em anos anteriores.

[16] Vale lembrar que o gasto social federal corresponde a cerca de dois terços do gasto social total. Desse modo, é provável que este último tenha correspondido a nada menos que 23,3% do PIB brasileiro no ano de 2010.

Gráfico 9. Participação do gasto social federal no PIB (em %)

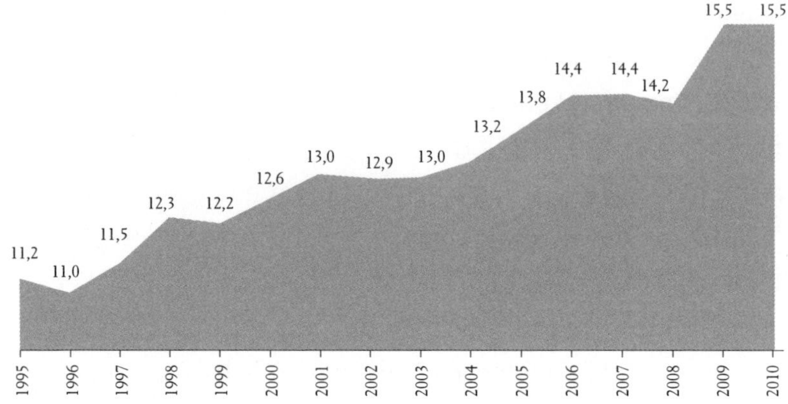

Fontes: MPOG. Siafi/Sidor. Elaboração própria a partir de Castro et al. (2012).

Gráfico 10. Variação anual do gasto social federal e do PIB (em %)

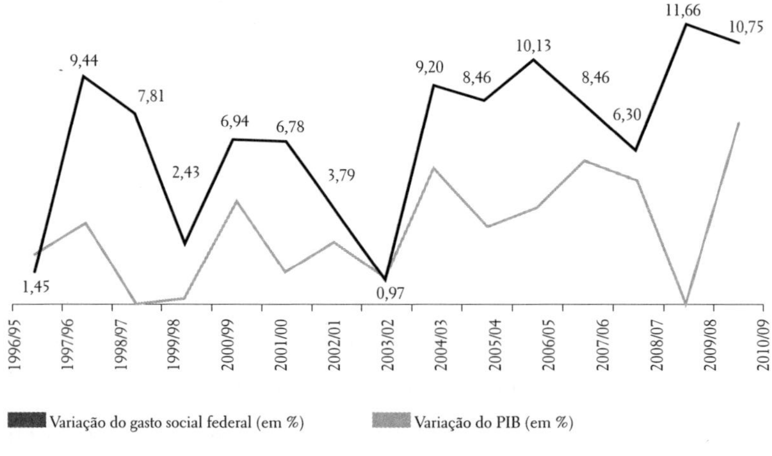

Fontes: MPOG. Siafi/Sidor e Ipeadata. Elaboração própria a partir de Castro et al. (2012).

Mais além do nível do gasto social federal, é possível efetuar uma análise de seu perfil. Em certa medida, por meio desse perfil, é possível visualizar as "preferências" de gasto dos distintos governos, que se sucederam em âmbito federal nas décadas de 1990 e 2000.

O Gráfico 11 traz a participação das diversas áreas da política social no gasto, no decorrer das décadas estudadas. As áreas consideradas são: previdência (regime geral e regimes próprios), assistência, trabalho, saúde, educação, desenvolvimento rural e desenvolvimento urbano.

Considerando as duas décadas,[17] é possível notar que, por um lado, o gasto cresceu nas políticas de transferências de rendimentos, contributivas e não contributivas (previdência/regime geral, trabalho e assistência), bem como nas políticas de transferências patrimoniais da área urbana (que disponibilizam moradias e acessórios).

Por outro, o gasto decresceu nas políticas de prestação de serviços (educação e saúde), assim como nas políticas de transferências patrimoniais da área rural (que ofertam terras e implementos rurais). Perceba-se que o gasto decresceu (e fortemente) também nas políticas de previdência/regimes próprios dos servidores públicos.

Gráfico 11. Distribuição do gasto social federal por áreas (em % do total do gasto)

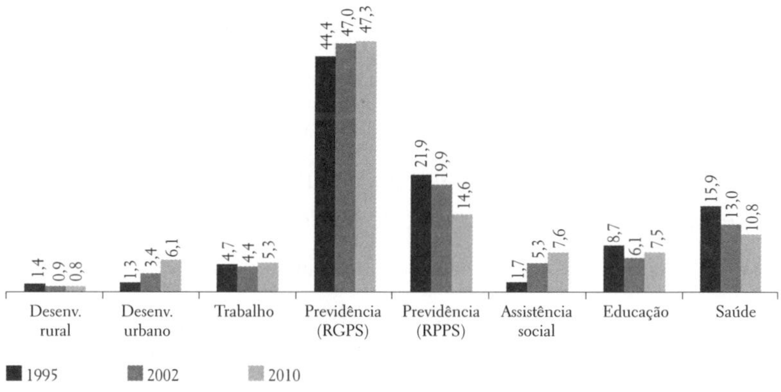

Fontes: MPOG. Siafi/Sidor. Elaboração própria a partir de Castro et al. (2012).

Um aspecto a ser destacado nesse estudo do perfil do gasto é que, nas duas décadas analisadas, o gasto social federal se manteve bastante concentrado em previdência – sendo que essa concentração aumentou ainda mais

[17] Comparando as décadas de 1990 e 2000, o perfil do gasto social federal só apresentou tendências distintas, em cada uma, no caso das áreas de trabalho e educação. Entretanto, como pode ser examinado no Gráfico 11, isso não chegou a modificar as tendências gerais, mesmo nessas duas áreas (tendências de aumento do gasto em trabalho e de diminuição do gasto em educação).

no caso do regime geral, ainda que tenha diminuído no caso dos regimes próprios.

Seja como for, nas décadas de 1990 e 2000 (e particularmente nesta última), a política social alavancou os rendimentos dos domicílios. O crescimento do gasto (especialmente daquele com transferências, como as previdenciárias e as assistenciais) puxou para cima os rendimentos domiciliares, fato que será examinado a seguir.

5.3. O COMPORTAMENTO DA POBREZA E DESIGUALDADE

Esta seção apresenta, de maneira estilizada, a evolução da pobreza (e da sua forma mais extrema, a miséria) nas últimas décadas, destacando a de 2000. Em alguma medida, a ideia é ilustrar a evolução do bem-estar – ou, melhor, da ausência de bem-estar – da população brasileira nesse período.

Como já exposto, a fim de evitar a situação de pobreza, a população depende principalmente do acesso a rendimentos, que permitam a aquisição privada de bens e serviços – ainda que, complementarmente, estes últimos possam ser distribuídos pelo Estado, de forma pública e gratuita.

Na década de 2000, esses rendimentos advieram, em sua maior parte, da inserção da população no mercado de trabalho, que presenciou uma dinâmica positiva – com desocupação em baixa, ocupação em alta etc. De maneira secundária, esses rendimentos vieram também da política social – em meio à qual se destacaram as transferências previdenciárias e assistenciais, com dinâmica de gasto crescente.

Como resultado do mercado laboral e da política social, o nível dos rendimentos aumentou no país, como pode ser visto no Gráfico 12. Em termos reais, a renda domiciliar *per capita* média avançou, entre 1992 e 1995, de R$ 527,51 para R$ 689,31 (ou seja, 30,7%). Entre 1995 e 1998, avançou de forma apenas modesta, de R$ 689,31 para R$ 709,38 (2,9%). Já entre 1998 e 2003, a renda retrocedeu de R$ 709,38 para R$ 640,41 (9,7%). Todavia, após 2003, avançou de modo quase constante, alcançando R$ 962,10 em 2012 (50,2%).[18]

Decompondo o nível de rendimentos dos domicílios, o Gráfico 13 mostra que, de 1992 a 2001, a renda domiciliar *per capita* média dos 10% menos afluentes, dos 10% intermediários e dos 10% mais afluentes seguiu, de forma conjunta, o mesmo caminho anteriormente descrito. Contudo, a partir de 2002, a renda dos 10% menos afluentes se destacou, avançando mais que a dos outros décimos – ainda que estes também tenham apresentado evolução positiva em sua renda, principalmente os 10% intermediários.

Em outros termos, na década de 2000, o nível aumentou mais na base da estrutura de rendimentos domiciliares, evidenciando que as dinâmicas do mercado laboral e da política social, tal como já descritas, beneficiaram mais aqueles que se encontravam inseridos na pobreza ou mesmo na miséria (ou, se não inseridos, ao menos aqueles mais próximos de ambas as condições). Entretanto, antes de tratar da pobreza ou da miséria, mencionem-se algumas palavras não sobre o nível, mas sobre a desigualdade de rendimentos.

Gráfico 12. Renda domiciliar per capita média(em R$ mil out./2012)

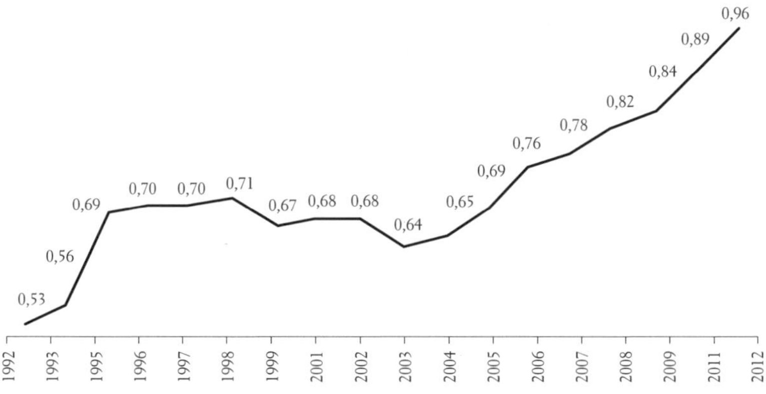

Fontes: PNAD/IBGE. Elaboração própria a partir de Ipeadata.
Nota: Atualização pelo IPCA/IBGE.

[18] Mencione-se que, juntamente com o crédito, a renda foi um elemento-chave do consumo dos domicílios – que, por sua vez, foi um componente-chave do avanço do PIB na década de 2000, como já exposto.

Gráfico 13. Renda domiciliar per capita média, por décimos de renda (em índice – 1992 = 100,0)

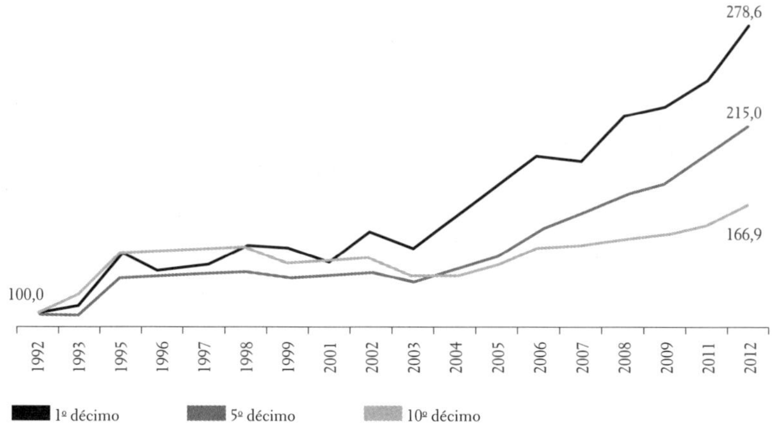

Fontes: PNAD/IBGE. Elaboração própria a partir de Ipeadata.

O Brasil é bastante conhecido por sua histórica desigualdade de rendimentos – que se manifesta, entre outras formas, por meio de iníqua distribuição de renda domiciliar. Todavia, as décadas de 1990 e 2000 contaram uma história um pouco distinta, pois a desigualdade recuou – de modo gradual na primeira década e de maneira mais incisiva na segunda.

O Gráfico 14 traz a evolução do Coeficiente de Gini, calculado com base na distribuição dos indivíduos segundo seus rendimentos domiciliares *per capita*. Depois de atingir seu nível máximo em 1993 (0,604), o coeficiente declinou gradualmente até 2001 (quando chegou a 0,596). De 2002 em diante, o coeficiente baixou incisivamente, ano após ano, até alcançar o valor de 0,530 em 2012. Em extensa medida, essa evolução do Gini foi resultado do avanço mais forte dos rendimentos nos domicílios menos afluentes, verificado de modo mais claro na década de 2000.

O Gráfico 15 apenas complementa as informações do Coeficiente de Gini, ao trazer a razão entre a renda *per capita* dos indivíduos residentes nos domicílios situados entre os 20% mais afluentes e a dos 20% menos. Ainda que alguns pontos de inflexão tenham se alterado, a dinâmica permaneceu essencialmente a mesma. A razão subiu a seu ponto máximo em 1996 (quando a renda domiciliar *per capita* dos indivíduos 20% mais afluentes correspondeu a 29,7 vezes a renda dos 20% menos). A partir de 1997, a razão caiu em quase todos os anos, chegando a 17,3 vezes em 2012.[19]

Em suma, a distribuição dos rendimentos domiciliares se tornou menos iníqua ao longo das décadas de 1990 e 2000 – e de forma mais evidente nesta última. Em larga extensão, isso ocorreu por conta do dinamismo dos rendimentos derivados do mercado laboral, bem como dos advindos da política social. Esse dinamismo beneficiou, especialmente, os indivíduos que se encontravam na pobreza ou mesmo na miséria (ou, então, próximos de ambas as situações).

Gráfico 14. Renda domiciliar per capita – Coeficiente de Gini

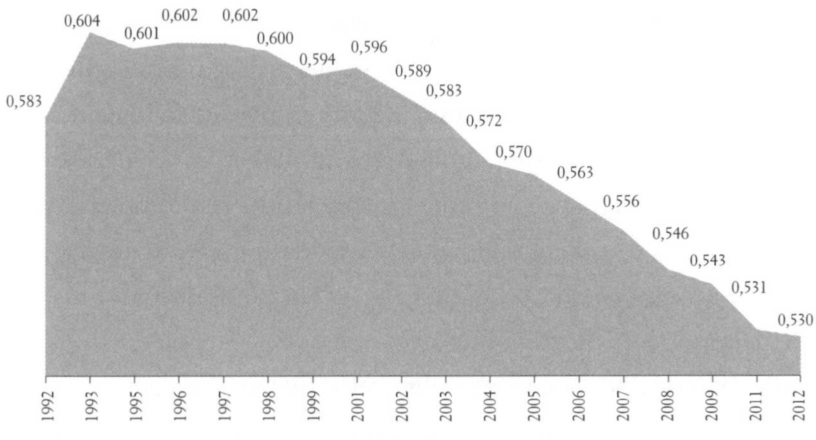

Fontes: PNAD/IBGE. Elaboração própria a partir de Ipeadata.

Nota: Mede o grau de desigualdade existente na distribuição de indivíduos segundo a renda domiciliar per capita. Varia entre zero (situação de igualdade absoluta) e um (situação de desigualdade absoluta).

[19] Detalhes da discussão sobre aspectos conceituais/metodológicos do Coeficiente de Gini e da razão 20% x 20% podem ser encontrados em Barros, Foguel e Ulyssea (2006); Barros et al. (2007); Medeiros (2012).

Gráfico 15. Renda domiciliar per capita média – razão entre a renda dos 20% + ricos e a renda dos 20% + pobres (em vezes)

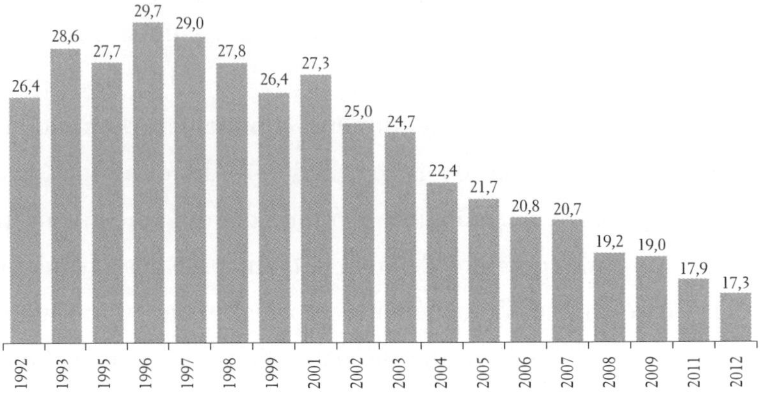

Fontes: PNAD/IBGE. Elaboração própria a partir de Ipeadata.

Nota: Mede o grau de desigualdade existente na distribuição de indivíduos segundo a renda domiciliar *per capita*. Compara a renda média dos indivíduos pertencentes aos dois décimos mais ricos da distribuição com a renda média dos indivíduos pertencentes aos dois décimos mais pobres da mesma distribuição.

Além de ser conhecido pela desigualdade de rendimentos, o Brasil também é historicamente identificado pela pobreza de parcela expressiva de sua população. Mas, novamente, essa história se alterou ao longo das décadas de 1990 e 2000 – principalmente nesta última.

Afinal, a pobreza (entendida como insuficiência de rendimentos para a aquisição de bens e serviços cotidianos) se reduziu bastante nesse período, como pode ser observado no Gráfico 16, que disponibiliza as taxas de pobreza e de miséria (extrema pobreza).[20]

Entre 1992 e 1993, a taxa de pobreza (fração da população com renda domiciliar *per capita* inferior à linha de pobreza) aumentou de 42,1% para 43,0%. Entre 1993 e 1995, ela diminuiu de 43,0% para 35,1%. Entre 1995 e 2003, ela se manteve no entorno dos 35%. Mas, entre 2003 e 2012, ela diminuiu ano após ano, chegando a "apenas" 15,9% da população (Gráfico 16).[21]

[20] Detalhes da discussão acerca de aspectos conceituais/metodológicos da taxa de pobreza ou de miséria podem ser encontrados em Barros, Foguel e Ulyssea (2006); Medeiros (2012); Osório et al. (2011) e no próprio sítio do Ipeadata (disponível em: <http: //www.ipea.gov.br>).

[21] Como pode ser visto no gráfico, com o hiato esperado, a taxa de miséria acompanhou o mesmo movimento da taxa de pobreza no período analisado.

O Gráfico 17 apresenta informações semelhantes, mas, em vez de o fazer sob a forma de taxas relativas, o faz sob a forma de números absolutos de indivíduos em situação de pobreza e miséria.

Entre 1992 e 1993, o número de indivíduos considerados "pobres" (com renda domiciliar *per capita* inferior à linha de pobreza) aumentou de 58,9 para 60,9 milhões. Entre 1993 e 1995, ele diminuiu de 60,9 para 51,8 milhões. Entre 1995 e 2003, por conta da variação na dimensão da população, ele aumentou de 51,8 para 61,8 milhões – o maior número da série. Mas, entre 2003 e 2012, ele diminuiu em todos os anos, atingindo 30,4 milhões em 2012 – número ainda significativo, mas muito inferior a qualquer outro da série.[22]

Em resumo, para escapar da situação de pobreza, a população depende do acesso a rendimentos, para adquirir bens e serviços do cotidiano – ainda que estes também possam ser ofertados diretamente pelo Estado, de maneira gratuita.

E, durante as décadas de 1990 e 2000, com destaque para esta última, cresceram bastante os rendimentos da população – e principalmente dos estratos menos afluentes desta. Pode-se dizer que o dinamismo do mercado laboral e, também, da política social foram os responsáveis por isso.

Com rendimentos crescentes, os estratos menos afluentes da população se afastaram da pobreza e da miséria, cujas taxas declinaram, para quase um terço, no caso da primeira, e para quase um quarto, no caso da segunda (levando em conta o período inteiro, de 1992 a 2012).

Enfim, se se considera que a pobreza e a miséria são manifestações de ausência de bem-estar (ou seja, são expressões de seu "negativo"), pode-se então afirmar que a dinâmica do bem-estar da população brasileira avançou bastante nas últimas décadas, destacando-se especialmente a de 2000.

[22] Como pode ser percebido no gráfico, com o lapso esperado, o número de indivíduos considerados "miseráveis" apresentou o mesmo comportamento do número de "pobres" no período analisado.

Gráfico 16. Taxa de miséria (extrema pobreza) e de pobreza (em %)

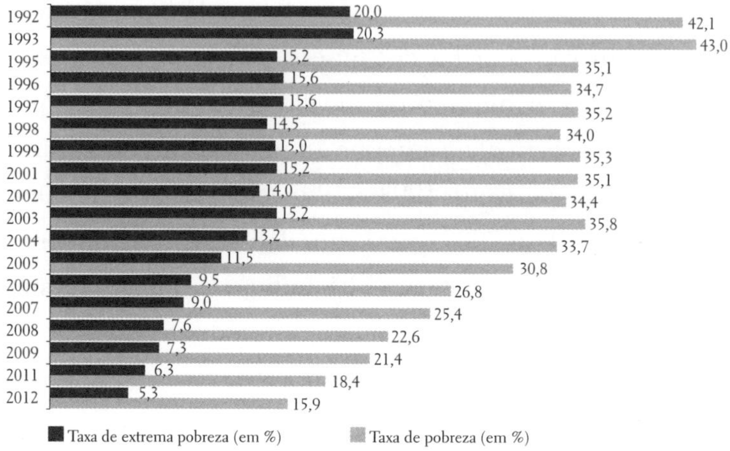

Fontes: PNAD/IBGE. Elaboração própria autor a partir de Ipeadata.

Nota: Proporção de indivíduos na população com renda domiciliar *per capita* inferior à linha de pobreza ou de extrema pobreza. A linha de pobreza considerada é o dobro da linha de extrema pobreza, que é uma estimativa do valor de uma cesta de alimentos, com o mínimo de calorias necessárias para suprir adequadamente um indivíduo, com base em recomendações da FAO e da OMS, sendo estimados diferentes valores para 24 regiões do país. Para mais detalhes, ver Ipeadata (www.ipea.gov.br).

Gráfico 17. Número de indivíduos em situação de miséria (extrema pobreza) e de pobreza (em milhões)

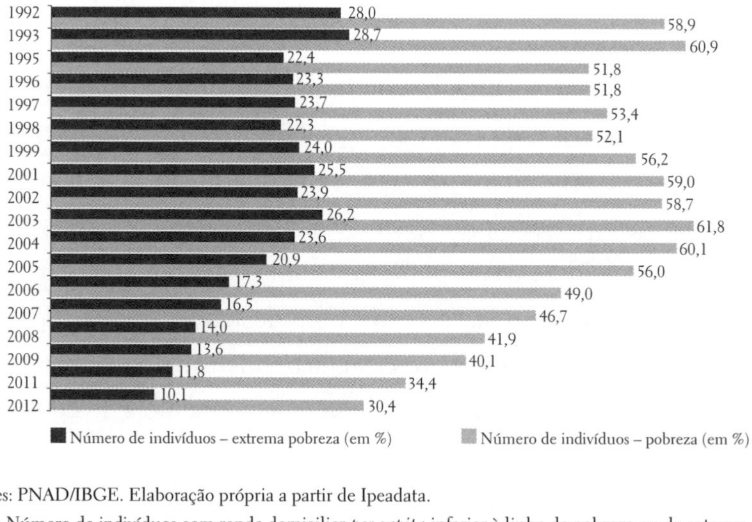

Fontes: PNAD/IBGE. Elaboração própria a partir de Ipeadata.

Nota: Número de indivíduos com renda domiciliar *per capita* inferior à linha de pobreza ou de extrema pobreza. A linha de pobreza considerada é o dobro da linha de extrema pobreza, que é uma estimativa do valor de uma cesta de alimentos, com o mínimo de calorias necessárias para suprir adequadamente um indivíduo, com base em recomendações da FAO e da OMS, sendo estimados diferentes valores para 24 regiões do país. Para mais detalhes, ver Ipeadata (www.ipea.gov.br).

5.4. CONSIDERAÇÕES FINAIS

As décadas de 1990 e 2000 – e, particularmente, a última – testemunharam um avanço bastante expressivo no bem–estar da população brasileira. Evidências nesse sentido podem ser encontradas, entre outros lugares, nos indicadores de pobreza e miséria. Ambos os fenômenos reduziram sua dimensão no país, de modo especialmente incisivo durante a década de 2000.

Os fatores por trás disso foram, em larga medida, os rendimentos gerados no âmbito do mercado de trabalho, em primeiro lugar, e da esfera da política social, em segundo. A dinâmica laboral se revelou positiva, com desocupação em baixa, ocupação em alta e assim por diante. Já a dinâmica do gasto social se mostrou crescente, destacando-se o gasto com transferências previdenciárias e assistenciais.

Com esses fatores atuando, os rendimentos que sustentam o bem-estar tenderam a avançar, como mostram as evidências anteriormente expostas. A dúvida que surge, para o futuro (inclusive próximo), é se tais fatores continuarão a atuar no mesmo sentido e com a mesma intensidade no Brasil. Há diversos eventos que sugerem que a acumulação que se delineou na década de 2000 enfrenta um desgaste considerável.

Ainda que de forma tentativa, o debate recente traz distintas perspectivas sobre isso. Algumas delas apontam para a ausência de dinamismo do investimento – que, nas décadas de 1990 e 2000, oscilou entre 15,5% e 19,5% do PIB. Apenas como exemplo, no ano de 2013, em termos de nível, o investimento limitou-se ao mesmo de 1995: 18,5% do PIB – em que pese o esforço do setor estatal, mediante o gasto direto ou por intermédio de financiamento ao setor privado. Esse fenômeno pode ser visto, por meio de outros números, no Gráfico 18.

Gráfico 18. Taxa de variação real dos componentes do PIB (em %)

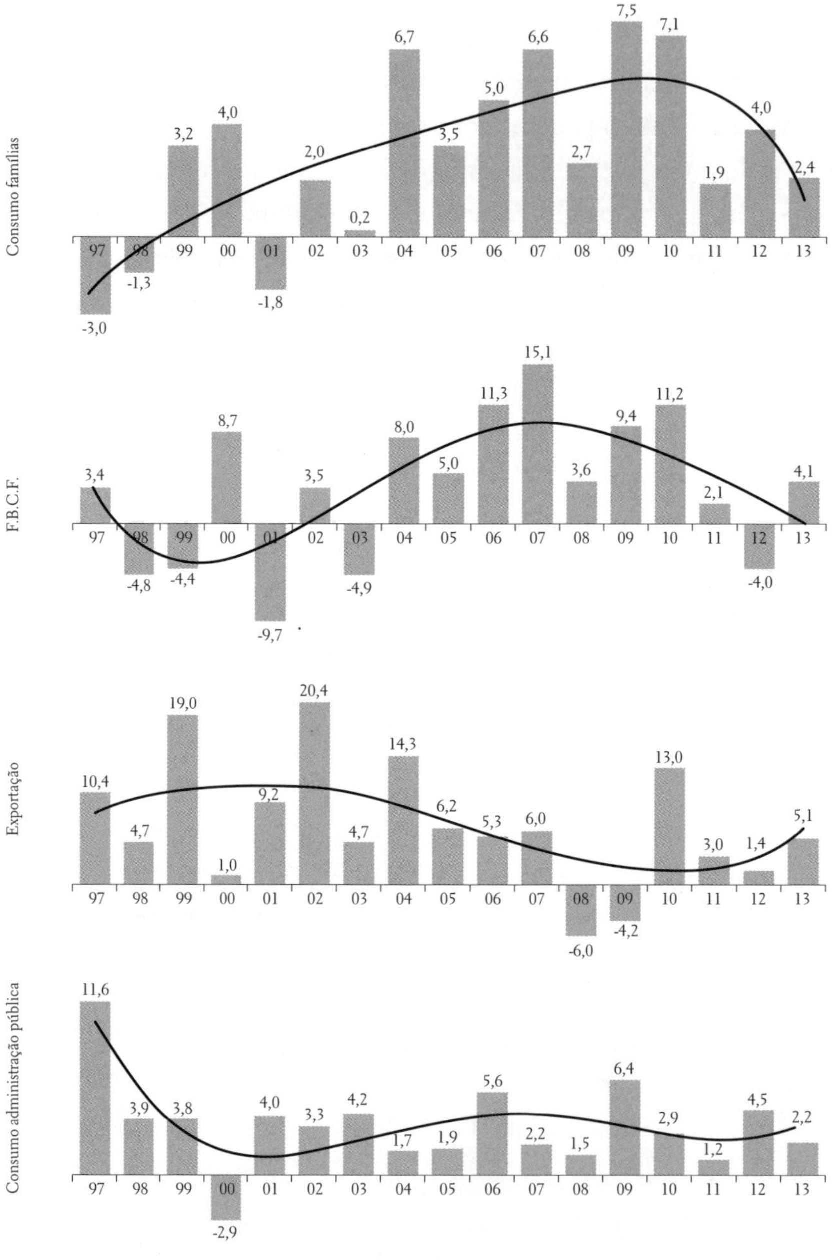

Fontes: Contas Nacionais/IBGE. Elaboração própria a partir de Sidra/IBGE.

Nota: Componentes do PIB considerado sob a ótica da demanda. Apenas componentes com possibilidade de contribuição positiva para o PIB. Variação dessazonalizada, calculada entre os valores correspondentes ao último trimestre de cada ano (outubro, novembro e dezembro). Linhas de tendência: polinomiais de quarta ordem. A sigla FBCF significa Formação Bruta de Capital Fixo.

Dada a falta de dinamismo do investimento, a produtividade dos fatores teve dificuldades para avançar.[23] E, por consequência, também o PIB – que, desde 2011, passou a apresentar taxas de variação reduzidas (a média dessas taxas entre 2011 e 2012 se limitou a 1,88%, inferior à média entre 1992 a 2003 – Gráfico 1). Além de reduzidas, essas taxas de variação do PIB passaram a se fazer acompanhar de desequilíbrios (como inflação mais elevada e disseminada, desníveis mais acentuados nas contas externas etc.).

É verdade que, mais além do investimento, outros elementos poderiam continuar a dinamizar o PIB, como o fizeram na década de 2000. O problema é que, por um lado, as exportações viram sua força esvanecer após a crise de 2008, quando os mercados mundiais se desarranjaram (mais recentemente, mesmo as exportações de bens primários para a Ásia passaram a sofrer com isso, dada a desaceleração da China).[24] Alguns números a respeito desse fenômeno podem ser observados no Gráfico 18.

Por outro lado, a força do consumo das famílias também se dissipou (ainda que só parcialmente) no período mais recente. Mesmo que os rendimentos tenham continuado a aumentar, como já examinado, o consumo passou a sofrer com dois fenômenos: a inflação (mais elevada e disseminada, inclusive pelos alimentos) e os juros (que voltaram a subir, após um período de baixa, sob o argumento do combate à inflação – o que afetou o crédito ao consumo). Alguns números sobre tal fenômeno podem ser vistos no Gráfico 18.

Por fim, em meio a essa análise de outros elementos que poderiam continuar a dinamizar o PIB, mencione-se que o consumo do Estado ("administração pública") manteve-se sem grandes variações mais recentemente – fenômeno que pode ser examinado por meio dos números do Gráfico 18.

---

[23] Ao menos em princípio, em um mercado laboral com menores taxas de participação e desocupação, como o verificado a partir de 2011, a possibilidade de incorporação de novos trabalhadores reduz sua contribuição potencial ao PIB. Por decorrência, em sentido contrário, a possibilidade de incremento da produtividade dos trabalhadores já existentes aumenta sua contribuição potencial.

[24] Em que pese a recuperação das exportações em 2013, sua variação encontra-se em níveis inferiores aos constatados no final da década de 1990 e início da de 2000, conforme mostra o Gráfico 18.

Ou seja, três elementos importantes para a dinamização do PIB (o consumo privado, o investimento público/privado e a exportação) deixaram de contribuir da maneira como faziam até o ano de 2010. Em decorrência, o crescimento do PIB diminuiu bastante, com variação média de apenas 1,88% em 2011 e 2012 – o que dá ensejo à dúvida: os fatores de bem-estar estudados aqui continuarão a atuar no mesmo sentido e com a mesma intensidade no futuro?

Os rendimentos do trabalho, que correspondem ao primeiro de tais fatores, podem ser afetados. Afinal, como regra, PIB menor significa dificuldades para o mercado laboral (menor ocupação, maior desocupação, maior informalidade e menor remuneração). Por sua vez, os valores transferidos pela política social, que equivalem ao segundo desses fatores, também podem ser influenciados. Isso porque, com PIB inferior, a arrecadação (e a distribuição de renda pelo Estado) também enfrenta dificuldades.

Em suma, há eventos sugerindo que a acumulação desenhada na década de 2000 enfrenta um desgaste sensível, que se desdobra em um crescimento aquém do esperado para o PIB. No futuro (próximo, inclusive), tal desgaste pode retirar força dos fatores que fomentaram o bem-estar da população brasileira. Seja como for, ao menos por enquanto, por mais que esteja amparada em evidências, a dúvida que permeia esse cenário está calcada em probabilidades, não em certezas.

REFERÊNCIAS BIBLIOGRÁFICAS

ARENDT, H. *A condição humana*. Rio de Janeiro: Forense Universitária, 2000.

BALTAR, P. A. et al. *Trabalho no governo Lula*: uma reflexão sobre a recente experiência brasileira. Global Labour University, 2010. Disponível em: <http://www.global-labour-university.org/fileadmin/GLU_Working_Papers/GLU_WP_No._9_portuguese.pdf>. Acesso em: 10 out. 2013.

______; DEDECCA, C. S.; KREIN, J. D. (Ed.). *Salário mínimo e desenvolvimento*. Campinas: Unicamp, 2005.

BARBOSA, A. F. China e América Latina na nova divisão internacional do trabalho. In: LEÃO, Rodrigo Pimentel Ferreira; PINTO, E. C.; ACIOLY, L. (Org.). *A China na nova configuração global*: impactos políticos e econômicos. Brasília: Ipea, 2011. p. 269-306.

BARBOSA, N.; SOUZA, J. A. A inflexão do governo Lula: política econômica, crescimento e distribuição de renda. In: SADER, E.; GARCIA, M. A. (Org.). *Brasil*: entre o passado e o futuro. São Paulo: Boitempo, 2010. p. 200.

BARROS, R. P. de et al. *A queda recente da desigualdade de renda no Brasil*. Ipea, 2007. Disponível em: <http://repositorio.ipea.gov.br/bitstream/11058/1745/1/TD_1258.pdf>. Acesso em: 29 maio 2014.

______ et al. *Acesso ao trabalho e produtividade no Brasil*: implicações para crescimento, pobreza e desigualdade. Brasília: Ipea, 2004.

______; FOGUEL, M.; ULYSSEA, G. (Ed.). *Desigualdade de renda no Brasil*: uma análise da queda recente. Brasília: Ipea, 2006.

BAUMAN, Z. *A sociedade individualizada*. Rio de Janeiro: Zahar, 2009.

______. *Modernidade líquida*. Rio de Janeiro: Zahar, 2004.

BERG, J. Laws or luck? Understanding rising formality in Brazil in the 2000s. In: MCCANN, D.; LEE, S. *Regulating for decent work:* new directions in labour market regulation. London: Palgrave Macmillan; Geneve: ILO, 2011.

BERG, J.; TOBIN, S. Income-led growth as a crisis response: lessons from Brazil. In: ILO – INTERNATIONAL LABOUR ORGANIZATION. *The global crisis:* causes, responses and challenges. Geneva: ILO, 2011.p. 181-92.

BOBBIO, N. *A era dos direitos*. Rio de Janeiro: Campus, 1992.

BOURDIEU, P. *Contre-feu*: proós pour servir à la résistance contre l'invasion neo-libérale. Paris: LRA, 1998.

BUSSAB, W. O.; DINI, N. P. Pesquisa de emprego e desemprego Seade/Dieese: regiões homogêneas da Grande São Paulo. *Revista São Paulo em Perspectiva*, São Paulo: Fundação Seade, 3, p. 5-11, set./dez. 1985.

CACCIAMALI, M. C.; BOBIK, M.; CELLI JR., U. Em busca de uma nova inserção da América Latina na economia global. *Estudos Avançados*, v. 26, n. 75, p. 91-110, ago. 2012.

______; CURY, E. L. Desenvolvimento, mercado de trabalho e distribuição de renda – diferenças entre o norte e o sul da América Latina entre 1990 e 2010. *Revista Paranaense de Desenvolvimento*, v. 34, n. 124, p. 55-72, jun. 2013.

______; ______. O crescimento do emprego formal com distribuição de renda na América Latina persistirá? São Paulo, FEA/USP, 2012. Mimeografado.

CANO, W. *Soberania e política econômica na América Latina*. São Paulo: Unesp, 2000.

CARDOSO, A. M. *Sindicatos, trabalhadores e a coqueluche neoliberal*: a era Vargas acabou? Rio de Janeiro: FGV, 1999.

CARDOSO JR., J. C. *De volta para o futuro? As fontes de recuperação do emprego formal no Brasil e as condições para sua sustentabilidade temporal*. Ipea, 2007. Disponível em: <http://agencia.ipea.gov.br/images/stories/PDFs/TDs/td_1310.pdf>. Acesso em: 13 ago. 2014

CARLEY, M. *Indicadores sociais*: teoria e prática. Rio de Janeiro: Zahar, 1985.

CASTEL, R. As metamorfoses da questão social. Metrópoles: Vozes, 1998.

CASTRO, J. A. de et al. *Gasto social federal*: prioridade macroeconômica no período 1995--2010. Ipea, set. 2012. Disponível em: <http://www.ipea.gov.br/portal/images/stories/PDFs/nota_tecnica/120904_notatecnicadisoc09.pdf>. Acesso em: 23 de maio 2014.

______ et al. *Quinze anos de gasto social federal*: notas sobre o período de 1995 a 2009. Ipea, jul. 2011. Disponível em: <http://www.ipea.gov.br/portal/images/stories/PDFs/comunicado/110708_comunicadoipea98.pdf>. Acesso em: 20 de março. 2014

CHAVES, J. V. et al. *Gasto social federal*: uma análise da execução orçamentária de 2010. Ipea, ago. 2011. Disponível em: <http://www.ipea.gov.br/portal/images/stories/PDFs/comunicado/110825_comunicadoipea108.pdf>. Acesso em: 23 maio 2014.

COLEMAN, J. *Foundation of social theory*. Cambridge: HUP, 1990.

COMPARATO, F. *A afirmação histórica dos direitos humanos*. São Paulo: Saraiva, 1999.

CORDERA, R. et al. *Pobreza, desigualdad y exclusión social en la ciudad del siglo XXI*. México: Unam, 2008.

CRUZ, S. V. *Trajetórias*: capitalismo neoliberal e reformas econômicas nos países da periferia. São Paulo: Unesp, 2007.

DIEESE. *Salário mínimo*: instrumento de combate à desigualdade. São Paulo: Dieese, 2010.

DUSSEL, E. *O encobrimento do outro*: a origem do mito da modernidade. Petrópolis: Vozes, 1993.

FERREIRA, M.; DINI, N.; FERREIRA, S. Espaços e dimensões da pobreza nos municípios do estado de São Paulo. *Revista São Paulo em Perspectiva*, São Paulo: Fundação Seade, v. 20, n. 1, p. 5-17, jan./mar. 2006.

FIELD, A. *Descobrindo a estatística utilizando o SPSS*. Porto Alegre: Artmed, 2009.

FIORI, J. L. *O voo da coruja*: para reler o desenvolvimento brasileiro. Rio de Janeiro: Record, 2004.

________. Sistema mundial e América Latina: mudanças e perspectivas. *Projeto História*, n. 32, p. 55-77, jun. 2006.

GIDDENS, A.; HUTTON, W. *En el limite. La vida en el capitalismo global*. Barcelona: TE, 2001.

GUERRA, A. L. *O uso de indicadores aplicados ao planejamento de políticas públicas em municípios abaixo de 50 mil habitantes*. São Paulo: Eaesp-FGV, 2012.

HABERMAS, J. *La inclusión del otro*. Barcelona: Paidós, 1999.

HOBBES, T. *Leviatã, ou matéria, forma e poder de um Estado eclesiástico e civil*. São Paulo: Abril Cultural, 1983.

HOBSBAWM, E. *A era dos impérios*. Rio de Janeiro: Paz e Terra, 1982.

HOFFMANN, R. *Distribuição de renda*: medidas de desigualdade e pobreza. São Paulo: Edusp, 1998.

IBGE. Índice Nacional de Preços ao Consumidor Amplo – IPCA. Rio de Janeiro: IBGE, 2011-2012.

________. Microdados do Censo Demográfico 2000. Rio de Janeiro: IBGE, 2001.

________. Microdados do Censo Demográfico 2010. Rio de Janeiro: IBGE, 2012.

________. Pesquisa Nacional por Amostra de Domicílios – PNAD. Rio de Janeiro: IBGE, 1992-2012.

________. Sistema de Contas Nacionais. Rio de Janeiro: IBGE, 1997-2013.

ILO Global Employment Trends. Genève, 2014.

INSTITUTO VIA PÚBLICA; SECRETARIA MUNICIPAL DA SAÚDE DE SÃO PAULO. *Atlas da saúde da cidade de São Paulo*. São Paulo: Instituto Via Pública e SMS, 2011.

IPEA. Ipeadata. Brasília: IPEA. Disponível em <http://www.ipea.gov.br>. Acesso em: 15 de março/2014.

________. As políticas sociais e a Constituição de 1988: conquistas e desafios. Políticas *sociais*: acompanhamento e análise, n. 17, p. 17-96, jun. 2009a.

________. Seguridade social: redefinindo o alcance da cidadania. *Políticas sociais*: acompanhamento e análise, v. 1, n. 17, p. 17-40, jun. 2009b.

________. *Brasil em desenvolvimento 2011*: Estado, planejamento e políticas públicas. Brasília: Ipea, 2012.

________. Política social e desenvolvimento. *Políticas sociais*: acompanhamento e análise, n. 13, p. 7-24, mar. 2007a.

________. Seguridade social. *Políticas sociais*: acompanhamento e análise, n. 13, p. 27-44, mar. 2007b.

IPECE/SEPLAG. *As principais linhas de pobreza utilizada no Brasil*. Fortaleza: Ipece, 2009. Nota técnica 38.

JANNUZZI. P. M. *Indicadores sociais no Brasil*: conceitos, fonte de dados e aplicações. Campinas: Alínea, 2001.

KARSZ, S. *La exclusión*. Barcelona: Gedisa, 2004.

LIMA, A. *Os direitos do homem e o homem sem direitos*. Petrópolis: Vozes, 1999.

LOCKE, J. *Segundo tratado sobre o governo, 1689-1690*. São Paulo: Abril Cultural, 1983.

MARINAKIS, A. Explaining Latin America's robust recovery from the crisis. In: ILO – INTERNATIONAL LABOUR ORGANIZATION. The global crisis: causes, responses and challenges. Genève: ILO, 2011. p. 21-33.

________; VELASCO, J. J. (Ed.). *Para qué sirve el salario mínimo?* Elementos para su determinación en los países del Cono Sur. Santiago: OIT, 2006.

MARSHALL, T. *Cidadania, classe social e status*. Rio de Janeiro: Jorge Zahar, 1967.

MARTINELLI, M. *Curso de cartografia temática*. São Paulo: Contexto, 1991.

MARX, K.; ENGELS, F. *O manifesto comunista*. Boitempo: São Paulo, 1991.

MDS. *O Programa Bolsa Família*. Brasília: Ministério do Desenvolvimento Social e Combate à Fome, 2006.

MEDEIROS, C. A. de. A China como duplo polo na economia mundial e a recentralização asiática. *Revista de Economia Política*, v. 26, n. 3, p. 381-400, jul. 2006.

MEDEIROS, M. *Medidas de desigualdade e pobreza*. Brasília: Editora UnB, 2012.

MINISTÉRIO DA SAÚDE. Sistema de Informações de Mortalidade, 2000 e 2010.

MPOG. Sistema Integrado de Administração Financeira (SIAFI)/Sistema Integrado de Dados Orçamentários (SIDOR). Brasília: MPOG, 1995, 2000 e 2010.

OFFE, C. *Contradicciones en el Estado de bienestar*. México: Alianza, 1991.

ORTS, C. A. *Ciudadanos del Mundo: hacia una teoría de la ciudadanía*. 2a., 4a. ed. Madrid: Alianza Editorial, 1998.

OSÓRIO, R. G. et al. *Perfil da pobreza no Brasil e sua evolução no período 2004-2009*. Ipea, 2011. Disponível em: <http://www.ipea.gov.br/portal/images/stories/PDFs/TDs/td_1647.pdf>. Acesso em: 29 maio 2014.

PIKETTY, T. *O capital no século XXI*. Rio de Janeiro: Intrínseca, 2014.

PINSKY, J.; PINSKY, C. (Org.). *História da cidadania*. São Paulo: Contexto, 2003.

PINTO, E. América Latina na primeira década do século XXI: "efeito China" e crescimento com inclusão. In: OICHDPP. *Estudos e análises*. OICHDPP: Brasília, 2013. p. 23-46.

PNUD/ONU. *Atlas do desenvolvimento humano no Brasil*. Brasília: PNUD, 2004.

POCHMANN, M. *A década dos mitos*: o novo modelo econômico e a crise do trabalho no Brasil. São Paulo: Contexto, 2001.

_______ et al. (Org.). *Atlas da exclusão social*: agenda não liberal da inclusão social. São Paulo: Cortez, 2005. v. 5.

_______ et al. (Org.). *Atlas da exclusão social no Brasil*: dinâmica e manifestação territorial. São Paulo: Cortez, 2003. v. 2.

_______ et al. (Org.). *Atlas da exclusão social*: a exclusão no mundo. São Paulo: Cortez, 2004. v. 4.

_______ et al. (Org.). *Atlas da exclusão social no Brasil*: os ricos no Brasil. São Paulo: Cortez, 2004. v. 3.

PRTS, A. *Ciudadanos del mundo*. Madrid: A. Editorial, 1998.

QUADROS, R. *A política do precariato*. São Paulo: Boitempo, 2013.

RABOTNIKOF, N. *En busca de un lugar común*. México: Unam, 2005.

RANCIÈRE, J. *El desacuerdo*. Buenos Aires: Visión, 1997.

ROCHA, S. Do consumo observado à linha de pobreza. *Pesquisa e planejamento econômico*, v. 27, n. 2, 1997.

_______. Opções metodológicas para a estimação de linhas de indigência e de pobreza no Brasil. *Texto para Discussão*, Rio de Janeiro: Ipea, n. 720, 2000.

SANTAGADA, S. Indicadores sociais: uma primeira abordagem social e histórica. *Pensamento Plural*, Pelotas, 2007.

SANTOS, M. *A natureza do espaço*: técnica e tempo, razão e emoção. 4. ed. São Paulo: Edusp, 2008.

SEN, A. *Nuevo examen de la desigualdad*. Madri: Alianza Editorial, 1995.

SENNETT, R. *O declínio do homem público*: as tiranias da intimidade. São Paulo: Companhia das Letras, 1999.

STANDING, G. *O novo precariato*. São Paulo: Boitempo, 2013.

SUBIRÓS, P. *Ciutat real, ciutat ideal*. Barcelona: CCCB, 1998.

TODOROV, T. *A conquista da América*: a questão do outro. São Paulo: Martins Fontes, 1999.

TOLEDO, E. de la G. (Ed.). *Tratado latinoamericano de sociología del trabajo*. México (D.F.): El Colegio de México, 2000.

TURNER, B. *Citzenship and social theory*. London: Sage, 1993.

ULYSSEA, G.; BARBOSA, A. L. de H. *Um retrato de duas décadas do mercado de trabalho brasileiro utilizando a PNAD*. Ipea, out. 2013. Disponível em: <http://www.ipea.gov.br/portal/images/stories/PDFs/comunicado/131007_comunicadoipea160.pdf>. Acesso em: 23 maio 2014.

WEBER, M. *El político y el científico*. México: Alianza, 1991.

WORLD BANK. *Brazil, a poverty assessment*. Washington (D.C.), 1995. 2 v. (Report 14323-BR.)

ANEXOS ESTATÍSTICOS

Componentes do Índice de Exclusão Social
Municípios Brasileiros, 2010

Nome do Município 2000	UF	Posição*	Indicador de Alfabetização	Indicador de Escolaridade	Indicador de Emprego	Indicador de Pobreza	Índice de Gini	Indicador de Juventude	Indicador de Violência	Índice de Exclusão
Abadia de Goiás	GO	2299º	86,12	14,00	27,65	46,12	0,501	41,80	40,23	0,561
Abadia dos Dourados	MG	2039º	88,11	11,55	25,54	45,69	0,511	33,23	46,54	0,581
Abadiânia	GO	2489º	82,47	11,20	25,93	56,12	0,549	39,03	17,46	0,546
Abaeté	MG	1644º	85,25	12,96	31,38	40,06	0,586	36,63	4,47	0,606
Abaetetuba	PA	4252º	76,22	13,00	15,13	76,10	0,587	52,38	3,36	0,426
Abaiara	CE	3958º	62,39	9,06	22,86	77,00	0,608	46,74	0,00	0,442
Abaíra	BA	3121º	76,23	8,41	10,71	67,17	0,540	36,96	11,03	0,495
Abaré	BA	4685º	64,24	9,89	10,81	77,86	0,553	49,30	21,98	0,402
Abatiá	PR	1942º	79,22	12,90	23,66	50,32	0,438	39,30	12,11	0,588
Abdon Batista	SC	2349º	91,26	15,46	19,56	59,06	0,559	38,59	0,00	0,557
Abel Figueiredo	PA	3291º	74,60	9,97	16,21	54,52	0,518	49,25	16,79	0,482
Abelardo Luz	SC	3480º	85,65	11,54	24,02	58,95	0,721	45,12	12,17	0,468
Abre Campo	MG	2512º	83,43	11,69	16,83	53,66	0,516	40,22	7,49	0,544
Abreu e Lima	PE	2235º	85,23	16,93	36,43	59,79	0,482	39,81	51,66	0,565
Abreulândia	TO	3039º	79,59	9,80	19,78	71,74	0,499	44,86	0,00	0,501
Acaiaca	MG	2614º	80,09	9,12	21,90	60,16	0,555	38,96	0,00	0,536
Açailândia	MA	4044º	76,09	9,90	22,37	68,49	0,630	50,11	14,72	0,437
Acajutiba	BA	4018º	67,47	7,09	12,49	71,88	0,575	46,33	0,00	0,439
Acará	PA	5068º	59,57	3,41	5,35	81,69	0,502	54,02	1,92	0,375
Acarape	CE	3436º	69,37	9,86	23,29	78,34	0,498	47,18	7,74	0,472
Acaraú	CE	5154º	62,98	4,22	9,64	80,98	0,644	50,16	0,00	0,368
Acari	RN	1990º	76,47	17,67	24,25	57,13	0,473	39,57	0,00	0,585
Acauã	PI	5358º	64,71	1,42	4,30	89,97	0,655	47,87	0,00	0,340
Acopiara	CE	5146º	59,30	4,56	10,46	78,52	0,710	43,02	16,97	0,368
Acorizal	MT	3321º	72,69	10,73	15,79	63,28	0,580	44,87	0,00	0,480
Acrelândia	AC	5062º	67,74	5,66	12,93	65,47	0,619	52,68	37,81	0,376
Acreúna	GO	2312º	81,80	10,85	28,45	45,62	0,584	40,45	10,93	0,560
Açu	RN	3107º	72,02	15,61	26,14	66,83	0,604	43,24	14,61	0,496
Açucena	MG	3586º	77,62	6,27	18,46	71,98	0,557	43,42	17,41	0,462

*a partir da melhor situação social ou maior IES)

Nome do Município 2000	UF	Posição*	Indicador de Alfabetização	Indicador de Escolaridade	Indicador de Emprego	Indicador de Pobreza	Índice de Gini	Indicador de Juventude	Indicador de Violência	Índice de Exclusão
Adamantina	SP	215º	89,33	31,23	38,60	23,61	0,549	32,47	5,97	0,726
Adelândia	GO	2773º	78,81	11,07	23,35	52,71	0,547	38,98	40,65	0,523
Adolfo	SP	122º	85,34	18,20	46,75	26,53	0,390	35,07	0,00	0,747
Adrianópolis	PR	3208º	75,75	12,83	21,89	57,38	0,578	44,93	28,44	0,488
Adustina	BA	4437º	57,40	3,17	7,77	74,00	0,504	47,38	6,99	0,416
Afogados da Ingazeira	PE	4002º	71,56	15,06	18,20	65,33	0,660	43,37	39,49	0,439
Afonso Bezerra	RN	3886º	62,80	8,84	17,30	75,36	0,588	42,93	9,20	0,446
Afonso Cláudio	ES	2932º	81,66	13,25	12,99	49,55	0,541	39,59	43,44	0,509
Afonso Cunha	MA	4810º	58,49	4,76	16,63	86,08	0,524	53,38	0,00	0,393
Afrânio	PE	4727º	65,13	3,84	4,79	78,26	0,571	46,67	0,00	0,399
Afuá	PA	5126º	52,54	2,44	12,02	79,26	0,489	59,23	0,00	0,370
Agrestina	PE	4997º	57,81	6,80	11,80	67,12	0,606	43,99	64,88	0,381
Agricolândia	PI	4048º	66,73	7,04	4,92	84,96	0,455	44,85	0,00	0,437
Agrolândia	SC	920º	90,00	11,60	35,75	37,04	0,467	37,77	0,00	0,657
Agronômica	SC	1150º	92,11	11,02	21,32	28,54	0,467	37,44	0,00	0,641
Água Azul do Norte	PA	4299º	71,48	3,00	13,17	63,05	0,633	46,13	13,58	0,423
Água Boa	MG	4821º	65,68	6,09	12,99	68,92	0,646	49,46	16,71	0,393
Água Boa	MT	2822º	86,91	15,25	22,68	40,49	0,673	43,59	23,90	0,519
Água Branca	AL	5213º	58,93	7,50	12,64	74,93	0,660	50,33	25,92	0,362
Água Branca	PB	5309º	63,84	5,81	12,04	82,99	0,714	49,11	11,94	0,348
Água Branca	PI	3508º	70,80	12,50	14,01	72,98	0,561	43,36	6,89	0,466
Água Clara	MS	2398º	85,07	11,04	48,72	41,08	0,586	44,90	63,55	0,554
Água Comprida	MG	374º	91,81	11,72	47,45	29,28	0,475	36,42	0,00	0,704
Água Doce	SC	1886º	88,36	16,08	33,56	40,93	0,598	40,38	14,61	0,591
Água Doce do Maranhão	MA	5298º	54,86	1,42	6,29	87,77	0,561	52,03	0,00	0,350
Água Doce do Norte	ES	3491º	74,20	10,77	13,97	65,80	0,573	42,64	15,58	0,468
Água Fria	BA	4490º	59,83	4,66	14,17	79,11	0,545	49,30	0,00	0,413

*a partir da melhor situação social ou maior IES)

Nome do Município 2000	UF	Posição*	Indicador de Alfabetização	Indicador de Escolaridade	Indicador de Emprego	Indicador de Pobreza	Índice de Gini	Indicador de Juventude	Indicador de Violência	Índice de Exclusão
Água Fria de Goiás	GO	3457º	77,29	5,58	32,20	67,49	0,718	43,14	0,00	0,470
Água Limpa	GO	1417º	85,10	15,38	35,31	45,54	0,565	36,50	0,00	0,621
Água Nova	RN	4611º	60,40	10,38	15,89	86,55	0,597	48,32	0,00	0,406
Água Preta	PE	4937º	60,30	8,29	30,72	80,45	0,580	50,50	65,94	0,385
Água Santa	RS	1561º	90,19	12,00	15,79	35,75	0,488	36,90	0,00	0,611
Aguaí	SP	660º	87,57	19,17	47,19	28,54	0,557	37,54	14,19	0,677
Aguanil	MG	874º	84,79	12,73	35,48	37,59	0,491	34,53	0,00	0,660
Águas Belas	PE	5411º	48,48	6,02	8,04	79,66	0,641	48,13	43,67	0,329
Águas da Prata	SP	219º	90,37	24,18	43,06	23,38	0,546	33,05	0,00	0,726
Águas de Chapecó	SC	2561º	87,32	8,32	11,82	40,11	0,597	39,28	0,00	0,541
Águas de Lindóia	SP	245º	87,70	22,76	43,24	16,89	0,542	34,68	6,18	0,721
Águas de Santa Bárbara	SP	365º	90,27	22,94	42,59	27,05	0,521	36,98	0,00	0,705
Águas de São Pedro	SP	36º	97,17	41,20	31,81	12,04	0,575	27,99	0,00	0,778
Águas Formosas	MG	3795º	70,23	14,42	17,77	72,22	0,654	45,35	0,00	0,451
Águas Frias	SC	2354º	88,95	7,16	13,74	41,77	0,552	38,69	0,00	0,556
Águas Lindas de Goiás	GO	2463º	81,91	7,75	40,20	52,14	0,460	47,41	41,61	0,548
Águas Mornas	SC	595º	89,33	9,75	29,33	30,15	0,364	37,38	0,00	0,682
Águas Vermelhas	MG	4118º	68,12	8,69	17,94	74,94	0,607	48,16	0,00	0,433
Agudo	RS	1294º	89,82	11,41	23,72	28,49	0,536	34,13	11,46	0,629
Agudos	SP	619º	89,57	24,61	45,72	32,41	0,544	39,68	9,24	0,680
Agudos do Sul	PR	3196º	86,03	10,41	20,61	58,66	0,532	41,95	55,39	0,489
Águia Branca	ES	2885º	81,35	13,13	12,66	55,64	0,550	40,21	20,84	0,514
Aguiar	PB	4004º	56,03	5,76	11,96	77,13	0,503	45,46	0,00	0,439

*a partir da melhor situação social ou maior IES)

Nome do Município 2000	UF	Posição*	Indicador de Alfabetização	Indicador de Escolaridade	Indicador de Emprego	Indicador de Pobreza	Índice de Gini	Indicador de Juventude	Indicador de Violência	Índice de Exclusão
Aguiarnópolis	TO	4514º	75,76	7,93	28,87	75,85	0,664	49,51	31,80	0,412
Aimorés	MG	1776º	82,23	16,58	30,56	51,15	0,570	36,66	0,00	0,597
Aiquara	BA	3530º	68,66	8,65	30,50	70,89	0,553	47,21	18,81	0,465
Aiuaba	CE	5376º	57,13	3,29	9,78	82,93	0,655	48,41	27,68	0,337
Aiuruoca	MG	2492º	82,11	12,49	23,50	51,43	0,634	35,04	15,46	0,546
Ajuricaba	RS	779º	93,38	15,63	20,56	34,05	0,450	32,40	0,00	0,667
Alagoa	MG	2448º	83,50	10,43	15,20	55,92	0,537	36,57	0,00	0,549
Alagoa Grande	PB	4025º	56,63	7,07	17,24	72,65	0,555	45,77	10,28	0,438
Alagoa Nova	PB	4596º	62,56	4,53	9,99	76,60	0,610	45,65	0,00	0,406
Alagoinha	PB	3761º	58,23	6,13	21,59	75,85	0,534	46,85	0,00	0,452
Alagoinha	PE	3727º	66,23	8,92	10,79	67,81	0,558	42,18	15,96	0,454
Alagoinha do Piauí	PI	4312º	49,91	4,12	7,95	70,97	0,531	42,89	14,56	0,423
Alagoinhas	BA	2426º	84,73	21,99	16,02	54,52	0,601	41,31	29,21	0,551
Alambari	SP	1434º	88,91	11,51	43,14	42,35	0,495	40,47	27,40	0,620
Albertina	MG	1373º	83,57	10,24	20,16	29,65	0,387	36,29	35,20	0,624
Alcântara	MA	5018º	67,54	7,09	8,89	83,12	0,627	49,81	0,00	0,379
Alcântaras	CE	4350º	61,50	5,08	15,23	80,44	0,543	48,23	0,00	0,421
Alcantil	PB	3591º	67,86	2,45	13,42	75,77	0,465	44,82	0,00	0,462
Alcinópolis	MS	2273º	84,53	7,41	17,75	45,84	0,483	41,51	0,00	0,563
Alcobaça	BA	3477º	73,42	9,43	28,34	65,25	0,554	48,09	0,00	0,469
Aldeias Altas	MA	5159º	52,66	4,09	9,08	86,59	0,542	52,29	0,00	0,367
Alecrim	RS	2254º	90,27	8,95	9,94	50,18	0,502	35,82	0,00	0,564
Alegre	ES	1971º	82,39	21,88	28,49	46,03	0,575	39,01	18,92	0,586
Alegrete	RS	1311º	89,80	21,46	37,48	38,38	0,596	37,05	20,16	0,628
Alegrete do Piauí	PI	4217º	55,83	6,50	7,12	70,23	0,551	45,70	0,00	0,427
Alegria	RS	2745º	87,86	9,50	10,74	59,97	0,586	35,20	0,00	0,525
Além Paraíba	MG	659º	88,07	22,84	40,78	32,97	0,568	34,40	8,93	0,677
Alenquer	PA	4673º	74,34	10,07	10,61	76,51	0,570	55,08	0,00	0,402
Alexandria	RN	3336º	65,00	10,05	22,27	74,26	0,574	40,80	7,26	0,480

*a partir da melhor situação social ou maior IES)

Nome do Município 2000	UF	Posição*	Indicador de Alfabetização	Indicador de Escolaridade	Indicador de Emprego	Indicador de Pobreza	Índice de Gini	Indicador de Juventude	Indicador de Violência	Índice de Exclusão
Alexânia	GO	2692º	81,13	9,45	23,44	56,08	0,560	42,06	4,92	0,530
Alfenas	MG	488º	90,31	25,39	45,98	25,88	0,578	37,53	10,45	0,693
Alfredo Chaves	ES	2501º	86,49	15,48	13,44	47,29	0,558	36,34	29,38	0,545
Alfredo Marcondes	SP	510º	88,20	23,88	40,10	41,37	0,535	31,76	0,00	0,691
Alfredo Vasconcelos	MG	2228º	83,39	9,70	29,65	62,67	0,522	38,33	0,00	0,566
Alfredo Wagner	SC	2646º	84,18	8,24	12,53	40,03	0,585	41,55	0,00	0,533
Algodão de Jandaíra	PB	4505º	52,03	0,86	11,65	83,46	0,451	48,98	0,00	0,412
Alhandra	PB	3798º	63,41	6,68	23,12	77,27	0,542	46,92	6,28	0,451
Aliança	PE	3401º	63,10	8,13	36,79	78,82	0,531	46,03	24,20	0,474
Aliança do Tocantins	TO	2812º	81,79	15,82	22,60	66,07	0,554	44,46	0,00	0,520
Almadina	BA	3286º	66,96	6,03	19,70	75,28	0,523	46,27	0,00	0,482
Almas	TO	3535º	71,68	9,75	22,66	63,98	0,601	49,80	0,00	0,465
Almeirim	PA	3266º	72,82	16,74	33,25	48,47	0,718	52,61	5,89	0,484
Almenara	MG	3511º	70,26	12,27	18,93	66,57	0,670	42,65	0,00	0,466
Almino Afonso	RN	3062º	67,34	17,50	24,94	75,24	0,588	42,16	0,00	0,499
Almirante Tamandaré	PR	1711º	86,89	13,44	45,07	40,30	0,476	44,59	46,44	0,602
Aloândia	GO	1680º	81,75	13,53	20,51	43,84	0,561	31,67	0,00	0,604
Alpercata	MG	2372º	78,22	11,07	32,46	57,53	0,525	41,16	14,36	0,555
Alpestre	RS	3606º	86,29	7,29	7,27	60,89	0,587	40,15	29,22	0,461
Alpinópolis	MG	1427º	87,14	15,82	21,31	33,78	0,485	39,00	5,87	0,620
Alta Floresta	MT	2221º	85,96	17,00	27,98	40,91	0,590	42,12	21,28	0,567
Alta Floresta D'Oeste	RO	3235º	83,48	8,86	14,36	51,62	0,587	46,06	11,31	0,487
Altair	SP	315º	85,67	16,50	62,22	37,55	0,505	38,50	0,00	0,712
Altamira	PA	2984º	79,22	13,48	20,43	48,41	0,584	47,88	12,91	0,506
Altamira do Maranhão	MA	5039º	60,03	5,63	8,97	89,07	0,504	51,36	11,28	0,378

*a partir da melhor situação social ou maior IES)

Nome do Município 2000	UF	Posição*	Indicador de Alfabetização	Indicador de Escolaridade	Indicador de Emprego	Indicador de Pobreza	Índice de Gini	Indicador de Juventude	Indicador de Violência	Índice de Exclusão
Altamira do Paraná	PR	3618º	75,28	7,96	16,30	72,20	0,628	41,65	0,00	0,461
Altaneira	CE	4724º	60,95	4,98	14,13	75,82	0,643	44,05	17,58	0,399
Alterosa	MG	1301º	86,20	10,75	29,40	40,37	0,486	36,79	0,00	0,629
Altinho	PE	4642º	58,25	7,99	9,62	70,01	0,569	41,72	54,22	0,404
Altinópolis	SP	640º	89,83	19,52	48,05	25,85	0,643	36,61	0,00	0,678
Alto Alegre	RR	5215º	77,77	6,64	14,08	76,87	0,559	53,53	55,84	0,362
Alto Alegre	RS	790º	90,53	18,49	22,04	36,77	0,458	32,62	0,00	0,666
Alto Alegre	SP	750º	87,75	18,20	45,02	39,85	0,477	31,52	46,94	0,669
Alto Alegre do Maranhão	MA	5235º	58,25	3,70	7,62	85,62	0,583	49,87	9,92	0,360
Alto Alegre do Pindaré	MA	5307º	52,53	3,02	7,41	85,11	0,554	55,11	0,00	0,348
Alto Alegre dos Parecis	RO	3672º	80,38	3,72	8,07	66,07	0,508	47,77	0,00	0,458
Alto Araguaia	MT	2069º	85,08	17,21	24,58	46,39	0,576	38,62	8,76	0,578
Alto Bela Vista	SC	1520º	94,26	9,84	17,20	31,21	0,419	33,89	46,32	0,614
Alto Boa Vista	MT	3766º	80,65	6,18	11,35	52,68	0,547	45,18	48,34	0,452
Alto Caparaó	MG	2648º	81,21	8,90	12,04	37,03	0,611	40,55	0,00	0,533
Alto do Rodrigues	RN	2407º	70,81	12,64	31,93	60,81	0,541	41,19	0,00	0,553
Alto Feliz	RS	11º	94,87	11,59	39,78	12,94	0,297	28,37	0,00	0,806
Alto Garças	MT	2705º	85,47	16,88	30,40	41,44	0,712	38,26	47,99	0,529
Alto Horizonte	GO	2567º	87,75	13,15	14,38	59,30	0,537	39,12	0,00	0,540
Alto Jequitibá	MG	2094º	86,24	13,81	38,82	44,55	0,479	38,93	23,65	0,577
Alto Longá	PI	4602º	57,01	3,56	9,90	82,22	0,560	45,05	0,00	0,406
Alto Paraguai	MT	3617º	83,60	11,76	13,96	59,58	0,533	44,17	58,11	0,461
Alto Paraíso	PR	2446º	81,23	11,68	30,30	55,12	0,434	41,61	52,87	0,549
Alto Paraíso	RO	3793º	80,67	3,70	15,15	50,37	0,626	46,29	15,25	0,451

*a partir da melhor situação social ou maior IES)

Nome do Município 2000	UF	Posição*	Indicador de Alfabetização	Indicador de Escolaridade	Indicador de Emprego	Indicador de Pobreza	Índice de Gini	Indicador de Juventude	Indicador de Violência	Índice de Exclusão
Alto Paraíso de Goiás	GO	2699º	83,62	19,36	25,32	46,21	0,603	48,04	16,18	0,529
Alto Paraná	PR	1440º	84,52	17,84	31,80	45,04	0,506	37,56	7,86	0,619
Alto Parnaíba	MA	4925º	72,37	8,34	12,46	75,94	0,660	52,77	0,00	0,386
Alto Piquiri	PR	2757º	80,43	15,96	17,06	57,17	0,686	39,50	18,59	0,524
Alto Rio Doce	MG	2994º	81,25	8,07	19,35	62,22	0,585	39,30	7,22	0,505
Alto Rio Novo	ES	2966º	79,47	12,40	23,85	55,03	0,553	42,04	43,08	0,507
Alto Santo	CE	4210º	64,22	6,13	13,99	73,28	0,555	45,35	19,49	0,428
Alto Taquari	MT	2110º	87,93	17,37	33,08	32,54	0,712	43,30	0,00	0,575
Altônia	PR	1941º	83,41	14,93	29,57	49,54	0,519	34,89	0,00	0,588
Altos	PI	3883º	65,35	6,91	17,30	77,39	0,546	46,20	0,00	0,446
Alumínio	SP	67º	90,30	29,64	55,56	22,84	0,443	39,80	6,56	0,764
Alvarães	AM	5151º	69,60	5,07	11,48	74,09	0,548	60,83	8,23	0,368
Alvarenga	MG	4028º	78,33	5,45	17,91	67,83	0,581	42,08	19,19	0,438
Álvares Florence	SP	840º	87,91	20,07	24,73	35,56	0,538	30,40	0,00	0,662
Álvares Machado	SP	1330º	87,75	22,00	39,00	36,31	0,547	37,36	44,13	0,627
Álvaro de Carvalho	SP	110º	84,58	11,49	51,90	26,28	0,403	32,78	0,00	0,750
Alvinlândia	SP	666º	85,09	16,71	51,15	44,69	0,483	38,88	0,00	0,677
Alvinópolis	MG	1902º	84,53	15,44	6,77	55,79	0,553	38,33	6,42	0,590
Alvorada	RS	1101º	90,31	15,77	44,39	33,71	0,455	41,88	40,77	0,644
Alvorada	TO	2505º	80,82	17,51	22,96	52,32	0,535	42,10	23,51	0,544
Alvorada de Minas	MG	4869º	74,30	6,74	34,82	74,48	0,742	46,98	0,00	0,390
Alvorada do Gurguéia	PI	5202º	60,99	6,95	8,75	81,22	0,632	52,60	0,00	0,363
Alvorada do Norte	GO	3229º	77,94	12,02	24,08	61,39	0,608	45,81	13,23	0,487
Alvorada do Sul	PR	1095º	85,23	20,58	37,35	45,66	0,524	37,79	0,00	0,644
Alvorada D'Oeste	RO	4039º	80,55	8,31	15,77	63,90	0,653	46,26	20,17	0,437

*a partir da melhor situação social ou maior IES)

Nome do Município 2000	UF	Posição*	Indicador de Alfabetização	Indicador de Escolaridade	Indicador de Emprego	Indicador de Pobreza	Índice de Gini	Indicador de Juventude	Indicador de Violência	Índice de Exclusão
Amajari	RR	4942º	71,43	5,61	12,27	59,21	0,644	52,93	37,78	0,385
Amambai	MS	2644º	82,06	15,94	36,90	50,10	0,625	44,47	33,92	0,534
Amapá	AP	3682º	76,61	12,33	22,88	62,38	0,619	55,55	0,00	0,457
Amapá do Maranhão	MA	5339º	58,96	1,73	9,32	84,22	0,534	55,97	18,41	0,343
Amaporã	PR	2453º	82,15	17,41	26,41	55,85	0,540	41,76	21,48	0,549
Amaraji	PE	4201º	65,03	7,62	22,82	76,55	0,509	48,09	42,24	0,428
Amaral Ferrador	RS	2087º	83,45	5,13	10,97	42,29	0,478	34,91	0,00	0,577
Amaralina	GO	3858º	78,25	3,93	16,93	84,49	0,569	42,09	0,00	0,448
Amarante	PI	4037º	65,73	10,75	11,46	77,63	0,575	45,11	0,00	0,437
Amarante do Maranhão	MA	5327º	66,91	3,62	5,15	85,11	0,608	54,08	0,00	0,345
Amargosa	BA	2933º	73,50	13,59	24,09	61,75	0,564	42,47	6,43	0,509
Amaturá	AM	5205º	69,37	9,25	14,55	80,42	0,663	57,01	0,00	0,363
Amélia Rodrigues	BA	2709º	80,67	16,98	12,87	62,75	0,573	43,81	0,00	0,528
América Dourada	BA	4560º	66,53	7,09	10,14	82,91	0,569	48,93	0,00	0,409
Americana	SP	38º	93,55	30,28	47,96	11,78	0,497	32,99	15,33	0,777
Americano do Brasil	GO	2674º	82,63	11,77	22,57	52,55	0,680	37,06	0,00	0,532
Américo Brasiliense	SP	266º	87,67	18,50	57,88	31,07	0,479	39,80	3,54	0,719
Américo de Campos	SP	604º	87,77	20,34	30,02	35,53	0,484	32,71	0,00	0,681
Ametista do Sul	RS	3639º	83,85	9,38	9,75	52,25	0,574	42,23	53,95	0,459
Amontada	CE	5340º	63,87	4,98	15,00	83,54	0,710	52,70	6,19	0,343
Amorinópolis	GO	2241º	83,36	13,63	24,23	54,26	0,549	34,52	24,13	0,565
Amparo	PB	3084º	64,10	3,45	14,30	77,82	0,471	45,39	0,00	0,498
Amparo	SP	73º	91,20	27,57	52,68	15,12	0,537	34,03	11,59	0,760
Amparo de São Francisco	SE	3848º	66,04	6,84	28,03	77,38	0,627	46,29	0,00	0,448

*a partir da melhor situação social ou maior IES)

Nome do Município 2000	UF	Posição*	Indicador de Alfabetização	Indicador de Escolaridade	Indicador de Emprego	Indicador de Pobreza	Índice de Gini	Indicador de Juventude	Indicador de Violência	Índice de Exclusão
Amparo do Serra	MG	2957º	73,87	4,68	13,44	69,56	0,548	40,20	0,00	0,507
Ampére	PR	1892º	87,24	15,40	34,26	42,61	0,589	40,48	12,80	0,591
Anadia	AL	3998º	60,02	6,82	29,90	74,91	0,595	47,97	16,81	0,440
Anagé	BA	4469º	61,92	2,26	11,28	81,15	0,544	45,08	0,00	0,414
Anahy	PR	1986º	84,88	18,58	23,65	59,23	0,509	37,96	0,00	0,585
Anajás	PA	5461º	44,84	2,05	5,23	82,58	0,562	60,62	0,00	0,313
Anajatuba	MA	4893º	62,38	5,75	6,59	86,11	0,519	49,89	4,35	0,388
Analândia	SP	303º	90,86	21,61	42,18	20,84	0,509	37,69	0,00	0,714
Anamã	AM	5373º	68,39	7,66	7,03	77,94	0,686	57,08	0,00	0,338
Ananás	TO	3835º	75,45	11,98	12,03	71,49	0,545	50,14	0,00	0,449
Ananindeua	PA	1758º	89,83	24,50	32,33	50,37	0,540	44,03	7,37	0,598
Anápolis	GO	1283º	90,41	22,10	36,27	35,89	0,576	38,48	21,87	0,630
Anapu	PA	5280º	65,15	3,81	9,27	72,43	0,653	54,47	10,63	0,354
Anapurus	MA	5350º	59,58	10,04	11,05	82,77	0,736	52,33	0,00	0,342
Anastácio	MS	2564º	84,67	11,28	28,98	56,54	0,571	41,69	13,35	0,540
Anaurilândia	MS	2043º	79,58	9,91	38,49	46,58	0,544	42,16	12,57	0,580
Anchieta	ES	1719º	88,28	19,02	28,90	40,97	0,554	39,68	15,61	0,601
Anchieta	SC	2436º	87,42	10,87	16,06	51,48	0,467	41,79	14,02	0,550
Andaraí	BA	4950º	64,13	7,10	15,41	73,25	0,647	52,14	0,00	0,384
Andirá	PR	858º	85,93	18,87	42,36	38,15	0,526	36,16	13,85	0,661
Andorinha	BA	4142º	61,61	2,22	10,63	75,60	0,585	43,53	0,00	0,432
Andradas	MG	688º	86,19	15,86	25,14	22,53	0,555	33,58	6,07	0,675
Andradina	SP	501º	88,90	29,53	39,17	29,16	0,589	33,29	12,69	0,692
André da Rocha	RS	564º	94,40	12,99	36,62	30,79	0,541	31,18	0,00	0,684
Andrelândia	MG	2112º	85,95	15,15	28,13	52,32	0,623	34,77	8,12	0,575
Angatuba	SP	1147º	88,67	15,77	38,33	38,96	0,561	37,65	0,00	0,641
Angelândia	MG	5083º	70,84	3,39	7,71	69,39	0,637	54,41	0,00	0,374
Angélica	MS	1972º	84,07	14,55	28,33	58,46	0,498	39,08	0,00	0,586
Angelim	PE	4792º	63,90	6,26	13,85	77,28	0,615	44,35	33,03	0,395
Angelina	SC	1861º	85,81	9,19	20,68	42,46	0,495	38,04	0,00	0,593
Angical	BA	4045º	66,53	6,90	14,25	76,36	0,508	48,00	0,00	0,437

*a partir da melhor situação social ou maior IES)

Nome do Município 2000	UF	Posição*	Indicador de Alfabetização	Indicador de Escolaridade	Indicador de Emprego	Indicador de Pobreza	Índice de Gini	Indicador de Juventude	Indicador de Violência	Índice de Exclusão
Angical do Piauí	PI	3484º	71,61	10,04	12,75	76,22	0,549	41,90	0,00	0,468
Angico	TO	3248º	76,76	10,72	22,19	69,08	0,530	48,84	0,00	0,485
Angicos	RN	3085º	69,91	16,21	21,50	68,57	0,585	43,63	0,00	0,498
Angra dos Reis	SP	1600º	88,55	19,32	35,31	32,70	0,554	39,51	44,45	0,609
Anguera	BA	3526º	75,47	9,08	8,50	75,92	0,537	42,31	11,32	0,465
Ângulo	PR	1253º	83,93	17,55	30,29	38,23	0,534	37,22	0,00	0,633
Anhanguera	GO	479º	89,61	13,44	37,57	34,68	0,414	35,75	0,00	0,694
Anhembi	SP	1263º	89,59	21,10	29,67	37,41	0,563	38,46	0,00	0,632
Anhumas	SP	1023º	79,70	18,79	34,87	45,60	0,467	37,17	0,00	0,649
Anicuns	GO	1966º	85,92	13,94	31,51	48,08	0,587	37,11	10,66	0,587
Anísio de Abreu	PI	4230º	60,75	5,38	9,55	70,73	0,534	48,56	0,00	0,427
Anita Garibaldi	SC	2698º	85,37	11,77	14,27	54,33	0,556	39,29	9,73	0,529
Anitápolis	SC	2118º	83,72	9,75	11,11	35,87	0,559	35,44	0,00	0,575
Anori	AM	4885º	67,96	10,94	8,88	71,45	0,590	55,57	8,83	0,389
Anta Gorda	RS	316º	91,26	15,41	20,50	13,20	0,451	30,41	0,00	0,711
Antas	BA	3220º	73,58	9,15	13,40	69,77	0,491	40,19	7,11	0,488
Antonina	PR	2038º	84,24	14,85	32,67	48,13	0,582	40,68	5,22	0,581
Antonina do Norte	CE	4544º	56,23	6,04	12,26	76,81	0,598	46,35	0,00	0,410
Antônio Almeida	PI	3532º	72,51	8,04	13,19	77,82	0,477	46,19	0,00	0,465
Antônio Cardoso	BA	4236º	66,56	5,74	11,02	78,11	0,547	47,98	0,00	0,426
Antônio Carlos	MG	1956º	83,91	14,44	38,52	57,04	0,548	37,72	18,40	0,587
Antônio Carlos	SC	430º	90,76	15,13	27,73	18,33	0,440	35,61	0,00	0,699
Antônio Dias	MG	2956º	79,70	6,45	36,35	63,97	0,542	43,26	39,82	0,507
Antônio Gonçalves	BA	4101º	66,91	5,10	9,76	76,97	0,522	46,92	0,00	0,434
Antônio João	MS	3405º	80,83	10,15	22,83	60,05	0,509	46,72	54,00	0,474

*a partir da melhor situação social ou maior IES)

Nome do Município 2000	UF	Posição*	Indicador de Alfabetização	Indicador de Escolaridade	Indicador de Emprego	Indicador de Pobreza	Índice de Gini	Indicador de Juventude	Indicador de Violência	Índice de Exclusão
Antônio Martins	RN	3938º	67,59	9,16	14,38	80,67	0,588	42,74	0,00	0,443
Antônio Olinto	PR	2847º	86,64	8,09	15,28	65,52	0,538	39,30	0,00	0,517
Antônio Prado	RS	170º	92,17	22,04	33,78	13,54	0,493	32,98	0,00	0,735
Antônio Prado de Minas	MG	1647º	90,13	12,92	23,41	50,91	0,536	32,89	0,00	0,606
Aparecida	PB	3974º	66,67	6,08	13,85	75,76	0,633	40,38	0,00	0,441
Aparecida	SP	648º	91,48	27,15	34,48	27,46	0,545	36,61	14,33	0,678
Aparecida de Goiânia	GO	1320º	88,97	17,11	42,14	39,86	0,471	42,69	32,40	0,628
Aparecida do Rio Doce	GO	1343º	81,95	12,83	26,41	38,85	0,445	39,43	0,00	0,627
Aparecida do Rio Negro	TO	2907º	80,22	12,84	15,75	65,23	0,465	47,20	0,00	0,511
Aparecida do Taboado	MS	1912º	83,45	16,17	30,99	41,27	0,546	36,85	38,04	0,590
Aparecida d'Oeste	SP	1222º	82,59	17,43	33,53	38,78	0,553	32,48	20,26	0,635
Aperibé	SP	1327º	85,63	20,14	25,90	42,73	0,559	34,07	0,00	0,627
Apiacá	ES	2481º	80,83	13,93	20,45	53,26	0,571	37,70	13,13	0,546
Apiacás	MT	3455º	79,04	6,25	13,27	45,83	0,533	43,24	60,02	0,470
Apiaí	SP	2641º	87,54	19,79	30,60	56,89	0,620	45,41	14,73	0,534
Apicum-Açu	MA	5319º	62,63	3,86	5,83	89,51	0,546	55,82	0,00	0,346
Apiúna	SC	492º	89,09	12,14	51,92	32,50	0,481	39,46	0,00	0,693
Apodi	RN	3381º	70,16	13,06	17,77	78,94	0,541	41,71	8,78	0,476
Aporá	BA	4486º	61,01	4,89	12,87	75,80	0,574	45,44	5,96	0,413
Aporé	GO	1851º	82,97	12,77	41,31	40,25	0,670	39,60	0,00	0,593
Apuarema	BA	4765º	64,37	3,76	13,64	81,25	0,521	50,84	13,44	0,396
Apucarana	PR	470º	90,26	22,80	41,78	28,70	0,513	36,72	10,20	0,695
Apuí	AM	5379º	80,56	5,33	7,74	70,20	0,763	51,33	28,85	0,336
Apuiarés	CE	4854º	67,58	4,42	10,22	79,99	0,570	46,71	23,92	0,391
Aquidabã	SE	3713º	61,56	8,11	15,06	71,85	0,545	45,34	0,00	0,455

*a partir da melhor situação social ou maior IES)

Nome do Município 2000	UF	Posição*	Indicador de Alfabetização	Indicador de Escolaridade	Indicador de Emprego	Indicador de Pobreza	Índice de Gini	Indicador de Juventude	Indicador de Violência	Índice de Exclusão
Aquidauana	MS	2431º	85,70	17,08	36,83	47,50	0,652	41,43	32,23	0,551
Aquiraz	CE	3369º	68,49	8,22	21,97	66,24	0,569	44,72	8,27	0,477
Arabutã	SC	1248º	94,53	10,58	16,27	27,98	0,521	33,22	0,00	0,633
Araçagi	PB	4059º	58,99	4,82	12,54	77,10	0,515	45,36	5,53	0,436
Araçaí	MG	706º	88,60	16,24	54,46	49,49	0,498	38,97	0,00	0,673
Aracaju	SE	1280º	88,09	33,31	42,90	39,26	0,641	39,22	33,58	0,631
Araçariguama	SP	1946º	87,79	15,51	40,34	33,05	0,538	42,09	62,76	0,588
Araças	BA	4726º	66,08	3,72	11,27	78,33	0,542	51,78	9,09	0,399
Aracati	CE	3221º	71,73	12,92	21,93	69,76	0,566	43,91	8,17	0,488
Aracatu	BA	4370º	59,90	4,07	9,57	74,06	0,564	44,68	6,28	0,419
Araçatuba	SP	335º	92,06	34,38	42,17	21,09	0,630	32,87	23,44	0,708
Araci	BA	5091º	53,32	5,82	23,59	83,39	0,584	51,71	0,00	0,373
Aracitaba	MG	2178º	81,83	10,53	18,09	53,74	0,516	35,38	0,00	0,570
Aracoiaba	CE	4277º	61,43	8,66	18,33	79,72	0,560	45,91	20,78	0,424
Araçoiaba	PE	4294º	58,92	5,76	28,64	80,07	0,555	47,35	33,10	0,423
Araçoiaba da Serra	SP	598º	90,30	19,72	38,03	27,84	0,534	37,14	0,00	0,681
Aracruz	ES	1871º	87,43	21,77	39,56	42,98	0,602	43,02	24,75	0,592
Araçu	GO	1752º	80,51	12,70	29,03	56,92	0,480	36,69	0,00	0,599
Araçuaí	MG	3203º	75,99	12,10	22,94	63,83	0,623	45,06	0,00	0,489
Aragarças	GO	1734º	85,99	16,65	31,72	48,48	0,536	39,69	6,03	0,600
Aragoiânia	GO	1854º	82,79	12,35	27,44	43,52	0,507	38,26	15,57	0,593
Aragominas	TO	4528º	66,30	7,39	19,93	77,91	0,554	49,01	32,36	0,411
Araguacema	TO	4280º	72,94	13,37	18,21	67,80	0,708	50,11	0,00	0,424
Araguaçu	TO	2783º	79,91	15,51	18,50	55,26	0,569	40,36	21,40	0,523
Araguaiana	MT	1755º	87,34	15,22	39,78	46,45	0,528	40,75	29,19	0,599
Araguaína	TO	2802º	84,58	22,23	30,13	53,23	0,612	45,17	43,31	0,521
Araguainha	MT	1211º	79,10	18,27	33,57	60,35	0,377	38,68	0,00	0,636
Araguanã	MA	5467º	58,14	3,86	12,99	93,12	0,692	53,97	10,96	0,308
Araguanã	TO	5023º	74,07	6,40	19,94	78,35	0,742	51,18	0,00	0,379
Araguapaz	GO	3149º	75,23	12,25	15,58	56,22	0,653	41,26	0,00	0,493
Araguari	MG	597º	91,76	24,23	37,59	29,46	0,552	35,20	11,77	0,681

*a partir da melhor situação social ou maior IES)

Nome do Município 2000	UF	Posição*	Indicador de Alfabetização	Indicador de Escolaridade	Indicador de Emprego	Indicador de Pobreza	Índice de Gini	Indicador de Juventude	Indicador de Violência	Índice de Exclusão
Araguatins	TO	4121º	73,28	11,30	16,98	73,76	0,604	50,86	0,00	0,433
Araioses	MA	5374º	51,48	2,61	7,29	88,66	0,612	51,55	0,00	0,338
Aral Moreira	MS	3329º	81,29	10,41	20,95	61,04	0,581	47,82	12,41	0,480
Aramari	BA	3553º	64,35	9,04	25,65	71,48	0,601	45,41	0,00	0,464
Arambaré	RS	1442º	84,62	9,24	32,78	46,46	0,527	34,41	0,00	0,619
Arame	MA	5419º	54,33	2,76	5,91	85,51	0,547	56,82	13,26	0,328
Aramina	SP	629º	89,47	16,74	42,92	33,67	0,486	35,08	21,00	0,679
Arandu	SP	545º	87,43	14,54	54,00	40,67	0,447	41,71	0,00	0,687
Arantina	MG	1310º	84,06	12,28	30,49	55,55	0,428	35,24	0,00	0,628
Arapeí	SP	1697º	83,86	16,56	48,48	49,72	0,451	38,69	76,39	0,603
Arapiraca	AL	3768º	69,01	11,22	21,09	67,73	0,583	45,11	32,18	0,452
Arapoema	TO	4111º	74,53	12,80	19,46	59,95	0,630	48,68	42,70	0,433
Araponga	MG	3661º	76,48	4,48	12,20	74,46	0,506	45,68	0,00	0,458
Arapongas	PR	203º	91,15	22,89	46,57	26,54	0,500	35,19	2,34	0,728
Araporã	MG	766º	87,50	14,57	56,21	37,31	0,591	38,97	0,00	0,668
Arapoti	PR	2545º	87,39	17,96	40,28	47,27	0,722	43,02	25,12	0,542
Arapuá	MG	689º	88,95	19,44	27,79	29,17	0,532	32,14	0,00	0,675
Arapuã	PR	2846º	79,24	11,47	13,50	67,82	0,488	40,94	0,00	0,517
Araputanga	MT	2194º	86,18	17,66	35,94	47,31	0,596	43,14	21,94	0,569
Araquari	SC	1464º	88,63	10,23	42,92	43,09	0,483	45,28	4,23	0,618
Arara	PB	4026º	51,07	4,63	15,98	73,05	0,517	41,73	17,35	0,438
Araranguá	SC	898º	91,54	20,19	32,79	30,33	0,520	38,95	5,48	0,658
Araraquara	SP	62º	93,02	34,18	49,15	17,47	0,530	32,63	19,18	0,766
Araras	SP	106º	91,12	24,67	51,85	17,53	0,494	35,60	14,40	0,751
Ararendá	CE	5045º	61,93	4,93	4,57	80,01	0,624	45,14	9,99	0,377
Arari	MA	4204º	69,63	10,04	18,83	74,59	0,601	49,84	7,59	0,428
Araricá	RS	371º	89,78	9,63	51,99	31,26	0,433	39,41	0,00	0,704
Araripe	CE	5410º	56,85	5,25	6,01	82,74	0,682	49,91	15,30	0,330
Araripina	PE	4878º	65,64	9,05	15,20	72,93	0,672	48,09	23,98	0,389
Araruama	SP	1780º	87,02	17,29	31,53	38,29	0,577	37,83	28,98	0,597
Araruna	PB	4242º	53,90	5,90	20,21	77,05	0,550	47,25	0,00	0,426
Araruna	PR	1455º	84,52	15,17	33,35	50,31	0,517	37,02	0,00	0,618
Arataca	BA	3660º	60,39	3,60	9,93	72,52	0,477	48,51	17,83	0,458

*a partir da melhor situação social ou maior IES)

Nome do Município 2000	UF	Posição*	Indicador de Alfabetização	Indicador de Escolaridade	Indicador de Emprego	Indicador de Pobreza	Índice de Gini	Indicador de Juventude	Indicador de Violência	Índice de Exclusão
Aratiba	RS	1479º	91,31	12,87	16,38	41,54	0,509	32,55	0,00	0,617
Aratuba	CE	5211º	62,97	3,85	12,25	85,25	0,596	50,81	16,18	0,362
Aratuípe	BA	4381º	61,58	10,86	23,88	76,56	0,558	49,48	0,00	0,419
Arauá	SE	3921º	65,77	6,76	21,67	75,11	0,563	49,09	0,00	0,444
Araucária	PR	724º	91,99	16,50	49,14	32,95	0,483	41,40	20,16	0,671
Araújos	MG	901º	87,21	17,62	23,70	33,95	0,433	37,20	0,00	0,658
Araxá	MG	386º	92,15	25,43	45,24	29,12	0,566	36,14	2,53	0,703
Arceburgo	MG	141º	84,35	13,23	60,30	29,16	0,463	35,02	0,00	0,741
Arco-Íris	SP	997º	81,23	13,69	37,22	55,69	0,408	35,23	0,00	0,650
Arcos	MG	725º	92,21	21,50	38,71	34,78	0,523	35,80	15,30	0,671
Arcoverde	PE	2981º	74,14	20,37	24,60	55,73	0,616	42,34	37,34	0,506
Areado	MG	394º	86,89	17,97	47,56	29,15	0,516	36,56	0,00	0,702
Areal	SP	863º	89,46	20,03	36,30	35,07	0,533	37,90	0,00	0,661
Arealva	SP	380º	89,33	19,28	34,43	24,56	0,512	32,40	0,00	0,704
Areia	PB	4047º	64,27	8,37	41,62	75,34	0,606	47,37	0,00	0,437
Areia Branca	RN	2066º	77,31	17,30	35,24	60,50	0,537	39,38	8,88	0,578
Areia Branca	SE	3776º	65,56	5,87	17,39	72,45	0,511	47,68	6,75	0,452
Areia de Baraúnas	PB	2801º	66,97	3,48	12,64	82,93	0,409	47,67	0,00	0,521
Areial	PB	3935º	71,24	6,57	10,44	79,51	0,544	44,63	0,00	0,443
Areias	SP	1975º	84,22	19,13	39,07	49,63	0,647	41,25	0,00	0,586
Areiópolis	SP	576º	84,24	11,01	60,18	39,22	0,461	43,10	0,00	0,683
Arenápolis	MT	2901º	83,87	19,07	24,69	57,33	0,591	43,97	34,05	0,512
Arenópolis	GO	1801º	82,40	9,59	21,02	46,82	0,491	35,33	0,00	0,596
Arês	RN	3347º	65,84	10,66	33,14	71,33	0,567	47,05	17,66	0,479
Argirita	MG	1315º	86,58	12,45	39,13	48,58	0,523	37,25	0,00	0,628
Aricanduva	MG	4256º	71,12	5,18	12,46	73,70	0,561	49,26	0,00	0,426
Arinos	MG	4084º	78,47	10,49	17,20	67,56	0,670	48,20	5,65	0,435
Aripuanã	MT	3379º	80,25	7,33	10,94	46,77	0,573	46,90	18,14	0,476
Ariquemes	RO	2840º	85,94	14,82	8,80	40,42	0,593	45,52	61,74	0,518
Ariranha	SP	50º	87,75	17,71	59,07	26,50	0,396	33,42	13,37	0,771
Ariranha do Ivaí	PR	3045º	82,28	12,49	18,62	63,47	0,654	39,40	0,00	0,501

*a partir da melhor situação social ou maior IES)

Nome do Município 2000	UF	Posição*	Indicador de Alfabetização	Indicador de Escolaridade	Indicador de Emprego	Indicador de Pobreza	Índice de Gini	Indicador de Juventude	Indicador de Violência	Índice de Exclusão
Armação dos Búzios	SP	1733º	89,26	19,24	34,50	25,08	0,595	38,33	60,43	0,600
Armazém	SC	1042º	87,26	16,29	28,04	29,86	0,515	37,44	0,00	0,648
Arneiroz	CE	4916º	62,86	7,18	14,40	86,07	0,583	46,59	26,53	0,386
Aroazes	PI	3745º	63,04	6,82	15,11	75,44	0,546	43,78	0,00	0,453
Aroeiras	PB	4407º	57,97	3,88	16,64	75,68	0,530	46,83	5,12	0,418
Arraial	PI	4770º	63,34	6,20	9,48	79,88	0,586	49,03	0,00	0,396
Arraial do Cabo	SP	893º	91,61	20,79	38,72	24,86	0,512	35,41	54,45	0,658
Arraias	TO	4276º	68,42	9,76	18,75	67,15	0,697	48,59	0,00	0,424
Arroio do Meio	RS	40º	95,32	19,16	52,19	14,45	0,483	32,92	0,00	0,776
Arroio do Sal	RS	1155º	90,53	18,92	22,93	27,34	0,503	36,41	18,96	0,640
Arroio do Tigre	RS	2188º	88,39	11,51	41,62	41,35	0,514	37,43	32,74	0,569
Arroio dos Ratos	RS	1063º	87,67	15,48	20,18	38,56	0,515	36,45	22,50	0,647
Arroio Grande	RS	1639º	86,49	14,25	34,44	45,55	0,608	35,15	5,22	0,606
Arroio Trinta	SC	551º	89,62	18,88	31,29	29,87	0,465	35,56	0,00	0,686
Artur Nogueira	SP	542º	88,99	20,81	42,45	23,83	0,504	38,73	18,11	0,687
Aruanã	GO	2747º	81,04	7,30	24,15	52,73	0,518	43,83	19,63	0,525
Arujá	SP	1677º	89,30	23,69	38,98	31,36	0,582	41,33	55,76	0,604
Arvoredo	SC	2543º	83,47	9,81	11,47	47,02	0,558	38,35	0,00	0,542
Arvorezinha	RS	1541º	86,14	13,32	16,92	26,87	0,481	37,39	19,49	0,613
Ascurra	SC	26º	92,65	13,87	62,45	18,62	0,415	35,92	0,00	0,785
Aspásia	SP	1973º	83,26	15,31	19,23	54,12	0,547	32,89	0,00	0,586
Assaí	PR	1614º	84,89	23,57	25,89	48,63	0,547	38,61	0,00	0,608
Assaré	CE	5074º	54,06	4,80	8,72	78,99	0,620	46,15	14,37	0,375
Assis	SP	214º	91,71	34,77	42,01	21,30	0,554	33,21	26,36	0,726
Assis Brasil	AC	3620º	65,98	11,09	24,35	64,04	0,579	52,78	0,00	0,460
Assis Chate-aubriand	PR	1739º	86,52	21,14	30,50	39,80	0,677	34,56	12,01	0,600
Assunção	PB	4176º	74,99	4,37	12,00	77,27	0,614	45,81	0,00	0,429

*a partir da melhor situação social ou maior IES)

Nome do Município 2000	UF	Posição*	Indicador de Alfabetização	Indicador de Escolaridade	Indicador de Emprego	Indicador de Pobreza	Índice de Gini	Indicador de Juventude	Indicador de Violência	Índice de Exclusão
Assunção do Piauí	PI	4963º	47,14	1,67	8,11	80,02	0,501	51,25	0,00	0,384
Astolfo Dutra	MG	474º	88,72	20,80	42,02	39,97	0,490	34,21	0,00	0,694
Astorga	PR	780º	87,72	19,27	37,04	34,48	0,553	35,12	0,00	0,666
Atalaia	AL	3884º	56,82	6,51	35,36	80,07	0,551	50,21	12,33	0,446
Atalaia	PR	529º	87,84	21,30	35,84	35,08	0,490	34,40	0,00	0,689
Atalaia do Norte	AM	5483º	46,87	5,81	15,43	77,05	0,747	59,29	19,90	0,292
Atalanta	SC	1470º	92,56	11,33	18,76	28,51	0,500	39,46	0,00	0,617
Ataléia	MG	4401º	68,84	7,87	11,92	73,74	0,631	45,89	5,26	0,418
Atibaia	SP	723º	89,97	24,30	37,72	20,42	0,574	37,23	24,26	0,671
Atilio Vivacqua	ES	1625º	85,36	11,17	34,64	49,37	0,512	39,11	0,00	0,607
Augustinó-polis	TO	4834º	70,94	12,34	17,97	75,51	0,693	50,91	15,43	0,392
Augusto Corrêa	PA	5173º	64,95	4,55	3,95	84,58	0,501	56,05	0,00	0,367
Augusto de Lima	MG	1702º	79,58	12,80	47,11	57,15	0,522	42,68	0,00	0,603
Augusto Pestana	RS	1133º	93,06	15,40	17,23	34,57	0,490	30,70	12,24	0,642
Augusto Severo	RN	4440º	60,83	8,27	21,10	74,92	0,627	44,02	33,24	0,416
Áurea	RS	1784º	90,09	9,54	13,93	48,60	0,474	33,17	0,00	0,597
Aurelino Leal	BA	4548º	61,52	5,11	9,25	80,16	0,502	51,36	34,99	0,409
Auriflama	SP	1060º	88,02	24,54	34,62	33,39	0,620	34,09	14,80	0,647
Aurilândia	GO	1944º	82,98	14,70	21,83	54,34	0,528	34,64	0,00	0,588
Aurora	CE	3787º	65,53	7,00	12,26	76,90	0,518	44,59	0,00	0,451
Aurora	SC	1495º	92,25	10,29	16,76	28,54	0,482	39,46	0,00	0,615
Aurora do Pará	PA	5184º	60,07	3,12	9,82	81,10	0,561	55,35	0,00	0,365
Aurora do Tocantins	TO	3506º	71,18	12,07	16,72	73,68	0,611	42,41	0,00	0,466
Autazes	AM	5110º	73,63	8,37	12,41	75,10	0,658	55,99	4,11	0,371

*a partir da melhor situação social ou maior IES)

Nome do Município 2000	UF	Posição*	Indicador de Alfabetização	Indicador de Escolaridade	Indicador de Emprego	Indicador de Pobreza	Índice de Gini	Indicador de Juventude	Indicador de Violência	Índice de Exclusão
Avaí	SP	847º	89,41	15,14	47,78	39,29	0,483	38,51	21,76	0,662
Avanhandava	SP	967º	84,39	15,91	48,85	42,87	0,536	39,65	0,00	0,654
Avaré	SP	419º	90,73	25,59	41,53	23,34	0,570	36,17	6,54	0,700
Aveiro	PA	5401º	69,89	5,55	6,85	84,09	0,645	56,26	6,44	0,332
Avelino Lopes	PI	4584º	67,39	3,60	8,18	83,73	0,508	46,69	10,39	0,407
Avelinópolis	GO	3147º	81,83	13,04	20,74	52,45	0,801	37,34	0,00	0,493
Axixá	MA	4767º	77,01	12,95	4,90	84,67	0,560	52,54	0,00	0,396
Axixá do Tocantins	TO	4624º	64,62	11,37	17,31	78,01	0,607	51,35	11,33	0,405
Babaçulândia	TO	3890º	72,71	7,39	15,36	79,68	0,560	45,03	0,00	0,446
Bacabal	MA	4187º	70,83	11,71	14,67	74,92	0,584	47,27	18,51	0,429
Bacabeira	MA	4625º	68,70	5,06	18,69	85,55	0,514	53,06	9,51	0,405
Bacuri	MA	5438º	61,88	5,27	7,32	83,93	0,698	54,88	0,00	0,322
Bacurituba	MA	5105º	62,32	3,44	4,75	85,04	0,569	49,33	0,00	0,372
Bady Bassitt	SP	120º	91,97	25,01	40,03	20,29	0,459	34,28	0,00	0,748
Baependi	MG	1660º	82,94	13,78	30,23	45,96	0,542	36,39	5,71	0,605
Bagé	RS	749º	90,61	25,89	41,21	35,65	0,587	36,14	9,26	0,669
Bagre	PA	5335º	57,04	3,50	13,57	88,33	0,521	61,61	0,00	0,343
Baía da Traição	PB	4559º	65,30	7,59	11,75	78,98	0,591	48,63	0,00	0,409
Baía Formosa	RN	3844º	65,02	8,05	28,77	79,95	0,579	46,68	12,79	0,448
Baianópolis	BA	5342º	58,77	4,26	7,31	79,59	0,739	47,50	8,21	0,342
Baião	PA	5214º	71,67	10,28	7,85	77,93	0,646	54,84	9,47	0,362
Baixa Grande	BA	4434º	69,67	5,73	10,79	74,76	0,550	47,85	4,89	0,416
Baixa Grande do Ribeiro	PI	5446º	59,54	3,09	10,53	84,10	0,700	55,62	0,00	0,319
Baixio	CE	3451º	65,20	8,31	18,32	78,70	0,528	42,40	0,00	0,471
Baixo Guandu	ES	2233º	82,85	17,84	25,96	46,61	0,524	38,62	43,14	0,566
Balbinos	SP	464º	88,88	13,75	44,75	32,60	0,468	36,48	0,00	0,695

*a partir da melhor situação social ou maior IES)

Nome do Município 2000	UF	Posição*	Indicador de Alfabetização	Indicador de Escolaridade	Indicador de Emprego	Indicador de Pobreza	Índice de Gini	Indicador de Juventude	Indicador de Violência	Índice de Exclusão
Baldim	MG	1962º	87,93	14,54	25,48	48,47	0,530	40,23	0,00	0,587
Baliza	GO	2552º	79,51	7,48	22,34	55,27	0,567	38,24	0,00	0,541
Balneário Arroio do Silva	SC	1325º	90,93	18,59	23,38	31,41	0,526	36,74	16,55	0,628
Balneário Barra do Sul	SC	1742º	89,70	15,53	37,84	36,79	0,533	37,67	16,54	0,600
Balneário Camboriú	SC	155º	94,78	40,21	21,79	12,86	0,616	34,37	10,89	0,738
Balneário Gaivota	SC	2405º	90,66	11,89	17,65	45,06	0,550	39,49	18,35	0,553
Balneário Piçarras	SC	1080º	91,79	20,45	32,37	28,84	0,584	39,23	0,00	0,645
Balneário Pinhal	RS	1675º	91,26	14,08	29,39	33,52	0,622	39,05	0,00	0,604
Balsa Nova	PR	954º	91,11	15,00	40,85	42,03	0,488	39,60	0,00	0,654
Bálsamo	SP	746º	87,35	20,19	35,26	23,25	0,623	31,16	13,62	0,670
Balsas	MA	4177º	76,58	13,47	21,90	66,32	0,711	51,41	3,32	0,429
Bambuí	MG	667º	87,10	17,71	28,87	33,36	0,488	32,15	0,00	0,677
Banabuiú	CE	4526º	61,02	8,66	16,05	75,71	0,612	48,77	6,18	0,411
Bananal	SP	1348º	87,68	19,29	37,13	41,57	0,595	36,49	10,30	0,626
Bananeiras	PB	4716º	57,30	6,20	12,43	77,44	0,598	45,64	13,76	0,400
Bandeira	MG	3668º	63,13	7,64	16,93	73,23	0,582	42,65	0,00	0,458
Bandeira do Sul	MG	822º	85,31	9,69	29,26	28,50	0,424	37,40	0,00	0,663
Bandeirante	SC	4066º	89,49	6,49	4,33	58,43	0,657	40,57	31,48	0,436
Bandeiran-tes	MS	1937º	81,57	12,75	30,15	42,44	0,524	40,12	15,56	0,589
Bandeiran-tes	PR	1039º	86,17	24,85	38,72	40,36	0,538	38,44	14,82	0,648
Bandei-rantes do Tocantins	TO	3301º	71,36	7,38	25,04	62,84	0,617	45,36	0,00	0,481
Bannach	PA	3679º	76,97	2,73	11,76	63,07	0,530	48,17	0,00	0,457
Banzaê	BA	4103º	64,95	3,20	8,20	74,26	0,487	47,17	8,96	0,434

*a partir da melhor situação social ou maior IES)

Nome do Município 2000	UF	Posição*	Indicador de Alfabetização	Indicador de Escolaridade	Indicador de Emprego	Indicador de Pobreza	Índice de Gini	Indicador de Juventude	Indicador de Violência	Índice de Exclusão
Barão	RS	323º	93,87	12,75	39,25	20,65	0,443	33,59	18,53	0,710
Barão de Antonina	SP	2168º	85,29	12,80	21,13	54,26	0,532	37,54	0,00	0,571
Barão de Cocais	MG	1183º	89,82	17,58	39,95	47,15	0,490	40,64	4,28	0,639
Barão de Cotegipe	RS	1276º	92,03	18,14	18,25	35,92	0,540	33,52	0,00	0,631
Barão de Grajaú	MA	4524º	68,18	8,72	15,77	83,06	0,631	46,84	0,00	0,411
Barão de Melgaço	MT	2967º	75,37	9,00	20,52	59,13	0,558	44,27	0,00	0,507
Barão de Monte Alto	MG	2232º	77,45	11,06	25,96	60,87	0,504	37,90	0,00	0,566
Barão do Triunfo	RS	2554º	83,98	4,06	7,23	43,61	0,472	37,57	15,01	0,541
Baraúna	PB	3925º	63,98	3,53	10,72	72,65	0,559	43,29	0,00	0,444
Baraúna	RN	4086º	61,73	6,29	27,96	79,34	0,552	47,13	26,42	0,434
Barbacena	MG	495º	89,96	26,31	45,83	35,64	0,573	35,11	5,26	0,692
Barbalha	CE	3594º	73,25	13,53	24,17	71,32	0,623	45,89	14,88	0,462
Barbosa	SP	1045º	86,18	16,30	38,33	42,78	0,493	38,86	0,00	0,647
Barbosa Ferraz	PR	2562º	79,53	14,13	27,89	60,71	0,590	39,63	7,09	0,541
Barcarena	PA	2947º	81,82	17,59	27,72	56,14	0,610	51,28	1,58	0,508
Barcelona	RN	3645º	57,61	7,90	16,67	72,87	0,548	43,73	0,00	0,459
Barcelos	AM	5377º	51,14	5,48	9,16	80,76	0,639	54,92	4,13	0,337
Bariri	SP	152º	87,96	22,40	43,28	18,55	0,504	33,72	0,00	0,739
Barra	BA	5297º	59,07	8,53	6,85	81,40	0,646	54,73	0,00	0,350
Barra Bonita	SC	2042º	88,22	6,91	10,28	51,61	0,381	38,29	0,00	0,580
Barra Bonita	SP	98º	89,98	24,91	50,78	18,84	0,503	33,49	11,27	0,755
Barra da Estiva	BA	4122º	68,80	4,39	11,30	75,31	0,491	46,88	4,03	0,433
Barra D'Alcântara	PI	4474º	62,10	2,53	17,10	85,15	0,570	45,68	0,00	0,414
Barra de Guabiraba	PE	4520º	53,35	5,57	17,28	74,31	0,530	48,08	27,42	0,411

*a partir da melhor situação social ou maior IES)

Nome do Município 2000	UF	Posição*	Indicador de Alfabetização	Indicador de Escolaridade	Indicador de Emprego	Indicador de Pobreza	Índice de Gini	Indicador de Juventude	Indicador de Violência	Índice de Exclusão
Barra de Santa Rosa	PB	4041º	60,30	4,57	13,71	76,40	0,486	45,38	7,62	0,437
Barra de Santana	PB	4455º	60,95	3,27	12,52	80,36	0,533	45,19	12,03	0,415
Barra de Santo Antônio	AL	3641º	54,57	3,91	31,39	76,17	0,504	50,65	0,00	0,459
Barra de São Francisco	ES	2653º	79,89	14,51	22,04	52,01	0,576	39,77	23,94	0,533
Barra de São Miguel	AL	3318º	62,50	5,60	32,34	68,19	0,518	48,11	15,68	0,480
Barra de São Miguel	PB	3750º	68,96	6,88	34,40	73,32	0,563	44,09	0,00	0,453
Barra do Bugres	MT	2578º	81,88	15,63	35,75	51,07	0,555	45,44	40,06	0,539
Barra do Chapéu	SP	3490º	79,46	9,81	18,04	71,74	0,595	45,19	0,00	0,468
Barra do Choça	BA	3825º	65,08	2,44	12,11	84,05	0,357	46,82	14,70	0,449
Barra do Corda	MA	5011º	65,40	7,93	9,37	75,60	0,644	51,35	3,84	0,379
Barra do Garças	MT	1387º	89,99	26,10	33,80	38,56	0,599	40,65	9,60	0,623
Barra do Guarita	RS	3305º	84,84	7,20	39,76	59,60	0,527	39,81	66,96	0,481
Barra do Jacaré	PR	1116º	90,04	23,96	21,08	45,56	0,552	35,66	0,00	0,643
Barra do Mendes	BA	3498º	79,51	11,56	26,32	70,65	0,541	45,72	7,35	0,467
Barra do Ouro	TO	5326º	65,48	3,87	14,43	82,23	0,623	53,56	27,94	0,345
Barra do Piraí	SP	398º	91,93	23,45	44,54	31,70	0,529	34,16	13,56	0,702
Barra do Quaraí	RS	2376º	88,31	9,91	41,67	47,31	0,606	43,31	25,75	0,555
Barra do Ribeiro	RS	899º	89,10	15,81	6,78	36,02	0,561	35,15	8,44	0,658

*a partir da melhor situação social ou maior IES)

Nome do Município 2000	UF	Posição*	Indicador de Alfabetização	Indicador de Escolaridade	Indicador de Emprego	Indicador de Pobreza	Índice de Gini	Indicador de Juventude	Indicador de Violência	Índice de Exclusão
Barra do Rio Azul	RS	2618º	91,24	6,13	27,94	51,26	0,574	33,93	0,00	0,536
Barra do Rocha	BA	3948º	64,42	7,74	29,66	81,08	0,578	48,59	0,00	0,442
Barra do Turvo	SP	3659º	78,11	7,42	22,46	66,04	0,620	46,62	12,33	0,458
Barra dos Coqueiros	SE	2758º	77,52	17,88	33,57	62,61	0,562	45,06	28,08	0,524
Barra Funda	RS	599º	94,13	16,55	23,09	36,72	0,429	33,98	0,00	0,681
Barra Longa	MG	2359º	84,87	9,19	24,65	62,79	0,522	37,86	0,00	0,556
Barra Mansa	SP	827º	92,35	21,30	45,86	33,26	0,547	35,57	39,82	0,663
Barra Velha	SC	1514º	88,52	15,51	26,51	33,91	0,545	39,16	6,44	0,614
Barracão	PR	2345º	87,37	17,47	31,27	44,13	0,574	42,93	10,79	0,557
Barracão	RS	2427º	86,78	11,80	21,26	54,41	0,593	38,86	0,00	0,551
Barras	PI	4812º	59,02	7,89	10,96	80,93	0,594	49,54	0,00	0,393
Barreira	CE	4139º	67,32	6,82	17,03	80,15	0,553	46,95	5,87	0,432
Barreiras	BA	2549º	82,67	21,38	7,29	50,92	0,636	46,67	3,79	0,542
Barreiras do Piauí	PI	4538º	70,78	4,67	6,13	77,68	0,503	51,13	0,00	0,410
Barreirinha	AM	5005º	76,89	10,38	12,50	81,91	0,576	58,28	4,43	0,380
Barreirinhas	MA	5420º	55,47	4,90	9,33	87,64	0,634	55,99	0,00	0,328
Barreiros	PE	4113º	68,06	14,16	27,61	72,47	0,587	46,23	61,32	0,433
Barretos	SP	287º	92,21	29,16	41,33	21,84	0,571	34,90	6,74	0,716
Barrinha	SP	1081º	85,83	10,61	49,09	36,37	0,481	42,45	16,52	0,645
Barro	CE	3899º	67,72	6,86	13,83	76,78	0,534	44,06	10,00	0,445
Barro Alto	BA	3701º	76,80	4,96	38,80	75,86	0,481	44,96	0,00	0,456
Barro Alto	GO	2770º	75,07	9,03	25,41	64,52	0,501	41,26	16,00	0,523
Barro Duro	PI	3957º	62,19	11,27	12,84	73,66	0,543	45,20	14,73	0,442
Barro Preto	BA	2800º	72,89	8,72	25,89	77,08	0,493	44,52	11,63	0,521
Barrolândia	TO	3070º	77,50	13,51	17,02	62,58	0,586	43,62	0,00	0,498
Barroquinha	CE	4881º	52,61	2,62	13,07	86,24	0,524	50,02	0,00	0,389
Barros Cassal	RS	2835º	80,39	9,93	10,22	51,79	0,527	40,91	8,81	0,518
Barroso	MG	1376º	89,75	20,16	34,68	48,63	0,555	37,16	5,45	0,624
Barueri	SP	1995º	90,47	24,99	45,95	27,51	0,690	41,07	75,86	0,584

*a partir da melhor situação social ou maior IES)

Nome do Município 2000	UF	Posição*	Indicador de Alfabetização	Indicador de Escolaridade	Indicador de Emprego	Indicador de Pobreza	Índice de Gini	Indicador de Juventude	Indicador de Violência	Índice de Exclusão
Bastos	SP	776º	87,74	19,55	46,50	36,10	0,514	37,39	24,29	0,667
Bataguassu	MS	1516º	83,77	17,58	36,59	43,74	0,529	41,72	6,17	0,614
Batalha	AL	5310º	57,15	7,18	10,53	76,21	0,667	49,33	33,79	0,348
Batalha	PI	4934º	54,88	5,32	9,13	82,08	0,560	49,17	4,14	0,385
Batatais	SP	169º	90,44	24,12	46,44	20,29	0,523	34,85	3,91	0,735
Bataiporã	MS	2361º	80,79	11,35	25,54	56,43	0,462	41,71	18,82	0,556
Baturité	CE	3900º	66,72	10,85	18,53	71,02	0,603	44,99	16,74	0,445
Bauru	SP	145º	92,20	34,16	45,49	17,68	0,583	34,50	10,12	0,740
Bayeux	PB	2331º	77,64	12,28	14,36	65,13	0,480	41,91	13,70	0,558
Bebedouro	SP	439º	90,26	25,47	43,48	26,35	0,565	36,23	8,02	0,698
Beberibe	CE	4459º	66,51	5,62	14,27	79,52	0,604	45,09	7,08	0,415
Bela Cruz	CE	4741º	63,20	4,64	8,84	81,77	0,535	49,99	0,00	0,398
Bela Vista	MS	2953º	86,42	17,83	26,57	54,10	0,681	44,44	18,38	0,507
Bela Vista da Caroba	PR	3683º	85,84	9,37	10,45	61,88	0,486	42,68	66,62	0,457
Bela Vista de Goiás	GO	1863º	86,57	11,61	23,21	39,26	0,458	37,35	36,44	0,593
Bela Vista de Minas	MG	1036º	88,66	14,46	47,92	52,20	0,490	39,60	0,00	0,648
Bela Vista do Maranhão	MA	5219º	62,61	2,52	4,01	87,04	0,608	52,15	0,00	0,361
Bela Vista do Paraíso	PR	1353º	83,27	18,57	35,08	40,79	0,580	36,23	6,65	0,626
Bela Vista do Piauí	PI	4565º	74,61	1,44	7,33	83,63	0,565	44,52	0,00	0,409
Bela Vista do Toldo	SC	2918º	90,66	6,02	10,30	63,49	0,477	43,00	0,00	0,510
Belágua	MA	5503º	45,47	1,79	12,49	95,99	0,693	60,52	0,00	0,247
Belém	AL	4372º	60,35	6,81	15,05	77,33	0,591	47,27	0,00	0,419
Belém	PA	1612º	91,19	31,43	34,57	42,94	0,646	40,03	21,94	0,608
Belém	PB	3876º	56,76	7,36	9,37	74,34	0,559	42,23	6,02	0,447
Belém de Maria	PE	4843º	61,44	6,43	14,78	76,58	0,573	45,45	47,05	0,392

*a partir da melhor situação social ou maior IES)

Nome do Município 2000	UF	Posição*	Indicador de Alfabetização	Indicador de Escolaridade	Indicador de Emprego	Indicador de Pobreza	Índice de Gini	Indicador de Juventude	Indicador de Violência	Índice de Exclusão
Belém do Brejo do Cruz	PB	3817º	55,53	8,40	14,72	81,62	0,486	42,11	0,00	0,450
Belém do Piauí	PI	4038º	54,97	3,01	7,64	83,38	0,461	41,99	0,00	0,437
Belém do São Francisco	PE	4580º	66,89	13,97	13,10	69,29	0,613	47,91	39,59	0,407
Belford Roxo	SP	2015º	89,26	14,92	36,84	42,65	0,485	39,67	68,36	0,583
Belmiro Braga	MG	1285º	85,94	12,35	48,51	52,39	0,488	36,50	29,18	0,630
Belmonte	BA	3424º	69,62	10,40	12,55	66,86	0,591	48,04	4,99	0,473
Belmonte	SC	2634º	90,39	7,84	9,14	52,31	0,507	40,42	0,00	0,534
Belo Campo	BA	3743º	68,38	4,32	6,54	69,80	0,522	43,90	11,33	0,453
Belo Horizonte	MG	281º	93,35	37,28	46,20	21,93	0,620	34,19	28,14	0,717
Belo Jardim	PE	3759º	63,55	11,95	20,92	64,80	0,551	43,25	53,86	0,452
Belo Monte	AL	5175º	56,22	2,60	10,15	82,61	0,553	51,07	14,66	0,366
Belo Oriente	MG	1984º	81,38	12,48	43,55	58,55	0,511	42,81	11,20	0,585
Belo Vale	MG	1757º	87,88	13,07	22,37	51,42	0,502	35,68	0,00	0,598
Belterra	PA	4804º	75,75	6,57	14,09	79,32	0,640	51,36	0,00	0,394
Beneditinos	PI	4574º	58,61	3,32	10,70	76,05	0,585	46,26	0,00	0,408
Benedito Leite	MA	4569º	68,14	2,39	11,03	81,65	0,544	48,11	0,00	0,408
Benedito Novo	SC	39º	93,73	12,47	53,27	19,81	0,371	34,91	0,00	0,776
Benevides	PA	2807º	85,21	15,87	30,24	64,15	0,585	47,94	0,00	0,520
Benjamin Constant	AM	5163º	67,90	7,25	15,34	77,33	0,622	56,50	12,92	0,367
Benjamin Constant do Sul	RS	3311º	78,33	4,02	13,28	58,09	0,532	46,53	0,00	0,481
Bento de Abreu	SP	66º	86,19	20,03	55,84	31,23	0,384	35,71	0,00	0,764
Bento Fernandes	RN	4338º	60,98	9,68	33,97	86,13	0,659	50,33	0,00	0,421

*a partir da melhor situação social ou maior IES)

Nome do Município 2000	UF	Posição*	Indicador de Alfabetização	Indicador de Escolaridade	Indicador de Emprego	Indicador de Pobreza	Índice de Gini	Indicador de Juventude	Indicador de Violência	Índice de Exclusão
Bento Gonçalves	RS	25º	94,30	25,94	50,99	11,97	0,479	32,42	8,74	0,788
Bequimão	MA	5001º	74,56	7,26	8,25	85,63	0,622	49,88	0,00	0,381
Berilo	MG	3257º	73,26	8,30	24,76	66,91	0,503	49,68	7,70	0,485
Berizal	MG	3728º	68,04	5,58	15,51	80,52	0,573	48,19	0,00	0,454
Bernardino Batista	PB	5427º	58,72	2,96	20,81	83,34	0,643	52,33	39,08	0,326
Bernardino de Campos	SP	788º	88,28	20,49	35,86	29,52	0,539	34,67	18,66	0,666
Bernardo do Mearim	MA	4327º	62,88	6,13	10,74	79,42	0,462	48,37	19,09	0,422
Bernardo Sayão	TO	4758º	79,02	9,68	18,22	70,82	0,759	46,39	21,97	0,397
Bertioga	SP	1452º	89,87	19,80	31,26	23,89	0,523	40,29	49,94	0,619
Bertolínia	PI	4708º	66,02	8,69	10,61	77,54	0,643	47,72	0,00	0,400
Bertópolis	MG	4124º	65,45	7,28	30,23	76,58	0,565	47,79	0,00	0,432
Beruri	AM	5434º	53,18	5,96	9,96	83,09	0,622	60,34	0,00	0,323
Betânia	PE	4478º	62,39	6,61	11,63	82,37	0,511	46,57	17,69	0,414
Betânia do Piauí	PI	5486º	54,09	1,26	4,34	91,29	0,723	52,60	0,00	0,288
Betim	MG	1695º	88,67	17,14	45,21	43,31	0,523	42,55	44,50	0,603
Bezerros	PE	3843º	65,85	7,98	15,25	65,33	0,555	39,26	52,29	0,448
Bias Fortes	MG	2695º	84,50	8,74	15,05	68,41	0,452	36,13	22,77	0,529
Bicas	MG	410º	90,85	23,45	40,96	29,53	0,569	33,19	0,00	0,701
Biguaçu	SC	523º	89,70	18,88	46,45	27,19	0,513	40,60	2,08	0,690
Bilac	SP	68º	87,52	29,18	48,00	20,00	0,491	30,93	16,43	0,763
Biquinhas	MG	1236º	81,32	10,84	27,14	43,71	0,465	33,46	0,00	0,634
Birigui	SP	54º	90,99	27,18	57,70	17,51	0,526	33,38	18,03	0,767
Biritiba-Mirim	SP	1346º	85,15	19,15	34,27	36,84	0,532	41,89	4,06	0,626
Biritinga	BA	4884º	63,60	6,89	7,08	78,78	0,591	48,32	6,83	0,389
Bituruna	PR	2397º	87,27	10,34	32,68	54,80	0,516	45,26	12,50	0,554
Blumenau	SC	23º	94,75	27,81	56,13	11,53	0,506	35,21	2,29	0,791
Boa Esperança	ES	3023º	80,33	13,95	23,25	64,07	0,646	42,22	0,00	0,502

*a partir da melhor situação social ou maior IES)

Nome do Município 2000	UF	Posição*	Indicador de Alfabetização	Indicador de Escolaridade	Indicador de Emprego	Indicador de Pobreza	Índice de Gini	Indicador de Juventude	Indicador de Violência	Índice de Exclusão
Boa Esperança	MG	1284º	85,99	16,79	41,13	36,19	0,584	40,22	5,27	0,630
Boa Esperança	PR	1790º	86,24	21,21	22,22	52,62	0,546	36,50	0,00	0,596
Boa Esperança do Iguaçu	PR	2483º	87,87	9,20	12,59	49,22	0,493	42,07	0,00	0,546
Boa Esperança do Sul	SP	1119º	83,90	14,09	55,81	42,81	0,587	39,95	7,95	0,642
Boa Hora	PI	4748º	50,38	2,84	11,04	87,05	0,446	51,53	0,00	0,398
Boa Nova	BA	5130º	55,59	2,46	15,89	82,36	0,597	48,51	0,00	0,370
Boa Ventura	PB	3804º	63,98	8,13	28,88	79,24	0,505	46,46	15,18	0,450
Boa Ventura de São Roque	PR	4429º	81,59	9,13	15,45	65,58	0,682	46,49	29,50	0,417
Boa Viagem	CE	5149º	59,68	5,89	8,27	77,80	0,658	46,73	15,90	0,368
Boa Vista	PB	2538º	78,25	9,69	15,11	66,05	0,527	40,52	0,00	0,542
Boa Vista	RR	1992º	88,01	26,22	38,91	35,08	0,576	47,78	46,37	0,584
Boa Vista da Aparecida	PR	2988º	81,28	12,76	16,68	56,33	0,635	41,61	0,00	0,505
Boa Vista das Missões	RS	1987º	90,80	13,04	25,05	40,77	0,591	39,49	0,00	0,585
Boa Vista do Buricá	RS	803º	95,06	19,25	31,39	31,39	0,548	35,60	0,00	0,665
Boa Vista do Gurupi	MA	4784º	68,35	3,56	13,06	84,90	0,468	56,75	0,00	0,395
Boa Vista do Ramos	AM	5388º	80,95	8,06	9,95	87,85	0,691	57,59	0,00	0,335
Boa Vista do Sul	RS	590º	92,88	6,51	15,78	15,55	0,484	27,11	0,00	0,682
Boa Vista do Tupim	BA	4785º	64,42	5,22	17,01	81,33	0,587	51,84	0,00	0,395
Boca da Mata	AL	4001º	63,17	8,26	35,08	78,47	0,575	48,72	33,02	0,439
Boca do Acre	AM	5107º	58,44	8,41	9,70	73,72	0,620	53,93	7,42	0,372
Bocaina	PI	2961º	70,53	9,38	11,67	65,90	0,531	37,43	0,00	0,507

*a partir da melhor situação social ou maior IES)

Nome do Município 2000	UF	Posição*	Indicador de Alfabetização	Indicador de Escolaridade	Indicador de Emprego	Indicador de Pobreza	Índice de Gini	Indicador de Juventude	Indicador de Violência	Índice de Exclusão
Bocaina	SP	119º	86,98	19,59	48,38	19,55	0,459	35,34	0,00	0,748
Bocaina de Minas	MG	2131º	77,76	10,66	19,58	44,99	0,550	36,24	0,00	0,573
Bocaina do Sul	SC	2216º	84,77	5,67	27,68	57,03	0,491	39,73	0,00	0,567
Bocaiúva	MG	2253º	81,76	15,97	35,50	57,86	0,557	44,75	0,00	0,564
Bocaiúva do Sul	PR	2127º	84,72	10,69	33,30	46,20	0,552	42,24	11,05	0,574
Bodó	RN	4646º	63,43	5,30	15,21	85,00	0,607	46,34	0,00	0,403
Bodocó	PE	5288º	58,19	6,82	10,58	81,97	0,646	50,36	18,91	0,352
Bodoquena	MS	2606º	80,20	10,95	29,88	55,44	0,573	44,93	0,00	0,537
Bofete	SP	2014º	87,03	13,81	40,52	37,34	0,620	39,41	40,63	0,583
Boituva	SP	379º	90,52	22,38	44,75	24,07	0,518	37,95	8,73	0,704
Bom Conselho	PE	4850º	57,78	8,99	9,79	74,82	0,604	46,43	25,79	0,391
Bom Despacho	MG	756º	89,18	21,68	40,84	33,61	0,563	37,84	0,00	0,669
Bom Jardim	MA	5395º	54,65	3,54	8,95	88,50	0,623	52,80	5,65	0,333
Bom Jardim	PE	4432º	66,74	8,47	16,37	75,55	0,571	45,31	37,29	0,416
Bom Jardim	SP	1351º	83,63	14,89	30,59	38,18	0,541	36,15	4,41	0,626
Bom Jardim da Serra	SC	3000º	87,68	12,65	30,54	59,14	0,662	40,06	24,52	0,504
Bom Jardim de Goiás	GO	2784º	84,89	11,95	12,92	56,57	0,590	36,27	12,39	0,522
Bom Jardim de Minas	MG	1714º	85,85	15,86	29,11	53,61	0,513	34,95	15,05	0,602
Bom Jesus	PB	3744º	63,96	6,44	11,98	79,87	0,511	44,19	0,00	0,453
Bom Jesus	PI	4199º	68,92	13,58	15,13	70,48	0,648	48,32	6,28	0,428
Bom Jesus	RN	4128º	61,92	8,21	13,84	72,33	0,568	45,91	11,62	0,432
Bom Jesus	RS	1701º	86,82	12,94	39,86	45,26	0,544	38,85	24,97	0,603
Bom Jesus	SC	2358º	86,14	7,30	9,36	57,27	0,535	41,89	0,00	0,556
Bom Jesus da Lapa	BA	3969º	73,37	14,79	10,44	66,40	0,638	48,87	12,86	0,442
Bom Jesus da Penha	MG	2005º	83,59	12,07	23,55	33,87	0,671	34,69	0,00	0,583

*a partir da melhor situação social ou maior IES)

Nome do Município 2000	UF	Posição*	Indicador de Alfabetização	Indicador de Escolaridade	Indicador de Emprego	Indicador de Pobreza	Índice de Gini	Indicador de Juventude	Indicador de Violência	Índice de Exclusão
Bom Jesus da Serra	BA	4587º	66,43	1,59	8,70	83,76	0,518	48,11	0,00	0,407
Bom Jesus das Selvas	MA	5147º	60,60	4,00	11,56	84,70	0,573	53,73	0,00	0,368
Bom Jesus de Goiás	GO	2088º	83,80	11,48	31,38	48,16	0,588	38,33	6,15	0,577
Bom Jesus do Amparo	MG	3077º	83,01	8,78	24,38	53,40	0,609	40,36	41,52	0,498
Bom Jesus do Galho	MG	2848º	79,92	8,22	18,54	63,55	0,503	40,47	12,37	0,517
Bom Jesus do Itabapoana	SP	789º	85,80	24,09	38,12	38,24	0,538	35,56	8,91	0,666
Bom Jesus do Norte	ES	642º	86,26	20,78	38,20	39,77	0,491	35,44	0,00	0,678
Bom Jesus do Oeste	SC	2412º	89,49	4,76	29,65	57,22	0,439	37,02	0,00	0,552
Bom Jesus do Sul	PR	3009º	85,41	10,40	10,28	63,31	0,515	43,33	0,00	0,503
Bom Jesus do Tocantins	PA	4468º	63,16	6,86	14,13	73,05	0,582	49,34	7,63	0,414
Bom Jesus do Tocantins	TO	4761º	66,18	8,00	12,80	77,17	0,644	49,50	0,00	0,397
Bom Jesus dos Perdões	SP	1005º	87,13	15,49	35,19	24,99	0,496	39,28	22,53	0,650
Bom Lugar	MA	5267º	60,57	3,98	4,58	90,40	0,562	51,10	0,00	0,356
Bom Princípio	RS	51º	95,38	16,99	49,64	14,87	0,401	34,83	10,53	0,771
Bom Princípio do Piauí	PI	4518º	55,80	1,45	8,89	80,49	0,478	48,13	0,00	0,412
Bom Progresso	RS	2615º	87,75	9,61	16,77	60,40	0,516	40,52	0,00	0,536
Bom Repouso	MG	3350º	84,94	6,48	8,07	52,88	0,686	38,62	0,00	0,478
Bom Retiro	SC	2186º	84,11	11,34	31,79	41,26	0,524	42,60	25,10	0,570
Bom Retiro do Sul	RS	46º	92,18	14,67	59,40	20,08	0,427	35,81	0,00	0,773
Bom Sucesso	MG	1751º	85,32	14,92	34,32	50,15	0,577	38,08	0,00	0,599

*a partir da melhor situação social ou maior IES)

Nome do Município 2000	UF	Posição*	Indicador de Alfabetização	Indicador de Escolaridade	Indicador de Emprego	Indicador de Pobreza	Índice de Gini	Indicador de Juventude	Indicador de Violência	Índice de Exclusão
Bom Sucesso	PB	3494º	67,52	9,37	9,94	79,01	0,557	38,73	0,00	0,467
Bom Sucesso	PR	1741º	80,52	14,68	46,64	52,89	0,528	39,14	32,40	0,600
Bom Sucesso de Itararé	SP	3190º	82,27	10,88	38,05	65,37	0,605	48,03	30,95	0,490
Bom Sucesso do Sul	PR	1684º	88,41	14,94	25,28	45,87	0,540	37,00	0,00	0,604
Bombinhas	SC	1112º	90,93	19,27	25,65	28,35	0,549	38,94	11,47	0,643
Bonfim	MG	1901º	85,40	8,43	17,06	52,74	0,506	30,82	0,00	0,590
Bonfim	RR	4931º	78,03	9,22	8,67	68,74	0,504	55,17	53,61	0,386
Bonfim do Piauí	PI	4867º	63,21	4,62	6,83	77,96	0,551	47,20	20,49	0,390
Bonfinópolis	GO	1833º	83,40	12,76	27,86	43,36	0,518	41,04	0,00	0,594
Bonfinópolis de Minas	MG	2809º	82,98	11,02	27,80	60,04	0,606	44,02	0,00	0,520
Boninal	BA	4190º	70,14	7,95	12,95	71,45	0,607	45,66	0,00	0,428
Bonito	BA	4093º	67,87	2,68	13,04	79,07	0,417	53,02	0,00	0,434
Bonito	MS	2585º	86,13	12,14	27,29	45,97	0,612	42,85	17,69	0,539
Bonito	PA	4452º	63,74	4,55	9,09	77,34	0,486	51,50	0,00	0,415
Bonito	PE	4355º	60,27	8,36	16,42	71,64	0,644	46,36	5,14	0,420
Bonito de Minas	MG	5422º	61,70	2,25	8,20	83,63	0,707	52,13	0,00	0,327
Bonito de Santa Fé	PB	4269º	62,81	8,15	14,31	72,69	0,551	46,90	10,83	0,425
Bonópolis	GO	2744º	78,33	5,86	26,63	60,83	0,541	42,69	0,00	0,525
Boqueirão	PB	3395º	68,62	8,76	16,52	70,76	0,487	45,16	6,30	0,475
Boqueirão do Leão	RS	2401º	83,57	7,23	10,64	39,28	0,471	40,69	12,78	0,553
Boqueirão do Piauí	PI	4891º	55,86	3,21	8,29	85,89	0,512	49,58	0,00	0,388
Boquim	SE	3875º	69,40	9,49	16,13	72,73	0,570	45,57	12,40	0,447
Boquira	BA	4285º	66,08	7,72	14,78	73,99	0,620	46,16	0,00	0,424
Borá	SP	1070º	86,30	14,55	45,87	48,73	0,536	36,86	0,00	0,646

*a partir da melhor situação social ou maior IES)

Nome do Município 2000	UF	Posição*	Indicador de Alfabetização	Indicador de Escolaridade	Indicador de Emprego	Indicador de Pobreza	Índice de Gini	Indicador de Juventude	Indicador de Violência	Índice de Exclusão
Boracéia	SP	272º	85,81	15,20	57,41	31,81	0,489	37,28	0,00	0,718
Borba	AM	5341º	66,18	8,25	14,19	82,90	0,653	59,23	3,49	0,343
Borborema	PB	4356º	61,08	6,72	19,60	77,56	0,613	46,28	0,00	0,420
Borborema	SP	797º	86,17	16,51	34,11	30,51	0,510	33,57	15,16	0,665
Borda da Mata	MG	1073º	88,68	15,36	27,71	31,73	0,535	32,58	13,41	0,646
Borebi	SP	585º	79,41	10,78	44,13	33,63	0,403	39,73	0,00	0,682
Borrazópolis	PR	2056º	84,30	16,95	16,71	50,84	0,474	36,32	21,16	0,579
Bossoroca	RS	2625º	88,13	13,00	27,34	58,72	0,606	37,68	25,78	0,535
Botelhos	MG	1124º	86,42	12,50	35,23	27,98	0,592	36,08	0,00	0,642
Botucatu	SP	151º	91,52	34,32	47,09	20,64	0,546	35,17	18,47	0,739
Botumirim	MG	3856º	77,36	12,15	23,89	74,53	0,602	52,19	0,00	0,448
Botuporã	BA	4523º	66,68	7,46	16,08	76,54	0,675	45,18	0,00	0,411
Botuverá	SC	81º	92,76	12,67	46,72	17,93	0,407	33,52	0,00	0,759
Braço do Norte	SC	999º	92,07	17,69	45,78	25,63	0,650	40,99	0,00	0,650
Braço do Trombudo	SC	337º	92,66	10,51	38,22	23,93	0,435	35,02	0,00	0,708
Braga	RS	2892º	82,64	10,84	19,12	57,87	0,520	37,88	47,64	0,513
Bragança	PA	4304º	74,07	12,04	9,85	73,62	0,565	51,76	3,20	0,423
Bragança Paulista	SP	288º	90,37	27,87	42,31	20,69	0,542	35,96	11,20	0,716
Braganey	PR	2571º	82,73	14,49	18,69	64,22	0,531	39,57	0,00	0,540
Branquinha	AL	5225º	43,89	1,56	27,32	89,74	0,555	53,14	26,49	0,361
Brás Pires	MG	3433º	85,04	7,23	18,14	70,82	0,542	42,61	0,00	0,472
Brasil Novo	PA	3758º	73,23	5,31	9,39	58,92	0,549	49,07	0,00	0,453
Brasilândia	MS	1313º	84,64	12,58	52,39	37,34	0,605	41,82	8,36	0,628
Brasilândia de Minas	MG	3032º	83,41	14,09	8,27	56,27	0,645	47,19	8,72	0,502
Brasilândia do Sul	PR	2482º	76,11	13,95	30,66	62,01	0,605	38,90	0,00	0,546
Brasilândia do Tocantins	TO	2972º	79,04	11,50	20,98	66,05	0,538	44,93	0,00	0,506
Brasiléia	AC	3752º	74,13	12,07	20,90	63,96	0,614	50,04	11,76	0,453
Brasileira	PI	4441º	55,38	3,90	9,42	80,10	0,526	45,55	0,00	0,416

*a partir da melhor situação social ou maior IES)

Nome do Município 2000	UF	Posição*	Indicador de Alfabetização	Indicador de Escolaridade	Indicador de Emprego	Indicador de Pobreza	Índice de Gini	Indicador de Juventude	Indicador de Violência	Índice de Exclusão
Brasília	DI	550º	91,71	37,89	49,37	24,59	0,641	39,41	33,49	0,686
Brasília de Minas	MG	3439º	79,64	15,65	27,54	68,98	0,621	45,97	4,45	0,472
Brasnorte	MT	3003º	83,54	8,56	25,04	36,09	0,599	45,76	50,94	0,504
Braúna	SP	197º	87,97	23,51	42,07	32,61	0,466	32,15	0,00	0,730
Braúnas	MG	3317º	78,91	5,74	38,50	69,51	0,599	39,55	0,00	0,480
Brazabrantes	GO	1265º	81,64	11,83	35,95	50,45	0,436	38,38	0,00	0,632
Brazópolis	MG	1914º	85,71	13,39	15,96	49,20	0,628	37,33	6,59	0,590
Brejão	PE	4900º	57,45	5,13	10,21	81,94	0,480	46,78	44,86	0,388
Brejetuba	ES	4622º	75,96	7,25	7,00	58,28	0,611	47,74	42,78	0,405
Brejinho	PE	4740º	62,20	6,00	6,57	79,26	0,603	45,75	0,00	0,398
Brejinho	RN	4060º	61,21	4,74	17,68	71,61	0,563	46,21	9,69	0,436
Brejinho de Nazaré	TO	3629º	76,32	12,37	20,97	67,17	0,653	47,37	0,00	0,460
Brejo	MA	5337º	62,44	7,78	9,57	86,27	0,718	50,29	0,00	0,343
Brejo Alegre	SP	812º	81,65	15,27	46,19	48,84	0,472	36,61	0,00	0,664
Brejo da Madre de Deus	PE	5050º	54,89	5,71	7,47	67,59	0,511	46,57	70,85	0,376
Brejo de Areia	MA	5321º	50,31	4,07	6,76	93,04	0,492	56,19	0,00	0,346
Brejo do Cruz	PB	3901º	62,45	10,04	35,79	69,83	0,541	42,19	33,70	0,445
Brejo do Piauí	PI	3953º	57,03	0,50	18,18	83,69	0,429	47,79	0,00	0,442
Brejo dos Santos	PB	3299º	63,16	7,61	18,03	73,53	0,543	41,11	0,00	0,481
Brejo Grande	SE	5153º	60,29	3,04	15,90	83,01	0,551	52,11	28,16	0,368
Brejo Grande do Araguaia	PA	4173º	70,53	8,64	12,31	67,49	0,560	52,71	0,00	0,430
Brejo Santo	CE	3821º	68,31	12,71	15,05	70,74	0,623	45,57	0,00	0,449
Brejões	BA	3214º	70,58	9,09	4,11	67,68	0,465	46,45	6,52	0,488
Brejolândia	BA	4661º	73,15	4,65	9,27	81,02	0,551	42,96	22,83	0,403
Breu Branco	PA	4725º	68,65	4,38	19,97	69,23	0,610	54,80	12,33	0,399

*a partir da melhor situação social ou maior IES)

Nome do Município 2000	UF	Posição*	Indicador de Alfabetização	Indicador de Escolaridade	Indicador de Emprego	Indicador de Pobreza	Índice de Gini	Indicador de Juventude	Indicador de Violência	Índice de Exclusão
Breves	PA	4940º	58,09	4,83	22,82	76,89	0,576	58,43	3,74	0,385
Britânia	GO	2144º	83,39	13,29	24,90	49,12	0,489	40,46	18,94	0,572
Brochier	RS	249º	92,78	8,39	31,53	23,84	0,409	29,07	0,00	0,721
Brodowski	SP	345º	89,51	22,92	38,85	16,42	0,423	36,10	46,68	0,707
Brotas	SP	516º	89,13	18,83	41,64	25,39	0,551	36,22	0,00	0,690
Brotas de Macaúbas	BA	4674º	72,88	5,94	25,62	75,69	0,690	44,09	0,00	0,402
Brumadinho	MG	853º	87,91	20,59	41,56	34,38	0,570	37,24	5,96	0,661
Brumado	BA	2687º	77,55	15,78	26,37	63,19	0,583	41,69	1,61	0,531
Brunópolis	SC	2638º	83,51	5,14	22,86	54,81	0,554	40,95	0,00	0,534
Brusque	SC	16º	93,74	25,39	55,88	10,88	0,463	34,83	2,63	0,799
Bueno Brandão	MG	2050º	85,83	10,43	14,46	39,73	0,543	34,42	9,15	0,580
Buenópolis	MG	2882º	76,59	13,25	28,34	59,76	0,646	43,07	0,00	0,514
Buenos Aires	PE	3061º	66,26	7,34	31,23	79,37	0,470	44,51	8,33	0,500
Buerarema	BA	3387º	69,69	8,69	11,62	72,07	0,546	45,47	15,69	0,475
Bugre	MG	3966º	76,13	4,90	20,80	72,96	0,610	41,38	32,13	0,442
Buíque	PE	5421º	50,71	4,54	8,26	80,37	0,621	50,71	37,74	0,327
Bujari	AC	4856º	59,68	7,03	20,22	72,74	0,687	52,15	0,00	0,391
Bujaru	PA	4852º	70,78	6,42	8,58	84,52	0,522	53,68	0,00	0,391
Buri	SP	1713º	84,12	14,44	40,59	49,72	0,524	43,07	5,67	0,602
Buritama	SP	745º	87,06	22,96	34,55	33,32	0,573	33,93	0,00	0,670
Buriti	MA	5188º	58,81	6,25	6,30	86,03	0,539	54,19	0,00	0,365
Buriti Alegre	GO	1963º	85,74	13,71	22,48	42,15	0,529	33,61	34,41	0,587
Buriti Bravo	MA	5064º	60,97	7,06	8,31	82,88	0,561	51,68	9,33	0,375
Buriti de Goiás	GO	1814º	85,46	10,36	20,63	56,96	0,390	38,77	0,00	0,595
Buriti do Tocantins	TO	4857º	67,06	10,61	16,06	78,13	0,632	54,68	0,00	0,391
Buriti dos Lopes	PI	4877º	61,80	4,29	7,59	79,94	0,562	49,96	0,00	0,389
Buriti dos Montes	PI	4853º	55,34	3,92	7,91	81,18	0,556	48,01	0,00	0,391
Buriticupu	MA	5403º	60,01	4,45	7,44	78,30	0,623	55,17	21,43	0,332

*a partir da melhor situação social ou maior IES)

Nome do Município 2000	UF	Posição*	Indicador de Alfabetização	Indicador de Escolaridade	Indicador de Emprego	Indicador de Pobreza	Índice de Gini	Indicador de Juventude	Indicador de Violência	Índice de Exclusão
Buritinópolis	GO	4753º	65,55	5,98	17,98	82,62	0,638	49,10	0,00	0,397
Buritirama	BA	5472º	61,01	5,15	10,81	88,66	0,745	54,91	5,62	0,304
Buritirana	MA	5136º	59,62	2,63	8,86	85,70	0,513	53,26	7,23	0,369
Buritis	MG	3377º	80,76	16,34	19,94	56,38	0,716	45,65	4,23	0,476
Buritis	RO	4311º	81,83	5,03	15,86	49,58	0,647	48,76	38,96	0,423
Buritizal	SP	618º	86,79	12,37	38,01	36,20	0,463	34,08	0,00	0,680
Buritizeiro	MG	3004º	76,92	9,03	32,75	69,28	0,538	47,99	4,88	0,504
Butiá	RS	775º	86,24	14,71	44,04	34,05	0,491	37,50	14,76	0,667
Caapiranga	AM	4935º	68,71	6,55	7,73	78,86	0,526	56,48	0,00	0,385
Caaporã	PB	3664º	67,77	5,38	39,37	79,22	0,538	48,69	21,69	0,458
Caarapó	MS	2805º	79,97	14,85	32,06	61,52	0,585	43,59	24,15	0,520
Caatiba	BA	3487º	68,00	4,84	7,84	86,96	0,393	43,35	0,00	0,468
Cabaceiras	PB	2950º	78,16	7,01	19,01	66,98	0,505	42,40	0,00	0,507
Cabaceiras do Paraguaçu	BA	5049º	60,46	3,43	27,79	78,10	0,575	52,18	0,00	0,376
Cabeceira Grande	MG	3647º	75,27	11,42	23,42	58,63	0,533	42,92	84,46	0,459
Cabeceiras	GO	2855º	83,44	13,34	26,02	59,40	0,576	44,45	14,80	0,517
Cabeceiras do Piauí	PI	5178º	53,57	3,39	5,14	87,76	0,578	47,25	0,00	0,366
Cabedelo	PB	2060º	83,20	25,74	16,26	47,79	0,672	40,68	23,35	0,579
Cabixi	RO	3064º	80,85	7,26	10,80	53,92	0,581	44,80	0,00	0,499
Cabo de Santo Agostinho	PE	2964º	79,03	17,62	36,65	63,73	0,566	42,67	64,72	0,507
Cabo Frio	SP	2208º	88,63	21,20	33,76	34,87	0,602	39,37	71,75	0,568
Cabo Verde	MG	805º	85,20	11,95	48,31	26,59	0,591	38,25	0,00	0,664
Cabrália Paulista	SP	491º	86,24	13,51	56,03	42,35	0,433	40,79	0,00	0,693
Cabreúva	SP	884º	88,66	15,11	42,72	28,08	0,478	41,55	21,15	0,659
Cabrobó	PE	4752º	67,09	10,47	8,82	70,86	0,586	46,94	41,14	0,397
Caçador	SC	966º	89,43	15,39	50,79	33,31	0,543	40,66	22,11	0,654
Caçapava	SP	312º	91,81	27,49	47,82	23,34	0,534	37,40	21,02	0,712

*a partir da melhor situação social ou maior IES)

Nome do Município 2000	UF	Posição*	Indicador de Alfabetização	Indicador de Escolaridade	Indicador de Emprego	Indicador de Pobreza	Índice de Gini	Indicador de Juventude	Indicador de Violência	Índice de Exclusão
Caçapava do Sul	RS	949º	86,09	16,76	35,95	40,33	0,542	33,79	0,00	0,655
Cacaulândia	RO	3422º	84,43	5,10	15,15	48,32	0,615	45,90	18,62	0,473
Cacequi	RS	1499º	88,68	14,48	32,13	49,87	0,523	37,38	0,00	0,615
Cáceres	MT	2713º	83,41	18,49	29,18	50,68	0,613	43,51	34,94	0,528
Cachoeira	BA	2780º	77,11	19,86	18,28	64,97	0,594	43,55	9,86	0,523
Cachoeira Alta	GO	1869º	83,43	13,58	28,88	39,87	0,600	36,16	11,57	0,592
Cachoeira da Prata	MG	417º	90,58	20,43	41,31	38,25	0,481	34,10	0,00	0,700
Cachoeira de Goiás	GO	2048º	80,01	14,08	29,61	57,88	0,527	38,38	0,00	0,580
Cachoeira de Minas	MG	1075º	87,67	16,65	30,65	41,83	0,465	35,94	9,47	0,646
Cachoeira de Pajeú	MG	3994º	68,70	7,42	34,80	77,34	0,537	45,92	15,69	0,440
Cachoeira do Arari	PA	5352º	73,33	5,05	9,27	83,30	0,746	53,34	0,00	0,342
Cachoeira do Piriá	PA	5391º	45,42	1,62	14,17	88,80	0,550	55,91	0,00	0,334
Cachoeira do Sul	RS	729º	89,05	21,96	37,62	33,75	0,571	33,84	6,83	0,671
Cachoeira dos Índios	PB	3894º	64,17	3,83	10,15	75,81	0,520	45,26	12,76	0,446
Cachoeira Dourada	GO	2167º	83,98	13,74	24,92	51,78	0,584	37,40	0,00	0,571
Cachoeira Dourada	MG	1546º	78,29	14,05	16,93	39,07	0,581	36,18	43,38	0,612
Cachoeira Grande	MA	5329º	54,92	4,34	6,11	93,14	0,478	58,04	0,00	0,345
Cachoeira Paulista	SP	569º	92,01	28,04	38,55	33,98	0,552	36,97	3,68	0,684
Cachoeiras de Macacu	SP	1725º	84,52	16,26	32,76	39,28	0,504	37,37	47,38	0,601
Cachoeirinha	PE	3327º	62,15	9,50	11,25	60,71	0,540	42,27	5,87	0,480
Cachoeirinha	RS	300º	92,60	25,28	46,80	21,77	0,485	37,04	32,54	0,714

*a partir da melhor situação social ou maior IES)

Nome do Município 2000	UF	Posição*	Indicador de Alfabetização	Indicador de Escolaridade	Indicador de Emprego	Indicador de Pobreza	Índice de Gini	Indicador de Juventude	Indicador de Violência	Índice de Exclusão
Cachoeirinha	TO	4563º	72,70	5,08	15,15	86,16	0,500	53,68	0,00	0,409
Cachoeiro de Itapemirim	ES	1114º	88,94	20,80	41,80	33,99	0,547	38,09	33,17	0,643
Cacimba de Areia	PB	3731º	60,21	5,05	9,29	76,36	0,521	43,98	0,00	0,454
Cacimba de Dentro	PB	5171º	54,83	3,31	20,57	81,05	0,601	49,05	11,89	0,367
Cacimbas	PB	5364º	47,77	2,00	23,86	83,52	0,627	52,49	0,00	0,339
Cacimbinhas	AL	5425º	50,77	5,28	10,23	81,21	0,690	48,58	31,41	0,327
Cacique Doble	RS	2045º	88,07	13,18	12,91	45,15	0,498	37,86	0,00	0,580
Cacoal	RO	2236º	86,62	15,85	16,65	44,48	0,562	43,66	17,67	0,565
Caconde	SP	1698º	86,14	17,82	32,10	41,53	0,592	39,28	5,44	0,603
Caçu	GO	1897º	85,81	13,02	23,41	38,98	0,582	35,75	9,46	0,591
Caculé	BA	3676º	75,26	13,12	12,74	67,59	0,692	41,80	9,83	0,457
Caém	BA	4360º	69,07	9,14	12,37	80,32	0,574	45,43	15,92	0,420
Caetanópolis	MG	1220º	89,56	15,65	47,77	38,85	0,578	38,85	0,00	0,635
Caetanos	BA	4489º	62,04	1,79	16,32	79,33	0,602	43,25	0,00	0,413
Caeté	MG	1006º	90,37	23,91	39,88	39,42	0,594	37,16	11,02	0,650
Caetés	PE	5075º	52,20	4,23	4,13	79,31	0,561	49,79	0,00	0,374
Caetité	BA	3962º	69,83	11,11	8,60	72,50	0,666	43,79	0,00	0,442
Cafarnaum	BA	4592º	66,71	6,26	17,11	74,45	0,570	49,01	6,23	0,407
Cafeara	PR	845º	78,24	13,19	49,36	51,79	0,444	37,71	0,00	0,662
Cafelândia	PR	825º	91,28	24,60	46,08	37,33	0,529	39,33	26,92	0,663
Cafelândia	SP	594º	85,88	21,63	42,18	30,57	0,559	35,28	6,33	0,682
Cafezal do Sul	PR	2476º	80,14	10,97	24,93	57,57	0,625	35,50	0,00	0,547
Caiabu	SP	582º	82,96	18,23	49,74	46,59	0,415	35,98	24,53	0,682
Caiana	MG	2150º	76,99	10,53	41,48	37,98	0,493	39,32	0,00	0,572
Caiapônia	GO	2424º	81,32	12,17	23,04	51,31	0,556	37,48	20,45	0,551
Caibaté	RS	1747º	91,74	13,58	21,01	47,88	0,537	34,97	0,00	0,599
Caibi	SC	1809º	89,29	12,79	18,81	33,80	0,551	38,98	0,00	0,595

*a partir da melhor situação social ou maior IES)

Nome do Município 2000	UF	Posição*	Indicador de Alfabetização	Indicador de Escolaridade	Indicador de Emprego	Indicador de Pobreza	Índice de Gini	Indicador de Juventude	Indicador de Violência	Índice de Exclusão
Caiçara	PB	3911º	59,74	7,64	10,55	78,44	0,543	44,66	13,65	0,444
Caiçara	RS	2200º	89,23	14,78	12,13	42,97	0,566	37,62	0,00	0,568
Caiçara do Norte	RN	3809º	68,90	6,07	10,61	79,64	0,454	47,24	0,00	0,450
Caiçara do Rio do Vento	RN	4081º	67,03	6,34	19,81	77,90	0,609	45,83	0,00	0,435
Caicó	RN	1951º	79,94	19,53	29,73	49,97	0,575	37,90	8,77	0,588
Caieiras	SP	498º	92,00	24,04	44,47	25,74	0,506	39,90	18,25	0,692
Cairu	BA	3388º	69,47	8,14	9,71	71,63	0,503	46,35	0,00	0,475
Caiuá	SP	1341º	85,02	15,53	35,76	51,11	0,486	38,50	0,00	0,627
Cajamar	SP	1144º	89,00	17,50	48,26	32,24	0,571	41,07	25,61	0,641
Cajapió	MA	5210º	60,30	5,26	3,84	92,55	0,496	53,23	0,00	0,362
Cajari	MA	4783º	78,49	3,74	5,61	90,13	0,437	54,58	0,00	0,395
Cajati	SP	2355º	82,95	15,33	34,53	54,06	0,556	45,47	10,26	0,556
Cajazeiras	PB	2830º	73,14	15,79	24,85	61,67	0,616	40,68	3,66	0,518
Cajazeiras do Piauí	PI	4973º	63,10	2,99	9,59	76,76	0,653	47,24	0,00	0,383
Cajazeiri-nhas	PB	4491º	60,94	3,80	11,99	75,27	0,572	46,91	0,00	0,413
Cajobi	SP	1004º	89,57	15,31	38,03	43,16	0,520	36,23	0,00	0,650
Cajueiro	AL	3841º	51,93	6,68	37,48	83,20	0,488	50,01	26,35	0,448
Cajueiro da Praia	PI	4700º	62,85	2,75	15,51	83,26	0,594	47,39	0,00	0,400
Cajuri	MG	2106º	82,11	12,50	12,37	62,41	0,525	39,64	0,00	0,576
Cajuru	SP	655º	88,68	19,01	43,53	29,45	0,528	39,08	4,74	0,678
Calçado	PE	4599º	60,91	6,77	4,92	72,66	0,517	46,56	25,62	0,406
Calçoene	AP	3699º	78,48	10,60	30,10	61,47	0,617	53,86	0,00	0,456
Caldas	MG	1196º	87,72	13,87	34,19	35,64	0,551	32,24	0,00	0,637
Caldas Brandão	PB	3442º	55,00	4,23	35,09	78,91	0,483	44,60	0,00	0,472
Caldas Novas	GO	1395º	89,91	19,56	33,71	31,93	0,616	39,74	6,04	0,623
Caldazinha	GO	1397º	85,12	12,31	31,14	37,96	0,539	37,32	0,00	0,622
Caldeirão Grande	BA	5021º	70,77	4,27	24,40	82,76	0,635	49,07	0,00	0,379

*a partir da melhor situação social ou maior IES)

Nome do Município 2000	UF	Posição*	Indicador de Alfabetização	Indicador de Escolaridade	Indicador de Emprego	Indicador de Pobreza	Índice de Gini	Indicador de Juventude	Indicador de Violência	Índice de Exclusão
Caldeirão Grande do Piauí	PI	5125º	52,22	3,18	12,17	82,01	0,665	46,40	0,00	0,370
Califórnia	PR	1785º	86,98	16,68	27,24	43,36	0,522	37,34	26,05	0,597
Calmon	SC	3148º	80,29	5,67	32,35	78,30	0,474	50,53	0,00	0,493
Calumbi	PE	4711º	60,30	5,72	14,26	79,58	0,593	46,74	13,90	0,400
Camacan	BA	3970º	71,04	11,13	34,16	69,37	0,626	48,72	19,32	0,442
Camaçari	BA	2486º	84,67	17,31	15,65	57,12	0,593	44,93	11,75	0,546
Camacho	MG	2099º	81,37	11,73	25,41	56,91	0,412	38,66	0,00	0,576
Camalaú	PB	3465º	60,05	6,19	12,11	73,93	0,490	41,79	0,00	0,470
Camamu	BA	4974º	60,70	7,28	5,55	77,34	0,600	52,73	14,85	0,383
Camandu-caia	MG	1518º	84,17	8,88	15,30	34,21	0,528	37,80	14,61	0,614
Camapuã	MS	2391º	85,20	13,29	25,32	47,61	0,575	40,22	18,24	0,554
Camaquã	RS	1260º	88,11	15,90	30,88	34,18	0,556	35,94	9,94	0,632
Camaragibe	PE	2353º	83,27	18,55	38,46	55,89	0,593	38,95	45,07	0,557
Camargo	RS	1044º	90,08	15,68	11,89	27,80	0,458	33,63	0,00	0,648
Cambará	PR	438º	87,58	22,35	46,64	35,37	0,518	35,75	4,40	0,698
Cambará do Sul	RS	886º	89,07	15,25	45,79	42,65	0,506	39,47	0,00	0,659
Cambé	PR	440º	89,39	21,34	47,30	30,38	0,504	37,06	14,74	0,698
Cambira	PR	1430º	84,44	18,60	23,66	42,54	0,524	36,00	0,00	0,620
Camboriú	SC	1209º	88,78	11,83	38,69	31,54	0,471	43,14	14,48	0,637
Cambuci	SP	1512º	82,93	20,18	28,35	45,68	0,529	33,16	27,27	0,614
Cambuí	MG	461º	90,58	22,36	33,21	33,05	0,492	34,29	0,00	0,696
Cambuquira	MG	1043º	85,26	17,45	35,30	39,80	0,595	36,39	0,00	0,648
Cametá	PA	5093º	76,59	9,88	7,81	83,85	0,601	55,40	0,00	0,373
Camocim	CE	4664º	66,31	8,81	17,05	78,63	0,650	48,76	5,41	0,403
Camocim de São Félix	PE	4747º	62,36	6,58	12,93	68,14	0,574	43,02	66,16	0,398
Campanário	MG	2586º	75,20	14,15	43,48	60,74	0,534	44,19	0,00	0,538
Campanha	MG	925º	86,02	19,54	27,29	33,16	0,560	38,41	0,00	0,657
Campestre	AL	3691º	61,69	8,93	31,17	75,56	0,527	50,65	16,07	0,456
Campestre	MG	1533º	87,40	11,12	39,05	38,27	0,508	35,74	4,87	0,613

*a partir da melhor situação social ou maior IES)

Nome do Município 2000	UF	Posição*	Indicador de Alfabetização	Indicador de Escolaridade	Indicador de Emprego	Indicador de Pobreza	Índice de Gini	Indicador de Juventude	Indicador de Violência	Índice de Exclusão
Campestre da Serra	RS	718º	91,51	9,89	26,28	33,74	0,417	33,38	0,00	0,672
Campestre de Goiás	GO	2419º	82,16	7,53	25,39	62,36	0,495	40,01	0,00	0,551
Campestre do Maranhão	MA	4613º	69,85	5,35	23,46	83,61	0,608	52,30	0,00	0,405
Campina da Lagoa	PR	2693º	82,44	15,39	17,97	54,82	0,619	40,04	0,00	0,529
Campina das Missões	RS	1423º	94,20	14,44	13,81	49,04	0,451	32,41	0,00	0,620
Campina do Monte Alegre	SP	1661º	84,80	12,84	26,02	41,79	0,499	39,85	0,00	0,605
Campina do Simão	PR	3517º	85,60	6,98	28,14	64,13	0,521	45,34	68,73	0,466
Campina Grande	PB	2266º	82,44	24,85	47,32	52,56	0,635	40,44	29,83	0,563
Campina Grande do Sul	PR	1314º	89,95	15,60	46,59	38,45	0,508	43,29	28,93	0,628
Campina Verde	MG	1605º	87,96	16,04	22,71	42,73	0,594	35,54	0,00	0,608
Campinaçu	GO	3141º	79,09	8,01	15,40	64,11	0,514	40,06	26,98	0,493
Campiná-polis	MT	4428º	74,79	6,21	12,93	52,27	0,610	49,05	48,31	0,417
Campinas	SP	199º	92,72	36,44	49,82	15,91	0,586	33,32	50,13	0,729
Campinas do Piauí	PI	4897º	63,04	5,85	5,18	82,44	0,625	44,58	0,00	0,388
Campinas do Sul	RS	1342º	90,51	15,70	18,85	35,01	0,535	34,03	0,00	0,627
Campinorte	GO	2865º	82,20	11,00	10,96	58,92	0,547	40,14	0,00	0,516
Campo Alegre	AL	3595º	60,52	4,13	45,82	85,01	0,519	49,91	21,94	0,462
Campo Alegre	SC	813º	90,31	12,79	27,99	36,17	0,482	39,56	0,00	0,664
Campo Alegre de Goiás	GO	1527º	88,18	17,16	36,86	39,65	0,664	36,57	0,00	0,613

*a partir da melhor situação social ou maior IES)

Nome do Município 2000	UF	Posição*	Indicador de Alfabetização	Indicador de Escolaridade	Indicador de Emprego	Indicador de Pobreza	Índice de Gini	Indicador de Juventude	Indicador de Violência	Índice de Exclusão
Campo Alegre de Lourdes	BA	5265º	62,84	3,04	11,46	81,07	0,611	50,77	7,24	0,356
Campo Alegre do Fidalgo	PI	5312º	54,36	1,66	10,69	84,59	0,672	48,96	0,00	0,347
Campo Azul	MG	4361º	77,82	7,74	27,81	78,81	0,586	46,92	0,00	0,419
Campo Belo	MG	834º	87,37	17,46	7,87	37,11	0,522	34,71	6,43	0,663
Campo Belo do Sul	SC	2664º	78,97	8,90	21,63	57,73	0,529	40,58	24,78	0,532
Campo Bom	RS	41º	92,32	18,32	62,84	14,21	0,480	36,65	7,40	0,775
Campo Bonito	PR	3086º	79,94	9,90	18,71	61,60	0,524	44,11	19,50	0,497
Campo do Brito	SE	3394º	67,05	6,24	17,84	66,65	0,559	43,66	0,00	0,475
Campo do Meio	MG	1062º	84,46	12,93	37,22	41,09	0,485	38,20	26,23	0,647
Campo do Tenente	PR	2335º	85,25	14,62	40,51	60,00	0,508	44,83	31,57	0,558
Campo Erê	SC	3626º	83,15	12,74	38,85	53,30	0,594	45,51	67,61	0,460
Campo Florido	MG	1105º	84,96	13,91	48,13	42,12	0,515	38,34	0,00	0,643
Campo Formoso	BA	4800º	66,14	7,06	9,04	75,77	0,639	48,12	8,07	0,394
Campo Grande	AL	5454º	45,02	1,99	9,88	84,37	0,686	50,99	10,95	0,316
Campo Grande	MS	998º	91,66	31,71	41,76	30,48	0,613	38,92	37,22	0,650
Campo Grande do Piauí	PI	4318º	58,02	3,95	8,02	83,33	0,496	44,47	0,00	0,422
Campo Largo	PR	616º	91,42	19,36	47,11	30,53	0,501	39,16	21,56	0,680
Campo Largo do Piauí	PI	5250º	50,19	2,98	8,76	91,03	0,509	53,61	0,00	0,358
Campo Limpo Paulista	SP	646º	90,11	22,20	42,15	26,32	0,527	39,34	15,69	0,678

*a partir da melhor situação social ou maior IES)

Nome do Município 2000	UF	Posição*	Indicador de Alfabetização	Indicador de Escolaridade	Indicador de Emprego	Indicador de Pobreza	Índice de Gini	Indicador de Juventude	Indicador de Violência	Índice de Exclusão
Campo Magro	PR	1521º	88,61	10,36	42,93	36,69	0,511	42,99	24,50	0,614
Campo Maior	PI	3114º	71,16	11,91	17,39	68,06	0,567	40,87	2,32	0,495
Campo Mourão	PR	1008º	88,14	27,71	38,20	37,05	0,574	38,81	13,67	0,650
Campo Novo	RS	2287º	84,86	13,79	28,12	55,96	0,570	40,62	0,00	0,562
Campo Novo de Rondônia	RO	5325º	80,05	3,92	10,32	58,30	0,669	49,84	95,96	0,345
Campo Novo do Parecis	MT	1710º	89,14	16,41	42,46	22,37	0,690	42,10	28,35	0,602
Campo Redondo	RN	3522º	67,23	11,78	18,80	71,82	0,586	43,11	10,87	0,465
Campo Verde	MT	2276º	89,10	19,90	33,93	38,28	0,644	43,28	34,84	0,563
Campos Altos	MG	1205º	87,90	14,51	40,65	36,23	0,530	40,82	0,00	0,637
Campos Belos	GO	3615º	79,08	12,12	20,37	63,27	0,607	47,33	23,46	0,461
Campos Borges	RS	1672º	86,90	13,18	23,37	43,08	0,546	35,35	0,00	0,604
Campos de Júlio	MT	2710º	91,42	13,37	29,65	24,35	0,880	43,07	0,00	0,528
Campos do Jordão	SP	747º	89,87	16,68	43,51	19,97	0,553	40,12	15,82	0,670
Campos dos Goytacazes	SP	1491º	88,31	23,71	49,89	42,42	0,575	37,35	36,10	0,616
Campos Gerais	MG	1667º	84,00	11,41	37,91	42,85	0,517	40,24	0,00	0,605
Campos Lindos	TO	5475º	68,56	4,39	3,86	84,02	0,714	57,72	0,00	0,301
Campos Novos	SC	1662º	88,82	17,53	36,61	42,34	0,598	40,45	13,92	0,605
Campos Novos Paulista	SP	1938º	87,26	15,84	25,71	51,60	0,566	36,79	0,00	0,589
Campos Sales	CE	4749º	65,17	8,11	12,36	71,43	0,675	46,09	15,65	0,398
Campos Verdes	GO	3472º	79,56	10,13	19,11	67,97	0,636	44,55	0,00	0,469

*a partir da melhor situação social ou maior IES)

Nome do Município 2000	UF	Posição*	Indicador de Alfabetização	Indicador de Escolaridade	Indicador de Emprego	Indicador de Pobreza	Índice de Gini	Indicador de Juventude	Indicador de Violência	Índice de Exclusão
Camutanga	PE	2934º	65,31	11,79	39,44	76,79	0,543	44,33	12,75	0,509
Cana Verde	MG	1551º	85,82	10,23	7,49	43,59	0,473	35,66	0,00	0,612
Canaã	MG	3382º	81,81	8,63	31,24	68,70	0,576	40,05	0,00	0,476
Canaã dos Carajás	PA	4011º	77,80	5,76	15,08	59,54	0,634	48,64	9,16	0,439
Canabrava do Norte	MT	3292º	78,50	8,08	18,65	66,69	0,523	48,19	0,00	0,482
Cananéia	SP	2026º	88,24	20,12	28,09	44,18	0,584	42,53	8,13	0,581
Canapi	AL	5464º	46,70	3,40	8,05	82,68	0,671	52,73	17,31	0,311
Canápolis	BA	4522º	67,72	8,58	9,24	78,27	0,592	47,73	0,00	0,411
Canápolis	MG	1685º	85,20	11,77	21,62	48,20	0,512	36,68	9,40	0,604
Canarana	BA	4231º	75,01	6,68	17,91	72,70	0,594	47,05	0,00	0,427
Canarana	MT	2462º	82,23	13,91	27,49	32,82	0,615	44,78	25,96	0,548
Canas	SP	476º	89,03	16,05	48,96	39,57	0,415	41,03	0,00	0,694
Canavieira	PI	4552º	67,75	6,64	13,06	85,02	0,560	48,64	0,00	0,409
Canavieiras	BA	3600º	71,14	9,34	8,59	68,01	0,604	45,07	2,83	0,462
Candeal	BA	3651º	70,37	9,41	35,79	77,26	0,522	42,56	0,00	0,459
Candeias	BA	2171º	83,72	18,22	11,94	57,06	0,563	43,27	7,81	0,571
Candeias	MG	1607º	83,24	11,78	30,88	42,36	0,528	33,52	8,35	0,608
Candeias do Jamari	RO	3170º	79,94	7,73	8,82	58,56	0,528	49,89	0,00	0,491
Candelária	RS	1829º	87,11	10,54	22,32	43,76	0,555	33,43	6,76	0,595
Candiba	BA	3609º	72,94	10,67	11,48	79,37	0,557	41,78	0,00	0,461
Cândido de Abreu	PR	3562º	78,19	7,42	12,15	68,53	0,570	44,55	0,00	0,463
Cândido Godói	RS	1593º	94,03	16,37	13,49	45,21	0,527	32,39	0,00	0,609
Cândido Mendes	MA	4675º	65,34	5,10	10,02	88,69	0,439	53,97	0,00	0,402
Cândido Mota	SP	926º	88,53	18,37	37,99	35,12	0,533	35,96	13,66	0,656
Cândido Rodrigues	SP	173º	89,48	20,89	38,41	31,21	0,450	29,77	0,00	0,734
Cândido Sales	BA	3937º	70,88	6,28	5,79	69,74	0,541	43,96	21,04	0,443
Candiota	RS	1468º	89,73	19,17	42,87	40,43	0,571	41,24	24,80	0,617

*a partir da melhor situação social ou maior IES)

Nome do Município 2000	UF	Posição*	Indicador de Alfabetização	Indicador de Escolaridade	Indicador de Emprego	Indicador de Pobreza	Índice de Gini	Indicador de Juventude	Indicador de Violência	Índice de Exclusão
Candói	PR	3431º	85,34	7,58	21,32	60,36	0,636	45,30	14,10	0,472
Canela	RS	519º	90,90	19,15	51,11	25,64	0,526	38,78	23,79	0,690
Canelinha	SC	621º	87,58	14,78	42,17	25,76	0,438	38,86	11,11	0,679
Canguaretama	RN	3674º	63,55	7,70	35,13	79,64	0,581	49,35	3,70	0,458
Canguçu	RS	1961º	86,56	8,21	14,80	46,52	0,506	32,82	1,94	0,587
Canhoba	SE	4248º	63,02	4,75	18,21	81,25	0,529	49,33	0,00	0,426
Canhotinho	PE	4999º	56,85	6,61	9,66	70,31	0,595	45,37	48,15	0,381
Canindé	CE	4929º	65,51	7,50	12,49	78,79	0,624	47,75	21,55	0,386
Canindé de São Francisco	SE	5357º	55,89	4,77	15,60	76,95	0,658	52,64	33,80	0,340
Canitar	SP	505º	85,03	7,38	68,27	52,60	0,396	42,43	0,00	0,692
Canoas	RS	372º	92,80	26,56	46,46	24,36	0,533	37,10	24,83	0,704
Canoinhas	SC	1390º	91,93	20,81	34,16	44,07	0,602	40,29	9,68	0,623
Cansanção	BA	5247º	58,64	4,51	11,64	82,74	0,657	47,98	0,00	0,358
Cantá	RR	4246º	75,53	7,06	11,62	57,44	0,578	51,78	23,33	0,426
Cantagalo	MG	3464º	82,98	10,03	24,50	74,12	0,620	47,00	0,00	0,470
Cantagalo	PR	3923º	81,24	9,64	18,04	63,41	0,626	44,69	39,03	0,444
Cantagalo	SP	867º	85,83	22,63	31,28	36,53	0,569	36,63	15,12	0,660
Cantanhede	MA	5302º	59,60	5,66	5,40	91,37	0,553	53,79	0,00	0,350
Canto do Buriti	PI	4135º	64,58	6,77	10,03	73,54	0,573	45,26	0,00	0,432
Canudos	BA	4203º	66,46	9,41	11,12	77,66	0,532	46,79	14,53	0,428
Canutama	AM	5456º	53,61	6,86	12,14	84,46	0,740	55,32	0,00	0,315
Capanema	PA	3185º	78,63	16,78	19,81	64,57	0,598	46,96	1,75	0,490
Capanema	PR	1379º	89,52	16,05	20,26	36,76	0,505	36,79	0,00	0,623
Capão Alto	SC	2009º	86,33	6,82	41,87	54,66	0,538	38,28	0,00	0,583
Capão Bonito	SP	2490º	85,84	17,16	36,66	54,28	0,608	42,14	34,24	0,546
Capão da Canoa	RS	1441º	90,83	18,78	30,13	31,22	0,567	41,12	9,84	0,619
Capão do Leão	RS	1250º	86,84	10,44	41,06	46,38	0,496	38,92	0,00	0,633
Caparaó	MG	3142º	77,53	7,20	25,53	44,43	0,485	43,78	54,09	0,493

*a partir da melhor situação social ou maior IES)

Nome do Município 2000	UF	Posição*	Indicador de Alfabetização	Indicador de Escolaridade	Indicador de Emprego	Indicador de Pobreza	Índice de Gini	Indicador de Juventude	Indicador de Violência	Índice de Exclusão
Capela	AL	3928º	54,62	8,57	28,61	75,53	0,583	49,08	5,18	0,443
Capela	SE	4322º	63,87	7,03	21,07	74,78	0,570	47,84	26,40	0,422
Capela de Santana	RS	877º	87,50	7,50	30,66	38,18	0,456	38,91	19,94	0,660
Capela do Alto	SP	1669º	87,05	12,50	32,69	44,28	0,499	41,41	7,02	0,604
Capela do Alto Alegre	BA	3709º	65,46	5,67	10,39	68,10	0,555	43,58	0,00	0,455
Capela Nova	MG	1884º	83,86	9,12	14,38	62,50	0,435	33,72	0,00	0,591
Capelinha	MG	3520º	73,37	10,27	21,47	61,70	0,575	49,71	3,59	0,465
Capetinga	MG	1415º	83,12	12,21	18,02	38,94	0,539	37,66	0,00	0,621
Capim	PB	3325º	46,38	0,81	15,78	84,87	0,479	49,14	0,00	0,480
Capim Branco	MG	782º	88,72	13,88	32,84	45,08	0,441	39,15	0,00	0,666
Capim Grosso	BA	4065º	71,16	8,40	6,71	69,38	0,575	45,84	12,55	0,436
Capinópolis	MG	1781º	82,69	16,85	43,70	48,13	0,602	35,01	13,89	0,597
Capinzal	SC	443º	89,97	13,76	53,34	29,89	0,499	38,03	10,02	0,698
Capinzal do Norte	MA	4959º	58,41	4,83	5,75	84,59	0,520	48,63	9,38	0,384
Capistrano	CE	4667º	63,80	6,97	16,29	83,35	0,575	48,41	12,63	0,403
Capitão	RS	148º	92,77	11,04	42,58	17,83	0,363	31,42	0,00	0,740
Capitão Andrade	MG	3223º	73,69	7,20	33,60	60,90	0,465	40,85	23,22	0,488
Capitão de Campos	PI	5123º	62,14	3,62	12,66	84,85	0,659	48,06	0,00	0,370
Capitão Enéas	MG	3332º	70,72	11,15	7,24	73,42	0,561	49,67	0,00	0,480
Capitão Gervásio Oliveira	PI	5031º	61,21	2,03	4,99	87,57	0,572	45,70	0,00	0,378
Capitão Leônidas Marques	PR	2251º	88,14	20,04	24,32	46,76	0,659	39,94	0,00	0,564
Capitão Poço	PA	5347º	60,35	4,96	6,88	80,07	0,656	53,72	1,97	0,342
Capitólio	MG	389º	87,98	15,89	30,32	25,06	0,431	33,22	0,00	0,703

*a partir da melhor situação social ou maior IES)

Nome do Município 2000	UF	Posição*	Indicador de Alfabetização	Indicador de Escolaridade	Indicador de Emprego	Indicador de Pobreza	Índice de Gini	Indicador de Juventude	Indicador de Violência	Índice de Exclusão
Capivari	SP	182º	90,69	23,48	51,07	23,45	0,499	37,76	4,82	0,733
Capivari de Baixo	SC	307º	92,94	19,83	45,05	31,67	0,432	38,34	5,39	0,713
Capivari do Sul	RS	1003º	88,71	18,37	50,85	31,78	0,655	35,95	0,00	0,650
Capixaba	AC	4678º	57,25	2,89	11,72	65,48	0,546	51,04	19,21	0,402
Capoeiras	PE	4707º	58,91	6,46	7,22	77,40	0,506	48,47	20,45	0,400
Caputira	MG	2792º	81,06	13,80	29,52	54,26	0,574	42,80	0,00	0,522
Caraá	RS	1931º	83,30	5,70	39,08	51,46	0,494	32,45	0,00	0,589
Caracaraí	RR	3509º	76,93	12,88	27,91	54,11	0,603	53,56	28,00	0,466
Caracol	MS	3619º	80,79	12,01	17,31	64,06	0,503	44,23	65,33	0,460
Caracol	PI	5322º	57,12	6,69	8,01	79,08	0,688	49,86	12,44	0,346
Caraguatatuba	SP	1652º	89,63	23,84	31,70	28,45	0,559	39,00	60,82	0,606
Caraí	MG	4308º	68,04	6,53	15,73	75,68	0,557	50,16	0,00	0,423
Caraíbas	BA	4824º	62,89	0,99	25,45	80,87	0,602	43,98	0,00	0,393
Carambeí	PR	909º	89,76	18,36	55,59	37,59	0,577	43,03	6,73	0,657
Caranaíba	MG	2647º	85,58	10,83	13,73	68,10	0,494	39,88	28,77	0,533
Carandaí	MG	2063º	89,54	13,65	28,19	58,20	0,562	38,12	4,75	0,579
Carangola	MG	1446º	85,38	19,33	31,71	35,94	0,630	35,77	3,84	0,619
Carapebus	SP	1102º	84,61	14,46	37,48	32,87	0,438	36,42	80,78	0,644
Carapicuíba	SP	826º	90,90	20,42	47,13	27,77	0,483	39,99	51,07	0,663
Caratinga	MG	1838º	85,16	18,49	31,10	46,10	0,608	38,82	2,57	0,594
Carauari	AM	5474º	55,00	5,53	14,67	84,33	0,741	59,49	0,00	0,301
Caraúbas	PB	3122º	72,82	6,08	17,34	72,11	0,494	41,08	0,00	0,495
Caraúbas	RN	3162º	65,78	12,44	22,21	72,53	0,533	41,03	15,95	0,492
Caraúbas do Piauí	PI	5131º	38,71	2,30	5,81	88,56	0,486	49,16	0,00	0,370
Caravelas	BA	4140º	68,39	9,46	22,18	68,28	0,736	47,22	0,00	0,432
Carazinho	RS	636º	91,49	24,95	20,25	30,28	0,567	36,38	8,35	0,678
Carbonita	MG	3030º	74,70	7,25	31,87	66,46	0,540	46,79	0,00	0,502
Cardeal da Silva	BA	4498º	68,83	4,92	8,46	75,94	0,600	53,44	0,00	0,412
Cardoso	SP	1190º	85,74	22,20	26,87	38,57	0,563	34,79	0,00	0,638

*a partir da melhor situação social ou maior IES)

Nome do Município 2000	UF	Posição*	Indicador de Alfabetização	Indicador de Escolaridade	Indicador de Emprego	Indicador de Pobreza	Índice de Gini	Indicador de Juventude	Indicador de Violência	Índice de Exclusão
Cardoso Moreira	SP	1909º	80,98	10,29	43,30	51,84	0,518	35,15	15,88	0,590
Careaçu	MG	1198º	81,35	17,76	28,66	43,21	0,525	36,33	17,21	0,637
Careiro	AM	5216º	68,49	3,26	9,70	79,36	0,650	52,59	0,00	0,362
Careiro da Várzea	AM	4845º	73,42	4,76	5,36	79,96	0,578	49,64	0,00	0,391
Cariacica	ES	2154º	88,26	19,03	40,17	41,15	0,521	40,30	87,89	0,572
Caridade	CE	4451º	65,64	5,97	13,46	81,78	0,545	47,73	6,41	0,415
Caridade do Piauí	PI	5296º	59,86	3,86	6,52	78,81	0,530	50,34	49,24	0,350
Carinhanha	BA	5100º	64,58	5,61	13,29	79,78	0,582	51,99	11,00	0,373
Carira	SE	3954º	55,50	3,46	17,80	75,44	0,521	45,04	5,64	0,442
Cariré	CE	4600º	63,09	5,75	11,86	81,03	0,598	46,41	0,00	0,406
Cariri do Tocantins	TO	2467º	79,75	11,18	25,83	50,35	0,587	41,57	0,00	0,547
Caririaçu	CE	4938º	59,04	4,62	11,64	80,82	0,587	49,80	3,89	0,385
Cariús	CE	4734º	63,10	5,14	7,65	79,97	0,630	43,79	0,00	0,399
Carlinda	MT	3173º	79,89	5,50	13,63	60,02	0,519	43,78	8,13	0,491
Carlópolis	PR	2246º	84,34	18,42	26,31	49,56	0,572	39,40	22,55	0,564
Carlos Barbosa	RS	5º	95,26	25,68	56,12	6,54	0,414	31,70	14,62	0,827
Carlos Chagas	MG	2920º	66,85	5,97	40,64	61,83	0,625	40,69	0,00	0,510
Carlos Gomes	RS	1991º	93,33	8,43	4,00	54,50	0,395	33,47	0,00	0,584
Carmésia	MG	2630º	78,04	10,52	31,97	69,39	0,581	40,96	0,00	0,535
Carmo	SP	739º	86,93	20,84	32,85	32,68	0,599	34,74	6,54	0,670
Carmo da Cachoeira	MG	1131º	82,60	14,10	35,02	47,04	0,537	42,10	0,00	0,642
Carmo da Mata	MG	1107º	86,34	15,52	54,22	38,49	0,536	35,38	9,62	0,643
Carmo de Minas	MG	1759º	83,53	13,80	36,42	50,33	0,559	41,93	9,19	0,598
Carmo do Cajuru	MG	735º	88,18	14,83	44,11	39,95	0,441	37,72	5,83	0,670

*a partir da melhor situação social ou maior IES)

Nome do Município 2000	UF	Posição*	Indicador de Alfabetização	Indicador de Escolaridade	Indicador de Emprego	Indicador de Pobreza	Índice de Gini	Indicador de Juventude	Indicador de Violência	Índice de Exclusão
Carmo do Paranaíba	MG	890º	88,61	17,23	40,28	36,34	0,578	36,44	0,00	0,658
Carmo do Rio Claro	MG	1832º	87,09	19,18	42,32	33,92	0,708	37,11	5,07	0,595
Carmo do Rio Verde	GO	2263º	83,82	14,43	23,72	55,56	0,525	36,03	25,19	0,563
Carmolândia	TO	4796º	68,70	7,47	28,24	73,10	0,536	47,61	99,60	0,394
Carmópolis	SE	2962º	76,25	11,55	41,68	69,38	0,571	47,68	21,39	0,507
Carmópolis de Minas	MG	1907º	87,80	13,99	31,18	47,35	0,568	37,80	6,97	0,590
Carnaíba	PE	4619º	67,33	9,49	12,97	75,17	0,595	45,93	33,91	0,405
Carnaúba dos Dantas	RN	2199º	80,73	15,93	21,76	55,94	0,512	39,76	0,00	0,568
Carnaubais	RN	4208º	65,95	10,15	29,66	75,69	0,749	43,65	12,21	0,428
Carnaubal	CE	5180º	60,97	5,73	12,68	78,77	0,653	50,33	13,13	0,366
Carnaubeira da Penha	PE	5436º	55,36	5,98	8,32	84,62	0,610	52,29	38,45	0,323
Carneirinho	MG	2054º	79,44	10,27	29,31	44,70	0,601	36,59	0,00	0,579
Carneiros	AL	4832º	57,59	5,02	6,81	75,87	0,517	53,11	0,00	0,392
Caroebe	RR	4691º	76,26	8,73	15,45	68,61	0,688	53,09	0,00	0,401
Carolina	MA	4056º	74,92	11,24	15,65	68,12	0,651	48,76	0,00	0,436
Carpina	PE	3154º	78,23	17,76	31,74	63,75	0,662	40,19	47,01	0,493
Carrancas	MG	2025º	86,69	16,92	28,54	52,34	0,591	39,41	0,00	0,582
Carrapateira	PB	3907º	64,41	5,57	7,25	80,05	0,490	48,43	0,00	0,445
Carrasco Bonito	TO	5356º	62,81	4,87	23,65	88,59	0,630	55,81	31,08	0,341
Caruaru	PE	2733º	76,63	18,74	23,27	48,37	0,579	40,29	46,92	0,526
Carutapera	MA	5111º	70,66	5,91	9,11	84,17	0,542	54,98	10,38	0,371
Carvalhópolis	MG	956º	86,77	12,10	30,41	44,19	0,377	33,67	0,00	0,654
Carvalhos	MG	2162º	81,55	8,86	22,42	55,49	0,470	35,62	0,00	0,571
Casa Branca	SP	181º	90,56	28,16	47,57	23,52	0,545	34,50	7,46	0,733
Casa Grande	MG	1998º	85,45	9,14	16,27	56,02	0,483	35,38	0,00	0,584
Casa Nova	BA	4188º	66,98	6,37	18,45	76,90	0,556	46,28	7,18	0,429
Casca	RS	284º	92,54	18,44	32,42	16,30	0,520	31,56	0,00	0,717

*a partir da melhor situação social ou maior IES)

Nome do Município 2000	UF	Posição*	Indicador de Alfabetização	Indicador de Escolaridade	Indicador de Emprego	Indicador de Pobreza	Índice de Gini	Indicador de Juventude	Indicador de Violência	Índice de Exclusão
Cascalho Rico	MG	628º	91,56	13,55	21,46	37,42	0,499	33,91	0,00	0,679
Cascavel	CE	3819º	68,45	8,64	23,44	73,88	0,633	43,49	12,25	0,450
Cascavel	PR	1108º	91,29	27,31	41,15	31,01	0,590	40,20	32,20	0,643
Caseara	TO	3895º	76,23	11,28	14,97	70,30	0,598	49,21	0,00	0,446
Caseiros	RS	2340º	86,96	12,74	16,74	52,80	0,580	35,87	0,00	0,558
Casimiro de Abreu	SP	930º	88,01	21,35	42,93	31,47	0,516	37,43	13,54	0,656
Casinhas	PE	4920º	60,83	4,87	14,49	76,65	0,604	48,51	22,48	0,386
Casserengue	PB	4946º	44,01	1,42	16,98	85,08	0,497	47,82	0,00	0,385
Cássia	MG	1078º	83,66	15,95	39,95	33,75	0,522	36,85	0,00	0,645
Cássia dos Coqueiros	SP	770º	88,75	23,50	41,86	39,84	0,551	37,79	0,00	0,667
Cassilândia	MS	1231º	86,40	19,67	30,00	39,04	0,545	36,21	4,98	0,634
Castanhal	PA	2831º	83,47	18,75	27,64	60,43	0,571	46,49	20,82	0,518
Castanheira	MT	3850º	87,18	7,72	14,05	50,39	0,529	43,48	89,86	0,448
Castanheiras	RO	3675º	83,23	6,11	22,87	62,72	0,647	45,06	0,00	0,457
Castelândia	GO	2402º	78,66	10,91	30,76	52,98	0,619	39,26	0,00	0,553
Castelo	ES	1299º	87,88	19,28	25,26	34,73	0,541	36,21	9,16	0,629
Castelo do Piauí	PI	4485º	59,41	5,00	13,95	80,47	0,549	47,29	5,45	0,413
Castilho	SP	1419º	85,06	21,19	35,83	51,24	0,555	36,79	6,69	0,621
Castro	PR	2148º	87,31	18,75	41,11	48,03	0,637	43,28	20,45	0,572
Castro Alves	BA	3737º	67,34	11,88	14,19	73,59	0,588	46,25	3,91	0,454
Cataguases	MG	490º	90,42	22,58	47,32	38,16	0,555	34,48	3,13	0,693
Catalão	GO	821º	91,39	24,07	35,67	31,43	0,561	36,32	13,99	0,663
Catanduva	SP	147º	90,90	28,13	44,55	20,62	0,534	32,90	9,45	0,740
Catanduvas	PR	3050º	81,70	14,24	24,19	58,69	0,620	43,85	19,19	0,500
Catanduvas	SC	1513º	87,56	16,74	43,47	41,31	0,584	41,90	12,06	0,614
Catarina	CE	5176º	64,94	4,29	4,84	86,71	0,595	46,52	12,86	0,366
Catas Altas	MG	1181º	85,88	16,52	40,42	50,51	0,464	40,60	0,00	0,639
Catas Altas da Noruega	MG	3153º	84,27	8,03	22,04	75,53	0,547	43,25	0,00	0,493
Catende	PE	3267º	67,94	13,74	35,37	69,62	0,573	45,85	35,19	0,484

*a partir da melhor situação social ou maior IES)

Nome do Município 2000	UF	Posição*	Indicador de Alfabetização	Indicador de Escolaridade	Indicador de Emprego	Indicador de Pobreza	Índice de Gini	Indicador de Juventude	Indicador de Violência	Índice de Exclusão
Catiguá	SP	52º	86,68	14,47	61,94	25,63	0,430	34,40	0,00	0,769
Catingueira	PB	4238º	54,37	5,91	20,66	80,26	0,554	46,17	0,00	0,426
Catolândia	BA	3592º	68,02	7,78	31,32	70,79	0,509	47,32	0,00	0,462
Catolé do Rocha	PB	3320º	73,09	13,40	18,39	71,61	0,560	41,39	26,28	0,480
Catu	BA	2468º	84,57	15,62	13,26	60,95	0,580	42,03	8,56	0,547
Catuípe	RS	1483º	90,36	15,82	22,99	42,65	0,579	32,46	0,00	0,616
Catuji	MG	4608º	65,32	6,93	14,77	77,49	0,594	51,00	0,00	0,406
Catunda	CE	4826º	60,79	5,13	10,42	84,59	0,553	47,28	10,77	0,393
Caturaí	GO	2037º	81,77	8,99	22,34	52,65	0,467	38,27	0,00	0,581
Caturama	BA	3763º	70,25	4,78	13,65	77,59	0,542	42,70	0,00	0,452
Caturité	PB	2876º	73,38	6,57	18,34	70,89	0,441	42,27	0,00	0,515
Catuti	MG	4665º	66,24	3,09	8,23	81,30	0,507	50,55	0,00	0,403
Caucaia	CE	3040º	79,20	15,77	31,31	66,15	0,577	46,45	24,75	0,501
Cavalcante	GO	5098º	57,85	4,77	14,84	70,26	0,617	50,94	32,79	0,373
Caxambu	MG	709º	90,51	24,08	42,75	36,46	0,576	36,55	4,52	0,673
Caxambu do Sul	SC	3101º	83,92	9,74	15,78	48,07	0,678	39,03	19,00	0,496
Caxias	MA	4178º	65,62	12,09	15,62	74,99	0,616	47,60	3,58	0,429
Caxias do Sul	RS	49º	93,87	29,66	52,02	13,17	0,510	34,62	15,54	0,772
Caxingó	PI	5257º	41,60	1,85	9,38	83,43	0,496	51,10	24,11	0,357
Ceará-Mirim	RN	3390º	67,76	10,36	26,86	69,70	0,566	46,82	11,21	0,475
Cedral	MA	3904º	75,99	9,88	11,40	85,29	0,466	48,97	0,00	0,445
Cedral	SP	256º	88,51	20,50	38,43	28,97	0,492	30,76	0,00	0,720
Cedro	CE	3973º	65,05	8,92	10,19	72,94	0,586	41,97	8,31	0,441
Cedro	PE	4583º	66,71	8,02	11,37	74,08	0,622	49,17	0,00	0,407
Cedro de São João	SE	2286º	78,46	19,54	19,62	66,00	0,481	39,29	0,00	0,562
Cedro do Abaeté	MG	1206º	80,98	13,40	37,16	53,20	0,436	37,39	0,00	0,637
Celso Ramos	SC	1828º	88,50	10,03	25,02	57,93	0,404	40,40	0,00	0,595
Centenário	RS	2321º	91,40	7,22	6,85	56,62	0,483	32,97	0,00	0,559
Centenário	TO	4287º	72,48	4,94	17,37	77,30	0,621	46,93	0,00	0,424

*a partir da melhor situação social ou maior IES)

Nome do Município 2000	UF	Posição*	Indicador de Alfabetização	Indicador de Escolaridade	Indicador de Emprego	Indicador de Pobreza	Índice de Gini	Indicador de Juventude	Indicador de Violência	Índice de Exclusão
Centenário do Sul	PR	1292º	82,85	15,13	47,27	49,35	0,500	38,01	25,39	0,630
Central	BA	4270º	72,13	12,73	9,46	80,79	0,598	46,31	11,91	0,425
Central de Minas	MG	2804º	75,74	11,16	16,05	59,14	0,554	36,88	15,24	0,521
Central do Maranhão	MA	5063º	60,52	4,42	8,07	86,50	0,531	52,38	0,00	0,376
Centralina	MG	2714º	85,00	14,79	21,72	50,85	0,730	34,93	9,30	0,528
Centro do Guilherme	MA	5494º	54,33	2,05	6,83	94,65	0,708	56,45	0,00	0,277
Centro Novo do Maranhão	MA	5418º	55,18	1,68	8,64	87,58	0,572	56,65	6,87	0,328
Cerejeiras	RO	3072º	85,67	11,74	30,35	51,15	0,694	43,70	10,98	0,498
Ceres	GO	1412º	88,51	21,69	29,81	39,55	0,594	36,29	9,01	0,621
Cerqueira César	SP	561º	89,25	18,93	42,32	29,27	0,505	36,74	13,21	0,685
Cerquilho	SP	79º	92,70	25,36	50,56	13,85	0,514	35,37	6,78	0,759
Cerrito	RS	1208º	84,76	11,37	22,28	45,27	0,451	31,36	0,00	0,637
Cerro Azul	PR	4133º	76,10	8,44	14,06	64,12	0,625	46,18	24,46	0,432
Cerro Branco	RS	1773º	83,58	8,78	12,99	42,50	0,513	30,79	0,00	0,597
Cerro Corá	RN	4388º	65,15	9,03	14,19	79,39	0,577	45,35	18,45	0,419
Cerro Grande	RS	2736º	82,84	13,71	11,65	55,37	0,475	38,41	38,45	0,526
Cerro Grande do Sul	RS	2547º	84,70	7,43	7,85	47,42	0,518	38,03	0,00	0,542
Cerro Largo	RS	814º	93,09	20,32	30,08	37,85	0,535	33,26	0,00	0,664
Cerro Negro	SC	3590º	75,90	7,46	14,86	64,44	0,501	42,46	48,80	0,462
Cesário Lange	SP	332º	90,57	20,01	43,23	26,23	0,470	35,54	15,52	0,709
Céu Azul	PR	1312º	89,26	17,78	31,04	36,32	0,561	36,93	9,57	0,628
Cezarina	GO	1556º	86,92	13,93	40,45	51,21	0,519	38,73	15,35	0,611
Chã de Alegria	PE	4410º	65,27	7,31	30,35	82,47	0,558	48,08	45,04	0,418
Chã Grande	PE	3722º	61,69	5,84	13,34	71,48	0,460	43,88	26,70	0,454

*a partir da melhor situação social ou maior IES)

Nome do Município 2000	UF	Posição*	Indicador de Alfabetização	Indicador de Escolaridade	Indicador de Emprego	Indicador de Pobreza	Índice de Gini	Indicador de Juventude	Indicador de Violência	Índice de Exclusão
Chã Preta	AL	5038º	56,03	5,50	13,85	85,46	0,585	51,49	0,00	0,378
Chácara	MG	1177º	83,63	7,83	38,68	39,72	0,501	36,71	0,00	0,639
Chalé	MG	2053º	80,27	13,15	23,53	49,08	0,438	41,09	17,66	0,579
Chapada	RS	996º	92,71	15,24	25,71	36,16	0,527	32,52	0,00	0,650
Chapada da Natividade	TO	4615º	75,42	4,19	24,20	63,73	0,731	47,40	0,00	0,405
Chapada de Areia	TO	3747º	82,58	5,23	12,97	67,40	0,726	43,23	0,00	0,453
Chapada do Norte	MG	2643º	66,87	4,03	48,41	68,49	0,445	52,53	0,00	0,534
Chapada dos Guimarães	MT	2942º	78,50	14,79	25,00	49,76	0,629	44,23	25,39	0,508
Chapada Gaúcha	MG	5177º	73,80	10,31	8,85	75,21	0,713	53,36	0,00	0,366
Chapadão do Céu	GO	1930º	92,59	19,00	31,55	26,58	0,721	42,99	0,00	0,589
Chapadão do Lageado	SC	2619º	88,92	3,66	5,84	48,03	0,436	42,48	0,00	0,536
Chapadão do Sul	MS	1305º	91,45	23,32	40,24	23,45	0,622	41,67	34,31	0,629
Chapadinha	MA	4930º	62,94	8,96	9,55	81,44	0,600	51,23	0,00	0,386
Chapecó	SC	665º	91,24	24,56	46,36	28,85	0,572	40,13	11,57	0,677
Charqueada	SP	229º	87,47	16,35	53,18	24,27	0,480	38,56	0,00	0,723
Charqueadas	RS	196º	91,40	20,48	42,09	21,16	0,473	33,72	10,01	0,730
Charrua	RS	2472º	84,98	5,45	15,49	45,11	0,503	42,00	0,00	0,547
Chaval	CE	4844º	61,32	4,63	21,04	86,41	0,643	48,52	0,00	0,392
Chavantes	SP	444º	87,08	19,42	41,01	32,59	0,516	37,36	8,20	0,697
Chaves	PA	5143º	53,43	1,63	14,99	87,12	0,511	55,98	0,00	0,369
Chiador	MG	1519º	79,14	12,50	39,54	46,39	0,507	34,52	33,11	0,614
Chiapetta	RS	1764º	89,65	15,50	24,01	49,73	0,537	36,69	0,00	0,598
Chopinzinho	PR	2458º	88,52	15,40	20,76	45,56	0,578	41,38	19,47	0,548
Choró	CE	5363º	55,78	2,80	4,35	87,23	0,617	50,84	0,00	0,339
Chorozinho	CE	3967º	64,81	5,15	25,43	81,34	0,527	47,02	16,04	0,442
Chorrochó	BA	4994º	64,29	10,36	9,75	80,31	0,667	47,21	9,83	0,381

*a partir da melhor situação social ou maior IES)

Nome do Município 2000	UF	Posição*	Indicador de Alfabetização	Indicador de Escolaridade	Indicador de Emprego	Indicador de Pobreza	Índice de Gini	Indicador de Juventude	Indicador de Violência	Índice de Exclusão
Chuí	RS	2018º	93,12	20,74	26,67	29,52	0,534	38,57	77,41	0,582
Chupinguaia	RO	4223º	82,64	7,97	21,39	50,13	0,551	47,00	126,79	0,427
Chuvisca	RS	2342º	83,85	5,69	3,53	34,25	0,501	37,83	0,00	0,557
Cianorte	PR	609º	88,56	21,20	40,52	29,52	0,552	35,69	6,97	0,681
Cícero Dantas	BA	3834º	63,69	7,91	14,71	72,08	0,569	41,77	3,23	0,449
Cidade Gaúcha	PR	1274º	84,99	17,59	42,67	45,41	0,536	39,28	10,49	0,631
Cidade Ocidental	GO	1153º	89,60	24,36	43,91	33,60	0,508	44,39	34,67	0,641
Cidelândia	MA	4738º	66,53	4,39	10,25	79,45	0,547	51,46	0,00	0,398
Cidreira	RS	1259º	92,02	18,44	28,95	33,36	0,585	37,38	0,00	0,632
Cipó	BA	3783º	69,80	12,55	23,02	69,48	0,569	48,02	7,00	0,451
Cipotânea	MG	4006º	79,00	6,98	12,90	72,57	0,584	41,39	31,52	0,439
Ciríaco	RS	2024º	88,56	12,75	15,41	38,39	0,584	35,85	0,00	0,582
Claraval	MG	1375º	87,75	10,17	31,29	45,88	0,448	39,16	0,00	0,624
Claro dos Poções	MG	2659º	79,03	13,29	23,04	68,69	0,487	43,24	0,00	0,533
Cláudia	MT	2267º	86,97	8,78	38,91	26,33	0,692	44,67	19,51	0,563
Cláudio	MG	664º	88,87	16,74	41,11	37,49	0,465	38,47	0,00	0,677
Clementina	SP	273º	87,44	22,03	51,34	38,87	0,424	37,47	0,00	0,718
Clevelândia	PR	2258º	86,07	13,54	34,84	49,98	0,549	42,56	27,27	0,563
Coaraci	BA	3409º	70,22	12,37	13,20	71,71	0,600	44,19	7,18	0,474
Coari	AM	5254º	65,21	9,59	10,64	83,41	0,575	57,09	14,90	0,357
Cocal	PI	5262º	51,69	3,69	4,63	83,40	0,566	50,94	4,14	0,356
Cocal de Telha	PI	4024º	57,45	1,77	13,90	81,41	0,454	46,40	0,00	0,438
Cocal do Sul	SC	108º	92,86	23,30	45,04	20,26	0,406	39,26	0,00	0,751
Cocal dos Alves	PI	5160º	46,19	0,28	6,41	83,43	0,537	49,21	0,00	0,367
Cocalinho	MT	3113º	78,75	7,28	30,50	44,09	0,574	42,84	72,67	0,495
Cocalzinho de Goiás	GO	2880º	80,55	9,04	24,46	56,59	0,524	43,60	27,35	0,514
Cocos	BA	4344º	67,40	6,89	30,49	75,98	0,616	46,20	0,00	0,421
Codajás	AM	5316º	67,32	10,20	5,39	83,02	0,599	57,81	5,71	0,347

*a partir da melhor situação social ou maior IES)

Nome do Município 2000	UF	Posição*	Indicador de Alfabetização	Indicador de Escolaridade	Indicador de Emprego	Indicador de Pobreza	Índice de Gini	Indicador de Juventude	Indicador de Violência	Índice de Exclusão
Codó	MA	4846º	60,35	7,46	13,69	80,77	0,618	49,62	1,80	0,391
Coelho Neto	MA	4235º	61,96	7,72	24,85	82,11	0,568	51,21	0,00	0,426
Coimbra	MG	1560º	87,66	13,30	26,94	51,01	0,511	34,94	0,00	0,611
Coité do Nóia	AL	5077º	55,27	3,65	11,41	85,61	0,569	49,13	8,34	0,374
Coivaras	PI	4577º	61,26	3,11	9,41	81,83	0,547	46,05	0,00	0,408
Colares	PA	4607º	80,70	13,19	13,47	79,93	0,646	52,13	0,00	0,406
Colatina	ES	1012º	87,84	21,56	41,16	36,39	0,559	36,70	22,18	0,650
Colíder	MT	2497º	83,68	12,99	26,72	44,74	0,632	40,06	17,82	0,545
Colina	SP	737º	88,51	19,65	48,10	38,52	0,563	37,22	6,00	0,670
Colinas	MA	5022º	57,92	9,09	9,54	79,19	0,616	51,79	0,00	0,379
Colinas	RS	115º	95,87	8,72	22,98	14,02	0,376	25,14	0,00	0,749
Colinas do Sul	GO	3684º	76,50	6,71	16,23	66,49	0,587	47,27	0,00	0,457
Colinas do Tocantins	TO	3078º	81,49	16,35	22,38	55,55	0,643	45,02	15,81	0,498
Colméia	TO	3258º	74,93	10,89	21,08	67,83	0,619	43,06	0,00	0,485
Colômbia	SP	1807º	86,93	10,18	48,50	44,49	0,589	40,75	0,00	0,596
Colombo	PR	1110º	90,58	16,35	45,04	33,19	0,473	42,51	36,55	0,643
Colônia do Gurguéia	PI	3879º	68,69	6,96	11,09	77,55	0,464	48,98	0,00	0,447
Colônia do Piauí	PI	4814º	52,94	2,16	7,49	79,66	0,508	49,83	0,00	0,393
Colônia Leopoldina	AL	4109º	57,88	8,13	20,22	75,09	0,531	49,76	11,43	0,433
Colorado	PR	671º	87,40	19,98	39,63	30,27	0,534	35,67	9,54	0,676
Colorado	RS	500º	93,64	15,74	31,83	34,77	0,470	31,14	0,00	0,692
Colorado do Oeste	RO	2460º	85,72	14,56	12,45	49,38	0,573	43,94	4,57	0,548
Coluna	MG	3896º	71,30	8,16	18,84	69,12	0,633	46,84	0,00	0,445
Combinado	TO	4378º	73,16	11,68	21,89	74,21	0,695	48,08	0,00	0,419
Comendador Gomes	MG	1303º	88,62	13,80	36,57	29,43	0,637	37,40	0,00	0,629
Comendador Levy Gasparian	SP	828º	90,51	14,52	43,99	41,41	0,491	35,79	12,62	0,663

*a partir da melhor situação social ou maior IES)

Nome do Município 2000	UF	Posição*	Indicador de Alfabetização	Indicador de Escolaridade	Indicador de Emprego	Indicador de Pobreza	Índice de Gini	Indicador de Juventude	Indicador de Violência	Índice de Exclusão
Comercinho	MG	4400º	70,93	5,22	14,47	83,32	0,596	45,57	0,00	0,418
Comodoro	MT	4091º	81,37	9,58	22,24	47,96	0,644	47,80	73,11	0,434
Conceição	PB	3943º	59,64	9,09	12,51	75,38	0,595	45,13	0,00	0,443
Conceição da Aparecida	MG	1666º	86,58	11,77	20,09	29,81	0,552	35,90	10,67	0,605
Conceição da Barra	ES	4095º	77,58	15,70	31,44	60,49	0,605	45,83	105,68	0,434
Conceição da Barra de Minas	MG	1932º	89,17	8,48	31,59	58,40	0,447	37,83	0,00	0,589
Conceição da Feira	BA	2595º	78,57	13,92	17,56	70,93	0,513	43,69	0,00	0,538
Conceição das Alagoas	MG	1129º	87,74	15,81	38,22	34,99	0,582	37,39	0,00	0,642
Conceição das Pedras	MG	1655º	85,69	9,10	24,93	49,40	0,446	37,18	0,00	0,605
Conceição de Ipanema	MG	2179º	77,77	12,79	24,12	49,09	0,524	35,46	0,00	0,570
Conceição de Macabu	SP	1137º	86,56	22,03	40,67	40,00	0,508	38,23	31,95	0,642
Conceição do Almeida	BA	3123º	71,01	12,43	12,76	71,39	0,514	41,85	10,58	0,494
Conceição do Araguaia	PA	3603º	75,35	12,31	17,00	64,35	0,624	47,34	2,30	0,461
Conceição do Canindé	PI	4918º	60,18	4,89	9,04	81,57	0,631	46,02	0,00	0,386
Conceição do Castelo	ES	2650º	80,63	13,46	14,38	47,51	0,502	39,52	36,66	0,533
Conceição do Coité	BA	3782º	72,52	8,94	22,53	72,63	0,560	45,20	5,33	0,451
Conceição do Jacuípe	BA	2581º	79,43	16,80	16,47	62,93	0,549	41,72	0,00	0,539
Conceição do Lago-Açu	MA	5185º	53,35	1,79	5,41	89,15	0,456	54,47	0,00	0,365
Conceição do Mato Dentro	MG	3573º	75,64	7,23	14,77	65,20	0,640	45,11	5,37	0,463
Conceição do Pará	MG	1386º	82,88	10,05	22,02	51,03	0,474	37,99	0,00	0,623

*a partir da melhor situação social ou maior IES)

Nome do Município 2000	UF	Posição*	Indicador de Alfabetização	Indicador de Escolaridade	Indicador de Emprego	Indicador de Pobreza	Índice de Gini	Indicador de Juventude	Indicador de Violência	Índice de Exclusão
Conceição do Rio Verde	MG	1388º	81,66	14,93	37,83	42,02	0,600	40,03	0,00	0,623
Conceição do Tocantins	TO	4184º	67,18	10,77	17,34	67,63	0,591	53,16	0,00	0,429
Conceição dos Ouros	MG	1171º	85,84	12,18	45,69	42,61	0,488	38,13	0,00	0,640
Conchal	SP	1335º	85,55	12,01	38,70	35,81	0,539	41,36	17,64	0,627
Conchas	SP	322º	90,95	24,31	45,28	23,06	0,566	35,20	0,00	0,711
Concórdia	SC	270º	92,51	23,59	45,64	21,52	0,544	35,68	7,93	0,718
Concórdia do Pará	PA	4939º	65,18	5,81	11,03	78,66	0,574	53,98	0,00	0,385
Condado	PB	4130º	63,16	7,49	20,78	74,29	0,521	43,51	30,79	0,432
Condado	PE	3582º	66,95	13,43	28,88	75,90	0,546	43,95	45,88	0,462
Conde	BA	4908º	63,47	7,75	13,73	75,55	0,621	51,34	19,58	0,387
Conde	PB	4175º	62,18	5,82	7,87	71,54	0,572	47,88	18,28	0,430
Condeúba	BA	4258º	66,76	5,21	16,85	71,96	0,636	44,74	0,00	0,425
Condor	RS	1509º	90,54	13,47	27,12	39,70	0,565	36,20	0,00	0,614
Cônego Marinho	MG	5028º	69,87	5,95	37,05	82,77	0,647	49,27	0,00	0,378
Confins	MG	424º	88,96	16,81	10,03	37,96	0,426	38,46	0,00	0,699
Confresa	MT	4692º	81,09	5,13	11,98	56,43	0,617	46,71	67,26	0,401
Congo	PB	3386º	65,97	8,08	13,76	72,01	0,428	41,00	21,73	0,475
Congonhal	MG	1180º	83,86	12,03	45,99	42,15	0,484	34,28	0,00	0,639
Congonhas	MG	806º	91,81	22,09	29,84	41,34	0,525	39,27	6,56	0,664
Congonhas do Norte	MG	4194º	74,40	6,89	43,91	72,10	0,678	46,46	0,00	0,428
Congonhinhas	PR	2369º	78,21	12,98	26,85	58,72	0,507	40,08	12,74	0,555
Conquista	MG	1020º	89,19	15,03	18,82	37,60	0,619	36,13	0,00	0,649
Conselheiro Lafaiete	MG	484º	92,71	24,81	45,73	34,84	0,530	36,82	0,00	0,693
Conselheiro Mairinck	PR	2999º	82,26	13,05	34,08	58,31	0,706	40,31	28,88	0,504
Conselheiro Pena	MG	2556º	80,68	13,91	41,70	50,66	0,619	39,31	9,20	0,541
Consolação	MG	1955º	76,65	8,86	23,67	53,18	0,429	36,20	0,00	0,588

*a partir da melhor situação social ou maior IES)

Nome do Município 2000	UF	Posição*	Indicador de Alfabetização	Indicador de Escolaridade	Indicador de Emprego	Indicador de Pobreza	Índice de Gini	Indicador de Juventude	Indicador de Violência	Índice de Exclusão
Constantina	RS	1535º	88,88	15,61	18,09	37,09	0,505	35,86	8,57	0,613
Contagem	MG	602º	92,19	23,90	19,16	29,88	0,504	37,70	36,31	0,681
Contenda	PR	2197º	90,97	12,67	22,31	46,85	0,560	39,63	7,55	0,568
Contendas do Sincorá	BA	3130º	72,96	10,42	12,62	70,40	0,539	41,72	0,00	0,494
Coqueiral	MG	1444º	88,08	14,35	45,62	42,69	0,494	39,76	10,40	0,619
Coqueiro Seco	AL	3786º	59,85	8,10	36,64	72,17	0,607	45,44	38,96	0,451
Coqueiros do Sul	RS	1736º	93,21	10,51	13,13	50,32	0,492	31,13	0,00	0,600
Coração de Jesus	MG	4134º	77,42	10,52	33,12	71,72	0,641	47,47	4,00	0,432
Coração de Maria	BA	4074º	69,18	8,64	15,71	74,57	0,587	46,34	0,00	0,435
Corbélia	PR	1723º	88,74	17,35	26,67	40,60	0,525	39,25	18,98	0,601
Cordeiro	SP	480º	88,27	24,47	42,08	31,33	0,525	35,52	10,75	0,694
Cordeirópolis	SP	95º	91,16	22,38	42,50	16,42	0,488	35,94	11,37	0,755
Cordeiros	BA	3427º	66,08	5,32	6,88	71,97	0,491	44,66	0,00	0,472
Cordilheira Alta	SC	1536º	91,93	12,63	34,89	33,78	0,563	36,83	32,33	0,613
Cordisburgo	MG	2163º	86,07	12,42	14,18	51,65	0,564	39,44	0,00	0,571
Cordislândia	MG	1953º	85,96	15,32	26,62	52,00	0,441	40,04	29,77	0,588
Coreaú	CE	4638º	53,14	5,20	10,52	80,58	0,522	48,22	5,00	0,404
Coremas	PB	3736º	60,33	9,44	13,13	72,10	0,560	44,22	0,00	0,454
Corguinho	MS	3444º	84,42	9,74	28,98	54,06	0,535	40,48	111,36	0,471
Coribe	BA	4899º	66,40	4,47	14,07	82,44	0,608	46,69	0,00	0,388
Corinto	MG	1870º	86,82	17,96	28,16	48,50	0,581	40,01	0,00	0,592
Cornélio Procópio	PR	360º	89,43	28,17	42,52	30,12	0,547	35,03	6,40	0,706
Coroaci	MG	3001º	80,23	11,31	30,60	60,77	0,570	43,01	0,00	0,504
Coroados	SP	378º	86,26	18,84	53,76	35,09	0,521	36,11	0,00	0,704
Coroatá	MA	5026º	59,75	7,15	9,06	82,30	0,623	49,12	0,00	0,379
Coromandel	MG	955º	88,15	20,47	15,84	38,44	0,537	36,23	3,64	0,654
Coronel Barros	RS	1022º	91,95	7,77	14,13	34,66	0,461	27,55	0,00	0,649

*a partir da melhor situação social ou maior IES)

Nome do Município 2000	UF	Posição*	Indicador de Alfabetização	Indicador de Escolaridade	Indicador de Emprego	Indicador de Pobreza	Índice de Gini	Indicador de Juventude	Indicador de Violência	Índice de Exclusão
Coronel Bicaco	RS	2327º	83,90	14,54	22,39	49,76	0,597	39,29	0,00	0,559
Coronel Domingos Soares	PR	3557º	82,31	4,92	28,13	71,36	0,567	48,90	14,28	0,463
Coronel Ezequiel	RN	4921º	60,22	5,97	9,26	80,93	0,651	45,61	0,00	0,386
Coronel Fabriciano	MG	878º	89,79	23,60	35,17	38,20	0,553	38,60	8,21	0,660
Coronel Freitas	SC	1768º	87,35	11,37	26,41	39,16	0,528	38,74	9,41	0,598
Coronel João Pessoa	RN	4956º	59,90	6,14	11,98	79,31	0,652	48,27	0,00	0,384
Coronel João Sá	BA	4914º	50,92	3,76	13,06	84,64	0,561	49,64	0,00	0,386
Coronel José Dias	PI	4849º	64,90	3,86	5,13	79,13	0,624	44,60	0,00	0,391
Coronel Macedo	SP	2215º	85,16	13,44	52,30	54,89	0,563	40,49	0,00	0,567
Coronel Martins	SC	2834º	86,21	9,19	10,58	47,48	0,584	41,75	0,00	0,518
Coronel Murta	MG	3339º	76,17	11,33	41,74	73,18	0,532	46,17	0,00	0,479
Coronel Pacheco	MG	509º	84,40	17,03	17,91	44,40	0,507	34,48	0,00	0,691
Coronel Sapucaia	MS	4590º	77,09	8,15	14,59	56,65	0,545	50,17	78,06	0,407
Coronel Vivida	PR	2020º	87,10	14,22	25,98	45,68	0,532	39,83	12,87	0,582
Coronel Xavier Chaves	MG	957º	88,01	9,70	52,02	54,84	0,430	34,19	0,00	0,654
Córrego Danta	MG	1157º	85,27	16,82	40,28	41,60	0,523	33,18	0,00	0,640
Córrego do Bom Jesus	MG	1615º	88,49	10,48	27,70	48,68	0,495	32,06	0,00	0,608
Córrego do Ouro	GO	2532º	81,54	12,88	23,51	49,71	0,493	35,59	67,27	0,543

*a partir da melhor situação social ou maior IES)

Nome do Município 2000	UF	Posição*	Indicador de Alfabetização	Indicador de Escolaridade	Indicador de Emprego	Indicador de Pobreza	Índice de Gini	Indicador de Juventude	Indicador de Violência	Índice de Exclusão
Córrego Fundo	MG	990º	88,40	7,70	18,94	47,18	0,435	36,11	0,00	0,651
Córrego Novo	MG	2858º	76,77	7,11	38,73	57,30	0,484	40,87	27,49	0,516
Correia Pinto	SC	1361º	87,86	13,91	45,95	45,60	0,524	42,58	11,75	0,625
Corrente	PI	4519º	74,78	10,05	9,22	72,31	0,638	49,46	0,00	0,411
Correntes	PE	5195º	58,18	8,01	9,53	73,47	0,671	47,45	29,34	0,364
Correntina	BA	4362º	67,61	8,72	7,00	72,14	0,620	46,84	9,81	0,419
Cortês	PE	4604º	64,98	7,10	31,23	80,82	0,519	49,23	70,97	0,406
Corumbá	MS	2423º	87,22	20,63	36,06	47,59	0,626	44,56	33,44	0,551
Corumbá de Goiás	GO	3099º	80,79	11,00	23,20	53,14	0,609	41,04	41,33	0,496
Corumbaíba	GO	1365º	88,11	12,05	31,51	42,79	0,536	35,52	0,00	0,625
Corumbataí	SP	657º	90,22	20,03	28,68	26,98	0,509	38,72	26,36	0,678
Corumbataí do Sul	PR	2746º	77,01	11,67	20,39	68,13	0,492	42,26	0,00	0,525
Corumbiara	RO	3732º	80,93	4,35	16,67	67,55	0,550	47,20	9,56	0,454
Corupá	SC	171º	94,08	15,78	47,77	19,83	0,439	36,12	8,44	0,734
Coruripe	AL	3924º	63,55	8,97	27,79	78,35	0,577	49,62	6,14	0,444
Cosmópolis	SP	589º	89,91	19,57	45,01	25,65	0,497	37,10	36,07	0,682
Cosmorama	SP	1235º	86,55	16,65	45,56	37,18	0,504	31,13	13,56	0,634
Costa Marques	RO	3930º	80,33	10,13	15,00	56,91	0,599	51,13	39,18	0,443
Costa Rica	MS	2851º	86,53	14,84	28,41	41,63	0,771	40,74	19,37	0,517
Cotegipe	BA	4730º	61,68	4,41	19,59	75,28	0,539	51,01	0,00	0,399
Cotia	SP	1511º	90,89	24,19	20,13	26,11	0,620	40,07	53,70	0,614
Cotiporã	RS	142º	92,49	12,73	28,44	14,02	0,408	29,22	0,00	0,741
Cotriguaçu	MT	4132º	80,58	5,88	23,86	46,31	0,630	46,77	82,61	0,432
Couto de Magalhães	TO	3543º	74,20	6,70	15,89	68,49	0,503	47,61	0,00	0,464
Couto de Magalhães de Minas	MG	2927º	81,85	12,82	19,46	62,60	0,565	45,70	24,96	0,509
Coxilha	RS	1529º	87,60	12,25	30,01	47,71	0,485	38,80	0,00	0,613
Coxim	MS	2377º	84,25	17,46	31,02	45,42	0,674	41,12	9,72	0,555

*a partir da melhor situação social ou maior IES)

Nome do Município 2000	UF	Posição*	Indicador de Alfabetização	Indicador de Escolaridade	Indicador de Emprego	Indicador de Pobreza	Índice de Gini	Indicador de Juventude	Indicador de Violência	Índice de Exclusão
Coxixola	PB	2820º	78,89	3,01	28,80	72,97	0,450	36,08	0,00	0,519
Craíbas	AL	5112º	50,60	2,17	5,53	82,62	0,506	50,23	9,62	0,371
Crateús	CE	3764º	66,51	10,59	15,86	70,66	0,621	42,05	9,87	0,452
Crato	CE	3015º	76,88	21,54	27,73	63,10	0,651	43,23	22,93	0,503
Cravinhos	SP	283º	89,21	21,42	39,58	19,65	0,514	37,68	10,56	0,717
Cravolândia	BA	4564º	71,66	8,43	5,18	77,78	0,566	48,73	39,99	0,409
Criciúma	SC	310º	93,37	25,64	46,22	19,57	0,557	38,97	5,87	0,712
Crisólita	MG	4147º	62,70	5,03	30,91	72,51	0,658	47,75	0,00	0,431
Crisópolis	BA	4773º	55,12	3,13	7,73	73,71	0,531	47,72	10,51	0,396
Crissiumal	RS	1437º	93,27	14,83	21,12	42,69	0,488	34,26	13,18	0,619
Cristais	MG	1164º	84,40	9,28	26,45	31,10	0,523	35,64	0,00	0,640
Cristais Paulista	SP	1115º	86,66	10,94	47,76	34,16	0,519	40,36	15,20	0,643
Cristal	RS	1906º	84,85	8,88	20,78	46,70	0,493	36,60	0,00	0,590
Cristal do Sul	RS	3207º	86,49	7,20	13,27	68,60	0,521	37,09	34,79	0,488
Cristalândia	TO	2694º	83,20	14,14	11,95	63,52	0,556	43,22	0,00	0,529
Cristalândia do Piauí	PI	4987º	64,88	5,85	5,29	76,55	0,597	50,87	0,00	0,382
Cristália	MG	3912º	69,13	5,38	31,25	80,81	0,504	55,78	0,00	0,444
Cristalina	GO	2640º	85,50	14,59	30,98	46,01	0,597	43,96	38,11	0,534
Cristiano Otoni	MG	1502º	90,26	13,74	31,39	55,24	0,500	37,55	0,00	0,615
Cristianópolis	GO	2185º	88,79	16,47	21,73	34,30	0,522	36,22	68,40	0,570
Cristina	MG	2092º	83,79	11,38	33,96	54,62	0,551	37,90	0,00	0,577
Cristinápolis	SE	5308º	56,60	5,95	11,59	80,30	0,603	51,49	35,04	0,348
Cristino Castro	PI	5040º	63,15	8,58	10,85	75,02	0,684	50,86	0,00	0,377
Cristópolis	BA	4364º	62,83	7,15	32,76	76,64	0,534	48,00	0,00	0,419
Crixás	GO	2351º	83,55	11,96	25,97	55,75	0,549	39,47	6,82	0,557
Crixás do Tocantins	TO	2380º	86,02	9,10	23,70	62,79	0,421	42,70	0,00	0,555
Croatá	CE	5349º	55,88	2,09	4,64	83,85	0,622	51,11	0,00	0,342
Cromínia	GO	1203º	84,71	15,53	23,85	36,74	0,498	34,86	0,00	0,637

*a partir da melhor situação social ou maior IES)

Nome do Município 2000	UF	Posição*	Indicador de Alfabetização	Indicador de Escolaridade	Indicador de Emprego	Indicador de Pobreza	Índice de Gini	Indicador de Juventude	Indicador de Violência	Índice de Exclusão
Crucilândia	MG	2214º	80,86	6,74	28,81	50,91	0,505	33,93	0,00	0,567
Cruz	CE	4782º	65,15	3,59	11,36	79,97	0,582	49,52	0,00	0,395
Cruz Alta	RS	888º	92,03	24,34	38,02	31,50	0,600	36,88	11,23	0,659
Cruz das Almas	BA	2173º	82,05	24,22	11,95	61,03	0,586	41,97	3,77	0,571
Cruz do Espírito Santo	PB	3438º	57,04	5,86	11,25	77,82	0,516	46,27	0,00	0,472
Cruz Machado	PR	3302º	90,14	7,73	38,72	62,67	0,585	43,50	11,32	0,481
Cruzália	SP	1238º	88,03	27,80	46,09	43,35	0,649	35,06	0,00	0,634
Cruzeiro	SP	406º	92,87	29,90	33,77	30,55	0,559	36,89	6,80	0,701
Cruzeiro da Fortaleza	MG	1290º	91,24	18,18	14,65	38,64	0,529	38,60	0,00	0,630
Cruzeiro do Iguaçu	PR	2393º	83,80	9,31	14,52	55,29	0,522	42,19	0,00	0,554
Cruzeiro do Oeste	PR	1637º	84,26	19,98	25,98	44,78	0,578	35,72	19,78	0,606
Cruzeiro do Sul	AC	3515º	71,03	14,18	27,18	62,78	0,608	54,29	0,00	0,466
Cruzeiro do Sul	PR	879º	85,66	17,42	31,88	43,82	0,469	37,87	0,00	0,660
Cruzeiro do Sul	RS	403º	91,95	14,35	41,67	20,33	0,435	33,20	42,87	0,701
Cruzeta	RN	2884º	78,27	14,47	22,09	64,20	0,622	40,34	0,00	0,514
Cruzília	MG	1708º	85,63	12,52	28,03	47,89	0,540	38,42	0,00	0,602
Cruzmaltina	PR	2760º	75,48	8,42	15,23	61,25	0,530	38,05	0,00	0,524
Cubatão	SP	808º	88,82	22,62	43,02	29,85	0,491	38,93	58,17	0,664
Cubati	PB	3541º	66,89	6,71	9,60	72,34	0,517	43,07	0,00	0,464
Cuiabá	MT	1393º	91,87	37,18	41,74	30,42	0,644	40,42	65,58	0,623
Cuité	PB	4517º	61,49	7,06	16,40	73,51	0,586	42,22	30,08	0,412
Cuité de Mamanguape	PB	4337º	53,70	2,35	6,41	77,90	0,547	46,49	0,00	0,421
Cuitegi	PB	3902º	57,93	5,48	22,43	77,90	0,532	47,81	0,00	0,445
Cujubim	RO	4656º	77,82	3,85	37,91	51,71	0,621	48,45	61,20	0,403
Cumari	GO	1065º	85,42	18,64	37,15	45,06	0,562	33,78	0,00	0,646

*a partir da melhor situação social ou maior IES)

Nome do Município 2000	UF	Posição*	Indicador de Alfabetização	Indicador de Escolaridade	Indicador de Emprego	Indicador de Pobreza	Índice de Gini	Indicador de Juventude	Indicador de Violência	Índice de Exclusão
Cumaru	PE	4833º	62,12	4,98	11,13	86,88	0,650	42,52	0,00	0,392
Cumaru do Norte	PA	4271º	72,76	2,85	15,87	70,83	0,630	47,06	0,00	0,424
Cumbe	SE	3324º	67,99	5,82	19,30	80,18	0,467	43,58	0,00	0,480
Cunha	SP	2522º	85,52	10,20	49,68	56,05	0,553	40,17	8,66	0,543
Cunha Porã	SC	1225º	91,29	13,57	20,92	30,86	0,527	34,70	0,00	0,635
Cunhataí	SC	1750º	94,87	10,78	9,22	34,41	0,505	35,73	0,00	0,599
Cuparaque	MG	2433º	75,80	12,05	32,10	55,31	0,492	41,04	0,00	0,550
Cupira	PE	4998º	57,85	6,11	8,01	69,28	0,589	43,16	58,08	0,381
Curaçá	BA	4610º	67,23	7,41	12,38	71,13	0,558	46,86	41,61	0,406
Curimatá	PI	5164º	72,64	10,99	7,59	74,60	0,774	48,71	0,00	0,367
Curionópolis	PA	4650º	71,50	5,10	13,18	69,97	0,594	50,13	20,53	0,403
Curitiba	PR	88º	94,58	42,19	47,91	15,71	0,594	34,55	21,10	0,757
Curitibanos	SC	1149º	88,91	19,26	43,85	39,42	0,564	40,51	8,32	0,641
Curiúva	PR	2537º	79,81	9,01	27,57	61,68	0,520	42,20	0,00	0,542
Currais	PI	5012º	61,33	3,23	4,85	87,75	0,506	50,40	0,00	0,379
Currais Novos	RN	2418º	76,34	18,26	29,11	57,84	0,600	39,82	7,35	0,551
Curral de Cima	PB	4757º	46,08	1,11	15,46	79,74	0,502	46,74	0,00	0,397
Curral de Dentro	MG	4058º	67,26	3,98	18,81	82,32	0,546	48,85	0,00	0,436
Curral Novo do Piauí	PI	5406º	56,53	2,03	3,22	85,12	0,692	52,16	0,00	0,330
Curral Velho	PB	4339º	61,60	7,56	8,60	85,76	0,528	48,24	0,00	0,421
Curralinho	PA	5400º	57,56	1,70	7,77	86,43	0,517	60,24	5,00	0,333
Curralinhos	PI	5223º	57,21	1,43	11,06	86,10	0,564	48,86	0,00	0,361
Curuá	PA	5220º	75,43	2,68	12,22	86,69	0,568	57,57	0,00	0,361
Curuçá	PA	5096º	80,95	9,12	12,94	80,77	0,728	50,64	3,82	0,373
Cururupu	MA	4460º	77,05	9,21	9,16	78,88	0,581	49,61	0,00	0,415
Curvelo	MG	1296º	87,86	18,88	23,85	46,08	0,556	39,50	2,96	0,629
Custódia	PE	4558º	64,04	8,75	15,53	71,50	0,611	43,34	46,36	0,409
Cutias	AP	4503º	74,37	7,49	13,07	78,13	0,592	58,84	0,00	0,412

*a partir da melhor situação social ou maior IES)

Nome do Município 2000	UF	Posição*	Indicador de Alfabetização	Indicador de Escolaridade	Indicador de Emprego	Indicador de Pobreza	Índice de Gini	Indicador de Juventude	Indicador de Violência	Índice de Exclusão
Damianópolis	GO	3098º	74,11	8,06	16,66	69,53	0,479	44,57	0,00	0,496
Damião	PB	4989º	51,32	1,20	12,30	83,63	0,522	49,49	0,00	0,382
Damolândia	GO	1831º	83,25	12,61	22,26	57,82	0,448	36,26	0,00	0,595
Darcinópolis	TO	3951º	71,89	4,85	20,07	80,05	0,460	49,85	0,00	0,442
Dário Meira	BA	4777º	55,14	3,49	35,05	82,48	0,500	51,11	6,26	0,395
Datas	MG	3391º	84,51	9,54	40,25	73,47	0,576	46,03	0,00	0,475
David Canabarro	RS	1014º	88,24	14,71	21,08	29,28	0,482	35,17	0,00	0,649
Davinópolis	GO	1635º	80,15	14,48	22,54	55,62	0,466	33,71	0,00	0,607
Davinópolis	MA	4077º	67,69	4,36	16,71	81,58	0,463	51,45	0,00	0,435
Delfim Moreira	MG	2285º	85,38	10,76	20,05	59,09	0,554	38,37	0,00	0,562
Delfinópolis	MG	1322º	82,08	10,61	27,34	37,46	0,490	37,60	15,20	0,628
Delmiro Gouveia	AL	3696º	69,29	8,58	23,28	70,23	0,605	46,14	9,30	0,456
Delta	MG	321º	81,55	11,08	35,75	34,68	0,439	40,30	0,00	0,711
Demerval Lobão	PI	3452º	66,23	9,20	22,01	74,78	0,551	45,31	0,00	0,471
Denise	MT	1538º	82,76	12,20	50,22	46,41	0,561	44,42	0,00	0,613
Deodápolis	MS	2769º	81,99	14,03	24,13	58,91	0,602	39,90	17,62	0,523
Deputado Irapuan Pinheiro	CE	4345º	62,01	4,90	9,98	75,61	0,591	41,74	11,93	0,421
Derrubadas	RS	2789º	88,80	9,83	9,20	53,82	0,593	37,58	0,00	0,522
Descalvado	SP	289º	88,76	25,28	23,98	24,94	0,552	35,86	3,46	0,716
Descanso	SC	1590º	89,92	12,51	19,07	37,91	0,493	38,05	0,00	0,609
Descoberto	MG	1411º	84,22	10,14	61,52	46,87	0,508	35,31	0,00	0,622
Desterro	PB	4641º	63,06	5,04	15,84	76,91	0,582	47,08	12,99	0,404
Desterro de Entre Rios	MG	2952º	82,45	6,50	32,73	64,93	0,586	35,51	0,00	0,507
Desterro do Melo	MG	2996º	75,79	7,96	12,78	65,16	0,621	36,47	0,00	0,504
Dezesseis de Novembro	RS	2513º	83,76	8,52	14,08	56,86	0,502	38,24	0,00	0,544

*a partir da melhor situação social ou maior IES)

Nome do Município 2000	UF	Posição*	Indicador de Alfabetização	Indicador de Escolaridade	Indicador de Emprego	Indicador de Pobreza	Índice de Gini	Indicador de Juventude	Indicador de Violência	Índice de Exclusão
Diadema	SP	1410º	90,79	21,87	46,80	26,92	0,484	38,86	108,66	0,622
Diamante	PB	4912º	61,72	8,99	22,61	82,87	0,603	47,53	28,90	0,387
Diamante do Norte	PR	1565º	87,18	21,11	30,45	50,30	0,560	37,97	0,00	0,611
Diamante do Sul	PR	5000º	74,24	8,47	13,79	67,28	0,670	47,12	54,66	0,381
Diamante D'Oeste	PR	2582º	81,58	14,20	23,81	61,80	0,551	41,90	0,00	0,539
Diamantina	MG	2116º	85,05	22,77	18,64	50,93	0,617	44,70	2,30	0,575
Diamantino	MT	2530º	87,29	22,20	27,60	42,52	0,662	43,82	26,91	0,543
Dianópolis	TO	3161º	77,10	11,87	13,28	59,09	0,606	50,30	0,00	0,492
Dias d'Ávila	BA	2524º	85,50	16,46	10,89	60,20	0,561	45,83	15,44	0,543
Dilermando de Aguiar	RS	3206º	84,55	8,35	25,74	51,08	0,765	35,91	31,25	0,488
Diogo de Vasconcelos	MG	3458º	76,19	5,00	35,03	69,01	0,570	40,66	0,00	0,470
Dionísio	MG	2169º	82,62	15,39	11,44	67,19	0,514	40,46	0,00	0,571
Dionísio Cerqueira	SC	3029º	86,44	14,68	16,74	55,77	0,616	43,19	14,04	0,502
Diorama	GO	2450º	84,01	7,99	18,68	57,40	0,555	35,43	0,00	0,549
Dirce Reis	SP	1053º	77,33	16,10	47,04	44,23	0,457	33,09	0,00	0,647
Dirceu Arcoverde	PI	4030º	66,96	6,71	9,19	75,49	0,529	45,96	0,00	0,438
Divina Pastora	SE	3412º	68,92	6,63	39,43	81,02	0,423	46,94	61,24	0,474
Divinésia	MG	1716º	85,52	16,73	32,96	45,59	0,514	40,24	0,00	0,602
Divino	MG	2558º	81,25	11,07	26,08	50,31	0,500	40,86	16,29	0,541
Divino das Laranjeiras	MG	2899º	77,75	14,98	16,62	59,90	0,667	39,21	0,00	0,513
Divino de São Lourenço	ES	3063º	78,86	7,00	10,24	65,82	0,400	43,57	20,76	0,499
Divinolândia	SP	1194º	88,51	13,65	27,91	37,29	0,499	35,33	0,00	0,638
Divinolândia de Minas	MG	3417º	82,46	10,93	21,38	66,83	0,601	47,25	15,54	0,473
Divinópolis	MG	293º	92,21	25,79	24,64	27,20	0,533	35,59	5,44	0,715

*a partir da melhor situação social ou maior IES)

Nome do Município 2000	UF	Posição*	Indicador de Alfabetização	Indicador de Escolaridade	Indicador de Emprego	Indicador de Pobreza	Índice de Gini	Indicador de Juventude	Indicador de Violência	Índice de Exclusão
Divinópolis de Goiás	GO	4272º	72,39	9,92	21,78	72,56	0,536	46,62	38,67	0,424
Divinópolis do Tocantins	TO	3152º	80,61	11,92	27,94	61,35	0,522	45,27	0,00	0,493
Divisa Alegre	MG	3773º	70,58	6,44	44,41	71,77	0,571	48,58	0,00	0,452
Divisa Nova	MG	810º	81,16	9,63	20,94	34,60	0,441	40,08	0,00	0,664
Divisópolis	MG	3749º	64,38	6,84	42,99	74,51	0,518	44,78	0,00	0,453
Dobrada	SP	450º	81,95	16,59	25,81	35,63	0,459	39,36	14,27	0,697
Dois Córregos	SP	275º	87,62	18,04	57,02	19,74	0,507	35,49	4,44	0,718
Dois Irmãos	RS	1º	94,91	22,34	72,27	10,32	0,390	35,23	0,00	0,855
Dois Irmãos das Missões	RS	2317º	87,17	14,49	37,44	58,56	0,635	41,61	0,00	0,559
Dois Irmãos do Buriti	MS	3125º	81,43	6,78	29,75	67,94	0,597	45,75	0,00	0,494
Dois Irmãos do Tocantins	TO	3762º	78,87	7,61	9,02	73,76	0,573	43,58	13,76	0,452
Dois Lajeados	RS	522º	90,68	15,14	19,10	17,48	0,494	29,68	0,00	0,690
Dois Riachos	AL	5070º	50,07	4,43	10,82	77,69	0,546	49,23	27,11	0,375
Dois Vizinhos	PR	1092º	89,33	20,97	31,41	34,05	0,533	39,87	0,00	0,645
Dolcinópolis	SP	627º	83,02	17,35	45,03	46,95	0,497	30,86	0,00	0,679
Dom Aquino	MT	2191º	82,48	14,28	29,36	49,52	0,543	39,17	23,76	0,569
Dom Basílio	BA	3295º	71,46	5,10	16,75	71,91	0,474	41,98	0,00	0,482
Dom Bosco	MG	2982º	86,51	6,71	12,15	62,24	0,557	44,32	0,00	0,506
Dom Cavati	MG	2440º	85,77	15,57	20,68	52,74	0,590	38,06	19,98	0,550
Dom Eliseu	PA	4598º	70,06	6,39	20,41	70,88	0,658	52,20	5,06	0,406
Dom Expedito Lopes	PI	3993º	68,87	9,85	15,51	73,07	0,687	41,32	0,00	0,440
Dom Feliciano	RS	2142º	83,82	5,57	7,37	38,80	0,462	36,94	0,00	0,572
Dom Inocêncio	PI	4863º	65,73	1,32	11,73	81,84	0,529	45,77	11,22	0,390

*a partir da melhor situação social ou maior IES)

Nome do Município 2000	UF	Posição*	Indicador de Alfabetização	Indicador de Escolaridade	Indicador de Emprego	Indicador de Pobreza	Índice de Gini	Indicador de Juventude	Indicador de Violência	Índice de Exclusão
Dom Joaquim	MG	3226º	72,47	8,93	23,67	61,93	0,596	41,91	0,00	0,487
Dom Macedo Costa	BA	3035º	72,06	8,32	6,02	70,49	0,499	41,36	0,00	0,502
Dom Pedrito	RS	1367º	89,72	17,95	9,91	40,42	0,623	35,68	14,85	0,625
Dom Pedro	MA	3960º	67,70	11,03	11,07	68,84	0,577	47,11	4,55	0,442
Dom Pedro de Alcântara	RS	1548º	88,52	10,83	39,73	42,39	0,459	31,45	0,00	0,612
Dom Silvério	MG	1418º	88,40	18,14	16,12	53,88	0,555	34,51	0,00	0,621
Dom Viçoso	MG	1628º	85,29	8,57	33,24	56,61	0,421	35,86	0,00	0,607
Domingos Martins	ES	2732º	86,91	10,59	16,05	44,40	0,574	39,08	32,72	0,526
Domingos Mourão	PI	5240º	57,25	1,90	3,52	88,56	0,587	51,70	0,00	0,359
Dona Emma	SC	2343º	92,10	13,61	23,21	39,10	0,617	38,32	30,22	0,557
Dona Eusébia	MG	1569º	85,95	12,73	25,65	48,08	0,497	37,11	0,00	0,610
Dona Francisca	RS	1199º	88,24	13,11	27,05	33,60	0,512	36,44	0,00	0,637
Dona Inês	PB	4970º	55,49	4,52	26,16	76,59	0,626	48,17	0,00	0,383
Dores de Campos	MG	929º	88,72	15,62	27,77	46,47	0,479	33,56	0,00	0,656
Dores de Guanhães	MG	2914º	77,79	9,15	33,44	62,78	0,538	42,36	0,00	0,510
Dores do Indaiá	MG	1176º	84,63	19,98	18,06	41,14	0,558	34,35	0,00	0,639
Dores do Rio Preto	ES	2294º	80,00	11,11	14,42	37,87	0,537	40,92	0,00	0,561
Dores do Turvo	MG	3136º	80,10	9,89	30,55	64,87	0,614	41,30	0,00	0,494
Doresópolis	MG	755º	90,57	10,61	18,61	43,44	0,354	33,63	0,00	0,669
Dormentes	PE	4720º	63,45	6,23	6,72	81,44	0,569	47,26	0,00	0,399
Douradina	MS	3947º	81,15	14,68	25,00	59,23	0,664	41,34	84,53	0,442
Douradina	PR	1156º	82,30	18,73	36,05	42,32	0,542	36,59	0,00	0,640
Dourado	SP	80º	87,50	20,11	41,23	25,77	0,459	33,40	0,00	0,759

*a partir da melhor situação social ou maior IES)

Nome do Município 2000	UF	Posição*	Indicador de Alfabetização	Indicador de Escolaridade	Indicador de Emprego	Indicador de Pobreza	Índice de Gini	Indicador de Juventude	Indicador de Violência	Índice de Exclusão
Dourado-quara	MG	862º	88,43	10,12	25,31	36,57	0,450	33,78	0,00	0,661
Dourados	MS	1738º	89,63	24,02	38,83	39,56	0,619	40,90	33,95	0,600
Doutor Camargo	PR	835º	87,17	21,50	34,02	38,95	0,527	31,76	17,31	0,662
Doutor Maurício Cardoso	RS	1537º	92,78	17,98	14,76	38,79	0,438	32,01	47,40	0,613
Doutor Pedrinho	SC	135º	93,22	13,88	42,64	20,29	0,414	34,17	0,00	0,743
Doutor Ricardo	RS	1202º	89,92	7,17	11,32	31,03	0,467	29,23	0,00	0,637
Doutor Severiano	RN	4754º	64,43	7,43	13,34	80,72	0,653	46,86	0,00	0,397
Doutor Ulysses	PR	4399º	74,76	3,13	16,83	73,85	0,536	48,91	16,66	0,418
Doverlândia	GO	2852º	82,13	6,42	12,55	55,58	0,564	39,47	0,00	0,517
Dracena	SP	396º	90,10	29,53	54,09	26,59	0,597	31,95	7,41	0,702
Duartina	SP	467º	87,53	18,87	37,43	33,49	0,510	34,31	0,00	0,695
Duas Barras	SP	1686º	82,73	12,69	34,98	44,65	0,517	38,12	19,35	0,604
Duas Estradas	PB	4589º	59,21	5,43	18,35	68,39	0,557	43,40	78,58	0,407
Dueré	TO	3109º	78,05	14,48	14,92	62,09	0,556	44,07	21,91	0,495
Dumont	SP	165º	89,08	20,32	42,03	18,05	0,485	37,42	0,00	0,736
Duque Bacelar	MA	5085º	50,32	9,53	12,05	85,08	0,568	53,74	0,00	0,374
Duque de Caxias	SP	1558º	89,49	19,52	39,70	37,80	0,524	38,51	58,55	0,611
Durandé	MG	2793º	78,90	10,28	29,65	48,76	0,537	46,34	0,00	0,521
Echaporã	SP	588º	86,61	19,71	47,68	39,05	0,527	38,63	0,00	0,682
Ecoporanga	ES	3200º	76,29	12,16	18,57	62,87	0,628	41,07	8,34	0,489
Edealina	GO	2104º	82,96	13,76	14,12	43,84	0,579	35,81	0,00	0,576
Edéia	GO	2217º	84,10	15,20	17,75	41,76	0,594	37,35	19,56	0,567
Eirunepé	AM	5338º	51,71	9,57	18,28	85,07	0,645	59,35	0,00	0,343
Eldorado	MS	2234º	79,53	13,91	28,67	55,38	0,520	42,63	0,00	0,566
Eldorado	SP	2517º	84,10	16,90	50,36	54,04	0,610	46,43	0,00	0,544

*a partir da melhor situação social ou maior IES)

Nome do Município 2000	UF	Posição*	Indicador de Alfabetização	Indicador de Escolaridade	Indicador de Emprego	Indicador de Pobreza	Índice de Gini	Indicador de Juventude	Indicador de Violência	Índice de Exclusão
Eldorado do Sul	RS	1403º	89,27	16,85	40,32	34,86	0,545	40,68	29,34	0,622
Eldorado dos Carajás	PA	5445º	68,70	4,28	8,78	71,94	0,683	53,75	47,28	0,320
Elesbão Veloso	PI	3726º	62,75	5,15	10,51	76,74	0,513	41,74	0,00	0,454
Elias Fausto	SP	1328º	87,03	12,06	31,81	38,30	0,507	40,49	7,20	0,627
Eliseu Martins	PI	3888º	68,55	9,40	9,73	74,97	0,548	44,99	0,00	0,446
Elisiário	SP	29º	89,12	14,12	37,48	29,31	0,371	32,21	0,00	0,782
Elísio Medrado	BA	3495º	71,96	6,66	7,28	65,29	0,518	41,01	12,72	0,467
Elói Mendes	MG	928º	85,26	17,77	17,08	33,59	0,540	37,18	4,56	0,656
Emas	PB	4662º	58,73	4,18	13,93	83,68	0,646	48,91	0,00	0,403
Embaúba	SP	830º	88,85	16,57	58,58	48,46	0,512	33,09	0,00	0,663
Embu das Artes	SP	1967º	89,79	17,25	40,07	31,33	0,486	41,99	91,98	0,587
Embu-Guaçu	SP	1958º	88,93	22,35	40,20	32,97	0,552	41,02	73,79	0,587
Emilianópolis	SP	2325º	81,66	19,72	36,73	52,53	0,766	33,01	0,00	0,559
Encantado	RS	75º	93,02	20,33	51,07	18,82	0,513	32,18	0,00	0,760
Encanto	RN	3364º	69,03	10,99	17,29	78,20	0,508	43,98	0,00	0,477
Encruzilhada	BA	4036º	58,81	3,13	23,07	79,12	0,448	45,35	0,00	0,437
Encruzilhada do Sul	RS	1858º	84,83	11,65	31,96	45,97	0,590	34,77	12,55	0,593
Enéas Marques	PR	2766º	86,63	13,96	12,29	42,69	0,625	39,72	31,34	0,523
Engenheiro Beltrão	PR	1237º	86,77	24,47	17,30	43,52	0,595	37,55	7,10	0,634
Engenheiro Caldas	MG	2725º	73,60	13,71	38,17	63,42	0,553	42,12	0,00	0,527
Engenheiro Coelho	SP	938º	86,59	20,80	30,02	24,96	0,515	40,34	19,93	0,656
Engenheiro Navarro	MG	2500º	75,61	9,17	24,19	67,86	0,443	45,59	0,00	0,545

*a partir da melhor situação social ou maior IES)

Nome do Município 2000	UF	Posição*	Indicador de Alfabetização	Indicador de Escolaridade	Indicador de Emprego	Indicador de Pobreza	Índice de Gini	Indicador de Juventude	Indicador de Violência	Índice de Exclusão
Engenheiro Paulo de Frontin	SP	866º	90,76	19,05	41,30	34,69	0,515	33,41	41,10	0,661
Engenho Velho	RS	2373º	85,14	11,12	13,84	46,79	0,525	39,93	0,00	0,555
Entre Folhas	MG	2510º	82,25	8,68	31,51	55,18	0,457	40,03	0,00	0,544
Entre Rios	BA	3851º	71,78	9,47	14,16	69,48	0,594	49,12	13,33	0,448
Entre Rios	SC	4420º	80,83	4,88	11,81	73,82	0,630	47,99	0,00	0,417
Entre Rios de Minas	MG	2058º	88,21	13,93	11,00	53,65	0,567	37,00	7,63	0,579
Entre Rios do Oeste	PR	290º	97,45	23,99	35,87	22,30	0,512	35,52	0,00	0,716
Entre Rios do Sul	RS	2954º	87,09	9,26	22,91	47,64	0,673	37,98	28,65	0,507
Entre-Ijuís	RS	1706º	90,09	12,70	20,53	49,27	0,521	35,08	0,00	0,602
Envira	AM	5496º	44,61	4,30	11,85	91,63	0,669	60,68	10,49	0,276
Epitaciolândia	AC	3653º	72,56	9,28	20,81	63,53	0,567	48,98	18,14	0,459
Equador	RN	3134º	69,78	9,12	26,18	70,14	0,483	44,65	0,00	0,494
Erebango	RS	1602º	91,50	16,28	32,18	46,50	0,465	39,17	33,08	0,608
Erechim	RS	195º	92,28	26,36	46,74	23,19	0,528	35,06	8,85	0,730
Ererê	CE	3670º	60,59	6,10	21,52	73,16	0,558	45,51	0,00	0,458
Érico Cardoso	BA	4567º	56,48	4,42	26,81	78,39	0,600	44,50	8,13	0,408
Ermo	SC	1366º	87,89	13,45	23,87	38,45	0,468	38,60	0,00	0,625
Ernestina	RS	2103º	91,35	16,16	22,21	34,26	0,517	34,05	76,12	0,576
Erval Grande	RS	3006º	86,28	8,21	12,40	55,69	0,635	38,89	0,00	0,503
Erval Seco	RS	2985º	84,41	11,05	35,57	57,13	0,575	40,43	10,90	0,505
Erval Velho	SC	792º	88,18	16,82	30,73	33,94	0,491	35,07	0,00	0,666
Ervália	MG	3503º	78,58	9,84	28,16	59,30	0,677	41,35	11,59	0,466
Escada	PE	3711º	68,24	13,08	36,07	71,49	0,535	45,00	81,97	0,455
Esmeralda	RS	2457º	87,26	9,09	5,56	49,75	0,550	35,16	72,45	0,548
Esmeraldas	MG	2504º	86,76	9,00	15,47	56,80	0,599	43,34	19,11	0,545
Espera Feliz	MG	2280º	79,21	10,37	41,05	47,23	0,487	40,25	0,00	0,562
Esperança	PB	3346º	69,24	8,97	23,11	69,56	0,579	42,29	0,00	0,479

*a partir da melhor situação social ou maior IES)

Nome do Município 2000	UF	Posição*	Indicador de Alfabetização	Indicador de Escolaridade	Indicador de Emprego	Indicador de Pobreza	Índice de Gini	Indicador de Juventude	Indicador de Violência	Índice de Exclusão
Esperança do Sul	RS	2566º	89,12	5,30	26,11	59,75	0,477	34,25	0,00	0,540
Esperança Nova	PR	1480º	83,70	18,31	38,00	53,27	0,428	32,41	0,00	0,617
Esperantina	PI	4702º	62,80	8,16	11,79	78,61	0,579	48,92	11,73	0,400
Esperantina	TO	5414º	61,95	4,66	19,51	86,04	0,689	55,82	13,12	0,329
Esperanti-nópolis	MA	4979º	63,22	5,87	11,57	81,98	0,588	51,22	4,71	0,382
Espigão Alto do Iguaçu	PR	4371º	85,32	9,90	12,94	66,16	0,668	44,23	55,68	0,419
Espigão D'Oeste	RO	3178º	83,91	8,05	28,97	50,90	0,631	44,60	19,46	0,491
Espinosa	MG	3692º	71,15	10,30	15,82	69,99	0,594	46,96	0,00	0,456
Espírito Santo	RN	4721º	57,32	5,57	28,33	79,54	0,596	47,75	37,33	0,399
Espírito Santo do Dourado	MG	1245º	84,14	10,33	17,52	36,25	0,424	32,99	0,00	0,633
Espírito Santo do Pinhal	SP	77º	88,53	25,57	36,11	18,26	0,485	34,11	7,41	0,760
Espírito Santo do Turvo	SP	861º	85,98	12,05	49,93	33,75	0,464	41,56	27,20	0,661
Esplanada	BA	4472º	68,20	9,80	16,04	74,58	0,617	50,05	7,34	0,414
Espumoso	RS	1414º	88,59	19,48	46,57	37,85	0,571	34,75	12,36	0,621
Estação	RS	255º	94,16	17,16	56,14	31,94	0,482	34,04	0,00	0,720
Estância	SE	3528º	74,75	10,45	27,51	67,81	0,599	46,27	27,12	0,465
Estância Velha	RS	94º	93,27	18,34	47,68	16,55	0,450	37,31	14,23	0,756
Esteio	RS	133º	93,65	28,74	51,70	20,14	0,500	35,91	14,99	0,744
Estiva	MG	1957º	82,90	9,67	14,58	36,26	0,508	35,55	9,65	0,587
Estiva Gerbi	SP	186º	91,52	15,00	41,43	25,20	0,404	39,04	0,00	0,732
Estreito	MA	4488º	75,65	8,99	15,73	69,77	0,626	49,75	21,81	0,413
Estrela	RS	100º	94,59	20,52	8,41	19,60	0,464	34,32	14,60	0,754
Estrela Dalva	MG	2064º	83,73	14,97	14,74	52,76	0,684	37,14	0,00	0,579

*a partir da melhor situação social ou maior IES)

Nome do Município 2000	UF	Posição*	Indicador de Alfabetização	Indicador de Escolaridade	Indicador de Emprego	Indicador de Pobreza	Índice de Gini	Indicador de Juventude	Indicador de Violência	Índice de Exclusão
Estrela de Alagoas	AL	5344º	51,90	1,77	5,45	82,76	0,602	47,33	24,48	0,342
Estrela do Indaiá	MG	1370º	84,78	10,62	39,80	48,41	0,517	35,39	0,00	0,624
Estrela do Norte	GO	2164º	83,32	12,60	22,32	48,73	0,533	39,70	0,00	0,571
Estrela do Norte	SP	1429º	83,42	20,92	48,77	52,47	0,543	38,86	0,00	0,620
Estrela do Sul	MG	794º	83,39	15,66	35,78	48,62	0,490	36,45	0,00	0,665
Estrela d'Oeste	SP	291º	87,49	24,02	52,39	27,43	0,480	32,99	12,11	0,716
Estrela Velha	RS	3241º	85,02	6,97	20,40	58,47	0,650	37,25	0,00	0,486
Euclides da Cunha	BA	4316º	64,53	6,91	10,25	74,62	0,584	46,01	1,86	0,422
Euclides da Cunha Paulista	SP	2896º	82,30	16,57	37,24	58,66	0,512	43,45	68,53	0,513
Eugênio de Castro	RS	2072º	89,90	13,57	27,65	51,99	0,585	34,14	0,00	0,578
Eugenópolis	MG	2172º	83,43	15,57	47,53	47,68	0,604	35,17	10,24	0,571
Eunápolis	BA	3180º	79,89	15,93	27,55	56,45	0,639	45,33	33,29	0,490
Eusébio	CE	3812º	74,87	8,77	27,00	75,38	0,619	47,62	9,52	0,450
Ewbank da Câmara	MG	994º	87,89	10,36	22,26	54,24	0,430	38,69	0,00	0,651
Extrema	MG	520º	89,84	16,65	45,89	28,12	0,491	36,53	0,00	0,690
Extremoz	RN	2909º	74,34	13,14	23,56	60,62	0,555	45,89	15,33	0,511
Exu	PE	5156º	62,51	8,47	9,09	82,62	0,630	49,13	15,42	0,368
Fagundes	PB	4586º	59,15	6,35	10,31	75,72	0,602	48,85	0,00	0,407
Fagundes Varela	RS	28º	90,54	13,40	49,25	11,32	0,324	25,94	0,00	0,783
Faina	GO	2635º	79,45	8,00	21,77	56,50	0,567	37,43	0,00	0,534
Fama	MG	773º	86,31	14,43	38,60	41,68	0,588	33,62	0,00	0,667
Faria Lemos	MG	1474º	81,98	16,76	49,91	45,40	0,526	37,96	0,00	0,617
Farias Brito	CE	4555º	67,70	8,47	10,43	76,28	0,573	46,04	24,61	0,409
Faro	PA	4909º	77,11	8,92	8,42	84,09	0,544	55,90	0,00	0,387

*a partir da melhor situação social ou maior IES)

Nome do Município 2000	UF	Posição*	Indicador de Alfabetização	Indicador de Escolaridade	Indicador de Emprego	Indicador de Pobreza	Índice de Gini	Indicador de Juventude	Indicador de Violência	Índice de Exclusão
Farol	PR	2719º	81,09	12,34	18,64	64,65	0,625	41,03	0,00	0,527
Farroupilha	RS	86º	93,28	22,53	32,23	14,68	0,476	34,76	12,66	0,758
Fartura	SP	1161º	88,03	20,38	39,49	37,75	0,547	37,20	6,66	0,640
Fartura do Piauí	PI	4966º	64,18	2,72	6,68	80,63	0,578	48,92	0,00	0,384
Fátima	BA	4623º	58,92	3,69	4,76	77,05	0,555	45,46	0,00	0,405
Fátima	TO	3604º	82,01	17,27	17,72	69,69	0,701	46,10	0,00	0,461
Fátima do Sul	MS	1935º	84,98	22,49	25,18	48,58	0,583	36,46	15,70	0,589
Faxinal	PR	2073º	82,94	17,93	30,75	46,67	0,603	39,42	6,41	0,578
Faxinal do Soturno	RS	658º	89,99	21,61	16,38	35,56	0,506	34,35	0,00	0,677
Faxinal dos Guedes	SC	1267º	89,68	16,39	45,52	38,56	0,614	40,86	0,00	0,632
Faxinalzinho	RS	2464º	86,86	12,35	46,71	49,62	0,593	38,32	0,00	0,548
Fazenda Nova	GO	2109º	83,98	13,28	18,32	52,18	0,516	36,06	14,10	0,575
Fazenda Rio Grande	PR	1505º	89,97	12,35	28,69	38,78	0,454	44,25	41,35	0,615
Fazenda Vilanova	RS	717º	86,84	7,63	50,22	39,22	0,499	34,45	0,00	0,672
Feijó	AC	5408º	41,15	4,99	13,98	83,00	0,644	55,76	3,69	0,330
Feira da Mata	BA	4530º	71,21	4,99	9,07	79,27	0,598	45,87	0,00	0,411
Feira de Santana	BA	2302º	84,52	24,24	29,06	51,58	0,618	42,13	17,05	0,560
Feira Grande	AL	5291º	52,83	4,09	7,36	82,71	0,592	49,57	18,81	0,351
Feira Nova	PE	4043º	65,38	5,28	10,68	73,85	0,543	44,55	5,30	0,437
Feira Nova	SE	5229º	62,62	4,39	17,71	80,01	0,488	47,32	98,66	0,360
Feira Nova do Maranhão	MA	5330º	62,70	1,46	5,56	86,39	0,567	54,67	0,00	0,345
Felício dos Santos	MG	3956º	75,56	7,24	31,24	74,67	0,553	48,46	0,00	0,442
Felipe Guerra	RN	2681º	71,66	14,21	19,75	76,30	0,510	37,91	0,00	0,531
Felisburgo	MG	3443º	65,49	8,47	19,86	68,97	0,556	45,60	0,00	0,471

*a partir da melhor situação social ou maior IES)

Nome do Município 2000	UF	Posição*	Indicador de Alfabetização	Indicador de Escolaridade	Indicador de Emprego	Indicador de Pobreza	Índice de Gini	Indicador de Juventude	Indicador de Violência	Índice de Exclusão
Felixlândia	MG	2261º	84,36	11,97	29,20	57,01	0,556	40,26	0,00	0,563
Feliz	RS	24º	95,93	18,49	42,57	14,66	0,417	32,83	0,00	0,790
Feliz Deserto	AL	4462º	53,58	5,91	15,02	80,66	0,433	50,34	26,07	0,415
Feliz Natal	MT	3656º	81,57	5,59	39,85	27,23	0,615	48,49	132,96	0,458
Fênix	PR	1673º	80,94	16,87	44,00	51,87	0,515	38,99	20,23	0,604
Fernandes Pinheiro	PR	3076º	86,23	8,13	39,18	65,16	0,623	44,35	15,70	0,498
Fernandes Tourinho	MG	2612º	76,86	6,21	30,08	65,10	0,533	40,50	0,00	0,536
Fernando de Noronha	PE	101º	91,84	34,48	35,40	6,99	0,503	38,08	0,00	0,754
Fernando Falcão	MA	5489º	43,26	1,23	0,38	89,96	0,583	55,28	20,73	0,283
Fernando Pedroza	RN	3822º	64,96	13,48	17,90	68,90	0,582	43,81	37,74	0,449
Fernando Prestes	SP	554º	88,72	12,19	32,89	27,28	0,483	30,97	0,00	0,686
Fernandópolis	SP	304º	89,60	30,78	31,28	24,75	0,547	32,71	11,35	0,714
Fernão	SP	1079º	84,68	19,59	29,80	33,26	0,583	36,59	0,00	0,645
Ferraz de Vasconcelos	SP	1391º	89,29	20,00	36,68	35,10	0,488	42,58	49,17	0,623
Ferreira Gomes	AP	2993º	78,51	18,00	32,89	63,20	0,525	55,84	0,00	0,505
Ferreiros	PE	3138º	69,10	9,40	31,57	75,75	0,553	43,50	9,32	0,494
Ferros	MG	2620º	75,23	6,77	27,90	63,76	0,539	39,58	0,00	0,536
Fervedouro	MG	3778º	79,94	6,82	12,23	61,81	0,544	42,64	46,49	0,451
Figueira	PR	2336º	82,72	13,17	32,48	50,80	0,548	40,58	33,19	0,558
Figueirópolis	TO	3697º	81,56	14,98	20,44	60,68	0,553	42,36	71,92	0,456
Figueirópolis D'Oeste	MT	2765º	80,66	11,45	12,74	46,59	0,586	42,02	0,00	0,523
Filadélfia	BA	4672º	69,61	4,48	8,15	85,20	0,547	47,54	0,00	0,402
Filadélfia	TO	3646º	77,03	9,88	14,84	69,02	0,602	48,83	0,00	0,459
Firmino Alves	BA	3065º	66,50	9,10	27,09	68,49	0,545	44,66	0,00	0,499

*a partir da melhor situação social ou maior IES)

Nome do Município 2000	UF	Posição*	Indicador de Alfabetização	Indicador de Escolaridade	Indicador de Emprego	Indicador de Pobreza	Índice de Gini	Indicador de Juventude	Indicador de Violência	Índice de Exclusão
Firminópolis	GO	1555º	85,58	20,40	21,96	48,11	0,547	34,79	0,00	0,612
Flexeiras	AL	4034º	53,57	5,57	36,87	84,13	0,512	50,23	25,04	0,438
Flor da Serra do Sul	PR	3665º	84,84	10,00	12,70	57,99	0,536	43,63	59,30	0,458
Flor do Sertão	SC	3073º	80,82	6,62	7,38	53,19	0,568	40,76	0,00	0,498
Flora Rica	SP	710º	86,40	24,63	34,40	44,02	0,465	36,38	0,00	0,672
Floraí	PR	744º	87,45	20,43	33,22	35,80	0,485	31,84	18,92	0,670
Florânia	RN	3094º	70,23	12,36	24,00	69,78	0,533	40,58	11,14	0,497
Floreal	SP	539º	89,18	22,14	41,50	34,08	0,503	29,20	0,00	0,687
Flores	PE	4424º	65,27	6,91	7,64	76,06	0,543	43,62	24,01	0,417
Flores da Cunha	RS	78º	92,66	17,93	5,07	10,09	0,457	33,03	4,22	0,760
Flores de Goiás	GO	4875º	74,06	4,96	22,99	72,68	0,640	48,94	26,62	0,389
Flores do Piauí	PI	4449º	57,20	3,85	10,67	81,07	0,514	47,07	0,00	0,415
Floresta	PE	4601º	73,48	19,06	16,65	69,32	0,631	47,09	68,75	0,406
Floresta	PR	459º	86,90	21,18	31,21	36,29	0,466	35,38	0,00	0,696
Floresta Azul	BA	3298º	69,71	9,60	27,40	73,94	0,550	45,38	8,61	0,482
Floresta do Araguaia	PA	5167º	72,90	3,79	3,07	74,91	0,572	50,35	28,00	0,367
Floresta do Piauí	PI	4751º	43,45	1,95	4,97	83,11	0,491	44,99	0,00	0,397
Florestal	MG	557º	88,95	18,01	43,65	36,98	0,492	37,01	0,00	0,685
Florestópolis	PR	559º	82,29	13,64	39,14	49,37	0,422	39,70	8,20	0,685
Floriano	PI	2782º	79,34	17,60	22,94	58,65	0,604	43,51	3,66	0,523
Floriano Peixoto	RS	2607º	93,98	4,41	17,23	59,46	0,512	33,04	0,00	0,537
Florianópolis	SC	12º	94,44	48,29	51,01	12,57	0,566	34,06	11,10	0,803
Flórida	PR	308º	84,91	23,59	59,27	35,94	0,443	34,06	0,00	0,712
Flórida Paulista	SP	882º	83,25	17,69	33,92	40,85	0,523	34,85	9,00	0,659
Florínia	SP	493º	82,87	21,81	25,18	48,20	0,461	36,87	0,00	0,692

*a partir da melhor situação social ou maior IES)

Nome do Município 2000	UF	Posição*	Indicador de Alfabetização	Indicador de Escolaridade	Indicador de Emprego	Indicador de Pobreza	Índice de Gini	Indicador de Juventude	Indicador de Violência	Índice de Exclusão
Fonte Boa	AM	5482º	51,12	3,30	7,51	88,74	0,637	58,64	9,08	0,294
Fontoura Xavier	RS	2951º	78,00	7,90	25,15	53,69	0,545	41,95	17,43	0,507
Formiga	MG	696º	89,57	20,71	38,45	35,37	0,535	34,72	6,36	0,674
Formigueiro	RS	1726º	87,71	13,82	29,26	47,41	0,543	33,30	13,16	0,601
Formosa	GO	2871º	85,30	19,32	14,29	48,52	0,634	44,75	40,69	0,515
Formosa da Serra Negra	MA	5498º	67,08	2,13	5,29	91,21	0,814	54,87	0,00	0,268
Formosa do Oeste	PR	1277º	87,44	17,03	39,07	43,85	0,507	33,32	0,00	0,631
Formosa do Rio Preto	BA	5397º	67,73	8,16	9,92	74,64	0,800	52,56	5,47	0,333
Formosa do Sul	SC	3247º	88,81	9,16	13,00	44,90	0,656	39,85	36,70	0,486
Formoso	GO	2657º	83,75	15,36	27,69	59,69	0,620	39,43	0,00	0,533
Formoso	MG	4448º	72,15	6,59	20,79	66,64	0,737	48,25	0,00	0,415
Formoso do Araguaia	TO	3075º	83,81	14,03	20,46	58,40	0,611	46,65	5,31	0,498
Forquilha	CE	3459º	67,66	7,48	29,89	75,56	0,591	46,13	0,00	0,470
Forquilhinha	SC	841º	91,86	12,05	42,90	26,48	0,527	41,66	0,00	0,662
Fortaleza	CE	1822º	86,72	28,87	37,78	45,47	0,654	40,41	24,28	0,595
Fortaleza de Minas	MG	900º	85,47	11,86	38,53	43,09	0,454	36,50	0,00	0,658
Fortaleza do Tabocão	TO	3968º	78,42	7,23	21,28	66,66	0,692	46,61	0,00	0,442
Fortaleza dos Nogueiras	MA	4991º	74,44	7,80	16,78	82,13	0,636	53,37	8,85	0,382
Fortaleza dos Valos	RS	1522º	92,72	17,07	32,03	33,03	0,667	35,81	0,00	0,614
Fortim	CE	4632º	65,69	8,24	10,22	77,07	0,651	45,86	0,00	0,404
Fortuna	MA	5024º	60,82	8,43	12,27	81,29	0,630	50,30	6,85	0,379
Fortuna de Minas	MG	2030º	87,09	10,91	29,80	55,24	0,518	39,80	0,00	0,581
Foz do Iguaçu	PR	2134º	90,42	24,78	22,76	32,27	0,584	43,04	64,59	0,573

*a partir da melhor situação social ou maior IES)

Nome do Município 2000	UF	Posição*	Indicador de Alfabetização	Indicador de Escolaridade	Indicador de Emprego	Indicador de Pobreza	Índice de Gini	Indicador de Juventude	Indicador de Violência	Índice de Exclusão
Foz do Jordão	PR	3437º	82,44	7,13	21,56	67,03	0,623	47,48	0,00	0,472
Fraiburgo	SC	968º	90,22	16,92	55,49	39,37	0,566	42,12	12,14	0,653
Franca	SP	184º	91,83	26,77	41,46	19,27	0,510	37,03	5,91	0,732
Francinópolis	PI	4819º	56,02	5,55	13,69	82,91	0,633	45,70	0,00	0,393
Francisco Alves	PR	1905º	80,53	12,30	31,61	54,97	0,446	37,52	0,00	0,590
Francisco Ayres	PI	3832º	60,18	5,93	17,95	74,62	0,539	46,14	0,00	0,449
Francisco Badaró	MG	3082º	69,97	8,35	23,92	71,14	0,493	45,91	0,00	0,498
Francisco Beltrão	PR	1047º	90,78	23,82	25,11	33,19	0,574	39,39	13,41	0,647
Francisco Dantas	RN	3052º	61,36	10,98	19,94	70,46	0,519	43,59	0,00	0,500
Francisco Dumont	MG	3236º	78,55	6,63	24,43	71,64	0,537	46,43	0,00	0,487
Francisco Macedo	PI	4502º	60,89	0,95	9,38	80,50	0,550	44,07	0,00	0,412
Francisco Morato	SP	2275º	85,92	11,18	50,16	44,19	0,484	45,74	59,82	0,563
Francisco Sá	MG	3278º	73,16	11,98	17,37	71,33	0,537	45,10	0,00	0,483
Francisco Santos	PI	3460º	64,55	9,32	6,52	71,27	0,488	42,45	0,00	0,470
Franciscópolis	MG	4284º	66,95	4,49	13,65	79,83	0,486	48,91	13,07	0,424
Franco da Rocha	SP	824º	88,86	17,99	44,55	26,72	0,494	40,15	30,52	0,663
Frecheirinha	CE	4967º	56,28	7,81	16,52	79,51	0,634	48,75	16,90	0,384
Frederico Westphalen	RS	864º	91,79	27,66	43,85	32,10	0,550	37,20	14,95	0,661
Frei Gaspar	MG	4349º	67,26	5,31	12,81	77,00	0,536	46,81	16,39	0,421
Frei Inocêncio	MG	2649º	76,58	14,01	28,30	62,15	0,566	43,36	0,00	0,533
Frei Lagonegro	MG	4020º	71,60	3,97	15,10	83,05	0,512	46,41	0,00	0,438
Frei Martinho	PB	2740º	75,30	9,98	26,15	71,40	0,512	39,65	0,00	0,525

*a partir da melhor situação social ou maior IES)

Nome do Município 2000	UF	Posição*	Indicador de Alfabetização	Indicador de Escolaridade	Indicador de Emprego	Indicador de Pobreza	Índice de Gini	Indicador de Juventude	Indicador de Violência	Índice de Exclusão
Frei Miguelinho	PE	3555º	61,26	4,12	12,55	69,77	0,555	39,96	0,00	0,464
Frei Paulo	SE	4492º	63,48	9,03	15,97	71,00	0,642	45,15	25,06	0,413
Frei Rogério	SC	3150º	87,64	8,72	15,52	57,60	0,525	43,15	33,66	0,493
Fronteira	MG	894º	88,50	18,05	39,60	34,67	0,508	37,78	15,23	0,658
Fronteira dos Vales	MG	4351º	59,22	6,96	11,71	81,39	0,542	46,47	0,00	0,420
Fronteiras	PI	3919º	61,12	10,02	20,32	72,03	0,586	42,75	29,96	0,444
Fruta de Leite	MG	5071º	61,05	2,19	25,08	84,18	0,633	51,91	14,76	0,375
Frutal	MG	1278º	89,92	18,52	32,94	33,10	0,567	35,22	27,40	0,631
Frutuoso Gomes	RN	4013º	68,65	11,95	30,02	78,64	0,537	43,95	43,67	0,439
Fundão	ES	1611º	84,58	19,23	34,12	44,07	0,544	38,19	23,06	0,608
Funilândia	MG	2541º	82,74	8,02	30,79	53,69	0,590	42,79	0,00	0,542
Gabriel Monteiro	SP	70º	87,43	22,98	42,22	28,99	0,415	31,33	0,00	0,762
Gado Bravo	PB	4871º	58,16	0,78	16,92	82,16	0,539	49,24	0,00	0,390
Gália	SP	730º	84,82	19,17	43,51	37,85	0,548	36,53	25,47	0,671
Galiléia	MG	2715º	75,06	13,45	22,72	59,58	0,556	39,91	13,81	0,528
Galinhos	RN	5115º	51,83	5,26	33,34	80,29	0,621	49,29	56,59	0,371
Galvão	SC	2542º	85,90	15,40	16,44	43,40	0,621	41,82	0,00	0,542
Gameleira	PE	4458º	61,27	7,76	32,26	80,13	0,532	48,40	62,49	0,415
Gameleiras	MG	4405º	67,27	4,20	10,86	80,89	0,508	49,40	0,00	0,418
Gandu	BA	4224º	71,25	10,86	17,06	68,56	0,675	46,72	11,05	0,427
Garanhuns	PE	3276º	75,69	16,87	25,54	57,36	0,613	42,87	52,65	0,484
Gararu	SE	4742º	57,31	7,17	13,25	80,49	0,613	47,83	0,00	0,398
Garça	SP	445º	87,90	25,68	45,60	28,21	0,535	35,28	25,49	0,697
Garibaldi	RS	61º	94,10	22,78	25,27	10,84	0,485	31,57	10,59	0,766
Garopaba	SC	1054º	85,78	16,59	30,46	33,07	0,493	37,39	7,60	0,647
Garrafão do Norte	PA	5392º	52,03	1,99	9,60	81,91	0,593	57,71	0,00	0,334
Garruchos	RS	3100º	84,20	8,34	23,74	62,54	0,539	39,51	54,42	0,496
Garuva	SC	2748º	86,98	9,67	33,95	42,58	0,569	44,05	61,52	0,525
Gaspar	SC	76º	93,44	19,94	50,35	13,33	0,466	37,27	0,00	0,760

*a partir da melhor situação social ou maior IES)

Nome do Município 2000	UF	Posição*	Indicador de Alfabetização	Indicador de Escolaridade	Indicador de Emprego	Indicador de Pobreza	Índice de Gini	Indicador de Juventude	Indicador de Violência	Índice de Exclusão
Gastão Vidigal	SP	1099º	88,44	21,11	54,10	37,62	0,550	34,27	27,89	0,644
Gaúcha do Norte	MT	3281º	71,04	8,19	12,71	30,24	0,573	46,84	43,43	0,483
Gaurama	RS	978º	91,37	18,15	33,32	35,89	0,528	32,34	0,00	0,652
Gavião	BA	3741º	75,90	4,39	8,65	74,02	0,509	44,62	0,00	0,453
Gavião Peixoto	SP	282º	86,89	9,19	46,48	39,86	0,471	40,06	0,00	0,717
Geminiano	PI	4723º	53,82	1,57	9,74	82,94	0,557	44,74	0,00	0,399
General Câmara	RS	971º	88,74	14,65	18,90	36,64	0,533	34,30	0,00	0,653
General Carneiro	MT	3119º	75,10	12,46	27,34	58,18	0,619	44,10	22,99	0,495
General Carneiro	PR	2623º	85,42	10,42	37,79	54,96	0,546	46,46	35,97	0,535
General Maynard	SE	3066º	67,31	7,92	30,73	76,41	0,524	44,21	0,00	0,499
General Salgado	SP	565º	86,27	23,52	36,28	38,22	0,564	34,25	0,00	0,684
General Sampaio	CE	5222º	57,12	5,06	22,70	83,60	0,622	50,23	41,10	0,361
Gentil	RS	946º	87,13	12,66	38,51	29,42	0,467	32,24	0,00	0,655
Gentio do Ouro	BA	4744º	69,21	7,00	4,63	79,52	0,620	45,37	0,00	0,398
Getulina	SP	549º	87,24	20,66	71,46	30,21	0,557	33,95	9,64	0,687
Getúlio Vargas	RS	676º	92,84	19,73	29,26	30,81	0,527	34,59	18,17	0,676
Gilbués	PI	5137º	65,56	8,12	8,66	74,94	0,671	52,73	0,00	0,369
Girau do Ponciano	AL	5399º	50,12	3,58	6,34	84,03	0,614	50,90	16,78	0,333
Giruá	RS	1823º	90,36	16,71	35,38	44,77	0,599	36,89	10,67	0,595
Glaucilândia	MG	2274º	85,26	10,43	34,29	66,80	0,499	42,14	0,00	0,563
Glicério	SP	832º	87,58	20,12	43,85	42,97	0,536	35,46	0,00	0,663
Glória	BA	4286º	64,44	4,18	18,62	73,66	0,627	45,34	6,87	0,424
Glória de Dourados	MS	2095º	83,59	19,15	22,18	47,93	0,560	36,60	19,93	0,577

*a partir da melhor situação social ou maior IES)

Nome do Município 2000	UF	Posição*	Indicador de Alfabetização	Indicador de Escolaridade	Indicador de Emprego	Indicador de Pobreza	Índice de Gini	Indicador de Juventude	Indicador de Violência	Índice de Exclusão
Glória do Goitá	PE	4597º	61,33	8,13	11,53	75,60	0,533	47,25	32,66	0,406
Glória D'Oeste	MT	3228º	83,97	9,65	19,87	51,11	0,695	38,68	29,75	0,487
Glorinha	RS	885º	86,56	11,79	51,02	32,50	0,526	34,48	0,00	0,659
Godofredo Viana	MA	5081º	66,95	5,13	10,50	83,65	0,600	52,27	0,00	0,374
Godoy Moreira	PR	3516º	75,52	8,87	40,11	69,50	0,606	37,54	26,07	0,466
Goiabeira	MG	2414º	72,68	10,48	20,06	59,23	0,475	39,30	0,00	0,552
Goiana	PE	3279º	72,94	16,06	29,37	66,46	0,556	42,40	60,41	0,483
Goianá	MG	623º	86,24	17,97	41,30	38,43	0,501	35,27	0,00	0,679
Goianápolis	GO	2753º	81,30	9,24	15,09	58,46	0,452	42,10	18,74	0,524
Goiandira	GO	541º	88,97	23,70	38,66	42,36	0,522	32,49	0,00	0,687
Goianésia	GO	1797º	84,26	12,51	35,28	47,06	0,533	39,60	12,21	0,596
Goianésia do Pará	PA	4653º	67,01	4,68	17,49	65,10	0,604	52,50	22,04	0,403
Goiânia	GO	448º	93,25	36,29	40,38	22,62	0,613	36,44	22,23	0,697
Goianinha	RN	3801º	69,82	11,72	16,76	78,33	0,636	47,55	16,99	0,451
Goianira	GO	1531º	86,19	11,09	37,99	47,69	0,472	41,04	10,68	0,613
Goianorte	TO	4076º	74,20	5,68	20,45	71,71	0,572	46,54	0,00	0,435
Goiás	GO	1580º	82,91	16,71	30,65	47,57	0,526	37,82	3,69	0,610
Goiatins	TO	5469º	63,13	4,55	9,77	85,94	0,748	52,58	18,12	0,308
Goiatuba	GO	1846º	87,98	16,82	30,35	36,86	0,649	36,30	16,06	0,594
Goioerê	PR	1844º	86,09	16,46	14,87	46,08	0,579	38,18	10,08	0,594
Goioxim	PR	4993º	84,90	2,18	31,26	70,48	0,634	49,13	36,96	0,381
Gonçalves	MG	2301º	84,06	12,19	21,20	44,12	0,506	35,75	48,51	0,560
Gonçalves Dias	MA	4438º	59,09	4,98	5,63	79,17	0,463	48,27	5,96	0,416
Gongogi	BA	4234º	62,53	5,24	20,09	83,99	0,528	49,30	0,00	0,426
Gonzaga	MG	3587º	73,25	7,67	21,16	72,48	0,550	48,54	0,00	0,462
Gouveia	MG	2520º	85,94	11,37	30,35	59,36	0,562	44,08	0,00	0,544
Gouvelândia	GO	2604º	83,06	10,64	14,96	51,37	0,523	37,22	24,94	0,537
Governador Archer	MA	4554º	62,28	7,13	6,33	81,39	0,504	49,46	0,00	0,409

*a partir da melhor situação social ou maior IES)

Nome do Município 2000	UF	Posição*	Indicador de Alfabetização	Indicador de Escolaridade	Indicador de Emprego	Indicador de Pobreza	Índice de Gini	Indicador de Juventude	Indicador de Violência	Índice de Exclusão
Governador Celso Ramos	SC	297º	89,96	14,06	50,48	32,68	0,449	36,87	0,00	0,714
Governador Dix-Sept Rosado	RN	3349º	69,61	11,60	30,36	76,00	0,550	42,12	0,00	0,479
Governador Edison Lobão	MA	4561º	72,55	4,84	11,74	81,26	0,547	50,54	0,00	0,409
Governador Eugênio Barros	MA	4669º	57,93	6,90	10,89	82,66	0,534	49,92	0,00	0,402
Governador Jorge Teixeira	RO	4334º	77,22	2,52	22,02	55,88	0,573	49,12	21,49	0,421
Governador Luiz Rocha	MA	4755º	57,47	3,21	12,37	87,84	0,479	51,40	0,00	0,397
Governador Mangabeira	BA	3420º	75,46	14,04	16,68	68,11	0,559	47,46	5,83	0,473
Governador Newton Bello	MA	5372º	54,60	1,79	4,04	91,83	0,542	53,30	0,00	0,338
Governador Nunes Freire	MA	5455º	56,16	2,85	2,82	85,54	0,628	55,66	0,00	0,315
Governador Valadares	MG	1889º	88,47	22,93	35,85	38,66	0,622	39,17	41,50	0,591
Graça	CE	5155º	54,05	1,70	8,88	84,99	0,550	51,31	0,00	0,368
Graça Aranha	MA	4323º	63,78	6,19	3,85	80,91	0,463	47,89	0,00	0,422
Gracho Cardoso	SE	3554º	67,38	8,07	15,87	76,61	0,514	44,97	0,00	0,464
Grajaú	MA	4986º	63,53	8,37	11,30	77,17	0,577	54,62	8,48	0,382
Gramado	RS	55º	93,13	20,11	10,95	12,11	0,489	34,34	3,50	0,767
Gramado dos Loureiros	RS	3231º	83,61	11,70	6,54	56,02	0,522	42,47	39,32	0,487
Gramado Xavier	RS	3643º	85,02	4,89	43,65	43,61	0,739	41,90	0,00	0,459
Grandes Rios	PR	2613º	76,46	14,56	11,44	57,65	0,503	42,22	12,71	0,536
Granito	PE	4858º	60,86	6,03	13,55	84,71	0,616	47,79	0,00	0,391
Granja	CE	5304º	46,51	4,71	4,09	84,62	0,587	50,71	0,00	0,349

*a partir da melhor situação social ou maior IES)

Nome do Município 2000	UF	Posição*	Indicador de Alfabetização	Indicador de Escolaridade	Indicador de Emprego	Indicador de Pobreza	Índice de Gini	Indicador de Juventude	Indicador de Violência	Índice de Exclusão
Granjeiro	CE	5320º	57,87	4,18	14,09	81,71	0,680	50,05	18,89	0,346
Grão Mogol	MG	3693º	70,49	8,38	28,83	71,38	0,609	49,14	6,31	0,456
Grão Pará	SC	1578º	92,02	9,82	24,28	24,55	0,595	38,59	0,00	0,610
Gravatá	PE	3448º	70,09	11,76	18,01	61,94	0,566	41,26	41,62	0,471
Gravataí	RS	432º	91,91	21,83	23,11	26,16	0,488	38,24	16,34	0,698
Gravatal	SC	524º	90,18	14,75	41,47	28,51	0,448	38,16	9,26	0,689
Groaíras	CE	3649º	64,39	8,95	14,01	70,93	0,569	43,64	0,00	0,459
Grossos	RN	2593º	70,18	9,34	33,02	67,78	0,514	40,76	0,00	0,538
Grupiara	MG	1120º	92,88	19,46	26,26	48,07	0,490	34,23	0,00	0,642
Guabiju	RS	343º	93,33	16,41	46,45	24,66	0,401	32,19	0,00	0,707
Guabiruba	SC	90º	93,56	13,96	49,78	16,57	0,432	35,60	0,00	0,756
Guaçuí	ES	2133º	83,39	17,60	24,14	43,90	0,595	40,22	3,92	0,573
Guadalupe	PI	3622º	75,40	9,15	22,95	71,05	0,599	46,49	9,70	0,460
Guaíba	RS	686º	91,58	21,25	45,71	29,44	0,522	38,10	30,75	0,675
Guaiçara	SP	454º	89,37	16,06	42,99	34,25	0,484	38,69	0,00	0,697
Guaimbê	SP	1484º	88,49	17,60	39,92	50,26	0,544	39,68	19,20	0,616
Guaíra	PR	2213º	87,46	23,50	20,36	45,01	0,602	39,16	45,36	0,567
Guaíra	SP	612º	89,84	19,95	50,15	29,39	0,540	36,08	2,89	0,680
Guairaçá	PR	2126º	82,11	17,21	29,67	54,98	0,514	39,54	0,00	0,574
Guaiúba	CE	3611º	64,68	6,43	23,21	81,20	0,490	47,85	0,00	0,461
Guajará	AM	5501º	46,50	2,86	8,72	94,07	0,662	62,30	7,56	0,260
Guajará-Mirim	RO	2667º	85,38	18,13	14,23	48,37	0,609	48,06	18,40	0,532
Guajeru	BA	3524º	63,47	1,11	8,60	70,04	0,461	42,57	0,00	0,465
Guamaré	RN	3429º	65,80	6,30	16,17	73,46	0,499	46,02	36,81	0,472
Guamiranga	PR	2823º	90,09	9,34	21,22	64,98	0,505	42,63	0,00	0,519
Guanambi	BA	3133º	78,05	18,60	19,49	65,36	0,653	42,45	2,79	0,494
Guanhães	MG	2257º	84,28	14,56	33,85	54,84	0,577	42,93	3,50	0,564
Guapé	MG	1859º	86,99	13,09	30,56	50,72	0,527	38,44	7,34	0,593
Guapiaçu	SP	218º	90,25	19,07	43,83	23,09	0,532	33,31	7,10	0,726
Guapiara	SP	3607º	82,50	10,17	38,57	61,91	0,701	44,63	5,07	0,461
Guapimirim	SP	2041º	87,32	15,44	30,12	39,61	0,554	39,97	34,25	0,580
Guapirama	PR	2016º	86,64	11,34	15,16	55,70	0,512	41,40	24,58	0,582

*a partir da melhor situação social ou maior IES)

Nome do Município 2000	UF	Posição*	Indicador de Alfabetização	Indicador de Escolaridade	Indicador de Emprego	Indicador de Pobreza	Índice de Gini	Indicador de Juventude	Indicador de Violência	Índice de Exclusão
Guapó	GO	2082º	83,51	11,80	22,72	45,67	0,509	39,86	7,14	0,577
Guaporé	RS	126º	92,07	21,58	22,39	18,90	0,481	33,23	9,97	0,745
Guaporema	PR	2047º	82,88	14,17	41,72	49,87	0,458	39,71	0,00	0,580
Guará	SP	1077º	85,19	20,26	49,17	37,78	0,546	38,50	10,57	0,645
Guarabira	PB	2587º	71,88	15,09	18,11	62,18	0,545	41,56	1,94	0,538
Guaraçaí	SP	668º	87,67	23,15	19,89	37,14	0,519	33,29	0,00	0,677
Guaraci	PR	950º	84,54	18,97	15,96	43,41	0,519	36,43	0,00	0,655
Guaraci	SP	645º	89,34	21,96	39,90	33,04	0,490	37,43	11,30	0,678
Guaraciaba	MG	3426º	78,12	8,86	15,30	71,81	0,642	38,56	0,00	0,472
Guaraciaba	SC	1340º	91,74	13,13	21,02	38,08	0,474	36,92	0,00	0,627
Guaraciaba do Norte	CE	5019º	62,54	3,81	10,01	78,90	0,569	49,43	19,98	0,379
Guaraciama	MG	3217º	78,47	9,39	29,36	74,88	0,590	45,29	0,00	0,488
Guaraí	TO	2679º	82,75	13,51	11,63	55,70	0,558	43,82	14,99	0,531
Guaraíta	GO	2742º	80,12	10,93	15,19	64,03	0,449	37,01	35,79	0,525
Guarami-ranga	CE	4115º	68,23	7,78	18,12	78,56	0,479	47,78	35,00	0,433
Guaramirim	SC	159º	92,39	18,22	50,56	21,61	0,452	39,19	0,00	0,736
Guaranésia	MG	353º	85,39	14,87	61,26	31,49	0,546	38,17	0,00	0,706
Guarani	MG	1378º	84,22	16,02	37,88	42,78	0,536	35,89	23,47	0,624
Guarani das Missões	RS	1850º	92,37	14,74	43,06	46,92	0,523	34,71	22,25	0,593
Guarani de Goiás	GO	3853º	70,14	5,03	12,17	72,72	0,534	45,81	0,00	0,448
Guarani d'Oeste	SP	903º	83,25	17,12	32,26	41,58	0,528	32,85	0,00	0,658
Guaraniaçu	PR	2869º	84,50	14,46	38,90	50,55	0,622	41,97	29,07	0,516
Guarantã	SP	2098º	84,76	12,67	38,31	52,39	0,585	40,80	0,00	0,576
Guarantã do Norte	MT	3131º	86,87	9,40	20,63	46,78	0,639	44,60	24,82	0,494
Guarapari	ES	2017º	88,10	21,74	33,75	38,78	0,595	39,59	48,64	0,582
Guarapuava	PR	1981º	89,18	19,05	23,51	41,79	0,641	41,41	25,78	0,585
Guaraque-çaba	PR	3263º	76,79	7,17	40,13	65,21	0,543	45,58	12,07	0,484
Guarará	MG	1855º	87,28	11,18	36,12	43,94	0,562	37,64	24,00	0,593

*a partir da melhor situação social ou maior IES)

Nome do Município 2000	UF	Posição*	Indicador de Alfabetização	Indicador de Escolaridade	Indicador de Emprego	Indicador de Pobreza	Índice de Gini	Indicador de Juventude	Indicador de Violência	Índice de Exclusão
Guararapes	SP	367º	89,49	26,82	35,53	34,34	0,519	34,54	3,47	0,705
Guararema	SP	974º	86,67	22,94	34,88	30,94	0,602	38,95	0,00	0,653
Guaratinga	BA	4446º	62,75	3,26	17,43	79,01	0,535	47,72	16,45	0,416
Guaratinguetá	SP	230º	93,35	34,03	41,39	25,13	0,580	35,64	7,68	0,723
Guaratuba	PR	2070º	89,81	15,59	22,27	37,27	0,606	42,81	11,01	0,578
Guarda-Mor	MG	1766º	87,52	14,45	25,89	43,65	0,521	40,46	0,00	0,598
Guareí	SP	1090º	85,37	14,77	38,28	41,06	0,508	38,53	0,00	0,645
Guariba	SP	873º	83,88	15,60	44,68	34,74	0,516	40,51	19,30	0,660
Guaribas	PI	5499º	35,29	0,00	1,41	88,93	0,579	57,96	20,77	0,267
Guarinos	GO	3194º	84,20	3,85	11,96	64,53	0,601	37,31	0,00	0,489
Guarujá	SP	1448º	88,95	19,14	38,98	26,84	0,529	39,50	60,80	0,619
Guarujá do Sul	SC	2339º	89,38	13,12	24,74	41,76	0,700	37,65	0,00	0,558
Guarulhos	SP	1210º	90,82	26,38	51,98	26,49	0,546	39,30	74,20	0,637
Guatambú	SC	2540º	85,38	8,94	21,58	56,37	0,498	43,79	0,00	0,542
Guatapará	SP	1162º	86,84	11,65	38,04	37,27	0,508	39,88	15,70	0,640
Guaxupé	MG	233º	88,33	22,79	54,87	28,08	0,534	36,54	6,38	0,723
Guia Lopes da Laguna	MS	3738º	81,12	14,16	24,10	56,29	0,713	42,18	53,98	0,453
Guidoval	MG	1934º	84,09	11,66	28,63	48,07	0,574	36,44	0,00	0,589
Guimarães	MA	4054º	80,44	14,13	12,63	81,24	0,570	49,52	0,00	0,437
Guimarânia	MG	1526º	88,45	17,55	29,26	44,48	0,569	36,98	0,00	0,613
Guiratinga	MT	2663º	85,01	15,22	22,40	50,94	0,627	38,53	23,72	0,532
Guiricema	MG	2011º	83,42	10,61	20,25	55,37	0,498	34,46	0,00	0,583
Gurinhatã	MG	1728º	86,12	12,69	30,05	48,61	0,600	33,42	0,00	0,601
Gurinhém	PB	3818º	54,19	5,73	13,92	78,89	0,513	43,95	0,00	0,450
Gurjão	PB	2584º	72,62	10,68	15,82	63,20	0,452	41,20	0,00	0,539
Gurupá	PA	5272º	57,25	3,67	10,50	81,26	0,543	58,05	4,33	0,355
Gurupi	TO	1810º	88,37	25,65	25,99	46,13	0,583	42,55	15,38	0,595
Guzolândia	SP	1214º	84,86	15,36	44,30	52,59	0,420	37,42	23,28	0,636
Harmonia	RS	57º	95,04	14,95	30,05	15,86	0,411	32,11	0,00	0,766
Heitoraí	GO	2655º	85,51	14,47	15,37	51,34	0,551	38,20	29,03	0,533
Heliodora	MG	1921º	79,78	12,46	33,38	48,30	0,585	37,62	0,00	0,590

*a partir da melhor situação social ou maior IES)

Nome do Município 2000	UF	Posição*	Indicador de Alfabetização	Indicador de Escolaridade	Indicador de Emprego	Indicador de Pobreza	Índice de Gini	Indicador de Juventude	Indicador de Violência	Índice de Exclusão
Heliópolis	BA	4009º	62,53	3,24	7,18	75,12	0,467	46,24	0,00	0,439
Herculândia	SP	1663º	86,31	17,39	44,73	49,32	0,529	37,42	12,51	0,605
Herval	RS	2068º	86,09	9,92	12,94	47,84	0,591	35,71	11,78	0,578
Herval d'Oeste	SC	428º	90,92	18,30	49,06	30,91	0,503	38,24	4,99	0,699
Herveiras	RS	2921º	85,15	3,19	5,35	50,19	0,511	41,19	0,00	0,510
Hidrolândia	CE	4576º	65,66	5,98	14,60	79,24	0,613	45,68	11,31	0,408
Hidrolândia	GO	1257º	84,77	16,25	35,88	43,28	0,516	38,87	0,00	0,632
Hidrolina	GO	3057º	84,84	10,21	18,26	58,46	0,707	37,34	0,00	0,500
Holambra	SP	74º	90,61	25,20	39,61	14,24	0,565	37,23	0,00	0,760
Honório Serpa	PR	3810º	85,28	9,35	29,34	68,90	0,606	47,56	29,00	0,450
Horizonte	CE	3707º	70,97	6,72	35,11	72,02	0,613	46,11	32,55	0,455
Horizontina	RS	263º	92,28	27,23	35,77	25,71	0,505	33,15	5,65	0,719
Hortolândia	SP	1018º	89,65	18,97	30,87	28,26	0,467	40,70	57,70	0,649
Hugo Napoleão	PI	4876º	55,18	4,90	13,97	82,57	0,663	44,42	0,00	0,389
Hulha Negra	RS	2879º	85,70	10,20	28,52	55,11	0,668	40,10	18,66	0,514
Humaitá	AM	4397º	70,08	13,12	23,24	64,43	0,689	55,67	3,05	0,418
Humaitá	RS	1113º	94,66	17,19	20,10	37,01	0,470	32,19	19,13	0,643
Humberto de Campos	MA	5317º	63,33	5,46	7,58	92,45	0,544	56,52	0,00	0,347
Iacanga	SP	499º	88,16	19,79	59,29	26,71	0,468	34,04	24,15	0,692
Iaciara	GO	4019º	76,19	6,71	14,94	68,22	0,625	47,47	0,00	0,438
Iacri	SP	1674º	85,07	14,97	45,26	43,46	0,529	35,63	29,49	0,604
Iaçu	BA	3940º	71,17	7,17	19,50	71,62	0,562	48,86	10,53	0,443
Iapu	MG	2598º	80,57	10,82	18,65	60,59	0,518	40,14	0,00	0,537
Iaras	SP	1765º	87,92	11,65	37,58	52,13	0,452	43,65	32,74	0,598
Iati	PE	5245º	48,58	2,71	6,68	82,51	0,597	49,60	0,00	0,358
Ibaiti	PR	2049º	80,28	14,73	23,10	53,06	0,544	39,53	7,56	0,580
Ibarama	RS	2366º	86,44	5,98	7,17	45,40	0,418	37,05	22,45	0,556
Ibaretama	CE	4202º	55,96	4,29	16,00	78,30	0,510	48,53	0,00	0,428
Ibaté	SP	216º	88,22	16,17	31,95	29,52	0,443	40,42	3,78	0,726
Ibateguara	AL	4422º	51,23	3,50	25,55	80,49	0,556	50,94	0,00	0,417

*a partir da melhor situação social ou maior IES)

Nome do Município 2000	UF	Posição*	Indicador de Alfabetização	Indicador de Escolaridade	Indicador de Emprego	Indicador de Pobreza	Índice de Gini	Indicador de Juventude	Indicador de Violência	Índice de Exclusão
Ibatiba	ES	2599º	77,43	8,63	13,84	38,95	0,496	42,43	20,82	0,537
Ibema	PR	2987º	84,07	8,09	31,99	62,15	0,562	44,62	34,06	0,505
Ibertioga	MG	2605º	84,00	9,14	24,21	67,53	0,556	37,47	0,00	0,537
Ibiá	MG	1472º	89,21	16,11	37,84	31,15	0,667	37,37	9,50	0,617
Ibiaçá	RS	1462º	88,17	14,27	17,19	30,49	0,604	31,22	0,00	0,618
Ibiaí	MG	3695º	72,33	10,04	15,23	73,48	0,515	49,66	0,00	0,456
Ibiam	SC	1916º	87,29	7,36	15,45	36,30	0,489	38,26	0,00	0,590
Ibiapina	CE	4941º	64,47	7,29	7,47	77,95	0,589	50,14	9,03	0,385
Ibiara	PB	3735º	56,82	9,15	12,39	80,35	0,496	44,24	0,00	0,454
Ibiassucê	BA	2863º	71,37	8,06	24,51	70,14	0,537	39,52	0,00	0,516
Ibicaraí	BA	3840º	71,16	12,06	21,82	72,11	0,617	43,96	27,72	0,448
Ibicaré	SC	1025º	92,62	13,41	23,78	31,39	0,519	33,51	0,00	0,649
Ibicoara	BA	3534º	68,71	5,83	18,15	66,84	0,558	46,29	0,00	0,465
Ibicuí	BA	3719º	64,31	8,43	16,40	68,57	0,578	44,76	6,61	0,454
Ibicuitinga	CE	4390º	65,31	6,95	17,48	83,64	0,563	46,82	10,60	0,418
Ibimirim	PE	5260º	57,15	6,76	11,97	77,47	0,641	51,01	24,65	0,356
Ibipeba	BA	3847º	78,83	9,13	11,04	74,58	0,556	44,14	13,02	0,448
Ibipitanga	BA	3784º	64,48	3,47	13,30	68,48	0,555	44,23	0,00	0,451
Ibiporã	PR	985º	88,56	20,61	33,86	30,76	0,545	37,08	26,10	0,652
Ibiquera	BA	3916º	62,35	5,78	18,40	74,65	0,546	47,39	0,00	0,444
Ibirá	SP	358º	89,58	20,40	44,52	31,77	0,542	32,80	0,00	0,706
Ibiracatu	MG	4536º	66,35	3,84	25,92	78,82	0,657	49,76	0,00	0,410
Ibiraci	MG	1130º	84,90	14,87	34,99	34,06	0,504	40,24	0,00	0,642
Ibiraçu	ES	1878º	86,36	22,86	33,26	42,33	0,627	39,64	19,72	0,592
Ibiraiaras	RS	1793º	91,47	16,74	17,79	39,03	0,597	35,32	0,00	0,596
Ibirajuba	PE	4996º	56,18	5,85	7,98	74,75	0,626	44,12	26,89	0,381
Ibirama	SC	118º	91,77	16,04	56,00	18,66	0,479	37,41	0,00	0,749
Ibirapitanga	BA	4837º	60,90	4,98	17,44	76,66	0,588	52,69	9,02	0,392
Ibirapuã	BA	2671º	70,54	8,80	27,49	61,77	0,535	41,50	0,00	0,532
Ibirapuitã	RS	2611º	82,10	9,23	17,06	54,72	0,496	39,09	19,34	0,536
Ibirarema	SP	441º	88,82	23,06	58,57	30,86	0,562	35,96	0,00	0,698
Ibirataia	BA	4085º	69,91	8,08	23,85	78,42	0,623	46,80	8,08	0,434
Ibirité	MG	1597º	88,48	11,58	45,81	49,34	0,446	43,55	33,07	0,609

*a partir da melhor situação social ou maior IES)

Nome do Município 2000	UF	Posição*	Indicador de Alfabetização	Indicador de Escolaridade	Indicador de Emprego	Indicador de Pobreza	Índice de Gini	Indicador de Juventude	Indicador de Violência	Índice de Exclusão
Ibirubá	RS	743º	91,65	19,84	29,34	25,30	0,588	32,83	0,00	0,670
Ibitiara	BA	3612º	70,80	5,23	6,68	71,33	0,496	43,23	0,00	0,461
Ibitinga	SP	277º	90,75	22,63	44,29	21,77	0,512	34,87	4,29	0,718
Ibitirama	ES	3874º	75,04	7,75	10,19	54,45	0,579	45,76	32,57	0,447
Ibititá	BA	3797º	71,63	7,05	10,48	72,67	0,530	44,81	5,59	0,451
Ibitiúra de Minas	MG	1421º	85,53	9,17	20,39	32,08	0,517	34,32	0,00	0,621
Ibituruna	MG	1693º	87,39	13,29	28,79	50,63	0,478	40,11	0,00	0,603
Ibiúna	SP	2153º	85,64	12,49	46,06	39,62	0,545	41,61	29,51	0,572
Ibotirama	BA	4225º	73,73	11,38	14,39	65,38	0,681	47,60	8,28	0,427
Icapuí	CE	3353º	69,13	9,36	14,33	74,66	0,494	43,95	0,00	0,478
Içara	SC	663º	91,40	13,91	39,84	29,42	0,427	40,79	10,28	0,677
Icaraí de Minas	MG	5207º	73,42	6,19	9,45	78,24	0,684	52,91	0,00	0,363
Icaraíma	PR	1559º	82,96	16,50	38,56	47,74	0,554	37,42	0,00	0,611
Icatu	MA	5331º	68,28	4,38	6,99	87,92	0,604	54,99	0,00	0,345
Icém	SP	829º	88,72	20,67	40,41	38,83	0,542	36,83	14,77	0,663
Ichu	BA	3166º	75,36	16,50	17,56	73,38	0,505	43,84	17,88	0,491
Icó	CE	4715º	59,61	9,88	12,36	75,91	0,619	45,59	23,99	0,400
Iconha	ES	2319º	86,71	15,18	23,46	45,74	0,697	35,59	0,00	0,559
Ielmo Marinho	RN	4728º	57,48	4,43	33,03	81,38	0,614	47,41	0,00	0,399
Iepê	SP	1409º	85,85	22,26	30,02	44,57	0,575	35,76	13,78	0,622
Igaci	AL	5385º	53,42	4,70	6,64	83,90	0,627	48,62	27,36	0,336
Igaporã	BA	4149º	72,56	9,76	15,56	78,07	0,643	43,45	6,87	0,431
Igaraçu do Tietê	SP	318º	86,26	11,60	44,58	25,15	0,452	38,26	8,84	0,711
Igaracy	PB	3627º	60,94	8,01	13,48	73,32	0,524	45,14	0,00	0,460
Igarapava	SP	209º	88,93	23,29	32,87	25,16	0,504	34,59	15,43	0,727
Igarapé	MG	1891º	88,25	12,77	37,70	44,85	0,543	42,63	16,10	0,591
Igarapé do Meio	MA	5285º	54,91	2,38	9,89	88,32	0,553	54,30	0,00	0,352
Igarapé Grande	MA	4651º	68,17	7,61	7,15	82,85	0,489	48,95	20,49	0,403
Igarapé-Açu	PA	3991º	73,39	10,02	15,89	72,35	0,536	50,52	12,35	0,440

*a partir da melhor situação social ou maior IES)

Nome do Município 2000	UF	Posição*	Indicador de Alfabetização	Indicador de Escolaridade	Indicador de Emprego	Indicador de Pobreza	Índice de Gini	Indicador de Juventude	Indicador de Violência	Índice de Exclusão
Igarapé-Miri	PA	4693º	68,56	7,17	9,05	78,93	0,523	54,00	0,00	0,401
Igarassu	PE	2768º	79,85	15,64	34,77	65,04	0,562	42,04	37,68	0,523
Igaratá	SP	1406º	85,10	15,61	53,03	40,54	0,534	39,38	0,00	0,622
Igaratinga	MG	1143º	86,64	9,33	32,21	40,06	0,440	38,06	0,00	0,641
Igrapiúna	BA	4888º	59,20	3,80	22,00	83,20	0,557	53,43	13,37	0,388
Igreja Nova	AL	5197º	52,13	3,25	15,45	81,31	0,602	49,52	23,31	0,364
Igrejinha	RS	211º	91,14	13,99	59,58	20,06	0,508	36,84	18,68	0,727
Iguaba Grande	SP	1279º	90,29	22,53	25,66	29,82	0,563	35,28	26,51	0,631
Iguaí	BA	4168º	62,82	7,45	13,22	76,66	0,582	44,62	3,98	0,430
Iguape	SP	2091º	89,96	19,48	49,86	46,34	0,608	39,54	10,94	0,577
Iguaraci	PE	4798º	66,75	8,18	10,44	75,64	0,601	43,74	43,22	0,394
Iguaraçu	PR	726º	86,18	25,35	32,88	41,93	0,516	37,60	0,00	0,671
Iguatama	MG	1334º	89,19	16,90	35,99	38,44	0,574	37,14	12,09	0,627
Iguatemi	MS	2528º	83,11	11,63	37,22	53,39	0,577	44,58	22,03	0,543
Iguatu	CE	2959º	70,45	13,65	21,34	61,22	0,587	40,35	14,02	0,507
Iguatu	PR	2696º	79,94	9,65	39,60	59,27	0,528	38,36	0,00	0,529
Ijaci	MG	1528º	86,31	11,44	39,49	56,75	0,501	38,25	0,00	0,613
Ijuí	RS	757º	92,66	23,22	34,28	29,56	0,570	34,79	11,47	0,669
Ilha Comprida	SP	1384º	90,17	24,27	26,34	33,76	0,584	37,19	14,92	0,623
Ilha das Flores	SE	5108º	64,37	7,77	13,62	81,37	0,621	50,14	24,15	0,372
Ilha de Itamaracá	PE	2603º	81,07	14,72	5,44	43,47	0,604	38,28	44,14	0,537
Ilha Grande	PI	4222º	60,61	6,04	11,68	83,63	0,488	47,36	0,00	0,427
Ilha Solteira	SP	21º	92,83	38,77	25,50	18,18	0,481	33,72	0,00	0,796
Ilhabela	SP	1184º	88,66	21,20	32,81	25,70	0,564	39,62	19,20	0,639
Ilhéus	BA	2910º	78,27	17,56	30,98	59,61	0,644	43,90	20,26	0,511
Ilhota	SC	435º	91,23	14,56	43,70	25,16	0,423	38,61	18,91	0,698
Ilicínea	MG	1297º	84,46	12,16	34,70	36,83	0,523	39,08	0,00	0,629
Ilópolis	RS	2008º	89,53	11,08	18,11	38,83	0,577	36,64	0,00	0,583
Imaculada	PB	4964º	62,79	4,70	25,21	82,83	0,584	51,46	0,00	0,384
Imaruí	SC	2081º	84,67	10,21	28,11	47,73	0,575	36,68	7,46	0,578

*a partir da melhor situação social ou maior IES)

Nome do Município 2000	UF	Posição*	Indicador de Alfabetização	Indicador de Escolaridade	Indicador de Emprego	Indicador de Pobreza	Índice de Gini	Indicador de Juventude	Indicador de Violência	Índice de Exclusão
Imbaú	PR	2815º	77,02	8,19	13,56	58,94	0,580	42,00	10,56	0,520
Imbé	RS	836º	93,15	20,42	29,67	25,15	0,539	37,07	8,17	0,662
Imbé de Minas	MG	4099º	78,75	3,90	9,14	65,61	0,581	45,12	16,92	0,434
Imbituba	SC	473º	90,11	21,03	39,08	31,30	0,483	37,25	0,00	0,694
Imbituva	PR	2160º	91,07	10,95	28,67	52,00	0,574	40,77	24,49	0,571
Imbuia	SC	1794º	88,28	9,65	9,39	29,53	0,433	41,59	0,00	0,596
Imigrante	RS	213º	95,98	11,49	31,06	11,25	0,478	25,27	25,97	0,727
Imperatriz	MA	2817º	82,66	20,13	25,06	57,37	0,609	45,95	12,14	0,519
Inácio Martins	PR	3164º	84,23	9,25	39,36	65,33	0,629	45,71	9,12	0,491
Inaciolândia	GO	2672º	77,52	11,04	13,49	57,78	0,531	38,48	0,00	0,532
Inajá	PE	5386º	53,92	9,13	24,63	79,75	0,699	51,60	30,12	0,335
Inajá	PR	1242º	81,40	12,62	30,30	50,43	0,451	38,42	0,00	0,633
Inconfidentes	MG	800º	85,86	13,82	32,64	32,26	0,501	34,36	0,00	0,665
Indaiabira	MG	4247º	62,25	3,64	14,09	77,13	0,535	47,69	0,00	0,426
Indaial	SC	56º	94,06	18,62	57,56	16,04	0,465	36,54	7,46	0,766
Indaiatuba	SP	319º	91,11	26,60	47,16	17,64	0,556	36,43	21,76	0,711
Independência	CE	4007º	66,28	10,02	9,27	76,89	0,581	42,38	3,96	0,439
Independência	RS	2256º	90,53	13,78	22,98	49,65	0,616	35,28	13,68	0,564
Indiana	SP	712º	88,10	23,43	32,80	38,66	0,536	35,44	0,00	0,672
Indianópolis	MG	2138º	83,81	11,78	37,10	44,79	0,587	41,62	18,56	0,573
Indianópolis	PR	876º	85,53	19,56	37,87	39,79	0,479	33,38	0,00	0,660
Indiaporã	SP	1618º	85,38	22,84	45,24	42,10	0,564	32,45	49,29	0,607
Indiara	GO	2550º	83,43	10,41	37,93	52,82	0,558	40,48	50,78	0,541
Indiaroba	SE	4788º	58,97	4,05	17,40	81,97	0,566	52,14	0,00	0,395
Indiavaí	MT	1895º	87,29	8,94	36,41	57,25	0,453	43,77	0,00	0,591
Ingá	PB	3193º	60,27	8,17	21,49	67,41	0,513	45,61	5,72	0,489
Ingaí	MG	1567º	83,99	16,72	41,73	46,12	0,650	36,93	0,00	0,611
Ingazeira	PE	4127º	67,56	11,49	14,04	71,70	0,579	44,43	0,00	0,432
Inhacorá	RS	2439º	87,29	9,07	17,92	52,06	0,556	38,44	0,00	0,550

*a partir da melhor situação social ou maior IES)

Nome do Município 2000	UF	Posição*	Indicador de Alfabetização	Indicador de Escolaridade	Indicador de Emprego	Indicador de Pobreza	Índice de Gini	Indicador de Juventude	Indicador de Violência	Índice de Exclusão
Inhambupe	BA	4166º	64,74	7,69	14,01	75,62	0,562	47,52	3,38	0,430
Inhangapi	PA	4108º	70,12	9,53	19,43	70,41	0,602	52,02	0,00	0,433
Inhapi	AL	5478º	48,74	2,04	5,98	84,60	0,684	53,50	16,17	0,295
Inhapim	MG	2856º	79,73	12,03	16,04	57,16	0,606	39,48	0,00	0,517
Inhaúma	MG	1350º	84,34	16,91	33,11	49,43	0,455	40,54	0,00	0,626
Inhuma	PI	3601º	66,49	8,90	9,34	68,20	0,547	43,55	0,00	0,461
Inhumas	GO	1623º	86,80	17,33	26,85	40,69	0,560	37,08	9,11	0,607
Inimutaba	MG	1582º	83,90	9,77	37,31	57,29	0,445	40,06	0,00	0,610
Inocência	MS	2027º	82,86	13,70	32,69	41,17	0,622	41,01	0,00	0,581
Inúbia Paulista	SP	125º	85,89	22,68	37,09	39,41	0,450	34,66	0,00	0,746
Iomerê	SC	240º	95,00	21,26	33,71	23,33	0,492	31,88	0,00	0,722
Ipaba	MG	2206º	81,17	7,76	33,55	56,86	0,476	44,25	0,00	0,568
Ipameri	GO	923º	87,59	14,56	35,06	36,25	0,488	35,65	8,84	0,657
Ipanema	MG	2170º	80,60	16,34	23,39	52,40	0,538	37,44	13,12	0,571
Ipanguaçu	RN	3857º	60,94	10,76	15,28	77,52	0,572	45,36	41,93	0,448
Ipaporanga	CE	4786º	59,00	2,16	14,10	87,38	0,571	44,83	8,89	0,395
Ipatinga	MG	581º	91,33	25,59	46,44	33,07	0,557	38,92	9,88	0,682
Ipaumirim	CE	4239º	71,97	9,82	13,43	76,58	0,613	43,87	17,33	0,426
Ipaussu	SP	342º	88,50	17,07	30,35	31,55	0,486	36,84	23,90	0,707
Ipê	RS	204º	88,10	15,04	27,87	22,66	0,388	29,91	0,00	0,728
Ipecaetá	BA	4186º	68,37	2,90	8,99	77,50	0,472	48,19	5,35	0,429
Iperó	SP	781º	88,10	16,74	58,45	28,08	0,496	39,93	10,88	0,666
Ipeúna	SP	286º	88,10	20,27	57,58	24,50	0,514	38,11	0,00	0,716
Ipiaçu	MG	2669º	82,64	13,04	33,52	44,94	0,623	35,67	74,52	0,532
Ipiaú	BA	3293º	74,15	14,72	21,31	64,43	0,629	44,17	9,17	0,482
Ipiguá	SP	608º	85,88	14,44	40,00	32,11	0,484	34,72	0,00	0,681
Ipira	SC	962º	92,36	12,58	25,59	33,53	0,464	35,59	0,00	0,654
Ipirá	BA	4273º	66,06	4,95	12,18	72,57	0,575	47,72	0,00	0,424
Ipiranga	PR	2637º	87,67	8,56	26,80	53,86	0,563	43,62	0,00	0,534
Ipiranga do Piauí	PI	3616º	71,55	9,60	11,05	75,90	0,519	44,60	0,00	0,461
Ipiranga do Sul	RS	944º	92,51	12,79	18,66	27,79	0,523	30,09	0,00	0,655

*a partir da melhor situação social ou maior IES)

Nome do Município 2000	UF	Posição*	Indicador de Alfabetização	Indicador de Escolaridade	Indicador de Emprego	Indicador de Pobreza	Índice de Gini	Indicador de Juventude	Indicador de Violência	Índice de Exclusão
Ipixuna	AM	5502º	48,14	3,46	4,02	90,25	0,676	63,67	0,00	0,255
Ipixuna do Pará	PA	5299º	58,21	2,04	12,00	82,72	0,593	54,63	7,96	0,350
Ipojuca	PE	3681º	66,83	10,09	2,46	71,18	0,550	46,63	65,79	0,457
Iporá	GO	1880º	86,30	17,33	23,26	45,65	0,560	36,40	9,58	0,591
Iporã	PR	2264º	84,40	16,66	23,29	51,28	0,545	36,62	30,40	0,563
Iporã do Oeste	SC	1721º	93,98	13,85	15,49	42,38	0,485	38,09	0,00	0,601
Iporanga	SP	3037º	82,99	16,97	49,81	58,19	0,578	46,98	43,84	0,501
Ipu	CE	4571º	62,58	7,73	10,50	73,75	0,591	46,70	15,35	0,408
Ipuã	SP	848º	88,06	16,34	37,33	32,32	0,555	37,40	16,85	0,662
Ipuaçu	SC	3245º	79,41	12,05	10,59	56,13	0,566	46,81	0,00	0,486
Ipubi	PE	5200º	60,06	7,64	38,90	79,52	0,670	49,69	8,68	0,363
Ipueira	RN	2853º	74,40	9,10	31,70	70,51	0,499	37,85	0,00	0,517
Ipueiras	CE	4835º	63,09	3,91	10,73	79,22	0,585	48,74	5,23	0,392
Ipueiras	TO	5487º	77,86	3,30	32,75	83,87	0,559	50,94	171,53	0,287
Ipuiúna	MG	2305º	84,45	12,09	12,41	36,87	0,639	34,99	0,00	0,560
Ipumirim	SC	1352º	92,01	13,44	28,20	36,45	0,552	36,67	0,00	0,626
Ipupiara	BA	3893º	80,08	7,63	11,44	73,10	0,618	41,12	11,71	0,446
Iracema	CE	4023º	65,47	8,83	13,38	70,32	0,636	43,91	0,00	0,438
Iracema	RR	3706º	78,45	7,99	22,36	61,94	0,551	52,31	20,92	0,455
Iracema do Oeste	PR	2031º	80,20	11,52	23,35	53,45	0,491	35,82	0,00	0,581
Iracemápolis	SP	60º	91,59	22,90	30,73	13,10	0,493	35,71	0,00	0,766
Iraceminha	SC	2000º	88,10	8,92	7,31	41,58	0,445	36,93	0,00	0,583
Iraí	RS	2609º	85,56	15,17	15,24	51,37	0,646	37,12	0,00	0,536
Iraí de Minas	MG	986º	87,12	14,79	41,99	41,01	0,521	38,13	0,00	0,652
Irajuba	BA	4156º	59,62	4,30	10,38	76,66	0,525	45,27	0,00	0,431
Iramaia	BA	3914º	67,30	7,82	11,63	84,24	0,481	45,89	0,00	0,444
Iranduba	AM	4427º	74,10	8,26	13,83	69,57	0,584	52,06	12,38	0,417
Irani	SC	2204º	90,34	10,52	38,19	47,96	0,618	41,91	11,63	0,568
Irapuã	SP	1041º	85,69	17,69	46,67	39,84	0,483	35,03	15,02	0,648

*a partir da melhor situação social ou maior IES)

Nome do Município 2000	UF	Posição*	Indicador de Alfabetização	Indicador de Escolaridade	Indicador de Emprego	Indicador de Pobreza	Índice de Gini	Indicador de Juventude	Indicador de Violência	Índice de Exclusão
Irapuru	SP	1258º	84,25	23,46	51,05	47,81	0,558	32,28	0,00	0,632
Iraquara	BA	4171º	72,67	8,62	11,02	74,55	0,566	48,85	0,00	0,430
Irará	BA	4205º	70,65	10,05	10,69	73,62	0,584	47,90	3,97	0,428
Irati	PR	1374º	91,40	17,64	19,79	43,83	0,557	38,07	11,46	0,624
Irati	SC	3135º	83,50	9,35	9,11	38,44	0,683	43,28	0,00	0,494
Irauçuba	CE	5054º	62,64	6,03	8,38	80,26	0,581	50,92	10,22	0,376
Irecê	BA	2992º	81,85	19,79	19,49	62,30	0,604	44,51	10,45	0,505
Iretama	PR	2948º	77,83	10,44	36,88	60,63	0,623	41,46	0,00	0,508
Irineópolis	SC	2761º	89,73	8,53	15,78	46,39	0,554	42,02	20,55	0,524
Irituia	PA	4780º	73,93	6,37	9,74	72,19	0,604	53,08	3,15	0,395
Irupi	ES	2318º	78,26	8,76	14,69	36,94	0,470	42,93	9,66	0,559
Isaías Coelho	PI	5199º	61,88	3,67	9,19	81,99	0,597	50,60	13,06	0,363
Israelândia	GO	1707º	81,30	11,16	29,65	54,12	0,484	36,58	0,00	0,602
Itá	SC	1145º	90,97	17,62	31,67	32,98	0,555	38,39	0,00	0,641
Itaara	RS	1583º	88,14	14,20	34,93	42,44	0,611	37,18	0,00	0,610
Itabaiana	PB	3005º	65,54	9,25	18,59	69,71	0,523	40,55	3,97	0,504
Itabaiana	SE	3446º	71,23	9,24	17,48	60,72	0,524	44,01	37,75	0,471
Itabaianinha	SE	4527º	62,75	7,29	17,93	78,18	0,536	49,09	28,21	0,411
Itabela	BA	4324º	69,65	7,47	19,44	71,02	0,550	49,69	34,96	0,422
Itaberá	SP	2739º	87,47	13,51	32,36	59,42	0,629	41,42	5,29	0,525
Itaberaba	BA	3036º	76,00	13,96	24,13	64,23	0,592	45,68	0,00	0,501
Itaberaí	GO	2776º	83,54	14,62	19,70	49,81	0,634	38,38	25,11	0,523
Itabi	SE	4153º	61,73	7,61	11,92	76,18	0,594	43,76	0,00	0,431
Itabira	MG	918º	89,18	22,79	41,81	39,13	0,561	38,93	3,05	0,657
Itabirinha	MG	3243º	78,05	10,23	13,98	64,20	0,624	39,98	0,00	0,486
Itabirito	MG	247º	93,85	21,20	51,92	30,82	0,488	37,37	7,12	0,721
Itaboraí	SP	2201º	87,64	13,50	34,71	41,71	0,517	38,14	72,54	0,568
Itabuna	BA	2416º	83,54	22,53	32,22	53,30	0,631	40,73	28,47	0,552
Itacajá	TO	3827º	68,06	9,07	27,53	71,15	0,592	46,65	0,00	0,449
Itacambira	MG	3828º	78,67	7,83	18,78	78,57	0,572	47,35	0,00	0,449
Itacarambi	MG	3117º	75,46	18,89	27,04	70,66	0,554	51,01	0,00	0,495
Itacaré	BA	4265º	62,58	6,30	19,62	73,58	0,583	50,75	0,00	0,425

*a partir da melhor situação social ou maior IES)

Nome do Município 2000	UF	Posição*	Indicador de Alfabetização	Indicador de Escolaridade	Indicador de Emprego	Indicador de Pobreza	Índice de Gini	Indicador de Juventude	Indicador de Violência	Índice de Exclusão
Itacoatiara	AM	3755º	81,59	15,93	20,03	69,61	0,605	52,89	4,16	0,453
Itacuruba	PE	3415º	74,31	15,31	9,89	69,98	0,586	46,25	27,26	0,474
Itacurubi	RS	2177º	88,82	9,70	30,92	57,54	0,534	34,74	28,55	0,570
Itaeté	BA	4910º	62,01	5,61	13,42	78,20	0,615	51,64	0,00	0,387
Itagi	BA	4352º	67,54	7,09	20,05	77,58	0,625	48,89	0,00	0,420
Itagibá	BA	3599º	65,00	7,98	24,03	77,83	0,541	47,04	0,00	0,462
Itagimirim	BA	2919º	71,12	10,34	33,92	61,90	0,594	44,42	12,94	0,510
Itaguaçu	ES	2019º	84,33	17,49	19,57	44,61	0,527	36,63	20,70	0,582
Itaguaçu da Bahia	BA	4981º	61,98	4,91	6,43	79,56	0,559	51,60	0,00	0,382
Itaguaí	SP	1670º	88,81	19,92	35,28	36,77	0,542	39,18	47,56	0,604
Itaguajé	PR	2626º	78,60	15,87	22,82	55,38	0,664	41,21	0,00	0,535
Itaguara	MG	1074º	90,01	15,65	35,32	41,56	0,530	34,56	7,08	0,646
Itaguari	GO	3225º	82,03	12,34	18,11	57,64	0,643	36,15	45,61	0,487
Itaguaru	GO	2516º	86,11	16,41	19,74	53,49	0,612	36,41	17,56	0,544
Itaguatins	TO	4244º	67,22	7,11	16,87	76,60	0,509	50,88	0,00	0,426
Itaí	SP	1676º	85,30	14,62	25,89	45,89	0,536	40,09	9,51	0,604
Itaíba	PE	5264º	49,58	3,49	26,77	76,37	0,615	49,20	11,19	0,356
Itaiçaba	CE	3813º	72,37	10,18	11,28	77,51	0,531	43,05	15,20	0,450
Itainópolis	PI	4556º	60,61	5,46	8,44	77,06	0,677	39,57	0,00	0,409
Itaiópolis	SC	1994º	89,24	10,74	25,60	49,09	0,483	41,19	5,24	0,584
Itaipava do Grajaú	MA	5459º	48,54	0,92	5,03	82,21	0,603	57,91	0,00	0,313
Itaipé	MG	4923º	66,01	7,60	11,87	73,32	0,674	50,85	0,00	0,386
Itaipulândia	PR	2193º	89,33	17,67	29,38	43,25	0,580	41,11	14,63	0,569
Itaitinga	CE	3224º	73,55	7,03	32,26	70,28	0,505	46,93	27,38	0,487
Itaituba	PA	3992º	76,07	9,19	15,71	61,78	0,635	50,27	3,17	0,440
Itajá	GO	1748º	84,76	15,07	31,88	44,20	0,530	39,29	15,22	0,599
Itajá	RN	3356º	67,05	8,49	24,80	76,81	0,529	46,15	16,00	0,478
Itajaí	SC	311º	92,13	25,17	46,56	21,47	0,543	38,18	8,81	0,712
Itajobi	SP	418º	89,33	18,18	25,45	31,95	0,473	31,60	0,00	0,700
Itaju	SP	176º	90,17	16,55	35,65	25,50	0,411	33,47	0,00	0,734
Itaju do Colônia	BA	3303º	66,46	10,61	38,77	76,45	0,548	47,61	23,31	0,481

*a partir da melhor situação social ou maior IES)

Nome do Município 2000	UF	Posição*	Indicador de Alfabetização	Indicador de Escolaridade	Indicador de Emprego	Indicador de Pobreza	Índice de Gini	Indicador de Juventude	Indicador de Violência	Índice de Exclusão
Itajubá	MG	330º	92,41	29,70	48,32	30,18	0,581	36,91	3,57	0,710
Itajuípe	BA	2939º	73,16	12,10	31,55	70,53	0,575	44,15	4,44	0,508
Italva	SP	1232º	83,06	16,00	35,17	41,47	0,535	32,16	23,77	0,634
Itamaraju	BA	3287º	69,75	11,00	23,95	62,82	0,576	46,94	9,35	0,482
Itamarandiba	MG	4413º	70,67	7,84	19,58	72,17	0,673	48,82	3,03	0,417
Itamarati	AM	5492º	36,91	2,34	14,70	88,30	0,656	63,43	0,00	0,279
Itamarati de Minas	MG	1121º	84,09	12,35	29,37	37,83	0,481	35,53	0,00	0,642
Itamari	BA	4570º	65,53	4,09	16,60	78,15	0,588	47,72	11,81	0,408
Itambacuri	MG	3374º	72,62	10,59	22,36	61,22	0,653	45,26	0,00	0,476
Itambaracá	PR	1451º	82,21	16,30	23,26	52,80	0,496	38,76	28,21	0,619
Itambé	BA	3385º	63,72	6,17	20,34	78,88	0,439	45,74	6,48	0,475
Itambé	PE	3751º	61,01	7,75	32,15	78,41	0,563	46,81	20,01	0,453
Itambé	PR	695º	87,55	20,66	46,31	37,70	0,533	35,12	0,00	0,674
Itambé do Mato Dentro	MG	2085º	78,61	6,82	32,23	57,52	0,494	38,77	0,00	0,577
Itamogi	MG	1413º	87,58	14,24	24,67	34,30	0,520	38,45	0,00	0,621
Itamonte	MG	1158º	89,20	17,96	36,67	43,08	0,552	36,86	0,00	0,640
Itanagra	BA	4330º	64,73	6,33	18,82	72,05	0,571	53,05	0,00	0,422
Itanhaém	SP	1920º	89,40	21,66	33,39	32,99	0,557	39,12	52,78	0,590
Itanhandu	MG	693º	89,62	23,44	41,83	34,46	0,572	35,65	7,74	0,674
Itanhém	BA	3470º	72,01	9,92	15,65	67,06	0,589	43,60	4,69	0,469
Itanhomi	MG	3017º	75,34	9,63	18,76	63,36	0,597	40,00	0,00	0,503
Itaobim	MG	3473º	75,01	14,87	21,20	68,32	0,626	44,99	13,62	0,469
Itaóca	SP	4913º	83,18	11,50	39,67	71,53	0,638	44,08	92,99	0,387
Itaocara	SP	1552º	86,61	22,04	28,55	43,06	0,625	32,20	17,39	0,612
Itapaci	GO	2143º	83,41	13,44	26,27	52,62	0,527	39,56	7,18	0,572
Itapagé	CE	4790º	67,58	7,56	8,42	76,44	0,596	47,22	19,47	0,395
Itapagipe	MG	1426º	88,44	17,27	18,82	39,37	0,503	34,47	8,45	0,620
Itaparica	BA	2724º	83,03	16,14	27,28	62,58	0,581	43,25	10,56	0,527
Itapé	BA	3218º	71,29	9,12	30,13	79,99	0,480	43,81	27,32	0,488
Itapebi	BA	3518º	62,04	6,72	32,74	72,99	0,527	49,02	17,98	0,465
Itapecerica	MG	1216º	87,60	17,70	33,95	41,71	0,577	34,97	0,00	0,635

*a partir da melhor situação social ou maior IES)

Nome do Município 2000	UF	Posição*	Indicador de Alfabetização	Indicador de Escolaridade	Indicador de Emprego	Indicador de Pobreza	Índice de Gini	Indicador de Juventude	Indicador de Violência	Índice de Exclusão
Itapecerica da Serra	SP	2149º	88,51	18,42	27,80	33,15	0,554	42,48	84,82	0,572
Itapecuru Mirim	MA	4292º	66,32	11,85	15,05	80,09	0,547	51,91	0,00	0,423
Itapejara d'Oeste	PR	2244º	87,10	15,37	39,19	46,94	0,541	37,34	21,83	0,564
Itapema	SC	1071º	93,72	25,44	36,24	25,06	0,679	39,42	0,00	0,646
Itapemirim	ES	2184º	84,92	10,49	29,27	53,99	0,504	41,53	7,11	0,570
Itaperuçu	PR	2838º	81,32	5,85	18,20	59,33	0,504	46,25	56,87	0,518
Itaperuna	SP	959º	86,96	22,37	37,85	36,47	0,550	34,57	23,06	0,654
Itapetim	PE	3771º	72,69	10,58	11,98	68,28	0,594	42,00	20,32	0,452
Itapetinga	BA	2333º	77,89	18,23	33,25	59,89	0,586	41,70	3,45	0,558
Itapetininga	SP	687º	91,03	26,80	18,26	28,36	0,559	38,65	22,30	0,675
Itapeva	MG	1816º	85,02	7,85	23,33	43,42	0,509	36,63	0,00	0,595
Itapeva	SP	1778º	88,33	21,68	41,39	46,41	0,615	42,01	6,03	0,597
Itapevi	SP	2219º	87,89	16,32	42,92	41,14	0,514	44,23	75,72	0,567
Itapicuru	BA	5128º	54,44	3,77	6,81	83,22	0,572	49,35	3,66	0,370
Itapipoca	CE	4629º	68,67	9,20	14,29	76,88	0,634	49,37	5,30	0,405
Itapira	SP	190º	89,49	22,45	37,11	19,23	0,521	33,73	23,67	0,731
Itapiranga	AM	4374º	83,91	12,74	15,20	79,13	0,550	54,51	13,68	0,419
Itapiranga	SC	1696º	93,18	17,55	31,06	38,61	0,629	39,81	0,00	0,603
Itapirapuã	GO	2383º	81,80	11,80	21,77	60,87	0,518	38,48	0,00	0,555
Itapirapuã Paulista	SP	3897º	79,64	9,88	42,67	72,54	0,706	46,27	0,00	0,445
Itapiratins	TO	4802º	71,12	5,10	11,03	83,98	0,687	46,32	0,00	0,394
Itapissuma	PE	3501º	73,93	12,80	28,71	68,51	0,576	45,33	44,74	0,467
Itapitanga	BA	3112º	64,96	8,91	35,96	77,35	0,550	45,77	0,00	0,495
Itapiúna	CE	5232º	63,72	7,35	12,27	81,27	0,673	48,16	24,58	0,360
Itapoá	SC	2425º	91,43	19,67	17,95	37,29	0,648	40,14	22,63	0,551
Itápolis	SP	558º	88,61	19,98	51,03	28,55	0,546	34,01	5,30	0,685
Itaporã	MS	2455º	82,74	17,08	27,94	52,48	0,589	41,54	17,60	0,548
Itaporã do Tocantins	TO	3280º	74,54	8,89	17,60	70,97	0,555	44,09	0,00	0,483
Itaporanga	PB	3116º	73,06	14,06	14,03	67,34	0,566	43,98	0,00	0,495

*a partir da melhor situação social ou maior IES)

Nome do Município 2000	UF	Posição*	Indicador de Alfabetização	Indicador de Escolaridade	Indicador de Emprego	Indicador de Pobreza	Índice de Gini	Indicador de Juventude	Indicador de Violência	Índice de Exclusão
Itaporanga	SP	2559º	84,73	15,38	24,77	54,54	0,591	39,93	6,97	0,541
Itaporanga d'Ajuda	SE	3571º	65,91	8,03	24,52	74,13	0,513	49,12	7,85	0,463
Itapororoca	PB	3926º	53,31	4,16	22,76	71,60	0,527	44,95	0,00	0,444
Itapuã do Oeste	RO	3398º	79,19	8,06	38,31	55,05	0,663	48,77	0,00	0,475
Itapuca	RS	2107º	81,78	4,86	10,16	40,16	0,425	38,91	0,00	0,576
Itapuí	SP	121º	87,36	17,02	38,35	27,53	0,446	36,22	0,00	0,748
Itapura	SP	1542º	85,00	17,08	20,62	54,64	0,495	38,04	0,00	0,613
Itapuranga	GO	2622º	82,68	13,90	19,99	52,46	0,612	36,76	18,70	0,535
Itaquaquecetuba	SP	2371º	87,52	14,83	56,92	41,81	0,498	44,90	72,54	0,555
Itaquara	BA	4500º	62,73	5,41	9,04	77,81	0,494	46,43	25,44	0,412
Itaqui	RS	1813º	89,69	17,85	39,67	49,08	0,592	40,71	15,09	0,595
Itaquiraí	MS	3404º	79,69	9,54	20,13	65,11	0,533	45,37	31,71	0,474
Itaquitinga	PE	3860º	65,11	10,13	37,17	78,63	0,580	46,16	46,82	0,447
Itarana	ES	2389º	85,23	16,21	11,00	44,43	0,525	36,99	26,26	0,554
Itarantim	BA	3323º	73,64	9,54	20,16	72,40	0,566	42,62	5,91	0,480
Itararé	SP	2293º	88,31	16,41	31,54	47,25	0,626	41,42	21,48	0,561
Itarema	CE	5230º	58,31	3,50	8,54	83,07	0,595	52,47	0,00	0,360
Itariri	SP	2583º	86,62	14,96	37,99	42,31	0,602	44,07	28,86	0,539
Itarumã	GO	1894º	85,18	15,82	31,83	42,41	0,622	39,39	0,00	0,591
Itatiaia	SP	939º	90,64	23,01	41,52	32,59	0,546	38,17	28,30	0,656
Itatiaiuçu	MG	1622º	83,40	9,34	36,91	49,69	0,501	39,54	0,00	0,607
Itatiba	SP	130º	91,43	25,22	33,50	16,98	0,526	35,49	8,62	0,745
Itatiba do Sul	RS	2449º	88,50	9,62	13,20	50,51	0,510	40,31	0,00	0,549
Itatim	BA	3980º	69,60	8,36	14,71	73,35	0,553	47,40	7,87	0,441
Itatinga	SP	799º	86,63	15,31	26,76	37,49	0,490	42,15	6,47	0,665
Itatira	CE	5351º	50,98	2,64	10,05	84,78	0,655	50,76	0,00	0,342
Itatuba	PB	3770º	53,44	5,33	10,25	79,55	0,511	46,07	0,00	0,452
Itaú	RN	3093º	72,01	12,02	14,93	77,89	0,553	41,89	0,00	0,497
Itaú de Minas	MG	295º	90,82	22,78	42,83	29,62	0,488	36,12	0,00	0,715

*a partir da melhor situação social ou maior IES)

Nome do Município 2000	UF	Posição*	Indicador de Alfabetização	Indicador de Escolaridade	Indicador de Emprego	Indicador de Pobreza	Índice de Gini	Indicador de Juventude	Indicador de Violência	Índice de Exclusão
Itaúba	MT	3244º	83,34	6,58	36,60	44,01	0,635	45,42	70,05	0,486
Itaubal	AP	5082º	78,25	6,11	35,61	79,84	0,579	59,61	0,00	0,374
Itauçu	GO	1649º	85,60	15,25	26,56	56,71	0,484	35,96	0,00	0,606
Itaueira	PI	4541º	66,52	7,80	6,99	74,18	0,634	45,05	0,00	0,410
Itaúna	MG	356º	91,09	22,82	47,41	28,66	0,551	36,02	3,90	0,706
Itaúna do Sul	PR	2404º	81,03	13,14	44,28	64,51	0,517	41,47	0,00	0,553
Itaverava	MG	3297º	80,95	6,05	15,35	70,65	0,504	42,27	15,65	0,482
Itinga	MG	4146º	69,94	9,20	18,03	79,07	0,621	46,45	0,00	0,431
Itinga do Maranhão	MA	4542º	71,72	7,39	25,33	70,97	0,701	50,22	12,97	0,410
Itiquira	MT	2012º	85,87	12,55	45,59	45,35	0,609	42,37	21,74	0,583
Itirapina	SP	236º	90,31	21,11	49,79	19,09	0,545	34,05	23,37	0,723
Itirapuã	SP	1046º	85,95	14,86	50,25	40,89	0,525	39,43	0,00	0,647
Itiruçu	BA	3963º	68,46	9,27	17,72	73,89	0,635	44,79	0,00	0,442
Itiúba	BA	5009º	67,60	4,92	8,89	79,38	0,635	48,47	5,63	0,380
Itobi	SP	1230º	88,37	16,02	51,73	37,01	0,510	38,39	26,79	0,635
Itororó	BA	3440º	68,63	9,72	21,45	71,48	0,560	44,34	10,10	0,472
Itu	SP	496º	89,68	24,48	43,30	21,27	0,572	37,63	27,33	0,692
Ituaçu	BA	4369º	63,01	5,39	10,10	73,99	0,606	44,75	0,00	0,419
Ituberá	BA	4067º	67,50	9,05	20,17	73,46	0,584	49,31	8,29	0,436
Itueta	MG	2496º	80,78	7,39	13,42	54,33	0,525	35,93	0,00	0,545
Ituiutaba	MG	892º	87,88	21,21	36,47	34,89	0,577	33,40	12,35	0,658
Itumbiara	GO	1016º	87,81	21,76	37,80	35,71	0,557	35,31	23,33	0,649
Itumirim	MG	1389º	88,13	17,55	35,39	49,24	0,541	37,93	0,00	0,623
Itupeva	SP	361º	90,93	20,91	39,05	18,29	0,537	39,12	7,64	0,706
Itupiranga	PA	5371º	62,94	3,60	8,67	80,00	0,583	53,82	34,24	0,338
Ituporanga	SC	1050º	92,28	14,91	26,05	25,84	0,474	40,28	5,13	0,647
Iturama	MG	871º	86,86	21,59	39,90	31,86	0,592	37,65	0,00	0,660
Itutinga	MG	1568º	88,16	18,03	27,81	47,47	0,545	37,37	0,00	0,611
Ituverava	SP	622º	89,71	26,13	48,87	26,63	0,592	35,31	13,79	0,679
Iuiú	BA	4512º	65,56	6,54	15,50	81,14	0,568	50,06	0,00	0,412
Iúna	ES	2610º	80,43	11,43	17,47	40,32	0,558	42,20	19,15	0,536

*a partir da melhor situação social ou maior IES)

Nome do Município 2000	UF	Posição*	Indicador de Alfabetização	Indicador de Escolaridade	Indicador de Emprego	Indicador de Pobreza	Índice de Gini	Indicador de Juventude	Indicador de Violência	Índice de Exclusão
Ivaí	PR	3165º	87,67	10,26	28,09	58,79	0,554	42,96	25,21	0,491
Ivaiporã	PR	1952º	82,85	18,56	14,57	46,79	0,591	37,01	3,10	0,588
Ivaté	PR	1188º	83,45	14,65	25,30	50,94	0,452	37,65	14,44	0,638
Ivatuba	PR	844º	86,09	28,76	41,65	28,71	0,575	40,24	0,00	0,662
Ivinhema	MS	2205º	86,41	15,62	23,79	49,49	0,533	38,67	23,10	0,568
Ivolândia	GO	1820º	81,95	11,40	25,60	53,10	0,535	33,22	0,00	0,595
Ivorá	RS	851º	92,28	19,47	18,91	43,22	0,426	32,22	0,00	0,661
Ivoti	RS	10º	95,08	23,05	61,75	10,93	0,462	34,65	6,53	0,807
Jaboatão dos Guararapes	PE	2767º	85,14	24,57	37,36	52,28	0,647	39,79	83,23	0,523
Jaborá	SC	1690º	87,63	11,34	15,44	36,39	0,495	36,77	0,00	0,604
Jaborandi	BA	4809º	63,76	4,63	8,02	79,33	0,600	47,37	0,00	0,394
Jaborandi	SP	617º	88,34	15,98	46,22	43,98	0,488	35,76	0,00	0,680
Jaboti	PR	2237º	79,11	14,36	33,93	49,40	0,516	37,86	0,00	0,565
Jaboticaba	RS	2666º	84,46	9,32	11,50	56,42	0,531	38,34	0,00	0,532
Jaboticabal	SP	187º	90,83	26,83	39,22	19,26	0,530	34,93	19,29	0,732
Jaboticatubas	MG	2387º	83,38	10,70	29,06	50,19	0,602	39,67	7,39	0,555
Jaçanã	RN	3610º	66,06	8,46	14,04	70,57	0,568	43,92	0,00	0,461
Jacaraci	BA	3863º	69,86	4,61	10,67	72,80	0,583	41,52	0,00	0,447
Jacaraú	PB	4705º	54,78	4,37	13,46	76,86	0,583	45,87	7,08	0,400
Jacaré dos Homens	AL	5423º	54,78	5,88	11,07	83,01	0,694	51,85	17,48	0,327
Jacareacanga	PA	4383º	56,73	2,49	6,51	61,38	0,641	43,21	0,00	0,419
Jacareí	SP	451º	91,74	30,73	46,43	24,46	0,526	36,74	47,05	0,697
Jacarezinho	PR	910º	87,08	25,10	14,35	36,73	0,593	38,57	15,14	0,657
Jaci	SP	163º	84,71	14,93	48,16	26,15	0,472	34,86	0,00	0,736
Jaciara	MT	1249º	85,27	18,37	38,26	36,24	0,549	39,49	12,61	0,633
Jacinto	MG	3525º	70,55	8,09	18,03	74,80	0,585	42,41	0,00	0,465
Jacinto Machado	SC	1926º	87,80	11,83	18,67	43,63	0,478	38,29	9,15	0,589
Jacobina	BA	3583º	76,68	14,57	18,05	64,17	0,658	43,97	17,00	0,462

*a partir da melhor situação social ou maior IES)

Nome do Município 2000	UF	Posição*	Indicador de Alfabetização	Indicador de Escolaridade	Indicador de Emprego	Indicador de Pobreza	Índice de Gini	Indicador de Juventude	Indicador de Violência	Índice de Exclusão
Jacobina do Piauí	PI	4927º	58,21	2,58	5,95	80,45	0,534	46,26	17,57	0,386
Jacuí	MG	1563º	85,38	11,62	21,90	41,93	0,479	37,01	0,00	0,611
Jacuípe	AL	4864º	50,98	6,61	33,59	80,17	0,577	50,72	54,70	0,390
Jacundá	PA	4954º	71,14	6,37	16,16	63,96	0,627	50,32	54,26	0,384
Jacupiranga	SP	1872º	85,89	23,23	46,62	41,81	0,610	42,47	17,60	0,592
Jacutinga	MG	772º	87,87	17,59	36,69	21,80	0,548	36,52	15,79	0,667
Jacutinga	RS	1218º	91,24	17,48	24,40	40,26	0,532	34,09	0,00	0,635
Jaguapitã	PR	574º	85,25	19,04	46,49	36,02	0,469	37,06	0,00	0,683
Jaguaquara	BA	4141º	67,60	9,24	13,19	69,92	0,599	46,60	10,72	0,432
Jaguaraçu	MG	1332º	86,28	9,86	48,69	60,98	0,463	39,96	0,00	0,627
Jaguarão	RS	607º	89,33	20,44	40,69	34,43	0,553	34,72	0,00	0,681
Jaguarari	BA	3259º	72,09	9,53	20,99	66,00	0,605	42,28	3,65	0,485
Jaguaré	ES	3034º	82,27	11,21	20,21	55,11	0,563	45,08	20,47	0,502
Jaguaretama	CE	4404º	61,74	7,89	9,47	77,15	0,564	46,12	5,55	0,418
Jaguari	RS	1221º	90,18	17,32	21,38	37,53	0,540	32,83	0,00	0,635
Jaguariaíva	PR	1574º	87,18	18,46	39,63	45,64	0,543	42,05	22,74	0,610
Jaguaribara	CE	3556º	64,42	7,15	15,72	76,48	0,520	43,42	0,00	0,464
Jaguaribe	CE	4157º	68,08	10,16	11,64	70,75	0,624	43,68	14,26	0,431
Jaguaripe	BA	4532º	61,90	6,99	13,11	79,99	0,539	49,41	7,45	0,411
Jaguariúna	SP	153º	90,07	26,62	54,63	19,13	0,545	35,94	20,27	0,738
Jaguaruana	CE	3868º	64,25	9,67	13,98	74,46	0,566	44,69	3,36	0,447
Jaguaruna	SC	947º	88,61	12,47	35,12	29,98	0,515	37,90	0,00	0,655
Jaíba	MG	3846º	73,03	9,52	20,74	70,30	0,577	51,61	0,00	0,448
Jaicós	PI	5120º	52,91	5,47	9,37	77,35	0,646	46,89	12,61	0,371
Jales	SP	250º	90,49	29,15	35,10	24,53	0,511	33,09	4,33	0,721
Jambeiro	SP	784º	88,14	18,18	55,48	38,91	0,544	37,63	0,00	0,666
Jampruca	MG	3038º	68,85	7,83	21,92	68,16	0,514	43,36	0,00	0,501
Janaúba	MG	2888º	78,84	19,36	27,28	60,56	0,588	46,22	17,84	0,513
Jandaia	GO	1586º	87,20	14,86	30,17	50,86	0,549	35,32	0,00	0,609
Jandaia do Sul	PR	769º	86,90	25,13	42,82	35,07	0,555	35,04	10,16	0,668
Jandaíra	BA	5025º	58,07	5,81	9,02	80,40	0,542	52,33	9,97	0,379

*a partir da melhor situação social ou maior IES)

Nome do Município 2000	UF	Posição*	Indicador de Alfabetização	Indicador de Escolaridade	Indicador de Emprego	Indicador de Pobreza	Índice de Gini	Indicador de Juventude	Indicador de Violência	Índice de Exclusão
Jandaíra	RN	4136º	53,72	7,04	27,45	75,43	0,521	48,09	0,00	0,432
Jandira	SP	1179º	89,79	21,94	34,40	27,86	0,513	41,90	59,91	0,639
Janduís	RN	3106º	62,60	12,00	12,91	78,24	0,530	43,20	0,00	0,496
Jangada	MT	3199º	73,99	8,45	22,46	59,65	0,558	48,67	0,00	0,489
Janiópolis	PR	2396º	80,77	13,58	36,49	56,82	0,515	38,62	12,37	0,554
Januária	MG	3402º	76,86	18,65	22,76	65,57	0,656	48,58	1,57	0,474
Januário Cicco	RN	4493º	59,50	5,85	13,60	77,81	0,593	46,47	0,00	0,413
Japaraíba	MG	571º	88,09	18,57	39,48	33,42	0,438	40,48	0,00	0,684
Japaratinga	AL	4714º	58,27	7,84	30,76	80,01	0,595	50,15	43,68	0,400
Japaratuba	SE	3380º	70,92	10,16	28,99	68,83	0,557	47,44	20,61	0,476
Japeri	SP	2314º	85,54	11,26	34,61	51,13	0,522	42,28	32,42	0,559
Japi	RN	5279º	54,51	8,15	34,30	82,61	0,667	50,47	15,80	0,354
Japira	PR	2443º	84,18	12,92	21,42	55,03	0,589	39,24	0,00	0,550
Japoatã	SE	3721º	60,50	4,77	22,91	76,80	0,488	48,01	7,68	0,454
Japonvar	MG	4766º	67,54	4,52	19,54	82,33	0,589	50,72	12,31	0,396
Japorã	MS	4126º	68,75	7,51	14,94	72,36	0,544	51,55	0,00	0,432
Japurá	AM	5378º	49,42	1,34	11,54	86,47	0,577	56,31	0,00	0,337
Japurá	PR	364º	87,46	19,24	23,15	32,60	0,434	33,53	0,00	0,705
Jaqueira	PE	3984º	61,59	6,41	44,21	81,02	0,540	51,49	42,91	0,440
Jaquirana	RS	1798º	87,22	6,37	38,07	51,65	0,505	40,92	0,00	0,596
Jaraguá	GO	2001º	85,61	13,28	27,92	47,82	0,518	39,91	12,02	0,583
Jaraguá do Sul	SC	14º	95,19	28,69	60,80	13,36	0,485	35,97	4,61	0,802
Jaraguari	MS	1694º	85,62	8,14	40,89	49,88	0,558	38,67	0,00	0,603
Jaramataia	AL	4309º	55,57	3,59	11,35	84,73	0,434	49,14	0,00	0,423
Jardim	CE	4982º	67,00	5,79	8,12	79,32	0,621	47,62	11,15	0,382
Jardim	MS	3253º	88,04	18,77	26,88	48,06	0,687	42,14	70,98	0,485
Jardim Alegre	PR	2730º	79,77	12,41	34,67	61,16	0,550	39,33	0,00	0,526
Jardim de Angicos	RN	2915º	70,02	8,97	16,34	83,70	0,475	44,76	0,00	0,510
Jardim de Piranhas	RN	3042º	68,69	7,05	26,48	67,90	0,500	40,97	0,00	0,501

*a partir da melhor situação social ou maior IES)

Nome do Município 2000	UF	Posição*	Indicador de Alfabetização	Indicador de Escolaridade	Indicador de Emprego	Indicador de Pobreza	Índice de Gini	Indicador de Juventude	Indicador de Violência	Índice de Exclusão
Jardim do Mulato	PI	4425º	53,90	4,91	19,20	78,50	0,614	45,66	0,00	0,417
Jardim do Seridó	RN	2128º	77,38	15,21	16,75	57,40	0,551	35,16	8,30	0,574
Jardim Olinda	PR	2572º	78,54	14,05	15,77	55,10	0,650	41,50	0,00	0,540
Jardinópolis	SC	2706º	89,62	10,38	11,42	60,20	0,487	42,13	0,00	0,529
Jardinópolis	SP	351º	90,50	21,51	44,71	23,24	0,526	38,09	6,51	0,707
Jari	RS	2763º	89,51	6,50	13,17	60,94	0,566	36,50	0,00	0,523
Jarinu	SP	1857º	86,42	16,03	46,48	32,59	0,571	40,40	29,34	0,593
Jaru	RO	2973º	83,59	10,42	19,50	50,24	0,572	45,89	29,85	0,506
Jataí	GO	1554º	88,05	18,83	34,59	35,11	0,593	39,11	21,21	0,612
Jataizinho	PR	1394º	82,55	17,14	31,66	47,39	0,505	40,20	8,83	0,623
Jataúba	PE	5047º	55,88	5,02	6,28	72,44	0,580	46,35	34,12	0,377
Jateí	MS	1904º	83,69	17,47	25,26	54,38	0,470	41,59	0,00	0,590
Jati	CE	3944º	66,36	10,81	9,99	75,04	0,579	44,07	0,00	0,443
Jatobá	MA	4760º	57,40	4,59	10,91	71,45	0,504	52,84	19,78	0,397
Jatobá	PE	3584º	76,62	15,14	28,64	70,25	0,625	45,44	38,03	0,462
Jatobá do Piauí	PI	3533º	66,78	2,42	10,71	83,42	0,434	41,19	0,00	0,465
Jaú	SP	43º	91,05	26,08	46,50	14,90	0,498	33,63	3,57	0,774
Jaú do Tocantins	TO	3169º	77,42	9,37	19,77	67,37	0,554	41,56	0,00	0,491
Jaupaci	GO	2113º	82,29	11,80	23,92	54,49	0,524	37,41	0,00	0,575
Jauru	MT	3703º	80,23	9,83	15,95	60,09	0,566	46,07	39,17	0,456
Jeceaba	MG	1603º	88,77	12,16	32,49	57,16	0,504	36,01	0,00	0,608
Jenipapo de Minas	MG	3575º	63,71	7,02	28,29	72,06	0,527	51,83	0,00	0,463
Jenipapo dos Vieiras	MA	5439º	50,30	3,13	1,28	84,98	0,569	56,46	0,00	0,322
Jequeri	MG	3372º	76,46	8,99	19,09	68,28	0,597	41,11	14,64	0,476
Jequié	BA	2701º	77,33	16,72	26,54	61,35	0,594	42,46	4,76	0,529
Jequitaí	MG	3322º	76,23	10,54	22,74	67,71	0,593	46,50	0,00	0,480
Jequitibá	MG	2969º	83,32	6,65	24,68	56,95	0,637	42,49	0,00	0,507

*a partir da melhor situação social ou maior IES)

Nome do Município 2000	UF	Posição*	Indicador de Alfabetização	Indicador de Escolaridade	Indicador de Emprego	Indicador de Pobreza	Índice de Gini	Indicador de Juventude	Indicador de Violência	Índice de Exclusão
Jequitinho-nha	MG	3186º	68,96	10,89	25,25	67,11	0,624	42,39	0,00	0,490
Jeremoabo	BA	4906º	57,44	5,16	10,60	75,37	0,639	47,14	5,73	0,387
Jericó	PB	3880º	64,77	8,25	43,11	73,02	0,523	42,62	26,97	0,447
Jeriquara	SP	1596º	83,61	10,23	30,87	40,35	0,514	40,79	0,00	0,609
Jerônimo Monteiro	ES	1876º	82,32	17,21	27,86	48,81	0,566	38,14	0,00	0,592
Jerumenha	PI	3878º	69,03	9,84	16,91	79,55	0,549	47,09	0,00	0,447
Jesuânia	MG	1705º	84,06	14,00	32,57	50,12	0,546	37,76	0,00	0,602
Jesuítas	PR	2157º	84,21	14,75	39,20	48,10	0,622	33,11	0,00	0,571
Jesúpolis	GO	2506º	82,54	10,91	8,62	52,73	0,493	38,58	0,00	0,544
Jijoca de Jericoacoara	CE	5142º	65,43	4,33	8,49	74,32	0,649	50,74	8,27	0,369
Ji-Paraná	RO	2130º	86,21	17,14	14,84	41,57	0,599	43,87	20,60	0,573
Jiquiriçá	BA	3867º	66,37	6,42	7,58	70,62	0,504	46,43	0,00	0,447
Jitaúna	BA	4447º	61,99	5,28	15,09	83,96	0,589	43,86	4,75	0,416
Joaçaba	SC	180º	93,21	33,09	48,53	23,30	0,575	35,18	12,47	0,733
Joaíma	MG	4463º	65,89	7,43	19,42	73,08	0,695	46,88	0,00	0,415
Joanésia	MG	1997º	79,93	9,81	39,32	64,71	0,519	38,16	0,00	0,584
Joanópolis	SP	741º	86,68	14,77	51,33	27,98	0,512	35,66	0,00	0,670
João Alfredo	PE	4387º	58,02	6,13	11,00	70,23	0,556	44,54	25,63	0,419
João Câmara	RN	4442º	62,17	8,33	16,03	73,68	0,608	47,81	13,68	0,416
João Costa	PI	4595º	67,51	0,35	9,08	86,41	0,492	47,74	0,00	0,406
João Dias	RN	5072º	53,47	3,73	19,63	86,72	0,669	45,65	0,00	0,375
João Dourado	BA	3898º	70,85	10,23	11,88	73,09	0,540	47,61	5,27	0,445
João Lisboa	MA	4181º	67,95	6,14	15,95	76,31	0,529	51,29	0,00	0,429
João Monlevade	MG	400º	92,26	25,26	45,80	38,07	0,524	36,24	0,00	0,702
João Neiva	ES	849º	87,93	20,00	38,39	38,84	0,505	36,18	13,07	0,661
João Pessoa	PB	1154º	86,67	33,97	18,09	39,22	0,625	38,59	31,94	0,641
João Pinheiro	MG	2430º	82,99	14,81	26,94	50,31	0,589	43,37	2,42	0,551
João Ramalho	SP	535º	84,83	16,40	32,98	43,61	0,491	40,32	0,00	0,688

*a partir da melhor situação social ou maior IES)

Nome do Município 2000	UF	Posição*	Indicador de Alfabetização	Indicador de Escolaridade	Indicador de Emprego	Indicador de Pobreza	Índice de Gini	Indicador de Juventude	Indicador de Violência	Índice de Exclusão
Joaquim Felício	MG	2898º	79,22	9,39	24,38	59,18	0,583	44,27	0,00	0,513
Joaquim Gomes	AL	4984º	50,49	4,53	21,69	81,38	0,567	52,36	18,62	0,382
Joaquim Nabuco	PE	4215º	61,79	8,44	42,36	81,36	0,567	49,83	56,51	0,427
Joaquim Pires	PI	5014º	53,50	4,22	8,26	84,09	0,536	50,82	0,00	0,379
Joaquim Távora	PR	896º	86,10	19,28	18,14	42,03	0,499	36,34	0,00	0,658
Joca Claudino	PB	4240º	65,18	4,76	9,43	85,73	0,490	45,13	0,00	0,426
Joca Marques	PI	5150º	54,42	2,55	5,90	85,73	0,515	52,13	0,00	0,368
Jóia	RS	2225º	90,49	12,22	24,27	52,33	0,595	37,61	0,00	0,566
Joinville	SC	156º	93,71	29,60	51,18	19,82	0,548	37,78	9,78	0,737
Jordânia	MG	3568º	73,72	14,05	14,99	72,87	0,594	45,24	0,00	0,463
Jordão	AC	5506º	34,37	0,90	11,60	93,77	0,710	64,82	0,00	0,234
José Boiteux	SC	2721º	86,41	10,53	17,84	39,37	0,576	43,97	21,77	0,527
José Bonifácio	SP	615º	88,93	22,95	33,93	26,02	0,565	35,82	3,48	0,680
José da Penha	RN	3955º	60,28	8,54	13,84	76,61	0,640	42,18	0,00	0,442
José de Freitas	PI	3971º	64,44	7,03	16,59	78,51	0,525	47,13	3,04	0,442
José Gonçalves de Minas	MG	2857º	68,12	3,79	33,50	63,61	0,387	54,51	0,00	0,517
José Raydan	MG	4307º	69,86	2,67	16,43	75,31	0,652	43,62	0,00	0,423
Joselândia	MA	5168º	55,94	6,03	8,44	85,42	0,582	51,54	0,00	0,367
Josenópolis	MG	4830º	63,20	2,75	17,54	73,87	0,607	53,73	0,00	0,392
Joviânia	GO	2484º	86,70	16,12	25,68	44,12	0,686	35,91	28,97	0,546
Juara	MT	2916º	84,65	11,34	22,62	38,97	0,611	43,58	45,53	0,510
Juarez Távora	PB	3359º	56,42	4,36	22,33	69,38	0,471	44,84	0,00	0,477
Juarina	TO	3725º	81,30	7,08	13,98	64,21	0,630	47,24	0,00	0,454
Juatuba	MG	1616º	87,66	19,28	49,97	47,91	0,552	42,59	15,28	0,608

*a partir da melhor situação social ou maior IES)

Nome do Município 2000	UF	Posição*	Indicador de Alfabetização	Indicador de Escolaridade	Indicador de Emprego	Indicador de Pobreza	Índice de Gini	Indicador de Juventude	Indicador de Violência	Índice de Exclusão
Juazeirinho	PB	3623º	68,45	4,65	17,32	75,51	0,503	47,54	6,72	0,460
Juazeiro	BA	3002º	78,32	19,22	32,07	59,51	0,631	43,98	40,10	0,504
Juazeiro do Norte	CE	3192º	74,44	15,39	23,51	63,92	0,608	44,01	17,44	0,489
Juazeiro do Piauí	PI	5237º	52,72	3,16	4,37	88,74	0,571	48,33	0,00	0,359
Jucás	CE	4663º	66,67	5,53	10,90	79,11	0,600	46,19	8,84	0,403
Jucati	PE	4936º	56,40	3,48	4,19	81,25	0,536	46,54	10,31	0,385
Jucuruçu	BA	5109º	56,41	3,17	7,55	77,66	0,609	50,12	0,00	0,371
Jucurutu	RN	3630º	61,77	7,65	17,43	69,37	0,577	41,02	5,77	0,460
Juína	MT	2868º	84,29	11,89	20,23	34,98	0,595	43,19	49,98	0,516
Juiz de Fora	MG	140º	93,40	31,81	29,75	23,72	0,577	33,68	8,91	0,742
Júlio Borges	PI	5281º	69,98	5,91	1,70	85,85	0,617	51,27	0,00	0,353
Júlio de Castilhos	RS	1866º	89,69	16,79	29,94	43,99	0,598	38,31	9,80	0,592
Júlio Mesquita	SP	1489º	81,24	17,60	58,87	47,24	0,560	40,33	48,01	0,616
Jumirim	SP	15º	96,02	22,36	36,20	21,66	0,399	36,16	0,00	0,801
Junco do Maranhão	MA	5124º	57,10	3,69	10,95	90,41	0,514	53,62	0,00	0,370
Junco do Seridó	PB	3540º	67,39	9,03	27,09	77,95	0,516	45,34	0,00	0,465
Jundiá	AL	4357º	53,12	7,30	27,43	84,62	0,508	50,77	21,37	0,420
Jundiaí	SP	53º	93,55	31,29	57,77	13,93	0,543	32,91	13,30	0,768
Jundiaí do Sul	PR	2382º	78,19	17,05	35,60	54,73	0,722	37,96	0,00	0,555
Junqueiro	AL	4960º	60,04	5,37	18,02	82,45	0,645	49,53	4,20	0,384
Junqueirópolis	SP	679º	83,58	22,01	60,80	33,19	0,539	30,97	5,88	0,676
Jupi	PE	5032º	59,65	6,83	9,34	70,45	0,614	46,67	40,55	0,378
Jupiá	SC	2960º	83,98	8,82	5,89	49,22	0,607	38,78	0,00	0,507
Juquiá	SP	2212º	84,50	18,08	49,86	47,54	0,634	43,24	19,50	0,567
Juquitiba	SP	2242º	85,58	11,21	31,83	45,66	0,524	43,33	34,01	0,565
Juramento	MG	2075º	84,00	21,62	17,89	67,53	0,463	43,86	0,00	0,578
Juranda	PR	2338º	86,91	15,31	37,47	54,78	0,606	39,50	0,00	0,558

*a partir da melhor situação social ou maior IES)

Nome do Município 2000	UF	Posição*	Indicador de Alfabetização	Indicador de Escolaridade	Indicador de Emprego	Indicador de Pobreza	Índice de Gini	Indicador de Juventude	Indicador de Violência	Índice de Exclusão
Jurema	PE	5458º	49,78	3,13	8,51	75,23	0,616	46,98	80,05	0,314
Jurema	PI	4860º	54,01	2,76	6,78	81,74	0,538	47,57	0,00	0,391
Juripiranga	PB	3565º	56,38	6,58	12,99	81,42	0,533	44,80	0,00	0,463
Juru	PB	4719º	63,83	4,42	11,61	79,00	0,592	49,32	0,00	0,400
Juruá	AM	5442º	56,21	4,16	22,19	84,44	0,727	59,63	0,00	0,320
Juruaia	MG	1459º	87,00	10,33	15,63	28,92	0,443	40,83	0,00	0,618
Juruena	MT	2749º	86,31	9,02	29,60	39,60	0,495	45,14	73,42	0,524
Juruti	PA	5361º	76,09	5,06	10,03	87,55	0,610	58,94	3,21	0,339
Juscimeira	MT	2779º	78,20	13,29	26,86	54,77	0,609	40,17	24,87	0,523
Jussara	BA	4513º	66,27	6,64	12,61	78,79	0,577	49,08	0,00	0,412
Jussara	GO	2158º	82,84	17,07	27,63	50,07	0,577	38,44	14,97	0,571
Jussara	PR	614º	87,49	16,63	25,74	42,44	0,433	37,20	15,88	0,680
Jussari	BA	2794º	72,18	7,79	34,28	74,93	0,480	45,55	0,00	0,521
Jussiape	BA	2370º	78,82	9,79	22,10	72,03	0,486	34,13	0,00	0,555
Jutaí	AM	5504º	46,36	3,58	13,91	86,86	0,800	64,09	0,00	0,246
Juti	MS	3273º	75,81	9,81	28,96	62,19	0,625	44,71	20,08	0,484
Juvenília	MG	4660º	74,16	7,27	12,83	81,47	0,572	51,04	13,99	0,403
Kaloré	PR	1922º	82,05	17,27	46,61	50,35	0,467	33,82	39,65	0,589
Lábrea	AM	5432º	56,29	4,59	10,60	81,06	0,675	56,99	3,45	0,324
Lacerdópolis	SC	317º	93,41	18,79	30,39	18,75	0,517	31,16	0,00	0,711
Ladainha	MG	4315º	62,17	6,62	28,03	74,11	0,529	51,17	0,00	0,422
Ladário	MS	2078º	87,06	20,78	40,10	47,15	0,605	46,41	13,06	0,578
Lafaiete Coutinho	BA	3254º	69,11	5,82	21,90	74,70	0,511	43,54	0,00	0,485
Lagamar	MG	1443º	86,91	18,15	36,28	49,31	0,520	36,15	0,00	0,619
Lagarto	SE	3806º	67,98	8,42	17,60	69,16	0,557	44,57	25,20	0,450
Lages	SC	891º	90,47	25,27	44,77	33,76	0,604	39,59	10,78	0,658
Lago da Pedra	MA	5052º	61,14	6,77	8,76	80,73	0,608	50,77	2,47	0,376
Lago do Junco	MA	5029º	61,70	6,99	7,69	86,32	0,554	51,67	0,00	0,378
Lago dos Rodrigues	MA	4645º	61,32	6,64	9,25	83,68	0,493	51,08	0,00	0,403
Lago Verde	MA	5286º	58,90	3,46	8,12	88,76	0,562	53,87	0,00	0,352

*a partir da melhor situação social ou maior IES)

Nome do Município 2000	UF	Posição*	Indicador de Alfabetização	Indicador de Escolaridade	Indicador de Emprego	Indicador de Pobreza	Índice de Gini	Indicador de Juventude	Indicador de Violência	Índice de Exclusão
Lagoa	PB	4160º	59,70	5,41	14,99	84,46	0,526	43,15	0,00	0,430
Lagoa Alegre	PI	4952º	54,18	3,94	12,21	86,49	0,514	49,58	0,00	0,384
Lagoa da Canoa	AL	4829º	58,22	3,82	11,94	85,49	0,500	49,24	15,01	0,393
Lagoa da Confusão	TO	3564º	77,87	10,89	16,31	62,84	0,662	48,48	0,00	0,463
Lagoa da Prata	MG	976º	87,29	14,89	14,51	33,38	0,518	38,35	0,00	0,653
Lagoa d'Anta	RN	4801º	59,40	7,47	16,50	76,71	0,594	50,97	17,77	0,394
Lagoa de Dentro	PB	3754º	63,11	6,72	19,30	73,26	0,509	44,33	14,11	0,453
Lagoa de Itaenga	PE	3354º	66,04	6,17	29,08	74,15	0,519	47,36	4,96	0,478
Lagoa de Pedras	RN	4795º	56,07	4,41	19,98	82,48	0,594	49,21	0,00	0,394
Lagoa de São Francisco	PI	4988º	51,06	3,37	13,15	86,59	0,539	50,15	0,00	0,382
Lagoa de Velhos	RN	4089º	69,04	10,67	5,62	73,17	0,549	47,15	37,72	0,434
Lagoa do Barro do Piauí	PI	5295º	57,16	1,47	6,95	85,22	0,635	48,90	0,00	0,350
Lagoa do Carro	PE	3182º	73,18	10,09	23,96	72,33	0,558	42,74	7,63	0,490
Lagoa do Mato	MA	5396º	59,17	3,36	7,95	90,42	0,688	49,71	0,00	0,333
Lagoa do Ouro	PE	5248º	55,97	5,93	6,99	83,31	0,628	46,96	17,66	0,358
Lagoa do Piauí	PI	4634º	64,90	4,31	7,85	91,12	0,522	47,96	0,00	0,404
Lagoa do Sítio	PI	5268º	56,53	4,56	7,02	87,41	0,633	43,96	24,17	0,355
Lagoa do Tocantins	TO	5027º	73,95	6,45	22,93	88,47	0,673	54,15	0,00	0,378
Lagoa dos Gatos	PE	5042º	50,21	5,70	8,00	76,18	0,615	46,78	12,42	0,377

*a partir da melhor situação social ou maior IES)

Nome do Município 2000	UF	Posição*	Indicador de Alfabetização	Indicador de Escolaridade	Indicador de Emprego	Indicador de Pobreza	Índice de Gini	Indicador de Juventude	Indicador de Violência	Índice de Exclusão
Lagoa dos Patos	MG	3230º	78,70	10,02	21,78	75,24	0,436	47,96	0,00	0,487
Lagoa dos Três Cantos	RS	600º	96,14	14,55	39,97	30,49	0,502	29,19	0,00	0,681
Lagoa Dourada	MG	2680º	88,44	5,70	32,90	59,74	0,566	39,27	0,00	0,531
Lagoa Formosa	MG	1027º	87,79	14,15	30,02	40,16	0,490	34,89	6,07	0,649
Lagoa Grande	MG	1968º	84,92	14,30	40,83	45,16	0,514	42,01	13,14	0,587
Lagoa Grande	PE	5343º	65,45	6,43	21,32	74,56	0,596	50,01	99,28	0,342
Lagoa Grande do Maranhão	MA	5413º	45,86	1,73	5,30	90,95	0,513	56,61	0,00	0,329
Lagoa Nova	RN	5056º	65,47	6,54	10,09	80,38	0,631	47,25	8,29	0,376
Lagoa Real	BA	4376º	64,21	2,90	10,28	80,71	0,494	46,91	7,83	0,419
Lagoa Salgada	RN	4933º	54,12	4,51	25,81	78,47	0,571	47,74	14,69	0,386
Lagoa Santa	MG	763º	90,78	24,51	16,82	33,97	0,560	38,81	5,39	0,668
Lagoa Seca	PB	3418º	71,72	8,83	18,40	69,62	0,544	43,50	16,56	0,473
Lagoa Vermelha	RS	982º	87,19	24,16	9,04	37,41	0,565	36,40	20,11	0,652
Lagoão	RS	3022º	74,93	7,01	24,53	61,30	0,511	40,01	0,00	0,502
Lagoinha	SP	1629º	85,43	15,86	39,79	50,29	0,533	37,24	0,00	0,607
Lagoinha do Piauí	PI	4196º	67,14	6,35	7,34	85,22	0,501	44,51	0,00	0,428
Laguna	SC	817º	90,97	19,17	36,34	34,33	0,530	36,34	6,31	0,664
Laguna Carapã	MS	2926º	79,23	10,96	29,34	54,48	0,662	45,27	0,00	0,509
Laje	BA	4119º	67,95	6,66	8,09	71,17	0,545	46,50	5,10	0,433
Laje do Muriaé	SP	1182º	81,29	16,14	40,39	52,08	0,498	36,46	0,00	0,639
Lajeado	RS	138º	93,14	26,77	50,57	17,39	0,507	34,56	29,63	0,742
Lajeado	TO	1463º	84,18	9,00	24,73	42,37	0,504	44,20	0,00	0,618
Lajeado do Bugre	RS	2683º	84,29	5,13	11,79	62,87	0,434	40,32	0,00	0,531

*a partir da melhor situação social ou maior IES)

Nome do Município 2000	UF	Posição*	Indicador de Alfabetização	Indicador de Escolaridade	Indicador de Emprego	Indicador de Pobreza	Índice de Gini	Indicador de Juventude	Indicador de Violência	Índice de Exclusão
Lajeado Grande	SC	931º	93,87	12,83	22,31	31,81	0,421	37,40	0,00	0,656
Lajeado Novo	MA	4568º	64,21	1,64	13,95	79,43	0,520	51,08	0,00	0,408
Lajedão	BA	3024º	67,66	9,40	25,91	62,38	0,630	40,57	0,00	0,502
Lajedinho	BA	4457º	73,38	1,96	18,31	83,93	0,498	48,85	22,98	0,415
Lajedo	PE	4403º	68,62	8,26	9,06	64,96	0,588	42,79	46,57	0,418
Lajedo do Tabocal	BA	3913º	68,98	5,70	13,84	78,54	0,526	45,73	0,00	0,444
Lajes	RN	3069º	71,80	9,20	22,98	72,77	0,525	42,57	10,64	0,499
Lajes Pintadas	RN	3250º	71,21	12,08	20,85	68,57	0,585	45,36	0,00	0,485
Lajinha	MG	2642º	80,05	14,01	28,33	51,24	0,552	42,29	5,12	0,534
Lamarão	BA	3527º	60,80	5,88	16,71	75,55	0,474	45,72	0,00	0,465
Lambari	MG	1344º	88,04	17,02	6,20	32,49	0,577	35,47	10,96	0,627
Lambari D'Oeste	MT	1929º	79,22	6,58	47,60	54,04	0,532	43,41	0,00	0,589
Lamim	MG	2894º	85,56	9,37	24,39	59,66	0,454	38,28	27,88	0,513
Landri Sales	PI	4179º	68,88	8,52	16,69	74,19	0,598	45,70	17,77	0,429
Lapa	PR	2036º	90,83	17,21	22,75	46,57	0,621	39,88	9,56	0,581
Lapão	BA	4409º	74,59	8,43	11,09	75,74	0,623	46,83	4,04	0,418
Laranja da Terra	ES	2617º	83,23	9,74	8,03	54,98	0,543	35,37	0,00	0,536
Laranjal	MG	1097º	88,89	24,96	23,73	45,86	0,534	32,94	0,00	0,644
Laranjal	PR	4948º	75,70	4,26	31,80	73,60	0,605	51,13	27,81	0,384
Laranjal do Jari	AP	3008º	78,11	9,86	17,52	55,79	0,583	52,62	0,00	0,503
Laranjal Paulista	SP	405º	91,13	21,59	35,37	19,90	0,536	35,33	18,06	0,701
Laranjeiras	SE	2893º	74,98	11,62	43,49	78,21	0,547	48,21	4,24	0,513
Laranjeiras do Sul	PR	2409º	86,05	18,10	13,28	48,40	0,594	42,24	39,97	0,552
Lassance	MG	3137º	79,37	7,74	46,90	64,68	0,579	45,36	0,00	0,494
Lastro	PB	3903º	66,08	7,08	16,09	89,15	0,451	42,17	32,07	0,445
Laurentino	SC	383º	93,27	18,00	36,30	19,81	0,520	35,14	0,00	0,704

*a partir da melhor situação social ou maior IES)

Nome do Município 2000	UF	Posição*	Indicador de Alfabetização	Indicador de Escolaridade	Indicador de Emprego	Indicador de Pobreza	Índice de Gini	Indicador de Juventude	Indicador de Violência	Índice de Exclusão
Lauro de Freitas	BA	1993º	87,72	28,38	35,28	46,16	0,684	42,33	8,81	0,584
Lauro Muller	SC	397º	91,57	16,77	46,44	34,04	0,457	38,25	0,00	0,702
Lavandeira	TO	3932º	73,69	8,05	44,30	84,94	0,608	45,33	0,00	0,443
Lavínia	SP	586º	87,48	22,66	29,93	38,44	0,516	34,98	0,00	0,682
Lavras	MG	376º	91,24	25,70	30,62	29,20	0,572	35,84	5,08	0,704
Lavras da Mangabeira	CE	4319º	66,28	10,80	10,48	77,48	0,602	44,51	9,57	0,422
Lavras do Sul	RS	1082º	88,06	22,57	39,27	42,16	0,587	34,92	12,33	0,645
Lavrinhas	SP	1266º	90,72	13,31	41,72	46,94	0,511	42,03	0,00	0,632
Leandro Ferreira	MG	1163º	80,97	12,40	31,96	38,92	0,465	36,72	0,00	0,640
Lebon Régis	SC	2844º	83,83	9,38	31,03	59,14	0,562	45,70	17,12	0,517
Leme	SP	540º	88,20	19,08	38,92	26,59	0,528	38,65	13,62	0,687
Leme do Prado	MG	3010º	78,90	8,59	40,51	65,01	0,489	49,68	21,11	0,503
Lençóis	BA	3593º	69,01	15,87	17,14	63,43	0,613	49,56	0,00	0,462
Lençóis Paulista	SP	193º	89,57	23,07	44,28	20,46	0,522	38,29	3,63	0,731
Leoberto Leal	SC	2507º	87,06	8,53	7,19	44,80	0,491	41,00	0,00	0,544
Leopoldina	MG	952º	87,52	17,23	30,56	38,41	0,557	35,47	5,99	0,655
Leopoldo de Bulhões	GO	2323º	85,16	9,33	23,43	50,23	0,528	39,14	12,88	0,559
Leópolis	PR	1295º	85,24	24,10	34,31	52,67	0,557	38,56	0,00	0,629
Liberato Salzano	RS	2764º	86,93	10,60	8,50	59,49	0,520	39,32	0,00	0,523
Liberdade	MG	1837º	79,30	13,00	30,07	53,79	0,552	34,96	0,00	0,594
Licínio de Almeida	BA	3748º	72,69	9,35	26,81	74,30	0,685	42,93	8,10	0,453
Lidianópolis	PR	2508º	80,25	11,70	38,78	56,63	0,543	36,11	0,00	0,544
Lima Campos	MA	4680º	62,02	6,15	9,95	80,57	0,545	46,38	18,61	0,402
Lima Duarte	MG	1473º	85,32	17,14	26,18	46,88	0,546	34,91	6,37	0,617
Limeira	SP	325º	91,42	25,09	47,88	21,33	0,530	35,94	16,06	0,710

*a partir da melhor situação social ou maior IES)

Nome do Município 2000	UF	Posição*	Indicador de Alfabetização	Indicador de Escolaridade	Indicador de Emprego	Indicador de Pobreza	Índice de Gini	Indicador de Juventude	Indicador de Violência	Índice de Exclusão
Limeira do Oeste	MG	2166º	83,08	11,25	17,34	51,40	0,557	38,62	0,00	0,571
Limoeiro	PE	3642º	75,56	15,27	24,79	66,31	0,548	40,48	88,78	0,459
Limoeiro de Anadia	AL	5275º	53,52	4,44	15,33	85,31	0,574	51,64	28,85	0,354
Limoeiro do Ajuru	PA	4926º	67,03	5,49	11,41	83,66	0,495	57,47	0,00	0,386
Limoeiro do Norte	CE	2995º	74,83	15,98	20,20	67,72	0,577	40,66	12,09	0,504
Lindoeste	PR	2859º	81,92	12,88	13,49	62,82	0,556	43,36	0,00	0,516
Lindóia	SP	45º	88,77	23,01	52,28	13,63	0,461	34,14	0,00	0,774
Lindóia do Sul	SC	2028º	90,91	12,74	19,77	35,58	0,653	35,43	0,00	0,581
Lindolfo Collor	RS	20º	93,52	6,89	71,81	23,71	0,335	38,02	0,00	0,797
Linha Nova	RS	175º	94,97	8,04	22,02	20,51	0,344	26,98	0,00	0,734
Linhares	ES	2165º	84,17	18,88	41,45	44,16	0,609	42,17	42,62	0,571
Lins	SP	97º	90,49	33,09	42,92	19,80	0,567	33,55	3,03	0,755
Livramento	PB	4207º	73,48	4,74	26,88	79,05	0,585	47,06	0,00	0,428
Livramento de Nossa Senhora	BA	3191º	73,16	13,29	19,81	69,13	0,581	43,72	0,00	0,489
Lizarda	TO	4546º	74,11	6,43	23,88	80,31	0,583	52,13	0,00	0,410
Loanda	PR	1256º	86,44	19,91	19,52	39,25	0,511	37,42	20,46	0,632
Lobato	PR	764º	86,82	26,06	32,85	36,14	0,536	36,84	24,61	0,668
Logradouro	PB	3521º	60,44	6,16	23,13	77,73	0,552	45,15	0,00	0,465
Londrina	PR	294º	91,37	33,21	42,98	22,02	0,575	35,69	17,00	0,715
Lontra	MG	3608º	69,80	10,02	9,19	73,03	0,549	47,05	0,00	0,461
Lontras	SC	697º	89,48	10,55	40,86	28,64	0,455	37,94	11,93	0,674
Lorena	SP	543º	91,70	31,35	48,88	28,32	0,551	37,39	29,49	0,687
Loreto	MA	5079º	66,00	6,56	15,57	83,16	0,650	52,47	0,00	0,374
Lourdes	SP	1040º	84,50	14,44	48,53	48,69	0,469	33,43	0,00	0,648
Louveira	SP	221º	90,04	16,52	42,55	18,29	0,480	37,29	8,37	0,725
Lucas do Rio Verde	MT	1282º	88,97	20,20	34,23	21,56	0,540	42,90	31,06	0,630
Lucélia	SP	452º	87,77	21,59	32,76	32,13	0,549	33,35	0,00	0,697

*a partir da melhor situação social ou maior IES)

Nome do Município 2000	UF	Posição*	Indicador de Alfabetização	Indicador de Escolaridade	Indicador de Emprego	Indicador de Pobreza	Índice de Gini	Indicador de Juventude	Indicador de Violência	Índice de Exclusão
Lucena	PB	3922º	63,66	6,54	13,12	79,85	0,566	47,09	0,00	0,444
Lucianópolis	SP	601º	82,22	15,06	49,00	38,58	0,434	37,23	0,00	0,681
Luciara	MT	3021º	79,14	15,72	19,62	56,96	0,568	49,32	0,00	0,503
Lucrécia	RN	3538º	68,66	14,38	19,57	70,10	0,577	43,29	31,08	0,465
Luís Antônio	SP	753º	88,41	19,43	42,24	26,72	0,522	42,42	27,93	0,669
Luís Correia	PI	4873º	62,24	4,18	12,15	83,13	0,597	48,62	0,00	0,389
Luís Domingues	MA	4898º	71,95	9,38	7,08	79,00	0,595	52,87	0,00	0,388
Luís Gomes	RN	4083º	62,49	7,95	31,57	75,89	0,602	47,03	0,00	0,435
Luisburgo	MG	3428º	81,43	2,94	17,72	51,62	0,605	44,12	0,00	0,472
Luislândia	MG	3483º	73,07	5,71	43,54	76,50	0,438	50,12	0,00	0,468
Luiz Alves	SC	907º	93,43	14,57	38,51	15,79	0,648	38,36	0,00	0,658
Luiziana	PR	2627º	81,87	10,03	43,10	63,98	0,546	43,41	0,00	0,535
Luiziânia	SP	1141º	80,42	16,31	41,75	44,06	0,468	35,94	23,40	0,641
Luminárias	MG	1424º	87,65	12,74	31,91	42,88	0,637	36,61	0,00	0,620
Lunardelli	PR	2479º	77,58	11,19	29,93	53,84	0,489	37,69	17,64	0,546
Lupércio	SP	722º	82,79	12,65	51,42	44,12	0,450	39,91	0,00	0,671
Lupionópolis	PR	1134º	80,32	18,70	16,37	48,62	0,563	34,40	0,00	0,642
Lutécia	SP	548º	90,04	21,55	39,34	36,63	0,480	36,35	0,00	0,687
Luz	MG	1704º	89,38	16,68	15,10	36,70	0,675	36,91	0,00	0,602
Luzerna	SC	231º	94,15	20,51	38,29	22,25	0,504	33,27	0,00	0,723
Luziânia	GO	2697º	84,70	12,77	37,65	47,90	0,573	45,60	51,74	0,529
Luzilândia	PI	4652º	58,41	6,35	9,50	77,06	0,562	49,34	0,00	0,403
Luzinópolis	TO	4375º	77,95	10,44	16,59	73,58	0,627	49,98	0,00	0,419
Macaé	SP	791º	89,92	26,63	47,07	24,84	0,564	37,83	52,85	0,666
Macaíba	RN	3083º	71,36	11,81	34,05	68,70	0,561	44,18	21,86	0,498
Macajuba	BA	4764º	66,86	2,82	9,15	76,36	0,595	48,62	0,00	0,396
Maçambara	RS	2350º	86,62	9,49	18,57	55,95	0,669	40,12	0,00	0,557
Macambira	SE	3365º	65,99	5,46	21,84	70,97	0,497	43,57	17,24	0,477
Macapá	AP	2475º	86,10	28,76	22,03	45,00	0,613	49,45	43,42	0,547
Macaparana	PE	3792º	63,76	11,78	25,38	73,53	0,556	46,51	31,12	0,451
Macarani	BA	3673º	65,92	7,07	15,23	70,05	0,529	45,62	6,85	0,458

*a partir da melhor situação social ou maior IES)

Nome do Município 2000	UF	Posição*	Indicador de Alfabetização	Indicador de Escolaridade	Indicador de Emprego	Indicador de Pobreza	Índice de Gini	Indicador de Juventude	Indicador de Violência	Índice de Exclusão
Macatuba	SP	336º	88,44	16,26	50,84	31,29	0,462	39,95	0,00	0,708
Macau	RN	1940º	75,41	17,83	13,85	61,04	0,490	38,68	11,67	0,589
Macaubal	SP	515º	90,12	22,48	37,43	32,18	0,505	31,14	0,00	0,690
Macaúbas	BA	4547º	64,48	7,43	14,00	77,68	0,655	45,57	0,00	0,409
Macedônia	SP	936º	87,05	18,40	52,43	45,14	0,453	33,53	0,00	0,656
Maceió	AL	2386º	80,86	26,82	36,26	49,20	0,673	40,99	37,86	0,555
Machacalis	MG	3375º	72,70	9,98	44,00	74,59	0,533	43,33	0,00	0,476
Machadinho	RS	1915º	85,72	13,07	40,77	48,68	0,500	36,52	0,00	0,590
Machadinho D'Oeste	RO	3986º	79,96	6,38	23,94	56,93	0,623	47,80	26,39	0,440
Machado	MG	801º	86,96	18,56	30,76	30,21	0,570	38,98	2,56	0,665
Machados	PE	4096º	61,70	6,89	14,30	73,21	0,572	46,81	0,00	0,434
Macieira	SC	3371º	93,39	3,92	23,89	60,63	0,741	41,00	0,00	0,476
Macuco	SP	758º	88,59	23,42	48,79	42,36	0,543	36,43	20,47	0,669
Macururé	BA	4359º	70,24	6,42	4,30	77,79	0,528	44,67	11,61	0,420
Madalena	CE	4671º	64,59	4,60	8,35	77,68	0,587	47,27	0,00	0,402
Madeiro	PI	5345º	48,75	2,86	6,36	91,96	0,472	54,62	14,77	0,342
Madre de Deus	BA	1950º	88,78	20,23	33,76	56,37	0,561	40,55	8,31	0,588
Madre de Deus de Minas	MG	1900º	87,62	15,67	11,75	57,57	0,540	38,26	0,00	0,590
Mãe d'Água	PB	4772º	62,66	3,98	16,73	86,06	0,513	46,14	28,91	0,396
Mãe do Rio	PA	4155º	74,85	9,11	12,85	69,49	0,595	50,56	0,00	0,431
Maetinga	BA	4145º	63,53	0,98	7,88	80,47	0,504	42,48	0,00	0,431
Mafra	SC	512º	92,89	21,38	45,59	34,18	0,497	38,59	8,01	0,691
Magalhães Barata	PA	5133º	77,21	7,11	6,61	80,35	0,659	51,85	0,00	0,369
Magalhães de Almeida	MA	5276º	58,96	6,97	8,80	87,06	0,645	50,86	0,00	0,354
Magda	SP	783º	85,55	25,47	28,27	39,79	0,541	32,01	0,00	0,666
Magé	SP	1658º	87,90	17,32	33,86	40,39	0,521	39,53	33,04	0,605
Maiquinique	BA	3174º	68,64	7,61	21,19	70,48	0,513	44,31	0,00	0,491
Mairi	BA	4209º	68,69	6,30	10,35	75,35	0,527	46,27	14,94	0,428
Mairinque	SP	748º	89,80	21,26	26,77	29,61	0,509	39,71	32,52	0,670

*a partir da melhor situação social ou maior IES)

Nome do Município 2000	UF	Posição*	Indicador de Alfabetização	Indicador de Escolaridade	Indicador de Emprego	Indicador de Pobreza	Índice de Gini	Indicador de Juventude	Indicador de Violência	Índice de Exclusão
Mairiporã	SP	1269º	89,20	24,38	28,90	28,66	0,637	38,81	18,30	0,632
Mairipotaba	GO	1731º	83,18	17,42	15,03	37,35	0,546	35,58	0,00	0,601
Major Gercino	SC	958º	90,04	9,61	22,75	32,02	0,418	35,73	0,00	0,654
Major Isidoro	AL	5095º	52,92	5,07	8,53	83,98	0,557	47,89	17,01	0,373
Major Sales	RN	3910º	62,15	9,45	14,36	83,17	0,532	43,89	0,00	0,444
Major Vieira	SC	3314º	88,81	9,63	11,10	53,97	0,659	40,60	14,48	0,481
Malaca-cheta	MG	4291º	72,91	11,58	7,09	65,74	0,672	47,01	10,04	0,423
Malhada	BA	4591º	61,57	5,18	18,78	85,46	0,519	52,95	0,00	0,407
Malhada de Pedras	BA	3685º	69,60	4,61	18,72	74,83	0,555	44,68	0,00	0,457
Malhada dos Bois	SE	3855º	68,30	7,07	22,81	82,36	0,538	47,94	0,00	0,448
Malhador	SE	3814º	66,31	7,32	16,43	73,18	0,528	46,63	8,71	0,450
Mallet	PR	2159º	91,95	11,74	41,08	46,15	0,595	38,62	0,00	0,571
Malta	PB	3316º	64,63	10,97	22,64	68,47	0,578	41,65	0,00	0,480
Maman-guape	PB	3650º	60,36	7,51	9,19	75,44	0,547	45,30	5,16	0,459
Mambaí	GO	4253º	72,37	6,41	12,34	71,75	0,528	48,90	20,67	0,426
Mamborê	PR	2114º	86,50	15,97	23,22	56,38	0,577	38,82	0,00	0,575
Mamonas	MG	3577º	68,56	3,96	15,53	71,16	0,534	39,43	0,00	0,463
Mampituba	RS	2660º	81,67	4,54	7,34	50,64	0,480	38,92	0,00	0,532
Manacapuru	AM	4697º	74,65	11,12	11,14	72,26	0,585	54,48	13,57	0,401
Manaíra	PB	4882º	53,42	6,47	12,16	82,52	0,544	50,43	0,00	0,389
Manaquiri	AM	4915º	73,18	6,09	11,40	73,00	0,655	52,68	0,00	0,386
Manari	PE	5505º	42,66	1,28	3,03	88,51	0,712	55,14	30,70	0,246
Manaus	AM	2152º	89,52	30,16	36,05	46,41	0,640	45,03	32,44	0,572
Mâncio Lima	AC	4922º	64,28	10,22	21,53	73,52	0,649	56,99	9,01	0,386
Mandagua-çu	PR	647º	86,79	20,49	28,83	39,44	0,521	37,44	0,00	0,678
Mandaguari	PR	740º	89,65	21,50	45,34	39,06	0,505	35,44	12,74	0,670
Mandirituba	PR	2288º	86,89	12,18	38,68	44,60	0,582	41,62	17,10	0,562
Manduri	SP	433º	89,63	18,99	46,76	28,82	0,484	36,42	12,09	0,698

*a partir da melhor situação social ou maior IES)

Nome do Município 2000	UF	Posição*	Indicador de Alfabetização	Indicador de Escolaridade	Indicador de Emprego	Indicador de Pobreza	Índice de Gini	Indicador de Juventude	Indicador de Violência	Índice de Exclusão
Manfrinópolis	PR	3772º	82,04	5,60	29,51	63,50	0,578	46,61	0,00	0,452
Manga	MG	4259º	71,59	9,30	33,08	74,12	0,578	51,07	4,37	0,425
Mangaratiba	SP	1117º	90,10	24,68	35,24	28,86	0,563	36,59	40,16	0,643
Mangueirinha	PR	3337º	83,74	11,57	8,36	61,11	0,674	46,33	11,26	0,479
Manhuaçu	MG	1939º	85,89	14,96	30,16	38,94	0,600	40,55	13,41	0,589
Manhumirim	MG	1645º	84,10	15,92	26,29	43,92	0,539	39,71	0,00	0,606
Manicoré	AM	5221º	65,31	7,49	11,17	81,66	0,606	56,07	5,26	0,361
Manoel Emídio	PI	4473º	61,62	10,62	12,10	79,65	0,518	49,02	19,41	0,414
Manoel Ribas	PR	2875º	82,91	16,29	27,36	56,19	0,589	41,83	15,31	0,515
Manoel Urbano	AC	5284º	50,57	3,85	20,52	76,28	0,649	58,79	0,00	0,352
Manoel Viana	RS	2281º	88,28	12,72	26,70	55,49	0,571	37,10	14,30	0,562
Manoel Vitorino	BA	4328º	58,78	3,49	11,97	80,16	0,510	47,14	0,00	0,422
Mansidão	BA	5359º	75,87	6,43	5,96	83,50	0,704	53,25	0,00	0,340
Mantena	MG	2658º	79,76	14,59	41,43	54,26	0,685	38,66	0,00	0,533
Mantenópolis	ES	3143º	78,68	10,91	14,54	57,46	0,585	41,32	16,39	0,493
Maquiné	RS	2067º	87,23	11,94	16,97	39,47	0,549	35,93	13,69	0,578
Mar de Espanha	MG	1219º	86,36	17,81	22,67	39,95	0,556	35,41	28,39	0,635
Mar Vermelho	AL	4206º	64,18	6,67	15,31	82,16	0,583	45,61	0,00	0,428
Mara Rosa	GO	2827º	81,84	11,59	18,90	60,59	0,570	40,10	8,38	0,518
Maraã	AM	5440º	51,63	2,48	7,07	88,72	0,553	59,33	0,00	0,321
Marabá	PA	3852º	79,08	16,47	25,25	57,67	0,629	49,83	54,76	0,448
Marabá Paulista	SP	1477º	82,81	14,80	36,09	59,66	0,515	36,93	0,00	0,617
Maracaçumé	MA	5238º	63,76	4,65	5,72	76,93	0,634	52,99	0,00	0,359

*a partir da melhor situação social ou maior IES)

Nome do Município 2000	UF	Posição*	Indicador de Alfabetização	Indicador de Escolaridade	Indicador de Emprego	Indicador de Pobreza	Índice de Gini	Indicador de Juventude	Indicador de Violência	Índice de Exclusão
Maracaí	SP	261º	88,82	24,27	44,04	32,13	0,457	36,67	15,38	0,719
Maracajá	SC	1919º	92,19	11,21	32,03	32,86	0,671	39,61	0,00	0,590
Maracaju	MS	2456º	86,15	15,75	31,65	43,31	0,593	43,96	34,33	0,548
Maracanã	PA	4904º	75,50	5,41	9,28	79,98	0,583	53,13	0,00	0,388
Maracanaú	CE	2737º	82,21	13,62	38,14	63,00	0,516	45,99	41,73	0,526
Maracás	BA	3767º	72,46	5,87	12,11	81,89	0,497	44,30	0,00	0,452
Maragogi	AL	4839º	56,66	8,90	17,37	79,22	0,563	51,90	32,06	0,392
Maragogipe	BA	3621º	67,91	11,25	10,47	71,00	0,535	44,58	4,83	0,460
Maraial	PE	4220º	58,20	5,22	32,45	83,07	0,530	51,18	20,40	0,427
Marajá do Sena	MA	5453º	50,94	2,26	4,66	82,47	0,618	57,07	0,00	0,316
Maranguape	CE	3047º	76,16	10,89	34,53	71,12	0,544	46,11	20,42	0,501
Maranhão-zinho	MA	5460º	55,31	1,52	5,80	90,51	0,635	54,25	0,00	0,313
Marapanim	PA	4326º	80,02	6,38	11,98	76,56	0,542	50,72	8,09	0,422
Marapoama	SP	447º	87,18	12,17	40,82	30,15	0,412	34,18	0,00	0,697
Maratá	RS	227º	92,53	9,26	26,01	21,23	0,359	30,32	0,00	0,724
Marataízes	ES	2751º	85,69	16,55	17,40	50,03	0,621	40,14	19,61	0,524
Marau	RS	160º	92,19	22,55	45,87	18,55	0,491	33,90	17,63	0,736
Maraú	BA	5256º	49,88	4,08	20,17	79,45	0,699	49,64	15,29	0,357
Maravilha	AL	5381º	51,19	2,78	21,23	88,09	0,603	53,62	7,31	0,336
Maravilha	SC	570º	91,55	21,54	37,21	28,54	0,513	37,37	5,40	0,684
Maravilhas	MG	1727º	87,91	15,17	27,52	54,98	0,482	38,88	0,00	0,601
Marcação	PB	5148º	50,13	2,23	19,37	88,55	0,555	50,56	0,00	0,368
Marcelândia	MT	2124º	85,75	10,74	21,78	27,06	0,569	46,05	20,76	0,574
Marcelino Ramos	RS	1254º	90,93	18,46	25,53	38,11	0,558	34,94	0,00	0,633
Marcelino Vieira	RN	4534º	61,32	8,78	16,92	77,41	0,639	44,30	11,94	0,411
Marcionílio Souza	BA	4978º	65,02	5,19	16,97	78,21	0,648	50,81	9,28	0,382
Marco	CE	4840º	58,88	9,49	14,91	81,93	0,606	51,56	0,00	0,392
Marcolândia	PI	5046º	59,13	4,84	6,48	77,36	0,603	46,96	16,19	0,377
Marcos Parente	PI	3712º	67,97	5,42	10,06	70,35	0,529	44,19	0,00	0,455

*a partir da melhor situação social ou maior IES)

Nome do Município 2000	UF	Posição*	Indicador de Alfabetização	Indicador de Escolaridade	Indicador de Emprego	Indicador de Pobreza	Índice de Gini	Indicador de Juventude	Indicador de Violência	Índice de Exclusão
Marechal Cândido Rondon	PR	573º	93,80	25,55	16,98	24,22	0,563	36,10	4,88	0,683
Marechal Deodoro	AL	3941º	62,77	11,65	11,63	72,33	0,610	47,72	36,25	0,443
Marechal Floriano	ES	2268º	86,25	12,80	23,92	38,24	0,548	38,62	41,02	0,563
Marechal Thauma-turgo	AC	5500º	45,01	1,86	13,01	90,88	0,703	62,81	0,00	0,265
Marema	SC	1504º	84,26	13,15	15,28	28,25	0,501	37,53	0,00	0,615
Mari	PB	3453º	56,01	6,04	16,52	73,21	0,522	41,78	4,84	0,471
Maria da Fé	MG	2588º	85,77	12,78	39,41	56,76	0,595	40,64	0,00	0,538
Maria Helena	PR	2101º	80,13	14,37	32,56	59,00	0,460	36,12	31,33	0,576
Marialva	PR	1160º	89,33	21,25	27,82	33,46	0,584	36,02	6,97	0,640
Mariana	MG	1508º	87,05	19,42	16,41	42,81	0,572	42,07	7,26	0,615
Mariana Pimentel	RS	1564º	88,36	12,44	18,30	38,52	0,549	32,79	0,00	0,611
Mariano Moro	RS	1557º	88,07	14,90	20,07	32,90	0,609	33,31	0,00	0,611
Marianó-polis do Tocantins	TO	3384º	84,49	8,25	11,48	61,06	0,598	44,81	0,00	0,475
Mariápolis	SP	504º	84,96	21,32	49,02	45,14	0,438	35,08	25,95	0,692
Maribondo	AL	4736º	62,56	7,91	32,22	75,32	0,654	45,74	19,81	0,399
Maricá	SP	1126º	89,52	24,76	30,44	30,61	0,551	34,74	36,49	0,642
Marilac	MG	3551º	72,36	13,05	37,17	66,99	0,561	45,23	22,60	0,464
Marilândia	ES	1756º	85,59	15,00	20,58	48,86	0,491	35,06	10,08	0,599
Marilândia do Sul	PR	2774º	84,83	16,15	30,67	55,96	0,612	38,86	33,07	0,523
Marilena	PR	2146º	81,94	13,38	23,71	53,69	0,520	39,99	0,00	0,572
Marília	SP	166º	91,08	32,11	34,65	20,66	0,566	34,62	11,15	0,736
Mariluz	PR	2277º	77,34	11,97	24,84	61,93	0,541	40,98	9,71	0,563
Maringá	PR	89º	93,37	36,68	38,47	17,63	0,557	34,09	7,28	0,756
Marinópolis	SP	1069º	85,04	14,68	50,57	44,57	0,417	35,76	0,00	0,646

*a partir da melhor situação social ou maior IES)

Nome do Município 2000	UF	Posição*	Indicador de Alfabetização	Indicador de Escolaridade	Indicador de Emprego	Indicador de Pobreza	Índice de Gini	Indicador de Juventude	Indicador de Violência	Índice de Exclusão
Mário Campos	MG	1656º	84,22	10,18	40,10	47,51	0,476	43,50	0,00	0,605
Mariópolis	PR	2120º	90,58	17,63	44,34	45,07	0,607	37,94	16,62	0,574
Maripá	PR	528º	95,01	20,96	24,96	27,06	0,483	34,39	0,00	0,689
Maripá de Minas	MG	1524º	83,39	12,33	41,37	48,83	0,635	32,73	0,00	0,614
Marituba	PA	2752º	85,35	14,03	28,91	63,18	0,531	46,96	12,09	0,524
Marizópolis	PB	3413º	62,05	6,56	21,99	78,49	0,504	40,90	0,00	0,474
Marliéria	MG	1678º	87,55	12,65	19,73	55,38	0,546	39,76	0,00	0,604
Marmeleiro	PR	2284º	87,79	13,79	26,27	43,77	0,535	40,87	14,64	0,562
Marmeló-polis	MG	2903º	84,02	6,99	40,75	59,51	0,568	42,45	0,00	0,512
Marques de Souza	RS	486º	89,81	11,14	23,45	23,75	0,465	28,22	0,00	0,693
Marquinho	PR	5249º	81,71	5,21	18,99	67,39	0,596	48,19	88,35	0,358
Martinho Campos	MG	1498º	85,89	12,38	13,83	42,49	0,550	38,36	16,92	0,615
Martinópole	CE	4874º	59,06	7,07	12,81	82,68	0,599	49,95	0,00	0,389
Martinó-polis	SP	1175º	87,34	19,79	46,72	37,59	0,544	35,01	17,90	0,639
Martins	RN	3367º	81,88	10,23	20,57	71,53	0,626	41,17	0,00	0,477
Martins Soares	MG	2139º	79,42	9,80	11,98	42,21	0,437	42,06	0,00	0,573
Maruim	SE	2839º	75,01	9,05	33,77	72,21	0,511	46,40	0,00	0,518
Marumbi	PR	1888º	84,18	16,61	9,89	52,15	0,544	37,27	0,00	0,591
Marzagão	GO	2708º	83,97	17,15	27,71	41,13	0,507	39,22	104,17	0,528
Mascote	BA	3805º	66,21	6,81	27,23	77,80	0,547	49,38	6,21	0,450
Massapê	CE	4681º	55,69	6,15	17,62	78,35	0,568	49,04	16,91	0,402
Massapê do Piauí	PI	4969º	48,86	1,19	4,66	82,68	0,550	44,96	0,00	0,383
Massaran-duba	PB	4116º	57,80	4,34	28,42	75,39	0,599	44,62	8,55	0,433
Massaran-duba	SC	132º	94,12	16,24	44,77	16,38	0,477	34,08	0,00	0,744
Mata	RS	1928º	88,30	12,54	17,84	44,60	0,504	34,37	17,94	0,589

*a partir da melhor situação social ou maior IES)

Nome do Município 2000	UF	Posição*	Indicador de Alfabetização	Indicador de Escolaridade	Indicador de Emprego	Indicador de Pobreza	Índice de Gini	Indicador de Juventude	Indicador de Violência	Índice de Exclusão
Mata de São João	BA	2478º	78,77	16,92	30,37	62,27	0,554	44,19	0,00	0,546
Mata Grande	AL	5471º	51,24	5,50	8,75	83,04	0,670	52,50	35,95	0,305
Mata Roma	MA	5212º	60,10	6,87	14,84	85,70	0,642	53,29	0,00	0,362
Mata Verde	MG	3739º	64,92	7,98	17,94	69,69	0,535	46,25	0,00	0,453
Matão	SP	350º	90,09	22,22	26,30	25,90	0,531	36,84	12,54	0,707
Mataraca	PB	4057º	63,16	4,65	14,04	81,12	0,525	49,09	18,18	0,436
Mateiros	TO	5451º	55,57	1,90	12,10	85,04	0,613	54,62	0,00	0,317
Matelândia	PR	1319º	89,26	21,85	25,75	38,39	0,530	39,11	13,94	0,628
Materlândia	MG	4078º	71,80	6,79	43,30	75,52	0,577	44,92	20,64	0,435
Mateus Leme	MG	1067º	88,14	19,26	27,35	38,66	0,523	40,12	16,57	0,646
Mathias Lobato	MG	3717º	69,12	11,21	16,96	66,01	0,603	48,41	27,46	0,454
Matias Barbosa	MG	972º	91,07	15,95	42,16	37,55	0,510	35,02	32,21	0,653
Matias Cardoso	MG	4805º	65,52	5,52	19,41	80,82	0,586	54,69	0,00	0,394
Matias Olímpio	PI	5224º	51,18	4,65	6,90	86,06	0,572	50,84	0,00	0,361
Matina	BA	4985º	60,37	4,66	12,64	87,06	0,618	47,33	0,00	0,382
Matinha	MA	4603º	71,23	10,94	8,86	86,42	0,526	50,74	4,99	0,406
Matinhas	PB	4704º	61,37	4,93	11,53	78,20	0,481	47,41	48,95	0,400
Matinhos	PR	1291º	90,88	18,43	30,36	31,88	0,561	41,34	4,13	0,630
Matipó	MG	2890º	81,53	9,54	20,28	56,89	0,554	44,23	5,43	0,513
Mato Castelhano	RS	961º	89,23	17,61	23,51	38,03	0,470	34,07	0,00	0,654
Mato Grosso	PB	4423º	50,88	1,57	4,66	73,01	0,435	45,20	41,20	0,417
Mato Leitão	RS	164º	93,30	17,08	33,04	26,58	0,384	31,68	0,00	0,736
Mato Rico	PR	3794º	79,77	6,47	33,04	69,40	0,616	43,99	0,00	0,451
Mato Verde	MG	3539º	74,98	10,25	16,12	71,67	0,617	42,68	0,00	0,465
Matões	MA	4862º	56,02	4,34	9,08	84,14	0,502	51,55	0,00	0,390
Matões do Norte	MA	5375º	49,82	1,90	3,73	92,63	0,537	52,31	0,00	0,337
Matos Costa	SC	3090º	85,47	8,11	24,04	61,49	0,609	45,51	0,00	0,497
Matozinhos	MG	675º	90,09	20,76	44,51	36,88	0,508	40,18	0,00	0,676

*a partir da melhor situação social ou maior IES)

Nome do Município 2000	UF	Posição*	Indicador de Alfabetização	Indicador de Escolaridade	Indicador de Emprego	Indicador de Pobreza	Índice de Gini	Indicador de Juventude	Indicador de Violência	Índice de Exclusão
Matrinchã	GO	2300º	81,35	11,73	24,72	56,87	0,497	41,79	0,00	0,560
Matriz de Camaragibe	AL	3698º	56,68	7,84	32,01	84,47	0,500	50,06	4,16	0,456
Matupá	MT	2862º	84,81	11,09	29,55	46,22	0,634	44,42	8,86	0,516
Maturéia	PB	5355º	62,30	1,84	13,17	82,04	0,690	48,69	0,00	0,341
Matutina	MG	1100º	83,72	12,05	34,21	33,56	0,494	33,35	26,06	0,644
Mauá	SP	1066º	90,70	21,99	33,03	28,86	0,491	39,65	64,94	0,646
Mauá da Serra	PR	3563º	78,94	10,13	12,51	59,93	0,594	44,91	77,27	0,463
Maués	AM	5169º	79,20	10,35	13,33	78,02	0,665	56,33	12,49	0,367
Maurilândia	GO	807º	80,52	10,61	51,23	44,37	0,448	40,19	0,00	0,664
Maurilândia do Tocantins	TO	5048º	71,10	6,09	0,29	83,23	0,575	51,65	0,00	0,377
Mauriti	CE	4643º	61,28	7,23	15,11	77,30	0,617	48,14	7,08	0,404
Maxaran-guape	RN	3781º	65,99	7,88	25,60	79,92	0,501	49,49	0,00	0,451
Maximiliano de Almeida	RS	1657º	87,63	13,78	23,53	48,89	0,484	37,44	0,00	0,605
Mazagão	AP	5030º	66,47	8,10	24,69	73,82	0,617	58,08	8,34	0,378
Medeiros	MG	1416º	87,98	12,96	18,92	28,18	0,531	36,64	0,00	0,621
Medeiros Neto	BA	3249º	72,54	11,23	23,11	64,39	0,639	42,41	4,71	0,485
Medianeira	PR	915º	90,96	22,14	34,72	31,15	0,512	38,62	21,15	0,657
Medicilân-dia	PA	4314º	72,67	6,27	12,50	56,58	0,665	51,33	0,00	0,422
Medina	MG	3657º	70,84	8,29	13,58	70,98	0,577	43,85	0,00	0,458
Meleiro	SC	1875º	89,38	13,96	23,65	30,15	0,649	38,06	0,00	0,592
Melgaço	PA	5416º	49,52	1,07	6,08	89,73	0,459	61,74	0,00	0,329
Mendes	SP	344º	92,50	24,44	45,67	26,31	0,539	32,68	28,92	0,707
Mendes Pimentel	MG	3482º	67,88	7,98	12,05	66,70	0,611	39,58	0,00	0,468
Mendonça	SP	1024º	88,25	19,15	48,56	34,37	0,581	31,50	0,00	0,649
Mercedes	PR	1233º	90,85	12,66	35,55	27,23	0,484	35,09	0,00	0,634
Mercês	MG	2408º	81,96	11,75	23,04	57,23	0,583	36,80	0,00	0,553
Meridiano	SP	544º	87,45	19,26	45,00	40,92	0,432	33,61	0,00	0,687

*a partir da melhor situação social ou maior IES)

Nome do Município 2000	UF	Posição*	Indicador de Alfabetização	Indicador de Escolaridade	Indicador de Emprego	Indicador de Pobreza	Índice de Gini	Indicador de Juventude	Indicador de Violência	Índice de Exclusão
Meruoca	CE	4278º	66,00	6,37	14,26	76,92	0,570	48,22	0,00	0,424
Mesópolis	SP	1268º	81,19	15,69	26,21	51,91	0,472	34,92	0,00	0,632
Mesquita	MG	2750º	78,65	11,22	31,57	57,63	0,604	39,52	29,54	0,524
Messias	AL	4340º	59,85	4,95	32,74	82,17	0,549	49,32	33,36	0,421
Messias Targino	RN	3089º	66,14	14,67	20,20	79,95	0,455	42,76	26,90	0,497
Miguel Alves	PI	5129º	49,86	2,21	7,28	85,60	0,478	53,26	3,35	0,370
Miguel Calmon	BA	3636º	75,06	8,21	13,09	71,54	0,550	45,12	3,54	0,459
Miguel Leão	PI	3334º	56,56	6,30	20,48	70,99	0,429	48,91	0,00	0,480
Miguel Pereira	SP	1037º	89,60	25,07	34,47	30,26	0,629	34,67	16,74	0,648
Migueló-polis	SP	1356º	86,30	19,87	33,19	38,61	0,589	37,62	15,77	0,626
Milagres	BA	3044º	73,38	9,35	22,95	67,31	0,533	44,87	0,00	0,501
Milagres	CE	4105º	68,37	8,47	18,08	78,80	0,631	44,72	0,00	0,433
Milagres do Maranhão	MA	5134º	64,82	4,32	5,22	85,76	0,527	53,72	0,00	0,369
Milhã	CE	3872º	65,15	6,71	7,52	76,22	0,540	41,46	0,00	0,447
Milton Brandão	PI	5415º	45,25	0,65	8,51	90,58	0,612	51,23	0,00	0,329
Mimoso de Goiás	GO	3331º	75,96	5,48	21,63	65,34	0,620	42,45	0,00	0,480
Mimoso do Sul	ES	2223º	82,47	15,95	26,68	51,73	0,571	37,97	15,27	0,567
Minaçu	GO	2002º	85,35	16,99	33,71	49,93	0,557	42,74	5,95	0,583
Minador do Negrão	AL	4654º	50,96	5,82	9,27	85,16	0,464	46,79	18,52	0,403
Minas do Leão	RS	852º	83,75	12,96	43,58	43,45	0,451	38,79	0,00	0,661
Minas Novas	MG	3965º	68,27	6,42	25,54	73,44	0,533	53,48	6,42	0,442
Minduri	MG	1988º	84,46	14,18	30,53	54,30	0,546	39,02	0,00	0,585
Mineiros	GO	2080º	85,81	15,80	28,18	40,79	0,604	40,41	10,25	0,578
Mineiros do Tietê	SP	427º	85,42	13,44	31,71	22,08	0,485	37,97	17,53	0,699

*a partir da melhor situação social ou maior IES)

Nome do Município 2000	UF	Posição*	Indicador de Alfabetização	Indicador de Escolaridade	Indicador de Emprego	Indicador de Pobreza	Índice de Gini	Indicador de Juventude	Indicador de Violência	Índice de Exclusão
Ministro Andreazza	RO	4476º	77,98	4,75	18,89	58,61	0,665	46,74	17,23	0,414
Mira Estrela	SP	651º	89,01	19,55	50,71	39,95	0,463	33,20	0,00	0,678
Mirabela	MG	3363º	74,54	10,38	23,58	71,23	0,583	46,38	0,00	0,477
Miracatu	SP	2777º	85,46	14,52	37,84	48,77	0,599	44,45	35,74	0,523
Miracema	SP	1445º	84,27	24,97	33,84	44,97	0,597	37,56	7,39	0,619
Miracema do Tocantins	TO	2021º	81,68	13,89	4,47	46,69	0,559	45,08	12,27	0,582
Mirador	MA	5104º	61,78	6,07	8,59	84,29	0,580	52,26	0,00	0,372
Mirador	PR	2874º	77,22	15,65	14,24	54,48	0,446	40,92	120,00	0,515
Miradouro	MG	2141º	79,56	14,00	25,16	54,34	0,527	39,10	0,00	0,573
Miraguaí	RS	2279º	86,96	12,49	14,65	53,06	0,514	37,86	0,00	0,562
Miraí	MG	1362º	83,92	14,62	38,22	46,29	0,543	37,67	0,00	0,625
Miraíma	CE	5437º	53,69	4,61	8,41	85,76	0,670	50,99	17,52	0,322
Miranda	MS	3547º	80,32	11,67	29,96	59,35	0,786	44,43	8,69	0,464
Miranda do Norte	MA	4358º	70,91	11,57	13,02	74,75	0,543	49,97	24,81	0,420
Mirandiba	PE	4789º	67,26	10,84	13,83	82,23	0,542	49,18	38,10	0,395
Mirandópolis	SP	267º	88,79	24,52	30,88	23,67	0,522	30,25	26,99	0,719
Mirangaba	BA	4031º	72,13	4,21	14,95	79,15	0,511	48,51	0,00	0,438
Miranorte	TO	3059º	80,35	9,85	41,78	60,13	0,611	43,13	16,95	0,500
Mirante	BA	4658º	59,00	1,84	7,40	87,42	0,509	45,10	0,00	0,403
Mirante da Serra	RO	3068º	78,07	7,15	9,35	50,55	0,528	46,96	7,60	0,499
Mirante do Paranapanema	SP	2689º	82,92	20,34	28,88	55,43	0,618	37,20	30,84	0,530
Miraselva	PR	854º	85,16	19,40	37,82	42,37	0,496	36,05	0,00	0,661
Mirassol	SP	111º	91,15	28,27	42,49	19,91	0,483	32,98	12,42	0,750
Mirassol d'Oeste	MT	2539º	85,74	15,43	22,87	51,09	0,606	41,33	26,09	0,542
Mirassolândia	SP	736º	88,06	17,50	19,98	44,10	0,427	34,22	0,00	0,670
Miravânia	MG	4943º	69,39	4,86	23,54	81,23	0,719	50,37	0,00	0,385
Mirim Doce	SC	2526º	88,75	11,57	29,12	43,65	0,707	41,12	0,00	0,543

*a partir da melhor situação social ou maior IES)

Nome do Município 2000	UF	Posição*	Indicador de Alfabetização	Indicador de Escolaridade	Indicador de Emprego	Indicador de Pobreza	Índice de Gini	Indicador de Juventude	Indicador de Violência	Índice de Exclusão
Mirinzal	MA	4581º	72,94	15,42	12,04	79,95	0,632	51,46	0,00	0,407
Missal	PR	1632º	90,82	17,71	36,51	39,59	0,569	36,55	0,00	0,607
Missão Velha	CE	4605º	63,59	9,54	14,04	76,04	0,637	46,85	12,28	0,406
Mocajuba	PA	4694º	77,34	10,68	8,70	76,15	0,558	55,29	4,87	0,401
Mococa	SP	339º	88,92	22,36	43,10	28,73	0,541	36,09	9,15	0,708
Modelo	SC	1383º	89,54	12,42	27,24	37,77	0,525	37,05	0,00	0,623
Moeda	MG	1068º	86,74	9,69	32,31	44,61	0,434	35,58	0,00	0,646
Moema	MG	1085º	87,18	18,39	20,45	30,31	0,494	36,17	0,00	0,645
Mogeiro	PB	4087º	57,59	5,27	12,99	78,17	0,483	48,25	0,00	0,434
Mogi das Cruzes	SP	577º	90,72	31,76	30,74	26,77	0,582	38,80	17,56	0,683
Mogi Guaçu	SP	206º	90,43	25,58	50,36	21,15	0,516	36,78	9,66	0,728
Mogi Mirim	SP	114º	91,93	29,34	47,59	16,88	0,531	34,82	9,82	0,750
Moiporá	GO	1093º	84,77	14,30	42,25	51,70	0,514	35,00	0,00	0,645
Moita Bonita	SE	4015º	69,32	5,17	7,95	68,82	0,543	43,02	18,18	0,439
Moju	PA	4972º	61,84	4,49	14,37	77,46	0,564	56,14	0,00	0,383
Mombaça	CE	5370º	58,69	6,01	7,13	77,72	0,701	45,91	36,39	0,338
Mombuca	SP	1754º	79,74	15,09	41,60	42,08	0,634	41,23	0,00	0,599
Monção	MA	5417º	60,06	4,30	6,16	87,10	0,607	55,98	3,84	0,328
Monções	SP	466º	88,04	19,68	47,55	40,29	0,463	30,80	0,00	0,695
Mondaí	SC	1743º	91,13	13,17	22,18	38,23	0,528	37,66	11,46	0,600
Mongaguá	SP	1959º	89,23	20,56	42,46	29,00	0,583	38,20	45,59	0,587
Monjolos	MG	3271º	74,81	11,53	19,87	54,94	0,683	43,70	0,00	0,484
Monsenhor Gil	PI	4197º	66,82	5,92	14,12	78,50	0,548	45,87	9,70	0,428
Monsenhor Hipólito	PI	3934º	60,66	6,13	9,14	65,94	0,579	43,86	0,00	0,443
Monsenhor Paulo	MG	917º	85,19	17,44	38,68	36,82	0,523	37,77	0,00	0,657
Monsenhor Tabosa	CE	4774º	63,32	6,34	9,64	79,67	0,584	47,00	12,24	0,396
Montadas	PB	3833º	69,87	7,20	15,82	76,01	0,554	44,39	0,00	0,449
Montalvânia	MG	3870º	69,21	13,67	13,68	67,29	0,623	47,62	0,00	0,447

*a partir da melhor situação social ou maior IES)

Nome do Município 2000	UF	Posição*	Indicador de Alfabetização	Indicador de Escolaridade	Indicador de Emprego	Indicador de Pobreza	Índice de Gini	Indicador de Juventude	Indicador de Violência	Índice de Exclusão
Montanha	ES	2866º	78,42	17,91	22,92	59,62	0,660	40,42	5,79	0,516
Montanhas	RN	3845º	59,81	6,21	25,47	75,15	0,515	47,24	8,37	0,448
Montauri	RS	819º	92,12	10,91	6,58	19,41	0,431	30,40	0,00	0,663
Monte Alegre	PA	4781º	72,92	7,83	9,97	75,98	0,591	53,35	1,63	0,395
Monte Alegre	RN	3885º	60,53	9,24	26,16	76,12	0,583	46,90	10,38	0,446
Monte Alegre de Goiás	GO	4331º	76,43	7,64	14,27	74,16	0,629	48,74	0,00	0,422
Monte Alegre de Minas	MG	1786º	87,00	11,82	27,03	44,48	0,569	36,28	0,00	0,597
Monte Alegre de Sergipe	SE	4842º	59,44	4,54	17,09	79,90	0,568	50,33	17,26	0,392
Monte Alegre do Piauí	PI	5274º	60,09	6,48	5,55	79,86	0,625	53,34	0,00	0,355
Monte Alegre do Sul	SP	128º	90,66	22,28	34,25	14,94	0,500	32,35	15,82	0,745
Monte Alegre dos Campos	RS	1659º	85,58	4,34	34,54	57,57	0,425	38,36	0,00	0,605
Monte Alto	SP	139º	91,00	24,08	23,49	19,90	0,511	33,63	4,59	0,742
Monte Aprazível	SP	210º	89,06	29,18	45,25	24,82	0,518	30,02	5,43	0,727
Monte Azul	MG	3585º	73,04	11,02	11,21	71,41	0,577	43,47	0,00	0,462
Monte Azul Paulista	SP	818º	87,63	19,75	45,42	29,53	0,600	37,21	5,11	0,663
Monte Belo	MG	765º	83,57	13,71	38,45	34,21	0,463	36,43	7,61	0,668
Monte Belo do Sul	RS	222º	92,97	11,66	12,52	7,79	0,395	27,29	0,00	0,725
Monte Carlo	SC	2368º	83,11	9,24	47,23	58,81	0,504	45,95	34,97	0,555
Monte Carmelo	MG	1007º	88,82	15,79	40,59	34,14	0,521	37,93	18,22	0,650
Monte Castelo	SC	2573º	86,66	12,38	26,95	54,49	0,567	43,15	11,98	0,540

*a partir da melhor situação social ou maior IES)

Nome do Município 2000	UF	Posição*	Indicador de Alfabetização	Indicador de Escolaridade	Indicador de Emprego	Indicador de Pobreza	Índice de Gini	Indicador de Juventude	Indicador de Violência	Índice de Exclusão
Monte Castelo	SP	1544º	84,02	18,44	33,62	44,61	0,544	33,53	24,46	0,612
Monte das Gameleiras	RN	4659º	55,29	5,81	36,16	83,95	0,540	48,13	39,35	0,403
Monte do Carmo	TO	3869º	75,03	10,15	26,47	68,70	0,554	48,58	19,26	0,447
Monte Formoso	MG	5114º	66,49	4,01	15,50	83,88	0,648	51,76	0,00	0,371
Monte Horebe	PB	4368º	62,83	7,34	15,53	81,15	0,608	45,62	0,00	0,419
Monte Mor	SP	1718º	87,24	15,15	29,52	34,43	0,517	40,37	58,92	0,601
Monte Negro	RO	4017º	80,79	5,89	10,31	53,35	0,548	47,32	63,36	0,439
Monte Santo	BA	5190º	53,74	2,38	7,54	85,05	0,606	46,95	3,56	0,365
Monte Santo de Minas	MG	948º	85,22	17,75	39,38	35,86	0,524	36,23	14,14	0,655
Monte Santo do Tocantins	TO	3222º	81,55	4,07	16,35	60,00	0,537	41,57	0,00	0,488
Monte Sião	MG	613º	90,36	17,15	36,30	18,25	0,529	36,53	0,00	0,680
Monteiro	PB	3260º	67,55	9,73	24,61	66,43	0,578	40,87	0,00	0,485
Monteiro Lobato	SP	1621º	82,52	19,73	42,96	41,90	0,617	38,62	0,00	0,607
Monteiró-polis	AL	5481º	51,92	4,81	5,53	82,45	0,785	52,80	0,00	0,295
Montenegro	RS	401º	91,86	21,56	46,56	24,99	0,565	35,69	9,14	0,702
Montes Altos	MA	4944º	72,81	5,24	6,36	82,33	0,596	49,70	0,00	0,385
Montes Claros	MG	1584º	88,56	27,99	30,72	47,95	0,616	41,74	3,91	0,610
Montes Claros de Goiás	GO	2222º	83,75	11,98	24,39	52,83	0,538	37,23	12,42	0,567
Montezuma	MG	4907º	69,30	4,50	12,55	77,35	0,665	48,84	0,00	0,387
Montividiu	GO	2570º	87,28	10,26	35,63	37,28	0,787	41,86	0,00	0,540
Montividiu do Norte	GO	4243º	81,32	3,66	22,74	83,01	0,683	43,73	0,00	0,426

*a partir da melhor situação social ou maior IES)

Nome do Município 2000	UF	Posição*	Indicador de Alfabetização	Indicador de Escolaridade	Indicador de Emprego	Indicador de Pobreza	Índice de Gini	Indicador de Juventude	Indicador de Violência	Índice de Exclusão
Morada Nova	CE	4306º	65,93	8,67	17,71	73,77	0,605	44,83	27,95	0,423
Morada Nova de Minas	MG	1980º	84,45	10,63	31,20	50,79	0,534	39,68	0,00	0,586
Moraújo	CE	4872º	61,23	5,84	10,80	85,37	0,551	47,74	14,19	0,390
Moreilândia	PE	4165º	65,86	9,36	41,76	79,77	0,565	47,04	0,00	0,430
Moreira Sales	PR	1918º	80,34	14,03	20,76	53,63	0,536	37,92	0,00	0,590
Moreno	PE	2843º	77,02	13,51	13,61	69,32	0,508	41,08	52,84	0,517
Mormaço	RS	1481º	88,95	13,97	17,64	43,78	0,477	34,58	0,00	0,617
Morpará	BA	4768º	66,90	7,24	5,62	73,93	0,650	46,37	0,00	0,396
Morretes	PR	1460º	88,91	16,76	30,53	40,65	0,544	40,01	6,55	0,618
Morrinhos	CE	5306º	59,68	5,20	8,71	81,87	0,651	50,90	11,16	0,349
Morrinhos	GO	1847º	88,12	17,00	33,71	36,93	0,663	36,17	21,63	0,594
Morrinhos do Sul	RS	2202º	87,59	9,91	8,40	49,61	0,499	34,31	0,00	0,568
Morro Agudo	SP	767º	85,52	15,63	40,55	32,26	0,553	39,87	7,87	0,668
Morro Agudo de Goiás	GO	2224º	84,62	14,26	15,85	61,32	0,480	36,64	0,00	0,567
Morro Cabeça no Tempo	PI	5165º	61,88	2,09	2,68	87,93	0,486	52,89	0,00	0,367
Morro da Fumaça	SC	373º	90,90	13,13	51,51	25,08	0,477	40,94	0,00	0,704
Morro da Garça	MG	2841º	83,36	7,81	26,48	60,43	0,576	44,16	0,00	0,518
Morro do Chapéu	BA	4332º	71,10	9,77	11,73	71,39	0,611	48,62	5,80	0,422
Morro do Chapéu do Piauí	PI	5162º	53,16	1,07	5,76	91,24	0,447	53,45	0,00	0,367
Morro do Pilar	MG	2628º	72,97	8,90	25,20	52,13	0,600	39,84	0,00	0,535
Morro Grande	SC	1709º	87,57	7,31	18,34	45,36	0,404	38,84	0,00	0,602

*a partir da melhor situação social ou maior IES)

Nome do Município 2000	UF	Posição*	Indicador de Alfabetização	Indicador de Escolaridade	Indicador de Emprego	Indicador de Pobreza	Índice de Gini	Indicador de Juventude	Indicador de Violência	Índice de Exclusão
Morro Redondo	RS	1111º	88,20	11,66	24,35	34,07	0,548	30,19	0,00	0,643
Morro Reuter	RS	4º	96,00	13,73	67,77	9,52	0,430	32,40	0,00	0,828
Morros	MA	5314º	57,95	10,12	11,56	87,56	0,633	56,11	0,00	0,347
Mortugaba	BA	3861º	69,94	7,02	14,62	73,28	0,597	43,82	0,00	0,447
Morungaba	SP	225º	89,92	19,67	33,68	17,66	0,505	37,36	0,00	0,725
Mossâmedes	GO	2796º	83,64	13,14	19,39	58,79	0,659	37,44	0,00	0,521
Mossoró	RN	2052º	80,42	22,95	42,78	56,99	0,583	40,76	13,56	0,579
Mostardas	RS	1796º	82,22	8,84	32,99	47,28	0,565	36,23	0,00	0,596
Motuca	SP	369º	85,89	14,25	51,76	35,52	0,470	39,60	0,00	0,705
Mozarlândia	GO	2938º	82,27	14,79	24,43	40,98	0,794	40,59	8,94	0,508
Muaná	PA	4953º	70,21	6,46	8,14	81,02	0,560	53,87	0,00	0,384
Mucajaí	RR	3690º	79,46	9,81	22,17	56,44	0,581	50,49	35,57	0,456
Mucambo	CE	4495º	65,52	6,93	14,74	77,86	0,601	47,27	7,24	0,413
Mucugê	BA	3552º	58,93	5,54	13,25	76,02	0,460	44,40	0,00	0,464
Muçum	RS	85º	90,25	19,27	37,99	17,35	0,467	28,13	0,00	0,758
Mucuri	BA	2908º	72,94	12,49	35,76	56,72	0,614	47,99	10,69	0,511
Mucurici	ES	3159º	72,58	11,85	27,04	67,39	0,581	43,49	16,95	0,492
Muitos Capões	RS	1570º	85,63	7,00	36,39	45,43	0,567	35,16	0,00	0,610
Muliterno	RS	1868º	88,70	10,78	9,57	43,40	0,420	38,18	0,00	0,592
Mulungu	CE	4302º	66,48	8,46	12,84	75,75	0,608	46,73	0,00	0,423
Mulungu	PB	3467º	59,39	7,25	13,21	76,01	0,541	42,55	10,74	0,470
Mulungu do Morro	BA	5255º	70,34	5,53	4,69	85,24	0,595	50,92	13,23	0,357
Mundo Novo	BA	3839º	71,46	8,01	13,07	69,14	0,568	47,33	0,00	0,449
Mundo Novo	GO	3012º	78,79	5,61	15,47	60,86	0,544	41,39	0,00	0,503
Mundo Novo	MS	1762º	83,76	17,93	25,61	44,64	0,539	39,73	0,00	0,598
Munhoz	MG	2754º	83,54	9,72	14,60	50,02	0,589	40,75	0,00	0,524
Munhoz de Melo	PR	1488º	84,85	20,39	33,63	47,29	0,561	36,55	29,40	0,616
Muniz Ferreira	BA	4082º	71,31	9,23	14,51	74,42	0,534	43,12	43,22	0,435

*a partir da melhor situação social ou maior IES)

Nome do Município 2000	UF	Posição*	Indicador de Alfabetização	Indicador de Escolaridade	Indicador de Emprego	Indicador de Pobreza	Índice de Gini	Indicador de Juventude	Indicador de Violência	Índice de Exclusão
Muniz Freire	ES	3240º	79,43	12,98	12,70	45,32	0,618	43,37	30,47	0,486
Muquém de São Francisco	BA	4980º	62,88	1,81	10,18	73,54	0,582	53,28	0,00	0,382
Muqui	ES	2147º	83,95	17,32	26,23	43,03	0,573	38,31	29,26	0,572
Muriaé	MG	1076º	87,39	20,27	38,89	39,81	0,557	36,42	11,94	0,646
Muribeca	SE	3989º	64,08	5,84	22,53	78,76	0,560	48,13	0,00	0,440
Murici	AL	4382º	54,24	6,58	30,63	81,22	0,547	50,06	28,37	0,419
Murici dos Portelas	PI	5470º	45,32	3,12	8,05	91,16	0,674	53,16	0,00	0,306
Muricilândia	TO	4151º	62,92	6,60	18,64	69,08	0,633	47,61	0,00	0,431
Muritiba	BA	2485º	76,86	14,67	30,87	63,14	0,527	43,13	6,53	0,546
Murutinga do Sul	SP	393º	87,09	23,12	45,39	33,89	0,478	29,97	0,00	0,702
Mutuípe	BA	4684º	68,01	8,21	12,71	70,15	0,714	44,12	14,66	0,402
Mutum	MG	3145º	77,17	13,07	13,93	54,39	0,621	41,01	15,00	0,493
Mutunópolis	GO	2385º	78,77	13,29	18,23	54,26	0,512	40,02	0,00	0,555
Muzambinho	MG	692º	89,17	22,44	33,77	27,94	0,560	35,76	0,00	0,674
Nacip Raydan	MG	4174º	65,78	4,65	21,32	70,20	0,572	43,75	43,58	0,430
Nantes	SP	453º	84,80	22,37	57,48	51,87	0,495	40,86	0,00	0,697
Nanuque	MG	2473º	81,63	17,51	31,89	56,46	0,670	40,38	0,00	0,547
Não-Me-Toque	RS	442º	92,64	23,35	41,99	27,68	0,574	33,84	6,94	0,698
Naque	MG	2248º	82,51	11,76	43,13	65,82	0,539	44,58	0,00	0,564
Narandiba	SP	1970º	84,40	15,38	29,62	58,09	0,557	39,06	0,00	0,586
Natal	RN	1058º	86,28	32,07	28,48	40,16	0,643	39,33	6,74	0,647
Natalândia	MG	2568º	81,55	11,17	31,04	57,38	0,566	44,88	0,00	0,540
Natércia	MG	1226º	87,15	18,98	22,66	31,94	0,598	32,32	0,00	0,635
Natividade	SP	1159º	85,72	21,31	35,63	41,86	0,582	35,90	0,00	0,640
Natividade	TO	3634º	73,56	10,76	17,63	64,06	0,601	49,10	0,00	0,460
Natividade da Serra	SP	2090º	79,36	7,99	65,03	47,86	0,528	38,41	14,38	0,577
Natuba	PB	4655º	50,54	4,90	12,15	79,20	0,519	49,13	9,47	0,403

*a partir da melhor situação social ou maior IES)

Nome do Município 2000	UF	Posição*	Indicador de Alfabetização	Indicador de Escolaridade	Indicador de Emprego	Indicador de Pobreza	Índice de Gini	Indicador de Juventude	Indicador de Violência	Índice de Exclusão
Navegantes	SC	1035º	89,09	15,42	38,10	32,89	0,481	41,19	12,72	0,648
Naviraí	MS	1803º	85,15	15,21	41,05	44,32	0,542	41,99	27,28	0,596
Nazaré	BA	2810º	74,83	19,03	23,42	66,61	0,568	43,10	3,79	0,520
Nazaré	TO	3549º	73,67	13,61	17,16	72,42	0,565	48,21	0,00	0,464
Nazaré da Mata	PE	2451º	77,56	14,34	35,85	65,45	0,580	39,61	23,93	0,549
Nazaré do Piauí	PI	4911º	65,48	3,69	6,71	77,64	0,579	47,65	12,81	0,387
Nazaré Paulista	SP	2388º	83,93	11,93	34,46	45,86	0,561	38,74	41,42	0,554
Nazareno	MG	1617º	85,28	12,70	29,15	50,45	0,490	37,83	0,00	0,608
Nazarezinho	PB	4430º	62,61	6,47	15,35	83,26	0,567	42,75	13,75	0,417
Nazário	GO	1772º	86,05	10,77	33,24	47,20	0,567	37,73	0,00	0,597
Neópolis	SE	4268º	65,23	12,35	27,08	72,57	0,634	47,96	37,65	0,425
Nepomuceno	MG	1668º	85,29	13,03	37,07	46,01	0,571	38,47	5,05	0,605
Nerópolis	GO	1843º	86,42	16,67	31,48	42,77	0,540	40,23	21,53	0,594
Neves Paulista	SP	276º	87,91	24,15	31,87	24,16	0,490	30,29	11,23	0,718
Nhamundá	AM	4566º	78,63	11,92	15,08	81,63	0,547	57,26	0,00	0,408
Nhandeara	SP	292º	89,77	26,73	29,96	28,12	0,517	29,13	0,00	0,716
Nicolau Vergueiro	RS	774º	92,60	15,70	26,67	37,59	0,476	32,23	0,00	0,667
Nilo Peçanha	BA	4470º	69,11	3,40	9,74	80,36	0,508	49,70	0,00	0,414
Nilópolis	SP	485º	94,08	29,89	42,70	25,28	0,480	33,44	70,91	0,693
Nina Rodrigues	MA	5243º	59,26	10,15	8,78	88,54	0,562	56,56	0,00	0,358
Ninheira	MG	3999º	56,29	3,42	14,78	76,84	0,501	46,07	0,00	0,439
Nioaque	MS	3290º	81,82	10,50	25,37	57,58	0,580	44,48	46,40	0,482
Nipoã	SP	716º	84,43	14,64	33,40	37,41	0,471	34,25	0,00	0,672
Niquelândia	GO	2711º	83,26	12,98	28,76	53,00	0,620	42,76	15,55	0,528
Nísia Floresta	RN	3132º	70,18	11,01	19,22	64,64	0,581	45,46	10,50	0,494
Niterói	SP	42º	95,02	49,88	46,27	15,08	0,588	29,09	47,01	0,775
Nobres	MT	2965º	81,76	14,86	32,31	49,98	0,533	46,13	46,72	0,507

*a partir da melhor situação social ou maior IES)

Nome do Município 2000	UF	Posição*	Indicador de Alfabetização	Indicador de Escolaridade	Indicador de Emprego	Indicador de Pobreza	Índice de Gini	Indicador de Juventude	Indicador de Violência	Índice de Exclusão
Nonoai	RS	2590º	81,95	18,21	24,70	50,08	0,619	42,12	15,60	0,538
Nordestina	BA	4439º	64,38	3,13	7,61	81,20	0,487	48,17	0,00	0,416
Normandia	RR	5477º	71,61	7,15	21,56	80,01	0,826	58,19	32,58	0,296
Nortelândia	MT	1819º	83,62	19,75	18,46	53,80	0,500	43,73	0,00	0,595
Nossa Senhora Aparecida	SE	4219º	54,62	4,60	11,34	76,99	0,543	44,40	0,00	0,427
Nossa Senhora da Glória	SE	4254º	64,81	8,25	17,17	67,52	0,660	45,82	11,15	0,426
Nossa Senhora das Dores	SE	4180º	66,20	8,19	16,10	73,54	0,583	45,92	18,02	0,429
Nossa Senhora das Graças	PR	366º	80,94	19,73	40,21	44,41	0,381	38,14	0,00	0,705
Nossa Senhora de Lourdes	SE	3905º	63,13	6,08	16,20	79,97	0,499	47,15	0,00	0,445
Nossa Senhora de Nazaré	PI	4670º	61,43	2,35	9,07	90,92	0,479	41,89	26,84	0,402
Nossa Senhora do Livramento	MT	3425º	66,53	9,67	6,76	64,38	0,596	41,36	16,47	0,473
Nossa Senhora do Socorro	SE	2514º	81,98	14,22	41,44	63,90	0,496	46,81	31,90	0,544
Nossa Senhora dos Remédios	PI	4990º	54,28	3,84	11,10	85,74	0,542	50,68	0,00	0,382
Nova Aliança	SP	172º	90,60	19,56	29,66	28,37	0,451	31,31	0,00	0,734
Nova Aliança do Ivaí	PR	1651º	88,56	26,70	47,62	46,97	0,487	40,51	74,74	0,606
Nova Alvorada	RS	1165º	89,86	12,70	17,48	28,08	0,483	35,04	0,00	0,640
Nova Alvorada do Sul	MS	2395º	84,96	11,50	34,78	46,67	0,588	43,65	20,09	0,554

*a partir da melhor situação social ou maior IES)

Nome do Município 2000	UF	Posição*	Indicador de Alfabetização	Indicador de Escolaridade	Indicador de Emprego	Indicador de Pobreza	Índice de Gini	Indicador de Juventude	Indicador de Violência	Índice de Exclusão
Nova América	GO	1913º	81,50	8,71	17,54	51,31	0,422	36,89	0,00	0,590
Nova América da Colina	PR	1475º	82,61	15,84	43,00	55,26	0,462	40,06	0,00	0,617
Nova Andradina	MS	1465º	87,22	20,05	37,70	41,07	0,560	39,80	19,78	0,618
Nova Araçá	RS	357º	91,39	23,45	35,75	23,46	0,602	29,60	0,00	0,706
Nova Aurora	GO	359º	86,27	23,44	31,77	33,84	0,472	30,72	0,00	0,706
Nova Aurora	PR	1641º	87,71	21,96	35,59	42,48	0,598	36,99	7,33	0,606
Nova Bandeirantes	MT	4887º	82,71	5,36	24,68	62,44	0,663	43,45	57,55	0,388
Nova Bassano	RS	48º	94,99	19,48	39,08	11,23	0,443	30,88	0,00	0,772
Nova Belém	MG	5106º	72,37	5,60	7,04	73,21	0,703	45,34	22,25	0,372
Nova Boa Vista	RS	241º	95,47	13,86	21,95	28,35	0,359	28,49	0,00	0,722
Nova Brasilândia	MT	3514º	76,18	8,90	14,70	58,74	0,566	45,21	51,85	0,466
Nova Brasilândia D'Oeste	RO	3376º	82,97	6,31	29,06	58,89	0,561	45,72	5,86	0,476
Nova Bréscia	RS	1289º	94,59	12,70	15,83	25,28	0,601	30,57	0,00	0,630
Nova Campina	SP	2824º	84,88	7,90	35,65	65,76	0,634	47,92	0,00	0,519
Nova Canaã	BA	3479º	64,29	5,55	17,00	76,14	0,502	43,56	0,00	0,468
Nova Canaã do Norte	MT	2928º	82,22	6,42	11,07	48,45	0,565	42,97	8,68	0,509
Nova Canaã Paulista	SP	1724º	82,34	15,58	40,00	52,91	0,459	30,77	0,00	0,601
Nova Candelária	RS	1633º	93,63	9,88	9,78	39,20	0,489	32,54	0,00	0,607
Nova Cantu	PR	3614º	79,93	9,68	26,93	63,99	0,628	43,61	20,17	0,461
Nova Castilho	SP	583º	89,15	15,15	44,57	57,91	0,466	33,70	0,00	0,682
Nova Colinas	MA	5473º	70,11	7,09	5,64	91,14	0,742	54,87	0,00	0,303
Nova Crixás	GO	2900º	76,51	7,95	24,73	54,21	0,595	42,65	9,04	0,512

*a partir da melhor situação social ou maior IES)

Nome do Município 2000	UF	Posição*	Indicador de Alfabetização	Indicador de Escolaridade	Indicador de Emprego	Indicador de Pobreza	Índice de Gini	Indicador de Juventude	Indicador de Violência	Índice de Exclusão
Nova Cruz	RN	4027º	61,23	10,14	25,32	75,61	0,602	46,44	2,96	0,438
Nova Era	MG	1204º	88,50	17,91	41,54	44,29	0,551	39,79	0,00	0,637
Nova Erechim	SC	768º	89,86	15,14	34,25	29,16	0,505	37,06	0,00	0,668
Nova Esperança	PR	857º	87,22	22,20	17,52	35,93	0,520	36,15	0,00	0,661
Nova Esperança do Piriá	PA	5480º	51,59	1,91	3,97	83,03	0,658	58,72	0,00	0,295
Nova Esperança do Sudoeste	PR	2786º	85,48	9,68	31,00	53,30	0,557	41,73	0,00	0,522
Nova Esperança do Sul	RS	641º	90,31	12,75	45,47	42,70	0,487	34,96	0,00	0,678
Nova Europa	SP	134º	88,95	17,56	9,96	24,34	0,467	37,14	0,00	0,744
Nova Fátima	BA	3282º	74,94	8,31	15,73	69,75	0,547	42,77	0,00	0,483
Nova Fátima	PR	1458º	81,73	18,13	13,44	46,04	0,572	38,43	0,00	0,618
Nova Floresta	PB	3581º	70,55	6,20	10,42	74,15	0,487	43,23	21,23	0,462
Nova Friburgo	SP	507º	91,50	22,27	42,39	21,64	0,543	32,98	38,63	0,691
Nova Glória	GO	2548º	81,46	12,65	20,44	61,41	0,558	35,90	11,18	0,542
Nova Granada	SP	592º	89,42	21,36	52,44	33,78	0,502	35,05	23,50	0,682
Nova Guarita	MT	2944º	85,42	8,03	38,37	53,27	0,573	43,87	0,00	0,508
Nova Guataporanga	SP	388º	83,21	17,49	55,87	43,18	0,403	33,11	0,00	0,703
Nova Hartz	RS	72º	91,00	9,20	64,02	22,01	0,380	39,08	6,64	0,761
Nova Ibiá	BA	3378º	70,87	5,65	21,67	77,14	0,479	46,82	0,00	0,476
Nova Iguaçu	SP	1501º	90,15	21,60	38,50	36,77	0,526	37,89	61,81	0,615
Nova Iguaçu de Goiás	GO	2998º	81,89	5,10	8,03	53,86	0,563	39,22	0,00	0,504
Nova Independência	SP	525º	83,10	24,22	42,61	51,55	0,483	34,80	0,00	0,689
Nova Iorque	MA	5013º	59,21	8,26	10,42	79,72	0,678	47,50	0,00	0,379

*a partir da melhor situação social ou maior IES)

Nome do Município 2000	UF	Posição*	Indicador de Alfabetização	Indicador de Escolaridade	Indicador de Emprego	Indicador de Pobreza	Índice de Gini	Indicador de Juventude	Indicador de Violência	Índice de Exclusão
Nova Ipixuna	PA	4549º	67,89	4,85	13,07	67,32	0,585	52,01	8,43	0,409
Nova Itaberaba	SC	3232º	85,41	7,66	9,56	48,03	0,601	41,24	23,50	0,487
Nova Itarana	BA	4870º	65,38	3,97	8,48	76,01	0,567	49,07	15,17	0,390
Nova Lacerda	MT	4014º	77,00	5,36	14,69	40,06	0,605	43,34	74,17	0,439
Nova Laranjeiras	PR	4647º	83,31	9,99	37,49	64,18	0,648	46,35	59,08	0,403
Nova Lima	MG	489º	92,84	24,98	49,31	30,16	0,628	36,14	1,55	0,693
Nova Londrina	PR	1104º	87,20	24,16	13,79	43,10	0,564	39,47	0,00	0,643
Nova Luzitânia	SP	192º	86,04	24,80	47,92	35,02	0,459	34,56	0,00	0,731
Nova Mamoré	RO	4535º	80,40	7,33	35,11	69,18	0,670	49,05	13,53	0,411
Nova Marilândia	MT	2156º	81,22	8,16	43,30	56,45	0,468	39,76	0,00	0,571
Nova Maringá	MT	3163º	75,49	7,37	16,45	38,60	0,559	46,28	75,95	0,492
Nova Módica	MG	3118º	71,61	10,91	22,46	66,10	0,586	43,34	0,00	0,495
Nova Monte Verde	MT	3529º	82,95	5,97	16,54	53,09	0,580	43,50	29,30	0,465
Nova Mutum	MT	1453º	90,31	20,51	25,31	25,76	0,612	44,04	13,50	0,618
Nova Odessa	SP	143º	92,14	24,77	47,60	18,28	0,457	35,69	26,15	0,741
Nova Olímpia	MT	1732º	82,63	8,63	31,53	42,11	0,502	46,60	35,25	0,600
Nova Olímpia	PR	1826º	79,05	18,69	38,84	50,40	0,549	33,71	18,94	0,595
Nova Olinda	CE	5002º	65,93	7,84	14,78	74,14	0,641	47,30	41,40	0,380
Nova Olinda	PB	4962º	61,17	4,98	19,21	80,88	0,591	50,53	0,00	0,384
Nova Olinda	TO	5102º	73,15	10,08	13,56	68,09	0,638	47,28	74,59	0,372
Nova Olinda do Maranhão	MA	5311º	63,30	7,14	8,90	81,67	0,688	52,87	0,00	0,347

*a partir da melhor situação social ou maior IES)

Nome do Município 2000	UF	Posição*	Indicador de Alfabetização	Indicador de Escolaridade	Indicador de Emprego	Indicador de Pobreza	Índice de Gini	Indicador de Juventude	Indicador de Violência	Índice de Exclusão
Nova Olinda do Norte	AM	5428º	67,77	7,42	7,74	83,27	0,687	57,06	4,21	0,325
Nova Pádua	RS	314º	95,65	10,77	15,32	9,84	0,446	27,80	0,00	0,712
Nova Palma	RS	1056º	93,47	20,94	26,24	30,10	0,520	36,72	15,84	0,647
Nova Palmeira	PB	3124º	73,09	6,67	16,60	79,68	0,489	40,36	0,00	0,494
Nova Petrópolis	RS	44º	95,97	19,89	45,96	11,86	0,469	30,10	11,84	0,774
Nova Ponte	MG	1000º	87,35	12,68	51,72	36,18	0,605	39,13	0,00	0,650
Nova Porteirinha	MG	3820º	76,93	10,03	21,19	75,35	0,620	47,48	0,00	0,449
Nova Prata	RS	82º	95,00	26,73	50,33	19,55	0,526	32,45	10,90	0,759
Nova Prata do Iguaçu	PR	2283º	85,41	11,86	16,57	47,54	0,524	40,25	0,00	0,562
Nova Ramada	RS	2442º	89,54	7,72	10,17	48,13	0,597	32,87	0,00	0,550
Nova Redenção	BA	4507º	59,81	5,44	12,87	74,63	0,561	50,13	0,00	0,412
Nova Resende	MG	1804º	85,00	11,49	13,47	31,95	0,503	38,43	0,00	0,596
Nova Roma	GO	3261º	78,95	9,76	18,58	72,63	0,526	45,76	0,00	0,484
Nova Roma do Sul	RS	252º	95,12	12,98	20,49	16,08	0,417	28,79	0,00	0,721
Nova Rosalândia	TO	3202º	80,69	18,44	28,43	68,27	0,609	45,02	31,35	0,489
Nova Russas	CE	4553º	65,12	9,12	10,22	75,41	0,627	44,72	13,63	0,409
Nova Santa Bárbara	PR	2576º	82,13	19,14	27,02	54,08	0,604	40,29	0,00	0,539
Nova Santa Rita	PI	5259º	63,62	3,62	21,93	87,85	0,510	48,29	48,19	0,356
Nova Santa Rita	RS	720º	88,96	15,21	44,82	26,73	0,504	39,16	19,05	0,671
Nova Santa Rosa	PR	875º	93,71	18,60	16,81	31,18	0,489	35,14	0,00	0,660
Nova Serrana	MG	1168º	89,19	12,79	42,58	24,44	0,614	40,91	2,97	0,640
Nova Soure	BA	4689º	62,46	6,65	11,55	76,21	0,607	46,72	12,29	0,401

*a partir da melhor situação social ou maior IES)

Nome do Município 2000	UF	Posição*	Indicador de Alfabetização	Indicador de Escolaridade	Indicador de Emprego	Indicador de Pobreza	Índice de Gini	Indicador de Juventude	Indicador de Violência	Índice de Exclusão
Nova Tebas	PR	3654º	76,70	8,63	22,32	64,96	0,599	44,42	21,11	0,459
Nova Timboteua	PA	3176º	72,36	10,07	19,55	68,81	0,480	46,67	8,77	0,491
Nova Trento	SC	103º	92,40	18,22	47,45	20,36	0,440	34,77	0,00	0,754
Nova Ubiratã	MT	2211º	83,44	7,04	10,44	30,01	0,553	43,77	35,37	0,567
Nova União	MG	3020º	80,00	6,58	41,94	59,61	0,595	40,61	13,76	0,503
Nova União	RO	4200º	78,52	3,86	23,36	63,66	0,559	47,89	24,29	0,428
Nova Venécia	ES	2411º	83,21	19,30	25,71	51,29	0,594	40,65	18,60	0,552
Nova Veneza	GO	1302º	84,74	14,92	31,88	48,89	0,474	37,22	0,00	0,629
Nova Veneza	SC	179º	93,75	18,42	48,89	17,01	0,470	38,34	8,69	0,733
Nova Viçosa	BA	3640º	71,91	9,29	27,72	66,57	0,617	48,27	15,59	0,459
Nova Xavantina	MT	2511º	86,45	16,47	36,21	44,78	0,585	41,25	28,04	0,544
Novais	SP	1589º	85,13	11,63	40,52	53,60	0,462	37,55	31,01	0,609
Novo Acordo	TO	5252º	74,61	11,97	27,33	81,03	0,795	51,85	32,71	0,358
Novo Airão	AM	4968º	76,24	9,07	8,79	80,08	0,563	55,11	10,36	0,383
Novo Alegre	TO	2990º	82,12	14,98	24,97	61,27	0,627	45,95	0,00	0,505
Novo Aripuanã	AM	5346º	65,84	6,96	11,97	81,82	0,647	57,72	5,84	0,342
Novo Barreiro	RS	2346º	89,13	8,20	9,57	55,43	0,466	36,72	0,00	0,557
Novo Brasil	GO	2417º	83,55	10,14	18,58	50,52	0,528	35,92	23,92	0,551
Novo Cabrais	RS	2502º	86,26	6,23	9,60	54,52	0,516	33,32	0,00	0,545
Novo Cruzeiro	MG	5113º	63,60	5,15	22,96	74,26	0,750	50,37	0,00	0,371
Novo Gama	GO	2592º	84,22	13,02	39,99	48,46	0,524	47,09	56,47	0,538
Novo Hamburgo	RS	387º	91,78	23,10	6,62	21,11	0,550	36,74	27,10	0,703
Novo Horizonte	BA	3917º	70,97	4,03	6,21	65,89	0,588	42,44	0,00	0,444
Novo Horizonte	SC	2461º	89,88	7,93	6,10	40,61	0,526	39,34	0,00	0,548

*a partir da melhor situação social ou maior IES)

Nome do Município 2000	UF	Posição*	Indicador de Alfabetização	Indicador de Escolaridade	Indicador de Emprego	Indicador de Pobreza	Índice de Gini	Indicador de Juventude	Indicador de Violência	Índice de Exclusão
Novo Horizonte	SP	349º	87,87	22,56	47,91	25,90	0,500	33,57	12,33	0,707
Novo Horizonte do Norte	MT	1999º	78,87	10,43	33,74	50,41	0,436	42,64	0,00	0,584
Novo Horizonte do Oeste	RO	3865º	80,56	4,42	12,28	56,98	0,634	46,08	0,00	0,447
Novo Horizonte do Sul	MS	3330º	82,65	8,54	14,50	68,50	0,504	44,85	15,59	0,480
Novo Itacolomi	PR	1525º	81,74	18,53	17,86	54,18	0,418	35,76	0,00	0,613
Novo Jardim	TO	3800º	71,51	2,02	17,52	65,39	0,494	52,81	0,00	0,451
Novo Lino	AL	5186º	47,93	4,42	20,86	81,56	0,542	50,86	48,19	0,365
Novo Machado	RS	1964º	91,27	9,21	49,37	45,74	0,499	30,73	0,00	0,587
Novo Mundo	MT	3370º	84,01	4,19	54,78	56,55	0,620	42,71	0,00	0,476
Novo Oriente	CE	4823º	55,73	3,80	11,02	75,86	0,579	46,20	19,14	0,393
Novo Oriente de Minas	MG	4445º	58,70	5,24	17,94	77,42	0,601	46,93	0,00	0,416
Novo Oriente do Piauí	PI	4106º	62,32	3,68	8,42	75,34	0,528	44,81	0,00	0,433
Novo Planalto	GO	2108º	83,51	11,42	30,91	60,48	0,462	42,77	0,00	0,575
Novo Progresso	PA	2845º	80,04	3,05	12,50	46,34	0,561	36,45	20,04	0,517
Novo Repartimento	PA	5368º	64,68	3,62	10,11	79,37	0,657	54,74	11,96	0,338
Novo Santo Antônio	PI	4928º	53,47	2,29	9,56	91,16	0,553	46,15	0,00	0,386
Novo São Joaquim	MT	3048º	83,12	7,21	22,18	47,50	0,658	42,95	21,13	0,500
Novo Tiradentes	RS	2551º	87,67	8,67	5,96	60,80	0,472	37,52	0,00	0,541
Novo Triunfo	BA	4072º	68,00	6,89	7,16	80,93	0,507	44,83	0,00	0,435
Novorizonte	MG	2886º	72,78	3,33	16,44	65,39	0,467	45,44	0,00	0,514

*a partir da melhor situação social ou maior IES)

Nome do Município 2000	UF	Posição*	Indicador de Alfabetização	Indicador de Escolaridade	Indicador de Emprego	Indicador de Pobreza	Índice de Gini	Indicador de Juventude	Indicador de Violência	Índice de Exclusão
Nuporanga	SP	237º	90,82	18,07	40,96	22,33	0,506	35,54	0,00	0,722
Óbidos	PA	4212º	78,35	10,42	11,03	76,91	0,540	52,35	0,00	0,427
Ocara	CE	5097º	62,44	5,35	9,72	85,79	0,583	47,75	18,53	0,373
Ocauçu	SP	1010º	85,34	16,85	39,32	40,24	0,545	37,32	0,00	0,650
Oeiras	PI	4418º	67,66	9,17	12,14	74,48	0,639	45,72	5,90	0,417
Oeiras do Pará	PA	5273º	68,11	5,38	5,11	83,08	0,516	59,33	4,30	0,355
Oiapoque	AP	3513º	77,46	12,57	34,07	44,63	0,669	54,11	7,76	0,466
Olaria	MG	2083º	81,27	6,25	25,88	54,44	0,557	35,33	0,00	0,577
Óleo	SP	1193º	89,18	18,32	46,15	45,76	0,474	35,84	33,40	0,638
Olho d'Água	PB	4762º	63,29	7,36	20,83	83,31	0,634	48,70	0,00	0,397
Olho d'Água das Cunhãs	MA	4616º	57,35	5,82	12,73	80,75	0,585	46,98	0,00	0,405
Olho d'Água das Flores	AL	4865º	59,23	8,28	21,88	73,12	0,646	49,04	36,05	0,390
Olho d'Água do Casado	AL	5402º	54,12	4,08	9,47	83,83	0,625	53,68	14,17	0,332
Olho D'Água do Piauí	PI	4582º	60,17	4,74	12,40	85,08	0,511	46,56	0,00	0,407
Olho d'Água Grande	AL	5468º	47,26	4,50	4,80	85,28	0,663	51,04	20,63	0,308
Olho-d'Água do Borges	RN	2781º	64,52	11,66	28,42	68,28	0,467	39,97	22,42	0,523
Olhos-d'Água	MG	3545º	70,91	4,48	30,96	79,84	0,437	49,51	0,00	0,464
Olímpia	SP	527º	90,33	24,67	40,78	29,31	0,597	34,53	4,35	0,689
Olímpio Noronha	MG	742º	84,10	11,67	19,53	47,93	0,406	36,72	0,00	0,670
Olinda	PE	2309º	88,53	29,52	40,82	45,04	0,605	36,89	103,02	0,560
Olinda Nova do Maranhão	MA	5140º	68,83	6,48	6,71	88,11	0,562	53,11	0,00	0,369
Olindina	BA	4293º	67,07	7,92	9,31	74,70	0,565	47,09	4,18	0,423
Olivedos	PB	3105º	69,92	5,54	16,78	72,65	0,508	41,55	0,00	0,496
Oliveira	MG	1167º	88,01	15,38	42,53	41,19	0,550	36,21	2,68	0,640

*a partir da melhor situação social ou maior IES)

Nome do Município 2000	UF	Posição*	Indicador de Alfabetização	Indicador de Escolaridade	Indicador de Emprego	Indicador de Pobreza	Índice de Gini	Indicador de Juventude	Indicador de Violência	Índice de Exclusão
Oliveira de Fátima	TO	2828º	73,49	8,75	48,64	77,41	0,598	45,72	0,00	0,518
Oliveira dos Brejinhos	BA	4763º	74,26	5,65	8,25	75,86	0,644	47,05	4,61	0,397
Oliveira Fortes	MG	2410º	79,66	5,21	37,41	66,50	0,496	36,64	0,00	0,552
Olivença	AL	5449º	50,91	3,24	8,45	86,03	0,675	51,72	9,64	0,319
Onça de Pitangui	MG	1908º	82,86	7,08	26,35	46,58	0,512	38,22	0,00	0,590
Onda Verde	SP	579º	85,72	14,87	38,10	37,26	0,446	36,74	0,00	0,683
Oratórios	MG	2175º	79,31	4,78	28,46	73,97	0,373	41,41	0,00	0,570
Oriente	SP	244º	86,86	23,46	42,30	36,16	0,493	35,18	0,00	0,722
Orindiúva	SP	243º	90,67	23,24	40,83	27,25	0,506	37,85	0,00	0,722
Oriximiná	PA	3780º	80,31	13,70	23,73	67,43	0,620	53,27	6,21	0,451
Orizânia	MG	3658º	77,30	5,00	33,89	65,84	0,538	43,84	0,00	0,458
Orizona	GO	1848º	88,23	13,07	19,04	41,10	0,549	36,37	0,00	0,594
Orlândia	SP	207º	90,96	24,73	50,72	21,91	0,503	36,13	19,44	0,728
Orleans	SC	368º	92,09	19,40	39,65	25,40	0,477	37,70	0,00	0,705
Orobó	PE	4683º	63,19	6,75	38,03	72,82	0,611	46,93	17,80	0,402
Orocó	PE	4883º	63,31	12,07	11,64	70,31	0,560	50,48	46,19	0,389
Orós	CE	3808º	66,02	7,46	12,10	76,17	0,558	40,74	9,08	0,450
Ortigueira	PR	3889º	73,58	8,51	17,70	70,80	0,597	43,17	31,73	0,446
Osasco	SP	606º	91,96	29,31	48,94	21,24	0,523	37,18	70,03	0,681
Oscar Bressane	SP	354º	86,78	27,02	49,58	36,23	0,516	32,13	0,00	0,706
Osório	RS	568º	91,88	23,38	41,20	26,47	0,536	37,00	19,37	0,684
Osvaldo Cruz	SP	232º	89,51	29,80	47,43	27,74	0,527	32,21	3,37	0,723
Otacílio Costa	SC	611º	89,47	19,14	49,38	33,92	0,504	39,63	14,29	0,680
Ourém	PA	4628º	70,61	7,60	14,85	76,47	0,598	52,89	0,00	0,405
Ouriçangas	BA	3680º	63,93	5,30	14,70	74,47	0,435	47,27	13,29	0,457
Ouricuri	PE	5334º	59,05	7,95	9,64	76,21	0,725	48,63	31,73	0,344
Ourilândia do Norte	PA	4499º	72,11	3,18	10,12	62,01	0,637	48,07	10,27	0,412

*a partir da melhor situação social ou maior IES)

Nome do Município 2000	UF	Posição*	Indicador de Alfabetização	Indicador de Escolaridade	Indicador de Emprego	Indicador de Pobreza	Índice de Gini	Indicador de Juventude	Indicador de Violência	Índice de Exclusão
Ourinhos	SP	381º	90,92	25,85	38,10	24,93	0,536	36,15	10,65	0,704
Ourizona	PR	762º	84,33	17,39	19,83	42,61	0,521	35,13	0,00	0,668
Ouro	SC	591º	93,96	14,76	33,51	21,65	0,502	34,83	13,48	0,682
Ouro Branco	AL	4828º	60,34	6,48	9,53	80,90	0,570	50,05	0,00	0,393
Ouro Branco	MG	537º	89,60	29,49	5,25	34,22	0,555	42,19	3,29	0,687
Ouro Branco	RN	2132º	76,27	14,96	20,79	62,12	0,509	38,38	0,00	0,573
Ouro Fino	MG	669º	86,83	20,59	49,44	28,64	0,537	34,82	6,80	0,677
Ouro Preto	MG	880º	90,78	23,12	35,77	39,94	0,562	38,50	1,51	0,660
Ouro Preto do Oeste	RO	2867º	83,54	12,66	24,04	45,35	0,605	44,88	24,46	0,516
Ouro Velho	PB	2718º	73,93	14,08	17,69	68,39	0,479	41,06	0,00	0,527
Ouro Verde	SC	2182º	88,68	15,87	31,33	48,54	0,645	40,48	0,00	0,570
Ouro Verde	SP	2003º	82,68	12,53	41,49	57,30	0,428	38,37	27,98	0,583
Ouro Verde de Goiás	GO	2881º	83,01	9,19	21,26	55,80	0,542	37,75	45,89	0,514
Ouro Verde de Minas	MG	3662º	67,55	8,10	41,56	71,42	0,517	46,97	0,00	0,458
Ouro Verde do Oeste	PR	2230º	86,37	15,57	43,35	53,51	0,509	39,46	36,55	0,566
Ouroeste	SP	922º	87,34	21,61	37,69	36,70	0,543	35,45	0,00	0,657
Ourolândia	BA	5141º	56,95	4,50	8,37	80,74	0,575	50,28	13,02	0,369
Ouvidor	GO	1493º	89,66	18,10	33,71	42,49	0,521	34,11	46,83	0,615
Pacaembu	SP	815º	86,83	22,61	29,05	33,33	0,542	30,42	15,98	0,664
Pacajá	PA	5466º	66,77	2,15	7,02	74,30	0,736	54,51	20,77	0,309
Pacajus	CE	3454º	73,38	9,08	24,81	69,61	0,540	44,80	31,77	0,471
Pacaraima	RR	4717º	82,69	10,52	17,62	61,04	0,713	55,64	14,31	0,400
Pacatuba	CE	2803º	79,66	10,99	38,24	69,63	0,491	47,45	25,15	0,521
Pacatuba	SE	5289º	60,08	3,82	10,54	81,06	0,646	51,62	8,67	0,352
Paço do Lumiar	MA	1978º	87,74	31,63	30,18	58,99	0,531	46,39	5,25	0,586
Pacoti	CE	4221º	66,76	7,68	14,82	78,69	0,547	47,54	9,15	0,427
Pacujá	CE	3461º	65,31	9,45	17,88	71,52	0,535	45,67	0,00	0,470
Padre Bernardo	GO	3733º	80,00	5,26	19,81	59,21	0,628	46,52	18,59	0,454

*a partir da melhor situação social ou maior IES)

Nome do Município 2000	UF	Posição*	Indicador de Alfabetização	Indicador de Escolaridade	Indicador de Emprego	Indicador de Pobreza	Índice de Gini	Indicador de Juventude	Indicador de Violência	Índice de Exclusão
Padre Carvalho	MG	4668º	68,54	2,23	13,27	83,36	0,581	54,03	0,00	0,403
Padre Marcos	PI	4533º	55,99	4,03	7,17	82,47	0,561	43,24	0,00	0,411
Padre Paraíso	MG	4385º	72,09	6,94	25,31	74,26	0,611	47,28	0,00	0,419
Paes Landim	PI	4454º	65,86	8,09	8,83	82,78	0,565	50,33	0,00	0,415
Pai Pedro	MG	4195º	63,31	3,56	17,58	78,62	0,546	49,42	0,00	0,428
Paial	SC	2589º	90,75	6,25	5,30	43,59	0,471	42,88	0,00	0,538
Paiçandu	PR	700º	87,00	12,72	29,62	40,65	0,431	38,97	3,25	0,674
Paim Filho	RS	1769º	88,62	14,10	12,49	35,50	0,547	35,00	0,00	0,598
Paineiras	MG	1761º	86,51	10,75	10,50	47,21	0,480	34,93	0,00	0,598
Painel	SC	1247º	88,05	5,26	35,28	38,64	0,497	36,54	0,00	0,633
Pains	MG	584º	88,40	14,90	20,41	32,81	0,491	34,84	0,00	0,682
Paiva	MG	995º	84,16	14,42	38,34	48,48	0,432	33,11	0,00	0,651
Pajeú do Piauí	PI	3790º	67,39	3,04	16,76	73,61	0,500	43,47	0,00	0,451
Palestina	AL	4639º	60,27	8,90	14,58	83,45	0,540	52,49	0,00	0,404
Palestina	SP	760º	87,27	17,92	31,99	37,51	0,503	31,15	0,00	0,668
Palestina de Goiás	GO	2799º	81,76	8,58	20,18	59,57	0,521	37,98	30,24	0,521
Palestina do Pará	PA	5069º	63,46	6,13	10,91	71,16	0,647	51,74	13,26	0,375
Palhano	CE	3724º	68,07	10,39	21,45	80,17	0,598	44,27	0,00	0,454
Palhoça	SC	429º	90,82	19,04	46,71	23,90	0,487	41,10	6,81	0,699
Palma	MG	1735º	85,51	20,08	28,83	51,78	0,579	35,13	0,00	0,600
Palma Sola	SC	2790º	86,16	10,56	22,13	52,99	0,589	45,17	0,00	0,522
Palmácia	CE	4266º	67,44	9,13	17,32	77,79	0,601	46,83	10,14	0,425
Palmares	PE	3466º	71,87	17,25	12,41	62,92	0,608	45,36	51,98	0,470
Palmares do Sul	RS	1316º	85,93	15,79	34,40	41,02	0,544	36,32	9,21	0,628
Palmares Paulista	SP	280º	85,64	11,93	28,19	32,41	0,424	39,94	11,85	0,717
Palmas	PR	2347º	84,67	16,58	44,69	50,13	0,633	45,46	17,23	0,557
Palmas	TO	1471º	89,74	33,38	20,30	37,48	0,639	44,77	21,84	0,617

*a partir da melhor situação social ou maior IES)

Nome do Município 2000	UF	Posição*	Indicador de Alfabetização	Indicador de Escolaridade	Indicador de Emprego	Indicador de Pobreza	Índice de Gini	Indicador de Juventude	Indicador de Violência	Índice de Exclusão
Palmas de Monte Alto	BA	5303º	64,74	4,16	11,91	82,57	0,762	47,36	0,00	0,349
Palmeira	PR	1836º	89,94	20,20	41,89	42,87	0,632	40,39	6,48	0,594
Palmeira	SC	1401º	87,10	7,30	42,68	46,12	0,554	36,90	0,00	0,622
Palmeira das Missões	RS	2129º	86,23	20,50	27,96	46,05	0,646	39,69	5,24	0,573
Palmeira do Piauí	PI	4237º	65,44	4,45	8,45	77,02	0,413	50,72	0,00	0,426
Palmeira d'Oeste	SP	1029º	87,31	22,35	28,50	38,43	0,508	31,83	9,69	0,648
Palmeira dos Índios	AL	3689º	68,94	11,80	16,86	66,08	0,591	43,42	26,45	0,456
Palmeirais	PI	4896º	58,37	4,52	2,60	78,48	0,601	48,19	0,00	0,388
Palmeirân-dia	MA	5035º	67,68	5,93	8,48	87,49	0,572	51,15	0,00	0,378
Palmeirante	TO	4816º	63,45	4,24	40,64	81,96	0,623	49,06	0,00	0,393
Palmeiras	BA	3283º	75,61	15,93	14,65	66,57	0,586	45,08	0,00	0,483
Palmeiras de Goiás	GO	1910º	86,38	13,18	22,48	48,51	0,519	36,47	5,61	0,590
Palmeiras do Tocantins	TO	5017º	63,14	7,29	8,22	79,31	0,665	52,36	0,00	0,379
Palmeirina	PE	4806º	56,34	7,28	28,72	75,66	0,673	45,78	10,49	0,394
Palmeiró-polis	TO	3177º	83,43	13,47	16,20	61,17	0,627	42,11	0,00	0,491
Palmelo	GO	258º	82,74	20,42	44,71	33,72	0,447	34,04	0,00	0,720
Palminó-polis	GO	1359º	85,03	13,21	27,13	42,71	0,503	35,33	0,00	0,625
Palmital	PR	3716º	80,38	9,52	33,25	61,93	0,616	46,51	23,59	0,454
Palmital	SP	933º	89,53	22,24	62,00	30,09	0,659	33,00	4,83	0,656
Palmitinho	RS	2059º	86,22	16,00	17,88	44,87	0,543	39,08	0,00	0,579
Palmitos	SC	1744º	90,09	13,48	16,36	33,07	0,556	35,95	6,24	0,599
Palmópolis	MG	4609º	71,70	7,51	25,98	80,02	0,638	46,61	0,00	0,406
Palotina	PR	837º	91,02	26,64	18,25	30,36	0,604	36,99	7,76	0,662
Panamá	GO	1566º	83,54	11,67	33,69	54,14	0,532	34,29	0,00	0,611
Panambi	RS	399º	94,22	22,63	41,80	27,48	0,526	35,62	9,20	0,702
Pancas	ES	4092º	81,19	12,78	14,81	64,69	0,646	41,76	53,92	0,434

*a partir da melhor situação social ou maior IES)

Nome do Município 2000	UF	Posição*	Indicador de Alfabetização	Indicador de Escolaridade	Indicador de Emprego	Indicador de Pobreza	Índice de Gini	Indicador de Juventude	Indicador de Violência	Índice de Exclusão
Panelas	PE	4889º	54,38	5,30	15,50	74,38	0,589	48,27	11,59	0,388
Panorama	SP	1867º	86,33	17,41	21,81	39,69	0,623	39,38	21,98	0,592
Pantano Grande	RS	1549º	84,00	12,06	37,62	43,06	0,560	37,47	9,11	0,612
Pão de Açúcar	AL	5444º	56,98	8,97	9,92	76,03	0,715	51,67	41,07	0,320
Papagaios	MG	2825º	82,39	13,30	11,23	52,73	0,639	42,34	16,04	0,519
Papanduva	SC	2534º	88,35	9,98	26,29	54,39	0,521	43,16	17,83	0,542
Paquetá	PI	4880º	49,22	0,51	8,58	89,19	0,494	44,62	0,00	0,389
Pará de Minas	MG	911º	90,35	18,65	43,50	33,02	0,573	38,03	10,96	0,657
Paracambi	SP	469º	87,86	18,90	42,06	26,04	0,526	34,10	12,35	0,695
Paracatu	MG	2203º	86,10	19,54	26,36	48,86	0,605	44,64	16,79	0,568
Paracuru	CE	4295º	71,84	7,62	15,98	76,18	0,606	46,74	10,89	0,423
Paragominas	PA	3936º	76,50	8,26	32,40	62,28	0,621	51,73	39,24	0,443
Paraguaçu	MG	634º	90,17	15,86	37,15	33,51	0,551	37,35	0,00	0,678
Paraguaçu Paulista	SP	1052º	88,27	25,60	36,63	37,69	0,590	37,83	22,72	0,647
Paraí	RS	123º	91,55	18,58	35,94	12,55	0,446	33,09	0,00	0,747
Paraíba do Sul	SP	1201º	87,04	22,31	36,65	39,71	0,582	35,11	18,71	0,637
Paraibano	MA	4699º	62,04	5,23	13,68	74,95	0,623	49,18	0,00	0,400
Paraibuna	SP	1606º	86,67	16,82	36,60	38,91	0,546	39,44	23,52	0,608
Paraipaba	CE	4211º	71,47	9,39	11,44	75,19	0,570	47,67	7,85	0,427
Paraíso	SC	2808º	86,70	7,21	10,64	52,12	0,531	41,85	0,00	0,520
Paraíso	SP	370º	84,49	15,84	43,00	29,80	0,465	35,55	0,00	0,704
Paraíso do Norte	PR	793º	84,55	20,82	36,28	38,00	0,533	37,17	10,27	0,665
Paraíso do Sul	RS	1539º	89,22	8,99	15,41	41,48	0,493	31,63	0,00	0,613
Paraíso do Tocantins	TO	2429º	88,13	24,41	16,60	48,81	0,701	42,81	8,30	0,551
Paraisópolis	MG	503º	87,51	19,96	47,55	33,69	0,534	36,44	0,00	0,692
Parambu	CE	5087º	53,80	3,18	8,04	82,98	0,571	47,73	9,29	0,374
Paramirim	BA	3631º	76,30	12,78	20,02	68,18	0,733	41,21	0,00	0,460

*a partir da melhor situação social ou maior IES)

Nome do Município 2000	UF	Posição*	Indicador de Alfabetização	Indicador de Escolaridade	Indicador de Emprego	Indicador de Pobreza	Índice de Gini	Indicador de Juventude	Indicador de Violência	Índice de Exclusão
Paramoti	CE	5293º	59,89	3,95	8,14	83,80	0,650	48,97	9,12	0,351
Paraná	RN	4415º	64,90	7,81	25,32	82,33	0,635	47,07	0,00	0,417
Paranã	TO	4932º	67,88	4,69	12,83	75,65	0,652	51,24	0,00	0,386
Paranacity	PR	1166º	85,85	20,52	44,22	44,57	0,528	39,70	0,00	0,640
Paranaguá	PR	1017º	91,51	22,70	38,53	31,75	0,560	41,42	24,34	0,649
Paranaíba	MS	2013º	83,40	16,59	33,30	42,50	0,632	37,62	18,23	0,583
Paranaiguara	GO	2861º	81,81	12,28	19,69	55,05	0,679	35,68	12,21	0,516
Paranaíta	MT	2741º	83,23	9,23	25,57	46,43	0,600	44,02	9,75	0,525
Paranapanema	SP	1438º	86,86	20,04	34,38	40,74	0,603	41,17	6,45	0,619
Paranapoema	PR	1432º	77,01	13,95	44,27	57,54	0,454	41,79	0,00	0,620
Paranapuã	SP	963º	83,96	19,16	43,84	34,12	0,485	33,45	0,00	0,654
Paranatama	PE	4125º	55,22	4,05	9,23	72,87	0,489	45,57	0,00	0,432
Paranatinga	MT	3265º	83,51	11,75	11,97	47,04	0,623	44,23	45,63	0,484
Paranavaí	PR	643º	89,22	27,74	44,60	32,35	0,570	36,25	9,24	0,678
Paranhos	MS	4467º	73,22	6,13	18,20	67,48	0,520	51,48	48,95	0,414
Paraopeba	MG	1500º	88,66	16,85	46,63	46,57	0,552	41,38	0,00	0,615
Parapuã	SP	1954º	84,73	17,70	41,18	41,52	0,706	33,87	9,01	0,588
Parari	PB	2772º	78,50	6,29	13,94	65,99	0,463	41,48	0,00	0,523
Paratinga	BA	5263º	66,29	6,52	9,57	82,22	0,664	52,14	3,61	0,356
Paraty	SP	1599º	84,98	20,00	33,35	32,01	0,594	40,55	20,31	0,609
Paraú	RN	3268º	64,97	13,51	14,79	77,12	0,597	41,89	0,00	0,484
Parauapebas	PA	3666º	80,12	15,42	31,48	53,90	0,667	50,07	53,10	0,458
Paraúna	GO	2668º	82,16	12,37	27,65	50,24	0,638	38,19	27,69	0,532
Parazinho	RN	4484º	54,81	8,60	27,05	80,44	0,531	51,01	0,00	0,413
Pardinho	SP	407º	85,92	16,97	21,50	27,40	0,481	39,07	0,00	0,701
Pareci Novo	RS	239º	93,73	11,62	27,43	18,53	0,405	31,03	0,00	0,722
Parecis	RO	4046º	78,78	5,44	15,44	74,17	0,626	48,59	0,00	0,437
Parelhas	RN	2712º	78,12	15,38	42,39	64,17	0,523	42,71	20,71	0,528
Pariconha	AL	5198º	53,92	3,09	9,86	79,78	0,649	49,03	0,00	0,364
Parintins	AM	4573º	83,38	13,66	12,84	77,27	0,613	55,23	1,09	0,408
Paripiranga	BA	3644º	63,95	4,85	8,77	68,57	0,488	43,47	7,52	0,459

*a partir da melhor situação social ou maior IES)

Nome do Município 2000	UF	Posição*	Indicador de Alfabetização	Indicador de Escolaridade	Indicador de Emprego	Indicador de Pobreza	Índice de Gini	Indicador de Juventude	Indicador de Violência	Índice de Exclusão
Paripueira	AL	4797º	66,60	5,61	18,00	80,69	0,591	48,78	24,85	0,394
Pariquera--Açu	SP	1492º	88,58	18,43	31,82	41,77	0,586	41,85	0,00	0,615
Parisi	SP	168º	89,85	16,61	47,25	31,79	0,356	31,88	0,00	0,735
Parnaguá	PI	5099º	63,49	6,50	5,11	82,29	0,561	54,49	0,00	0,373
Parnaíba	PI	3108º	76,34	17,29	7,97	64,74	0,652	43,80	4,54	0,496
Parnamirim	PE	4198º	70,59	10,10	6,09	74,91	0,570	46,78	15,55	0,428
Parnamirim	RN	1241º	84,18	31,54	16,84	43,78	0,594	42,32	11,23	0,634
Parnarama	MA	5244º	53,00	3,85	7,67	85,66	0,571	52,00	0,00	0,358
Parobé	RS	188º	89,94	11,98	56,68	24,68	0,406	40,29	6,70	0,731
Passa e Fica	RN	4618º	60,71	6,74	35,03	77,97	0,583	46,48	12,01	0,405
Passa Quatro	MG	887º	89,20	20,64	43,70	43,77	0,563	36,86	0,00	0,659
Passa Sete	RS	3074º	82,89	5,48	4,48	61,25	0,452	38,98	21,53	0,498
Passa Tempo	MG	2291º	87,24	14,02	28,24	51,34	0,711	33,76	0,00	0,561
Passabém	MG	2093º	78,17	10,80	38,10	49,68	0,564	37,87	0,00	0,577
Passagem	PB	3807º	67,32	5,15	24,89	73,08	0,572	43,05	0,00	0,450
Passagem	RN	3041º	69,68	10,10	20,30	74,33	0,602	43,33	0,00	0,501
Passagem Franca	MA	4779º	59,83	6,17	13,57	81,35	0,598	49,33	0,00	0,395
Passagem Franca do Piauí	PI	4958º	50,30	3,49	24,43	80,42	0,509	50,56	0,00	0,384
Passa-Vinte	MG	1802º	85,62	12,14	29,14	49,70	0,538	36,14	0,00	0,596
Passira	PE	3961º	64,17	6,41	12,38	72,60	0,557	44,12	20,60	0,442
Passo de Camaragibe	AL	4366º	51,56	5,26	38,45	84,57	0,609	51,57	7,27	0,419
Passo de Torres	SC	1730º	89,42	12,68	26,76	43,40	0,511	40,57	0,00	0,601
Passo do Sobrado	RS	1224º	91,40	9,43	12,90	36,13	0,437	31,91	0,00	0,635
Passo Fundo	RS	382º	91,92	32,80	44,90	24,05	0,587	37,22	18,40	0,704
Passos	MG	508º	89,59	21,74	26,94	30,18	0,543	36,35	1,03	0,691
Passos Maia	SC	3308º	80,33	8,55	30,76	60,56	0,569	46,69	41,99	0,481
Pastos Bons	MA	5057º	67,95	8,57	12,32	82,16	0,673	49,31	6,47	0,376

*a partir da melhor situação social ou maior IES)

Nome do Município 2000	UF	Posição*	Indicador de Alfabetização	Indicador de Escolaridade	Indicador de Emprego	Indicador de Pobreza	Índice de Gini	Indicador de Juventude	Indicador de Violência	Índice de Exclusão
Patis	MG	4453º	68,41	3,53	42,55	80,46	0,549	50,27	0,00	0,415
Pato Bragado	PR	981º	93,03	20,43	39,16	31,61	0,557	35,56	0,00	0,652
Pato Branco	PR	462º	91,98	28,97	26,87	27,04	0,570	38,73	8,03	0,696
Patos	PB	2797º	74,63	18,94	8,02	59,43	0,587	41,65	22,89	0,521
Patos de Minas	MG	483º	91,75	24,56	16,40	30,97	0,547	36,53	6,45	0,693
Patos do Piauí	PI	4706º	52,83	1,86	5,45	74,47	0,605	43,72	0,00	0,400
Patrocínio	MG	1244º	89,62	20,43	43,29	38,29	0,597	39,40	15,01	0,633
Patrocínio do Muriaé	MG	870º	84,73	14,81	43,09	43,81	0,429	34,97	0,00	0,660
Patrocínio Paulista	SP	566º	88,72	20,98	37,96	33,85	0,528	38,19	0,00	0,684
Patu	RN	3488º	67,66	14,70	23,34	67,40	0,664	40,11	17,90	0,468
Paty do Alferes	SP	2195º	82,57	12,47	26,36	43,77	0,573	39,48	12,03	0,569
Pau Brasil	BA	3740º	65,46	7,92	19,26	67,51	0,559	48,05	7,66	0,453
Pau D'Arco	PA	4394º	70,80	2,77	11,84	74,67	0,548	49,76	0,00	0,418
Pau D'Arco	TO	5089º	69,67	7,76	29,72	75,51	0,647	49,16	23,07	0,373
Pau dos Ferros	RN	2435º	76,00	21,85	41,40	55,21	0,578	41,30	8,08	0,550
Paudalho	PE	3519º	71,02	10,49	17,78	74,25	0,580	44,52	37,66	0,465
Pauini	AM	5495º	44,45	3,08	9,96	91,60	0,700	58,99	0,00	0,276
Paula Cândido	MG	2406º	81,67	9,78	31,67	62,28	0,462	41,32	9,21	0,553
Paula Freitas	PR	2381º	90,08	11,78	44,30	51,28	0,581	38,95	19,76	0,555
Paulicéia	SP	1648º	83,60	16,68	35,57	44,65	0,565	40,76	0,00	0,606
Paulínia	SP	201º	91,15	26,62	44,59	15,74	0,573	36,58	23,38	0,728
Paulino Neves	MA	5430º	51,78	2,28	8,66	89,94	0,578	57,11	0,00	0,324
Paulista	PB	3985º	62,50	6,22	20,28	74,16	0,558	42,14	0,00	0,440
Paulista	PE	1228º	90,28	29,58	32,41	44,35	0,535	37,52	47,67	0,635
Paulistana	PI	4648º	62,14	5,56	7,61	75,37	0,624	46,06	12,10	0,403
Paulistânia	SP	415º	85,23	12,96	35,16	33,11	0,493	37,16	0,00	0,700

*a partir da melhor situação social ou maior IES)

Nome do Município 2000	UF	Posição*	Indicador de Alfabetização	Indicador de Escolaridade	Indicador de Emprego	Indicador de Pobreza	Índice de Gini	Indicador de Juventude	Indicador de Violência	Índice de Exclusão
Paulistas	MG	3987º	77,49	12,34	25,69	70,82	0,667	45,65	0,00	0,440
Paulo Afonso	BA	2601º	77,60	18,73	29,75	55,74	0,608	42,08	18,65	0,537
Paulo de Faria	SP	1300º	86,63	21,89	53,97	41,95	0,609	36,92	0,00	0,629
Paulo Frontin	PR	1982º	92,30	12,82	27,16	47,36	0,545	38,02	0,00	0,585
Paulo Jacinto	AL	4588º	58,84	6,03	21,62	79,77	0,586	46,92	26,14	0,407
Paulo Lopes	SC	654º	82,84	11,24	40,08	31,35	0,412	39,91	0,00	0,678
Paulo Ramos	MA	5294º	57,48	4,01	4,33	86,24	0,562	53,33	0,00	0,351
Pavão	MG	3667º	68,36	9,27	13,72	74,24	0,594	44,30	0,00	0,458
Paverama	RS	226º	90,07	7,89	41,82	28,18	0,397	32,02	0,00	0,724
Pavussu	PI	5073º	54,40	2,96	13,77	83,11	0,571	48,58	0,00	0,375
Pé de Serra	BA	4000º	75,53	4,84	14,02	76,85	0,556	46,55	0,00	0,439
Peabiru	PR	1896º	84,82	19,40	21,71	47,86	0,561	39,47	14,83	0,591
Peçanha	MG	3246º	75,50	10,16	18,77	66,16	0,610	46,44	0,00	0,486
Pederneiras	SP	534º	87,62	20,72	53,42	33,58	0,508	38,05	16,39	0,688
Pedra	PE	5036º	56,30	7,02	40,45	77,08	0,628	45,60	19,76	0,378
Pedra Azul	MG	3368º	73,49	15,48	26,54	70,11	0,617	46,18	4,24	0,477
Pedra Bela	SP	1368º	82,91	11,36	35,18	39,31	0,462	36,37	0,00	0,625
Pedra Bonita	MG	4497º	77,08	5,24	23,30	66,38	0,654	46,46	0,00	0,412
Pedra Branca	CE	4836º	57,72	5,62	13,55	74,81	0,620	46,66	19,64	0,392
Pedra Branca	PB	3779º	69,61	9,38	12,82	74,82	0,581	47,59	0,00	0,451
Pedra Branca do Amapari	AP	4965º	70,14	9,32	28,15	74,62	0,684	53,88	24,94	0,384
Pedra do Anta	MG	2731º	80,26	9,76	5,21	64,15	0,555	38,27	0,00	0,526
Pedra do Indaiá	MG	1547º	80,18	7,98	19,11	36,93	0,424	32,70	52,44	0,612
Pedra Dourada	MG	2365º	78,69	10,20	28,73	51,38	0,485	40,67	0,00	0,556

*a partir da melhor situação social ou maior IES)

Nome do Município 2000	UF	Posição*	Indicador de Alfabetização	Indicador de Escolaridade	Indicador de Emprego	Indicador de Pobreza	Índice de Gini	Indicador de Juventude	Indicador de Violência	Índice de Exclusão
Pedra Grande	RN	4347º	62,35	5,83	18,99	76,81	0,506	51,31	0,00	0,421
Pedra Lavrada	PB	3655º	65,52	4,12	16,76	77,07	0,492	43,30	0,00	0,459
Pedra Mole	SE	3195º	64,19	4,04	19,14	71,48	0,467	43,38	0,00	0,489
Pedra Preta	MT	1795º	81,69	11,61	25,40	43,50	0,496	40,37	29,39	0,596
Pedra Preta	RN	4241º	50,58	5,68	20,62	86,92	0,646	49,53	0,00	0,426
Pedralva	MG	2007º	86,35	11,76	17,29	53,05	0,549	39,82	0,00	0,583
Pedranópolis	SP	908º	86,20	15,75	49,79	46,98	0,469	31,60	0,00	0,657
Pedrão	BA	4167º	69,61	6,34	10,39	79,01	0,545	46,17	0,00	0,430
Pedras de Fogo	PB	4159º	56,01	5,34	10,61	79,03	0,492	46,68	15,47	0,431
Pedras de Maria da Cruz	MG	4245º	70,76	6,79	32,25	79,19	0,582	51,40	0,00	0,426
Pedras Grandes	SC	1026º	91,11	8,43	21,33	29,28	0,442	35,42	0,00	0,649
Pedregulho	SP	914º	87,97	17,47	23,52	36,91	0,532	39,58	0,00	0,657
Pedreira	SP	59º	90,24	20,07	30,34	13,70	0,467	34,90	14,20	0,766
Pedreiras	MA	3328º	73,83	15,04	15,76	68,57	0,562	44,84	7,53	0,480
Pedrinhas	SE	4630º	64,53	7,97	14,77	81,32	0,609	49,00	0,00	0,404
Pedrinhas Paulista	SP	421º	88,83	31,40	42,25	32,07	0,556	36,04	0,00	0,699
Pedrinópolis	MG	1385º	89,05	19,29	22,12	44,25	0,590	34,57	0,00	0,623
Pedro Afonso	TO	3156º	81,52	15,91	13,60	61,02	0,594	46,51	11,08	0,492
Pedro Alexandre	BA	5132º	46,97	3,46	6,32	88,17	0,510	50,31	0,00	0,369
Pedro Avelino	RN	3995º	60,22	10,54	27,40	68,81	0,650	46,22	0,00	0,440
Pedro Canário	ES	2872º	76,77	13,04	36,25	62,97	0,546	45,05	36,43	0,515
Pedro de Toledo	SP	1927º	83,77	17,09	55,39	44,58	0,594	42,84	0,00	0,589
Pedro do Rosário	MA	5424º	56,72	2,48	5,33	90,29	0,564	55,48	5,57	0,327

*a partir da melhor situação social ou maior IES)

Nome do Município 2000	UF	Posição*	Indicador de Alfabetização	Indicador de Escolaridade	Indicador de Emprego	Indicador de Pobreza	Índice de Gini	Indicador de Juventude	Indicador de Violência	Índice de Exclusão
Pedro Gomes	MS	2897º	77,31	9,61	26,52	55,15	0,566	40,90	35,15	0,513
Pedro II	PI	4794º	58,94	5,52	6,60	83,63	0,554	49,60	0,00	0,394
Pedro Laurentino	PI	3785º	76,61	4,69	11,09	88,98	0,486	47,80	0,00	0,451
Pedro Leopoldo	MG	970º	90,19	21,55	29,52	37,54	0,568	38,22	12,97	0,653
Pedro Osório	RS	1308º	86,74	14,80	39,03	41,78	0,639	33,45	0,00	0,629
Pedro Régis	PB	4261º	50,08	3,05	2,60	76,78	0,502	45,57	0,00	0,425
Pedro Teixeira	MG	1619º	77,32	11,19	43,17	67,23	0,464	35,81	0,00	0,607
Pedro Velho	RN	4341º	61,51	7,56	31,39	73,43	0,645	47,03	7,40	0,421
Peixe	TO	3197º	76,76	9,77	8,80	66,42	0,540	45,02	11,41	0,489
Peixe-Boi	PA	4172º	66,24	9,88	15,09	76,23	0,586	48,40	0,00	0,430
Peixoto de Azevedo	MT	4841º	75,97	6,36	23,53	58,33	0,660	47,77	57,35	0,392
Pejuçara	RS	1128º	92,19	18,92	22,85	31,04	0,525	37,07	0,00	0,642
Pelotas	RS	670º	91,23	25,43	37,49	30,67	0,597	34,35	6,50	0,676
Penaforte	CE	3502º	68,93	12,39	16,42	73,75	0,538	46,81	0,00	0,467
Penalva	MA	4992º	67,15	6,31	8,41	88,01	0,520	53,59	0,00	0,382
Penápolis	SP	274º	90,58	25,27	39,16	25,53	0,559	34,29	5,49	0,718
Pendências	RN	2870º	67,07	14,23	16,70	70,44	0,498	40,81	26,31	0,516
Penedo	AL	3816º	68,76	14,12	27,60	68,94	0,653	47,35	22,81	0,450
Penha	SC	560º	89,29	15,50	37,90	26,64	0,457	38,38	5,66	0,685
Pentecoste	CE	4281º	65,74	8,25	15,84	76,48	0,574	46,83	15,34	0,424
Pequeri	MG	416º	87,50	17,38	39,91	36,56	0,490	37,37	0,00	0,700
Pequi	MG	2135º	85,72	19,42	51,10	43,72	0,595	36,67	26,90	0,573
Pequizeiro	TO	3803º	70,54	7,39	19,75	69,91	0,560	46,31	0,00	0,450
Perdigão	MG	856º	89,95	18,56	23,37	25,16	0,506	35,89	17,52	0,661
Perdizes	MG	969º	87,17	13,06	29,27	35,82	0,560	38,38	0,00	0,653
Perdões	MG	953º	87,22	16,11	45,52	37,42	0,520	36,07	9,54	0,654
Pereira Barreto	SP	984º	86,26	24,08	34,97	37,39	0,566	35,76	11,99	0,652
Pereiras	SP	431º	87,28	22,15	46,17	25,89	0,514	35,82	0,00	0,699

*a partir da melhor situação social ou maior IES)

Nome do Município 2000	UF	Posição*	Indicador de Alfabetização	Indicador de Escolaridade	Indicador de Emprego	Indicador de Pobreza	Índice de Gini	Indicador de Juventude	Indicador de Violência	Índice de Exclusão
Pereiro	CE	5117º	63,71	7,00	8,40	79,24	0,694	47,76	0,00	0,371
Peri Mirim	MA	4504º	69,94	7,18	7,60	84,57	0,548	46,61	0,00	0,412
Periquito	MG	2445º	76,90	12,89	38,74	65,66	0,471	45,63	10,35	0,550
Peritiba	SC	906º	93,19	14,87	18,56	27,17	0,451	35,88	0,00	0,658
Peritoró	MA	5328º	53,26	3,89	8,20	84,91	0,631	49,43	11,54	0,345
Perobal	PR	1433º	85,81	16,79	30,84	51,23	0,463	36,02	18,90	0,620
Pérola	PR	1601º	84,91	15,07	31,16	45,58	0,578	33,96	0,00	0,608
Pérola d'Oeste	PR	2304º	87,00	14,33	27,29	49,82	0,531	39,20	0,00	0,560
Perolândia	GO	3558º	83,33	6,71	27,74	53,08	0,597	44,07	71,66	0,463
Peruíbe	SP	2040º	89,23	22,15	36,28	33,19	0,588	39,67	36,93	0,580
Pescador	MG	3120º	75,68	16,88	35,13	61,29	0,589	46,15	17,17	0,495
Pesqueira	PE	3392º	68,47	13,69	7,61	65,79	0,586	41,70	17,32	0,475
Petrolândia	PE	4509º	74,94	15,96	15,65	65,49	0,580	47,30	80,53	0,412
Petrolândia	SC	2117º	89,40	10,66	14,26	37,75	0,532	39,73	0,00	0,575
Petrolina	PE	3179º	79,74	20,49	16,94	56,65	0,643	44,65	53,54	0,491
Petrolina de Goiás	GO	2906º	81,24	12,43	15,49	53,02	0,561	36,03	48,16	0,511
Petrópolis	SP	390º	91,84	23,88	43,52	22,66	0,575	33,43	18,15	0,703
Piaçabuçu	AL	4572º	61,87	8,49	16,88	74,54	0,565	48,95	29,81	0,408
Piacatu	SP	457º	84,01	23,58	37,70	35,07	0,482	35,11	0,00	0,696
Piancó	PB	3234º	63,77	15,44	22,31	71,03	0,577	41,63	13,45	0,487
Piatã	BA	4213º	71,76	8,04	7,72	75,69	0,594	44,74	0,00	0,427
Piau	MG	1355º	83,83	11,52	23,15	59,03	0,447	33,91	0,00	0,626
Picada Café	RS	6º	96,00	11,90	60,69	6,04	0,351	31,89	21,40	0,820
Piçarra	PA	4593º	68,79	2,70	8,89	67,04	0,538	51,25	15,35	0,407
Picos	PI	2878º	74,50	14,99	22,43	60,19	0,616	41,15	4,35	0,514
Picuí	PB	3546º	67,87	7,51	14,62	72,55	0,549	43,40	0,00	0,464
Piedade	SP	1490º	86,92	16,32	22,56	33,99	0,600	38,50	3,99	0,616
Piedade de Caratinga	MG	3211º	74,21	5,27	32,94	59,96	0,471	44,34	18,70	0,488
Piedade de Ponte Nova	MG	2480º	77,57	10,92	13,84	66,38	0,629	43,44	0,00	0,546

*a partir da melhor situação social ou maior IES)

Nome do Município 2000	UF	Posição*	Indicador de Alfabetização	Indicador de Escolaridade	Indicador de Emprego	Indicador de Pobreza	Índice de Gini	Indicador de Juventude	Indicador de Violência	Índice de Exclusão
Piedade do Rio Grande	MG	2374º	79,28	9,42	47,75	68,26	0,499	34,62	0,00	0,555
Piedade dos Gerais	MG	2298º	81,91	6,19	21,75	56,64	0,470	34,60	0,00	0,561
Piên	PR	2494º	92,10	11,64	13,85	48,22	0,595	42,06	40,27	0,545
Pilão Arcado	BA	5405º	55,07	3,02	6,48	86,42	0,644	52,44	0,00	0,331
Pilar	AL	3635º	61,25	8,77	34,17	77,09	0,548	47,35	25,64	0,459
Pilar	PB	3447º	59,69	6,33	24,71	77,60	0,506	43,70	9,73	0,471
Pilar de Goiás	GO	2384º	87,72	6,17	19,34	64,51	0,454	38,13	0,00	0,555
Pilar do Sul	SP	2207º	85,90	15,17	38,52	36,58	0,659	41,20	8,35	0,568
Pilões	PB	4377º	51,62	4,46	13,68	82,56	0,475	49,15	0,00	0,419
Pilões	RN	3160º	68,09	9,81	14,92	78,25	0,502	41,21	33,31	0,492
Pilõezinhos	PB	5119º	51,55	3,01	4,59	77,63	0,590	48,91	0,00	0,371
Pimenta	MG	1358º	85,93	12,68	13,39	34,19	0,506	35,57	12,78	0,625
Pimenta Bueno	RO	2102º	85,39	15,64	15,15	41,28	0,595	43,92	22,05	0,576
Pimenteiras	PI	5287º	55,01	4,09	6,26	86,83	0,627	47,10	8,84	0,352
Pimenteiras do Oeste	RO	2738º	85,64	8,64	9,81	61,84	0,464	47,76	0,00	0,525
Pindaí	BA	3566º	68,66	6,67	19,38	76,43	0,537	45,04	0,00	0,463
Pindamonhangaba	SP	656º	92,53	29,28	31,68	30,47	0,570	39,29	11,11	0,678
Pindaré-Mirim	MA	4550º	69,27	10,92	16,43	80,05	0,603	50,80	7,27	0,409
Pindoba	AL	5015º	43,08	1,12	17,25	83,00	0,509	47,33	34,18	0,379
Pindobaçu	BA	4508º	67,72	5,19	12,12	75,39	0,649	44,88	0,00	0,412
Pindorama	SP	92º	88,19	19,21	28,74	25,25	0,462	31,60	7,63	0,756
Pindorama do Tocantins	TO	3548º	78,40	9,19	12,55	78,32	0,496	47,68	0,00	0,464
Pindoretama	CE	3864º	69,38	7,08	16,88	74,56	0,605	42,56	6,69	0,447
Pingo-d'Água	MG	1740º	81,81	11,46	26,14	67,27	0,450	43,38	0,00	0,600
Pinhais	PR	471º	92,19	22,58	35,05	26,56	0,490	39,30	24,28	0,695
Pinhal	RS	3383º	89,71	12,06	13,84	56,75	0,776	38,55	0,00	0,475

*a partir da melhor situação social ou maior IES)

Nome do Município 2000	UF	Posição*	Indicador de Alfabetização	Indicador de Escolaridade	Indicador de Emprego	Indicador de Pobreza	Índice de Gini	Indicador de Juventude	Indicador de Violência	Índice de Exclusão
Pinhal de São Bento	PR	4110º	80,51	8,32	15,44	75,24	0,677	44,18	0,00	0,433
Pinhal Grande	RS	2364º	90,16	12,73	15,92	40,58	0,554	39,28	21,16	0,556
Pinhalão	PR	2597º	83,48	17,52	46,62	50,75	0,554	39,70	32,17	0,537
Pinhalzinho	SC	795º	90,75	18,93	40,32	34,80	0,538	38,48	0,00	0,665
Pinhalzinho	SP	913º	87,21	14,30	41,04	28,75	0,488	35,22	0,00	0,657
Pinhão	PR	3312º	82,89	11,52	18,85	60,25	0,612	46,93	28,16	0,481
Pinhão	SE	4193º	59,79	6,35	13,37	76,41	0,535	44,13	19,07	0,428
Pinheiral	SP	1091º	90,10	20,77	40,27	37,27	0,530	37,26	30,80	0,645
Pinheirinho do Vale	RS	2722º	84,49	6,94	9,58	52,68	0,503	40,77	0,00	0,527
Pinheiro	MA	4321º	75,11	11,33	13,36	78,73	0,570	49,42	11,76	0,422
Pinheiro Machado	RS	1246º	85,98	15,18	36,46	41,52	0,559	32,35	20,56	0,633
Pinheiro Preto	SC	425º	92,30	19,02	34,43	30,59	0,427	37,08	0,00	0,699
Pinheiros	ES	3171º	79,04	13,01	26,22	61,10	0,569	40,82	56,29	0,491
Pintadas	BA	3497º	70,62	6,57	18,19	71,84	0,544	45,40	0,00	0,467
Pintópolis	MG	3824º	76,54	7,43	46,86	74,68	0,543	52,64	0,00	0,449
Pio IX	PI	4799º	55,99	4,89	11,43	78,57	0,600	46,69	6,06	0,394
Pio XII	MA	5139º	56,54	5,39	7,14	87,31	0,543	51,91	0,00	0,369
Piquerobi	SP	1243º	84,32	18,23	52,73	44,59	0,562	34,33	0,00	0,633
Piquet Carneiro	CE	4677º	64,40	5,60	8,87	77,16	0,659	40,39	15,23	0,402
Piquete	SP	302º	89,88	27,03	25,76	30,39	0,508	35,59	0,00	0,714
Piracaia	SP	1096º	86,05	17,58	33,05	27,02	0,520	37,00	29,98	0,644
Piracanjuba	GO	1436º	86,00	15,32	28,02	38,79	0,547	34,61	12,74	0,619
Piracema	MG	2190º	81,82	10,97	23,02	57,50	0,522	35,98	0,00	0,569
Piracicaba	SP	136º	92,37	29,70	41,08	16,49	0,540	35,16	13,67	0,743
Piracuruca	PI	4733º	60,25	5,64	10,45	77,74	0,603	46,99	4,03	0,399
Piraí	SP	1239º	88,99	20,84	43,94	37,97	0,563	36,18	45,21	0,634
Piraí do Norte	BA	4892º	62,05	1,76	7,63	82,94	0,483	51,19	8,90	0,388

*a partir da melhor situação social ou maior IES)

Nome do Município 2000	UF	Posição*	Indicador de Alfabetização	Indicador de Escolaridade	Indicador de Emprego	Indicador de Pobreza	Índice de Gini	Indicador de Juventude	Indicador de Violência	Índice de Exclusão
Piraí do Sul	PR	1729º	88,44	17,69	27,23	46,57	0,579	40,43	9,24	0,601
Piraju	SP	487º	89,82	23,90	34,25	25,62	0,554	35,85	10,75	0,693
Pirajuba	MG	842º	86,95	14,78	22,09	31,31	0,518	35,21	0,00	0,662
Pirajuí	SP	248º	88,36	23,10	47,05	24,48	0,507	32,43	4,98	0,721
Pirambu	SE	4421º	73,44	7,18	17,99	71,02	0,632	49,39	13,78	0,417
Piranga	MG	3500º	79,63	8,38	33,07	64,78	0,595	43,89	5,42	0,467
Pirangi	SP	301º	88,63	19,09	41,56	27,00	0,442	32,39	0,00	0,714
Piranguçu	MG	889º	86,79	13,91	13,03	44,46	0,419	36,51	0,00	0,659
Piranguinho	MG	942º	87,22	14,83	33,15	46,71	0,490	38,83	0,00	0,656
Piranhas	AL	5313º	59,55	9,02	16,94	79,15	0,736	53,38	10,00	0,347
Piranhas	GO	2324º	83,72	13,03	24,30	53,65	0,561	36,89	16,28	0,559
Pirapemas	MA	5094º	60,57	7,27	9,75	86,57	0,531	52,71	13,22	0,373
Pirapetinga	MG	1227º	84,96	16,71	45,59	38,72	0,546	36,10	9,97	0,635
Pirapó	RS	2902º	85,32	9,57	10,16	61,79	0,564	38,13	0,00	0,512
Pirapora	MG	2057º	87,32	22,52	35,14	53,49	0,610	44,38	11,93	0,579
Pirapora do Bom Jesus	SP	1779º	87,39	16,52	39,54	40,05	0,563	44,16	32,27	0,597
Pirapozinho	SP	703º	88,18	25,58	32,39	33,44	0,551	36,36	4,52	0,673
Piraquara	PR	1683º	88,61	13,50	36,40	35,19	0,506	42,91	49,39	0,604
Piraquê	TO	5189º	76,57	7,66	14,95	79,71	0,621	49,32	79,24	0,365
Pirassununga	SP	83º	92,04	29,40	44,49	17,86	0,510	34,55	10,79	0,759
Piratini	RS	1588º	85,24	10,57	34,12	46,83	0,568	31,10	20,60	0,609
Piratininga	SP	328º	88,50	26,30	36,46	24,14	0,526	35,37	18,90	0,710
Piratuba	SC	161º	92,50	13,07	49,48	20,44	0,512	32,31	0,00	0,736
Piraúba	MG	1610º	84,85	14,53	40,41	49,25	0,554	35,76	0,00	0,608
Pirenópolis	GO	2357º	82,56	15,76	21,06	50,62	0,557	38,90	14,12	0,556
Pires do Rio	GO	1321º	90,45	19,86	31,61	36,58	0,603	36,15	7,63	0,628
Pires Ferreira	CE	5092º	58,07	3,44	4,13	82,02	0,575	46,34	11,57	0,373
Piripá	BA	4040º	66,39	4,29	8,49	79,76	0,477	45,91	0,00	0,437
Piripiri	PI	4003º	65,59	8,10	16,92	72,44	0,617	45,01	3,32	0,439

*a partir da melhor situação social ou maior IES)

Nome do Município 2000	UF	Posição*	Indicador de Alfabetização	Indicador de Escolaridade	Indicador de Emprego	Indicador de Pobreza	Índice de Gini	Indicador de Juventude	Indicador de Violência	Índice de Exclusão
Piritiba	BA	4033º	72,18	7,87	11,84	72,07	0,567	46,93	5,25	0,438
Pirpirituba	PB	3344º	65,01	10,54	22,48	70,91	0,574	44,26	0,00	0,479
Pitanga	PR	3129º	85,00	13,75	42,94	58,32	0,635	43,52	13,89	0,494
Pitangueiras	PR	1306º	84,92	10,64	19,87	43,76	0,438	37,51	0,00	0,629
Pitangueiras	SP	761º	86,16	17,06	49,42	32,85	0,508	40,71	12,84	0,668
Pitangui	MG	1011º	87,80	19,63	30,90	37,34	0,528	38,41	4,49	0,650
Pitimbu	PB	4227º	60,40	6,15	15,59	78,66	0,545	47,95	0,00	0,427
Pium	TO	3811º	78,13	15,88	24,00	63,25	0,617	45,81	54,15	0,450
Piúma	ES	2086º	87,18	19,33	24,49	41,93	0,586	40,72	13,34	0,577
Piumhi	MG	973º	89,04	19,91	36,44	25,52	0,581	35,16	0,00	0,653
Placas	PA	4815º	70,84	2,92	3,22	64,26	0,582	53,23	0,00	0,393
Plácido de Castro	AC	3765º	72,34	7,18	21,69	63,86	0,537	51,34	19,77	0,452
Planaltina	GO	3081º	80,62	8,99	34,24	54,59	0,546	48,08	47,48	0,498
Planaltina do Paraná	PR	1682º	83,27	17,65	27,97	45,42	0,480	39,08	0,00	0,604
Planaltino	BA	4050º	58,71	2,55	10,26	74,66	0,497	45,45	0,00	0,437
Planalto	BA	3742º	64,09	5,40	18,00	74,59	0,531	45,23	4,61	0,453
Planalto	PR	2270º	88,47	12,37	20,66	47,67	0,530	37,37	7,08	0,563
Planalto	RS	2474º	86,04	15,14	18,71	47,92	0,585	38,77	17,70	0,547
Planalto	SP	1791º	86,71	16,72	44,46	44,00	0,658	36,08	0,00	0,596
Planalto Alegre	SC	1806º	88,26	12,34	20,33	36,02	0,528	39,85	0,00	0,596
Planalto da Serra	MT	2565º	82,32	14,05	20,61	56,07	0,585	43,32	0,00	0,540
Planura	MG	1382º	88,54	16,71	26,58	45,38	0,549	37,91	0,00	0,623
Platina	SP	838º	85,22	11,71	48,66	39,94	0,471	38,33	0,00	0,662
Poá	SP	593º	91,75	28,20	32,56	28,69	0,513	40,39	21,92	0,682
Poção	PE	5067º	58,66	7,75	30,15	74,05	0,573	44,02	62,62	0,375
Poção de Pedras	MA	4793º	63,64	5,95	12,26	87,85	0,530	49,37	8,94	0,394
Pocinhos	PB	3411º	67,65	6,63	19,60	74,77	0,527	43,82	0,00	0,474
Poço Branco	RN	4053º	60,04	8,31	13,69	79,70	0,505	49,60	0,00	0,437
Poço Dantas	PB	5457º	45,57	2,60	8,09	88,54	0,703	50,21	0,00	0,314

*a partir da melhor situação social ou maior IES)

Nome do Município 2000	UF	Posição*	Indicador de Alfabetização	Indicador de Escolaridade	Indicador de Emprego	Indicador de Pobreza	Índice de Gini	Indicador de Juventude	Indicador de Violência	Índice de Exclusão
Poço das Antas	RS	202º	95,59	16,19	22,08	20,30	0,384	30,11	0,00	0,728
Poço das Trincheiras	AL	5497º	48,61	2,47	4,42	86,68	0,666	53,67	37,82	0,274
Poço de José de Moura	PB	3873º	63,44	3,88	14,99	71,47	0,615	40,72	0,00	0,447
Poço Fundo	MG	1172º	89,14	11,27	34,20	31,30	0,477	33,19	0,00	0,639
Poço Redondo	SE	5450º	53,87	2,35	9,80	86,14	0,662	53,19	11,53	0,318
Poço Verde	SE	3950º	67,11	6,44	12,85	74,53	0,561	45,01	0,00	0,442
Poções	BA	4477º	65,73	6,25	11,09	73,23	0,609	44,90	13,57	0,414
Poconé	MT	3189º	78,86	13,94	37,40	62,13	0,575	45,73	19,50	0,490
Poços de Caldas	MG	144º	92,29	25,64	17,38	18,46	0,561	34,13	7,37	0,741
Pocrane	MG	3049º	77,32	11,28	50,16	62,77	0,590	38,30	0,00	0,500
Pojuca	BA	2249º	81,70	16,33	36,30	59,30	0,539	43,57	11,45	0,564
Poloni	SP	408º	86,57	22,68	43,49	26,20	0,529	29,26	0,00	0,701
Pombal	PB	2930º	71,58	12,43	13,31	65,01	0,539	39,55	0,00	0,509
Pombos	PE	4325º	63,41	6,25	8,69	71,96	0,565	43,55	37,93	0,422
Pomerode	SC	7º	96,25	20,57	63,91	12,64	0,470	32,47	0,00	0,817
Pompéia	SP	91º	90,16	29,93	41,57	28,17	0,513	34,81	0,00	0,756
Pompéu	MG	2499º	83,98	13,21	11,11	47,70	0,635	41,84	14,75	0,545
Pongaí	SP	631º	89,22	20,03	28,64	31,96	0,547	32,33	0,00	0,679
Ponta de Pedras	PA	4389º	72,59	8,99	13,54	76,38	0,572	51,89	0,00	0,418
Ponta Grossa	PR	650º	92,17	25,96	13,91	31,85	0,576	39,09	13,89	0,678
Ponta Porã	MS	2837º	87,65	18,14	29,27	45,95	0,623	45,03	49,25	0,518
Pontal	SP	1273º	84,12	11,86	53,42	31,59	0,630	40,74	23,58	0,631
Pontal do Araguaia	MT	1712º	89,82	19,76	13,71	47,57	0,551	38,76	0,00	0,602
Pontal do Paraná	PR	1924º	90,86	16,30	46,93	34,26	0,567	39,82	6,98	0,589
Pontalina	GO	2326º	88,21	14,54	20,90	39,41	0,699	35,62	6,04	0,559
Pontalinda	SP	1595º	81,55	14,89	33,17	59,69	0,405	38,43	28,26	0,609
Pontão	RS	2180º	90,21	9,26	24,99	47,89	0,558	39,96	0,00	0,570

*a partir da melhor situação social ou maior IES)

Nome do Município 2000	UF	Posição*	Indicador de Alfabetização	Indicador de Escolaridade	Indicador de Emprego	Indicador de Pobreza	Índice de Gini	Indicador de Juventude	Indicador de Violência	Índice de Exclusão
Ponte Alta	SC	1974º	85,78	10,24	46,14	53,88	0,599	42,16	0,00	0,586
Ponte Alta do Bom Jesus	TO	3842º	68,31	8,94	22,38	64,71	0,631	47,16	0,00	0,448
Ponte Alta do Norte	SC	1883º	85,86	7,67	63,12	50,44	0,585	45,05	31,05	0,591
Ponte Alta do Tocantins	TO	4267º	76,43	10,91	17,30	69,81	0,717	48,49	0,00	0,425
Ponte Branca	MT	1428º	83,79	12,66	26,53	47,52	0,404	36,85	0,00	0,620
Ponte Nova	MG	943º	88,00	21,97	31,02	44,47	0,578	36,64	0,00	0,655
Ponte Preta	RS	1271º	90,76	11,03	8,67	48,14	0,358	31,26	0,00	0,631
Ponte Serrada	SC	2155º	86,43	12,34	44,86	53,20	0,613	43,40	9,47	0,572
Pontes e Lacerda	MT	3188º	84,34	11,28	21,63	46,40	0,595	43,62	65,10	0,490
Pontes Gestal	SP	1447º	84,04	19,88	56,79	49,27	0,575	33,48	0,00	0,619
Ponto Belo	ES	3060º	76,86	14,14	21,98	68,81	0,642	39,76	0,00	0,500
Ponto Chique	MG	3990º	76,29	9,25	43,47	75,51	0,609	48,34	0,00	0,440
Ponto dos Volantes	MG	4695º	63,20	4,86	18,51	80,67	0,580	47,54	0,00	0,401
Ponto Novo	BA	4955º	62,26	3,55	6,74	80,46	0,582	48,73	0,00	0,384
Populina	SP	1591º	82,17	14,75	37,29	44,74	0,487	34,31	22,47	0,609
Poranga	CE	5242º	55,55	4,59	13,19	82,23	0,683	48,04	8,52	0,358
Porangaba	SP	497º	91,23	18,83	29,11	33,45	0,455	36,43	0,00	0,692
Porangatu	GO	2729º	85,96	16,22	26,74	50,58	0,710	41,35	5,05	0,527
Porciúncula	SP	1811º	83,05	16,63	27,85	48,38	0,549	37,21	6,21	0,595
Porecatu	PR	391º	86,47	21,39	18,89	33,77	0,563	37,10	12,59	0,702
Portalegre	RN	4005º	67,53	9,58	15,41	79,60	0,621	42,34	0,00	0,439
Portão	RS	572º	91,49	14,75	50,73	24,20	0,532	37,23	28,39	0,683
Porteirão	GO	2378º	78,12	7,74	45,46	50,96	0,681	41,80	0,00	0,555
Porteiras	CE	4317º	59,94	8,30	9,46	76,75	0,552	47,00	0,00	0,422
Porteirinha	MG	3264º	73,68	9,58	9,92	72,97	0,550	44,33	2,64	0,484
Portel	PA	5462º	50,84	2,75	14,30	81,29	0,662	60,49	2,63	0,313

*a partir da melhor situação social ou maior IES)

Nome do Município 2000	UF	Posição*	Indicador de Alfabetização	Indicador de Escolaridade	Indicador de Emprego	Indicador de Pobreza	Índice de Gini	Indicador de Juventude	Indicador de Violência	Índice de Exclusão
Portelândia	GO	2181º	82,29	8,03	28,13	39,81	0,499	41,48	27,06	0,570
Porto	PI	5398º	50,92	3,62	5,70	88,26	0,589	54,03	0,00	0,333
Porto Acre	AC	4183º	66,60	3,94	23,91	67,72	0,539	50,33	8,76	0,429
Porto Alegre	RS	93º	93,71	43,57	46,34	14,96	0,606	32,25	29,99	0,756
Porto Alegre do Norte	MT	4283º	81,34	11,18	25,09	56,99	0,664	47,07	57,98	0,424
Porto Alegre do Piauí	PI	4688º	66,40	4,03	9,86	84,45	0,523	49,81	0,00	0,401
Porto Alegre do Tocantins	TO	3507º	69,19	7,88	19,44	74,16	0,503	53,07	0,00	0,466
Porto Amazonas	PR	809º	91,04	15,90	59,57	39,70	0,484	41,90	0,00	0,664
Porto Barreiro	PR	3977º	86,70	4,73	45,98	60,21	0,603	44,22	23,78	0,441
Porto Belo	SC	578º	90,09	21,01	37,80	24,57	0,528	39,13	0,00	0,683
Porto Calvo	AL	4435º	60,11	9,83	26,37	80,77	0,570	49,72	29,23	0,416
Porto da Folha	SE	5121º	61,24	2,90	10,16	82,38	0,597	49,76	7,79	0,371
Porto de Moz	PA	5390º	58,27	3,60	7,58	74,31	0,617	59,43	4,25	0,334
Porto de Pedras	AL	5101º	46,80	4,03	16,35	85,91	0,611	49,44	0,00	0,373
Porto do Mangue	RN	4342º	54,77	3,24	19,44	80,79	0,533	45,50	0,00	0,421
Porto dos Gaúchos	MT	1783º	86,29	15,28	20,29	34,39	0,481	43,80	52,96	0,597
Porto Esperidião	MT	4282º	82,20	8,09	25,26	56,48	0,643	45,62	60,02	0,424
Porto Estrela	MT	3485º	69,99	3,24	19,19	58,84	0,450	46,57	21,24	0,468
Porto Feliz	SP	347º	90,21	18,17	26,05	25,04	0,484	37,86	4,39	0,707
Porto Ferreira	SP	158º	90,65	26,54	36,58	22,07	0,511	35,76	12,65	0,737
Porto Firme	MG	2775º	81,96	8,77	22,20	67,29	0,478	38,57	21,11	0,523
Porto Franco	MA	3715º	76,27	11,43	14,84	65,58	0,599	49,16	0,00	0,455
Porto Grande	AP	3340º	75,19	9,97	18,09	54,82	0,631	51,75	18,11	0,479

*a partir da melhor situação social ou maior IES)

Nome do Município 2000	UF	Posição*	Indicador de Alfabetização	Indicador de Escolaridade	Indicador de Emprego	Indicador de Pobreza	Índice de Gini	Indicador de Juventude	Indicador de Violência	Índice de Exclusão
Porto Lucena	RS	2061º	90,40	10,71	11,82	51,96	0,526	31,88	0,00	0,579
Porto Mauá	RS	1691º	90,89	13,60	12,55	42,35	0,390	34,40	35,69	0,603
Porto Murtinho	MS	2759º	79,92	12,29	37,61	51,41	0,590	47,39	30,04	0,524
Porto Nacional	TO	2577º	82,66	19,84	27,89	54,11	0,615	46,26	11,11	0,539
Porto Real	SP	1398º	86,49	12,28	49,20	43,02	0,549	39,59	24,80	0,622
Porto Real do Colégio	AL	5323º	55,30	6,16	13,40	81,79	0,660	48,75	32,69	0,346
Porto Rico	PR	1223º	86,25	23,38	7,82	46,69	0,476	40,04	0,00	0,635
Porto Rico do Maranhão	MA	4296º	77,83	5,33	7,77	84,53	0,476	49,62	0,00	0,423
Porto Seguro	BA	3310º	78,86	13,49	23,85	53,36	0,634	47,38	25,07	0,481
Porto União	SC	733º	92,04	23,85	41,57	31,83	0,560	38,02	12,56	0,671
Porto Velho	RO	2226º	88,29	29,08	21,16	38,78	0,617	45,93	60,66	0,566
Porto Vera Cruz	RS	2137º	90,29	7,17	13,85	58,50	0,462	34,01	0,00	0,573
Porto Vitória	PR	1777º	91,38	8,00	29,44	52,37	0,529	41,74	0,00	0,597
Porto Walter	AC	5239º	44,93	4,60	14,40	80,16	0,488	62,70	0,00	0,359
Porto Xavier	RS	2665º	84,83	15,70	20,17	50,38	0,639	38,20	17,87	0,532
Posse	GO	3102º	75,82	11,83	22,73	60,22	0,591	46,88	0,00	0,496
Poté	MG	3481º	69,51	8,50	19,36	72,29	0,548	45,51	0,00	0,468
Potengi	CE	4353º	54,02	7,07	8,48	74,88	0,556	45,61	0,00	0,420
Potim	SP	1592º	89,62	16,18	44,99	41,39	0,469	42,26	22,05	0,609
Potiraguá	BA	3155º	67,18	10,39	29,73	79,75	0,459	49,41	0,00	0,493
Potirendaba	SP	198º	89,72	21,28	49,48	22,27	0,467	30,10	7,32	0,730
Potiretama	CE	4859º	60,16	5,25	10,56	82,27	0,635	45,37	0,00	0,391
Pouso Alegre	MG	334º	91,62	27,79	18,36	23,34	0,572	36,25	9,89	0,708
Pouso Alto	MG	1407º	87,09	12,50	44,46	47,99	0,523	35,40	0,00	0,622
Pouso Novo	RS	2503º	84,10	11,48	15,17	36,57	0,669	37,86	0,00	0,545
Pouso Redondo	SC	1318º	89,33	9,37	34,36	36,14	0,520	39,24	0,00	0,628

*a partir da melhor situação social ou maior IES)

Nome do Município 2000	UF	Posição*	Indicador de Alfabetização	Indicador de Escolaridade	Indicador de Emprego	Indicador de Pobreza	Índice de Gini	Indicador de Juventude	Indicador de Violência	Índice de Exclusão
Poxoréo	MT	2833º	80,17	13,96	38,28	53,81	0,615	41,20	9,99	0,518
Pracinha	SP	1103º	74,66	9,27	31,24	59,07	0,384	35,43	0,00	0,643
Pracuúba	AP	4820º	73,89	6,56	27,78	74,60	0,592	58,75	0,00	0,393
Prado	BA	4117º	72,63	9,85	21,88	65,99	0,673	49,73	7,55	0,433
Prado Ferreira	PR	1169º	83,88	18,91	40,42	48,23	0,487	36,90	31,73	0,640
Pradópolis	SP	251º	86,78	20,72	34,49	24,18	0,458	37,62	15,49	0,721
Prados	MG	1486º	89,69	12,22	32,45	55,02	0,471	34,82	0,00	0,616
Praia Grande	SC	1881º	87,72	13,78	25,57	43,39	0,524	38,65	13,72	0,591
Praia Grande	SP	1653º	90,70	25,16	40,94	24,26	0,572	37,80	83,69	0,605
Praia Norte	TO	5348º	60,38	5,76	32,02	87,96	0,652	55,70	0,00	0,342
Prainha	PA	5382º	64,32	3,99	6,60	84,40	0,575	58,49	3,66	0,336
Pranchita	PR	2119º	86,81	17,06	45,11	40,30	0,612	38,31	0,00	0,574
Prata	MG	1347º	86,49	13,02	27,29	37,66	0,588	37,31	0,00	0,626
Prata	PB	3791º	62,50	7,57	16,12	70,65	0,559	40,38	29,20	0,451
Prata do Piauí	PI	4594º	61,13	5,30	9,16	75,85	0,581	47,58	0,00	0,407
Pratânia	SP	1985º	86,17	12,38	49,31	41,09	0,628	41,19	0,00	0,585
Pratápolis	MG	556º	87,00	16,41	37,40	34,15	0,451	33,24	0,00	0,685
Pratinha	MG	1737º	87,95	7,47	31,71	42,75	0,537	33,85	0,00	0,600
Presidente Alves	SP	228º	86,77	23,19	34,57	35,13	0,471	37,32	0,00	0,723
Presidente Bernardes	MG	3233º	81,39	6,66	22,55	67,59	0,520	39,82	0,00	0,487
Presidente Bernardes	SP	921º	88,82	26,24	35,32	31,83	0,536	32,17	47,74	0,657
Presidente Castello Branco	SC	1665º	91,31	9,16	10,16	31,51	0,485	36,02	0,00	0,605
Presidente Castelo Branco	PR	751º	84,03	19,05	18,23	45,19	0,478	38,33	0,00	0,669
Presidente Dutra	BA	3997º	77,56	12,46	10,31	76,01	0,603	43,09	14,57	0,440

*a partir da melhor situação social ou maior IES)

Nome do Município 2000	UF	Posição*	Indicador de Alfabetização	Indicador de Escolaridade	Indicador de Emprego	Indicador de Pobreza	Índice de Gini	Indicador de Juventude	Indicador de Violência	Índice de Exclusão
Presidente Dutra	MA	4052º	68,92	13,72	10,59	72,16	0,581	48,03	5,06	0,437
Presidente Epitácio	SP	1122º	88,20	24,52	52,15	33,79	0,572	37,89	35,63	0,642
Presidente Figueiredo	AM	2912º	83,56	15,66	35,56	48,81	0,621	48,69	40,24	0,511
Presidente Getúlio	SC	149º	92,97	15,21	49,13	19,02	0,449	35,86	8,11	0,739
Presidente Jânio Quadros	BA	4363º	58,95	1,49	3,85	74,15	0,522	43,95	0,00	0,419
Presidente Juscelino	MA	5384º	56,00	5,94	9,42	91,17	0,583	56,73	0,00	0,336
Presidente Juscelino	MG	3140º	76,36	6,34	6,24	73,30	0,498	44,45	0,00	0,493
Presidente Juscelino	RN	5241º	53,12	7,74	18,93	77,02	0,776	48,12	0,00	0,359
Presidente Kennedy	ES	3251º	75,83	9,34	24,14	63,10	0,644	41,74	10,47	0,485
Presidente Kennedy	TO	2728º	75,28	18,48	14,71	68,59	0,502	44,91	0,00	0,527
Presidente Kubitschek	MG	2788º	79,78	8,87	21,38	69,43	0,462	46,56	0,00	0,522
Presidente Lucena	RS	129º	93,62	8,17	48,40	19,02	0,428	33,74	0,00	0,745
Presidente Médici	MA	4262º	65,83	7,27	8,38	82,16	0,436	51,92	0,00	0,425
Presidente Médici	RO	2943º	81,98	8,71	12,87	51,74	0,578	44,62	7,59	0,508
Presidente Nereu	SC	1852º	86,07	7,75	12,00	37,28	0,404	40,82	0,00	0,593
Presidente Olegário	MG	1532º	84,13	12,61	25,99	47,50	0,515	38,93	11,25	0,613
Presidente Prudente	SP	178º	92,07	36,45	34,03	20,17	0,595	34,11	10,57	0,734
Presidente Sarney	MA	5236º	56,17	1,76	5,74	87,91	0,479	54,16	7,29	0,359

*a partir da melhor situação social ou maior IES)

Nome do Município 2000	UF	Posição*	Indicador de Alfabetização	Indicador de Escolaridade	Indicador de Emprego	Indicador de Pobreza	Índice de Gini	Indicador de Juventude	Indicador de Violência	Índice de Exclusão
Presidente Tancredo Neves	BA	4537º	62,97	4,79	13,73	76,21	0,518	51,40	10,18	0,410
Presidente Vargas	MA	5369º	55,94	7,96	5,08	88,23	0,585	54,17	8,53	0,338
Presidente Venceslau	SP	472º	89,44	27,50	41,71	27,09	0,592	32,40	2,68	0,694
Primavera	PA	4649º	69,38	8,87	16,70	77,53	0,634	51,74	0,00	0,403
Primavera	PE	3981º	66,40	8,61	15,54	74,85	0,539	46,87	43,57	0,441
Primavera de Rondônia	RO	3326º	80,41	4,86	14,95	63,18	0,507	44,84	0,00	0,480
Primavera do Leste	MT	902º	91,03	23,99	16,88	24,47	0,561	42,71	10,04	0,658
Primeira Cruz	MA	5193º	60,38	5,55	11,15	89,18	0,534	55,87	0,00	0,364
Primeiro de Maio	PR	1771º	84,40	18,72	44,88	46,83	0,548	36,29	18,64	0,597
Princesa	SC	3361º	89,54	4,71	3,39	49,39	0,536	40,22	38,27	0,477
Princesa Isabel	PB	3421º	70,52	10,16	19,23	66,74	0,553	45,78	10,97	0,473
Professor Jamil	GO	2089º	83,03	11,04	25,91	50,92	0,539	38,32	0,00	0,577
Progresso	RS	1634º	84,59	7,86	8,54	29,31	0,432	37,17	0,00	0,607
Promissão	SP	567º	89,89	19,22	43,33	32,08	0,506	35,89	9,64	0,684
Propriá	SE	3269º	75,55	16,90	24,61	63,12	0,592	44,49	36,52	0,484
Protásio Alves	RS	662º	94,31	13,81	27,51	28,09	0,533	30,02	0,00	0,677
Prudente de Morais	MG	1057º	87,76	15,78	45,28	46,95	0,473	42,35	0,00	0,647
Prudentópolis	PR	2826º	89,54	12,02	27,81	59,84	0,578	40,56	10,79	0,519
Pugmil	TO	3018º	76,71	8,23	21,81	66,26	0,569	46,71	0,00	0,503
Pureza	RN	3976º	62,78	8,05	24,45	80,66	0,521	48,99	0,00	0,441
Putinga	RS	1893º	88,36	11,74	13,66	21,96	0,678	33,03	0,00	0,591
Puxinanã	PB	3576º	72,90	6,07	19,85	78,36	0,552	44,10	0,00	0,463
Quadra	SP	1456º	88,73	8,32	35,44	40,46	0,495	35,76	37,72	0,618
Quaraí	RS	1304º	91,09	22,50	38,07	43,10	0,568	36,14	29,16	0,629

*a partir da melhor situação social ou maior IES)

Nome do Município 2000	UF	Posição*	Indicador de Alfabetização	Indicador de Escolaridade	Indicador de Emprego	Indicador de Pobreza	Índice de Gini	Indicador de Juventude	Indicador de Violência	Índice de Exclusão
Quartel Geral	MG	2243º	81,51	10,56	25,00	51,14	0,597	36,07	0,00	0,565
Quarto Centenário	PR	2174º	82,19	11,56	17,86	59,75	0,529	40,30	0,00	0,570
Quatá	SP	532º	88,06	20,62	41,04	33,20	0,538	37,31	8,58	0,688
Quatiguá	PR	1372º	88,60	19,31	32,33	38,02	0,490	34,41	44,50	0,624
Quatipuru	PA	4901º	63,32	5,31	9,30	82,01	0,533	53,12	0,00	0,388
Quatis	SP	881º	87,92	19,70	41,66	40,01	0,545	37,70	0,00	0,659
Quatro Barras	PR	912º	91,07	23,94	29,05	30,82	0,555	41,49	24,75	0,657
Quatro Pontes	PR	296º	97,18	23,84	45,54	18,16	0,435	34,50	0,00	0,714
Quebrangulo	AL	5305º	53,38	5,30	11,47	81,77	0,636	47,61	33,61	0,349
Quedas do Iguaçu	PR	2691º	85,06	15,89	20,87	55,11	0,657	44,20	3,65	0,530
Queimada Nova	PI	4501º	59,15	2,62	12,82	86,62	0,518	46,00	0,00	0,412
Queimadas	BA	4305º	70,32	7,25	13,05	77,42	0,574	47,82	4,06	0,423
Queimadas	PB	3255º	66,51	5,70	27,80	73,46	0,519	45,60	2,78	0,485
Queimados	SP	1949º	87,99	15,45	36,23	42,62	0,488	40,48	55,74	0,588
Queiroz	SP	465º	77,38	12,10	39,56	47,66	0,384	39,01	0,00	0,695
Queluz	SP	1336º	88,82	17,80	49,00	43,29	0,608	39,87	0,00	0,627
Queluzito	MG	1839º	83,81	9,27	19,77	53,72	0,508	31,04	0,00	0,594
Querência	MT	3338º	80,96	9,98	10,16	43,44	0,651	45,72	41,24	0,479
Querência do Norte	PR	3067º	79,80	14,30	30,55	60,94	0,600	42,93	17,49	0,499
Quevedos	RS	3043º	89,82	6,86	14,71	63,80	0,630	37,27	0,00	0,501
Quijingue	BA	5227º	58,74	3,61	8,74	85,11	0,655	47,68	0,00	0,360
Quilombo	SC	2271º	90,68	15,12	24,00	42,52	0,618	40,64	9,31	0,563
Quinta do Sol	PR	1281º	78,39	17,58	21,23	55,85	0,517	40,65	0,00	0,631
Quintana	SP	839º	85,50	19,19	56,70	43,86	0,530	36,30	0,00	0,662
Quinze de Novembro	RS	285º	95,45	15,08	23,98	24,55	0,401	30,29	0,00	0,716
Quipapá	PE	5261º	56,70	6,17	27,32	78,54	0,614	49,84	55,27	0,356

*a partir da melhor situação social ou maior IES)

Nome do Município 2000	UF	Posição*	Indicador de Alfabetização	Indicador de Escolaridade	Indicador de Emprego	Indicador de Pobreza	Índice de Gini	Indicador de Juventude	Indicador de Violência	Índice de Exclusão
Quirinópolis	GO	1760º	86,76	15,82	21,70	40,86	0,555	35,92	8,22	0,598
Quissamã	SP	1420º	83,14	13,59	44,59	50,66	0,521	39,59	7,31	0,621
Quitandinha	PR	3227º	88,19	7,16	49,53	56,86	0,615	41,27	13,10	0,487
Quiterianó-polis	CE	4676º	60,31	2,98	4,33	78,64	0,524	46,21	5,45	0,402
Quixaba	PE	5393º	66,56	4,80	19,47	79,12	0,737	49,54	29,18	0,334
Quixabá	PB	3306º	66,24	4,32	20,75	85,15	0,428	43,50	0,00	0,481
Quixabeira	BA	4022º	69,01	3,24	21,98	76,73	0,565	46,29	10,56	0,438
Quixadá	CE	3723º	68,31	13,44	18,43	70,89	0,594	45,38	15,79	0,454
Quixelô	CE	4975º	60,67	4,25	5,22	80,13	0,619	43,29	12,82	0,383
Quixeramo-bim	CE	4257º	65,62	9,11	13,28	73,16	0,601	44,35	18,57	0,426
Quixeré	CE	3366º	64,08	9,24	18,61	75,73	0,508	44,13	0,00	0,477
Rafael Fernandes	RN	3201º	68,84	12,24	15,04	75,20	0,549	41,44	0,00	0,489
Rafael Godeiro	RN	2677º	69,50	17,96	18,79	75,18	0,541	38,27	0,00	0,531
Rafael Jambeiro	BA	4617º	62,64	3,26	11,70	80,49	0,544	48,12	4,42	0,405
Rafard	SP	84º	90,71	20,54	43,81	20,67	0,434	36,69	11,96	0,759
Ramilândia	PR	2980º	79,43	7,86	14,04	66,41	0,488	45,01	0,00	0,506
Rancharia	SP	531º	89,55	27,11	42,85	35,25	0,539	36,58	6,95	0,688
Rancho Alegre	PR	1185º	84,86	17,25	18,28	46,95	0,470	36,50	0,00	0,638
Rancho Ale-gre D'Oeste	PR	1679º	84,37	14,39	30,36	56,95	0,445	38,98	0,00	0,604
Rancho Queimado	SC	1485º	87,43	10,98	23,49	39,89	0,495	36,59	0,00	0,616
Raposa	MA	4137º	75,56	8,56	9,20	78,28	0,486	51,83	0,00	0,432
Raposos	MG	463º	88,73	18,01	50,09	40,49	0,434	39,37	5,60	0,696
Raul Soares	MG	2477º	82,08	12,51	19,78	54,00	0,606	36,74	0,00	0,546
Realeza	PR	1943º	89,08	17,13	28,15	40,40	0,547	38,56	18,72	0,588
Rebouças	PR	2854º	90,29	10,21	22,61	56,95	0,564	41,21	14,64	0,517
Recife	PE	1898º	87,74	32,63	12,99	40,93	0,679	36,39	67,40	0,591
Recreio	MG	2076º	83,88	14,51	28,75	48,92	0,568	34,49	29,45	0,578

*a partir da melhor situação social ou maior IES)

Nome do Município 2000	UF	Posição*	Indicador de Alfabetização	Indicador de Escolaridade	Indicador de Emprego	Indicador de Pobreza	Índice de Gini	Indicador de Juventude	Indicador de Violência	Índice de Exclusão
Recursolândia	TO	5145º	66,17	4,58	30,59	82,14	0,670	53,31	0,00	0,369
Redenção	CE	3559º	70,23	7,73	20,59	76,49	0,533	45,96	4,00	0,463
Redenção	PA	3181º	81,92	11,32	22,17	54,57	0,603	47,52	14,23	0,490
Redenção da Serra	SP	1805º	83,96	11,86	55,40	48,87	0,522	37,39	24,71	0,596
Redenção do Gurguéia	PI	4848º	66,98	8,57	8,69	80,97	0,501	54,44	12,85	0,391
Redentora	RS	4255º	78,57	9,78	12,71	70,03	0,630	47,92	11,30	0,426
Reduto	MG	2523º	82,96	7,52	23,24	47,89	0,450	43,36	33,38	0,543
Regeneração	PI	4264º	61,18	6,24	13,81	78,85	0,547	46,24	5,72	0,425
Regente Feijó	SP	530º	88,47	26,91	42,12	32,94	0,545	35,22	11,77	0,688
Reginópolis	SP	333º	84,08	20,67	36,49	32,81	0,491	34,02	0,00	0,709
Registro	SP	1689º	89,27	22,88	41,05	40,49	0,637	41,98	16,74	0,604
Relvado	RS	691º	89,88	10,31	11,58	21,13	0,435	28,73	0,00	0,675
Remanso	BA	4433º	66,61	8,28	12,19	72,72	0,605	44,93	22,06	0,416
Remígio	PB	3589º	62,41	8,27	16,80	70,59	0,571	43,69	0,00	0,462
Renascença	PR	2575º	87,55	13,73	17,10	52,03	0,542	41,11	14,37	0,539
Reriutaba	CE	4297º	61,64	7,82	7,36	77,80	0,537	45,33	4,71	0,423
Resende	SP	533º	91,45	27,06	46,37	27,04	0,564	36,76	28,69	0,688
Resende Costa	MG	2071º	89,54	12,54	21,38	54,54	0,540	36,01	0,00	0,578
Reserva	PR	3456º	78,04	9,25	17,33	62,49	0,608	44,53	20,85	0,470
Reserva do Cabaçal	MT	2438º	83,81	14,79	38,13	58,91	0,481	43,38	0,00	0,550
Reserva do Iguaçu	PR	2958º	82,90	11,58	21,12	56,55	0,653	48,29	0,00	0,507
Resplendor	MG	1853º	79,16	15,03	33,41	50,04	0,577	36,54	5,89	0,593
Ressaquinha	MG	1890º	84,02	12,42	32,12	55,80	0,536	37,48	0,00	0,591
Restinga	SP	392º	84,96	15,92	43,89	38,20	0,441	42,12	0,00	0,702
Restinga Seca	RS	1439º	88,35	14,05	33,61	45,39	0,567	34,66	6,10	0,619
Retirolândia	BA	3677º	72,42	9,79	18,49	76,18	0,600	44,08	0,00	0,457
Riachão	MA	5020º	68,69	5,94	11,10	81,11	0,630	51,37	0,00	0,379

*a partir da melhor situação social ou maior IES)

Nome do Município 2000	UF	Posição*	Indicador de Alfabetização	Indicador de Escolaridade	Indicador de Emprego	Indicador de Pobreza	Índice de Gini	Indicador de Juventude	Indicador de Violência	Índice de Exclusão
Riachão	PB	4606º	57,37	2,81	30,36	76,69	0,504	46,94	0,00	0,406
Riachão das Neves	BA	4713º	63,52	7,19	13,44	80,97	0,583	50,68	0,00	0,400
Riachão do Bacamarte	PB	3011º	54,21	4,73	11,56	69,52	0,481	44,60	0,00	0,503
Riachão do Dantas	SE	4228º	57,48	4,27	13,00	80,56	0,483	48,28	0,00	0,427
Riachão do Jacuípe	BA	3307º	76,71	13,75	13,21	71,09	0,544	42,80	9,48	0,481
Riachão do Poço	PB	4158º	54,61	3,45	8,88	76,87	0,529	44,10	0,00	0,431
Riachinho	MG	3906º	80,13	9,83	15,76	70,39	0,617	48,58	0,00	0,445
Riachinho	TO	5003º	70,02	3,47	18,26	86,13	0,625	53,35	0,00	0,380
Riacho da Cruz	RN	4521º	60,34	9,61	24,25	82,20	0,658	43,79	0,00	0,411
Riacho das Almas	PE	5271º	58,59	6,03	40,05	72,28	0,721	42,12	44,10	0,355
Riacho de Santana	BA	4320º	71,72	8,96	14,02	78,53	0,624	45,23	6,98	0,422
Riacho de Santana	RN	3687º	71,83	8,93	14,88	81,15	0,559	44,43	0,00	0,457
Riacho de Santo Antônio	PB	4070º	66,85	2,47	8,70	79,23	0,493	44,90	0,00	0,436
Riacho dos Cavalos	PB	4411º	57,44	4,83	26,56	82,71	0,512	45,47	0,00	0,417
Riacho dos Machados	MG	4275º	69,76	6,60	25,01	80,82	0,633	49,01	0,00	0,424
Riacho Frio	PI	4739º	66,58	7,10	9,47	76,60	0,557	53,07	0,00	0,398
Riachuelo	RN	4743º	59,92	5,45	15,96	76,26	0,658	48,77	17,36	0,398
Riachuelo	SE	3104º	73,68	10,59	43,23	74,76	0,517	48,42	35,98	0,496
Rialma	GO	2421º	88,12	20,77	29,25	44,04	0,683	37,50	39,18	0,551
Rianápolis	GO	2787º	80,89	14,26	31,07	54,01	0,776	37,67	0,00	0,522
Ribamar Fiquene	MA	5008º	72,22	5,07	20,87	79,29	0,707	52,34	0,00	0,380
Ribas do Rio Pardo	MS	1782º	83,84	10,33	47,24	39,33	0,503	42,99	47,65	0,597

*a partir da melhor situação social ou maior IES)

Nome do Município 2000	UF	Posição*	Indicador de Alfabetização	Indicador de Escolaridade	Indicador de Emprego	Indicador de Pobreza	Índice de Gini	Indicador de Juventude	Indicador de Violência	Índice de Exclusão
Ribeira	SP	2652º	79,58	17,41	40,23	64,33	0,537	41,06	28,51	0,533
Ribeira do Amparo	BA	4636º	56,79	2,88	7,51	79,46	0,473	49,41	7,19	0,404
Ribeira do Piauí	PI	5118º	56,39	2,94	9,15	91,77	0,519	50,99	0,00	0,371
Ribeira do Pombal	BA	4250º	69,83	8,66	12,39	71,81	0,622	45,64	8,64	0,426
Ribeirão	PE	4274º	65,57	12,85	8,55	70,54	0,604	45,16	76,46	0,424
Ribeirão Bonito	SP	375º	87,34	20,68	58,29	31,92	0,531	37,96	0,00	0,704
Ribeirão Branco	SP	3496º	81,26	8,04	28,40	71,80	0,590	49,34	0,00	0,467
Ribeirão Cascalheira	MT	4769º	84,03	9,07	22,94	58,26	0,611	43,97	101,51	0,396
Ribeirão Claro	PR	777º	87,33	19,09	32,49	41,27	0,502	36,36	0,00	0,667
Ribeirão Corrente	SP	904º	84,59	10,23	52,33	38,63	0,432	39,84	0,00	0,658
Ribeirão das Neves	MG	1609º	88,09	12,14	43,57	46,59	0,448	43,04	36,46	0,608
Ribeirão do Largo	BA	4263º	56,74	2,78	12,20	80,33	0,467	47,21	6,53	0,425
Ribeirão do Pinhal	PR	2046º	81,45	17,21	38,87	54,57	0,578	40,66	0,00	0,580
Ribeirão do Sul	SP	991º	84,49	16,62	25,68	41,52	0,447	34,58	0,00	0,651
Ribeirão dos Índios	SP	1019º	84,47	17,43	40,00	56,21	0,419	32,72	0,00	0,649
Ribeirão Grande	SP	2929º	81,96	8,45	25,78	63,09	0,628	42,46	0,00	0,509
Ribeirão Pires	SP	298º	92,37	32,02	29,00	22,33	0,519	36,49	30,62	0,714
Ribeirão Preto	SP	177º	93,15	36,37	28,05	14,75	0,565	34,35	43,59	0,734
Ribeirão Vermelho	MG	434º	91,64	18,49	44,34	31,12	0,549	33,78	0,00	0,698
Ribeirãozinho	MT	2352º	81,54	16,92	18,85	48,16	0,608	39,90	0,00	0,557

*a partir da melhor situação social ou maior IES)

Nome do Município 2000	UF	Posição*	Indicador de Alfabetização	Indicador de Escolaridade	Indicador de Emprego	Indicador de Pobreza	Índice de Gini	Indicador de Juventude	Indicador de Violência	Índice de Exclusão
Ribeiro Gonçalves	PI	4450º	65,47	7,27	10,62	68,34	0,576	51,90	0,00	0,415
Ribeirópolis	SE	3403º	68,41	8,03	16,07	65,80	0,570	42,35	6,48	0,474
Rifaina	SP	699º	87,79	23,81	47,71	33,61	0,485	35,28	30,08	0,674
Rincão	SP	446º	87,59	20,09	38,07	33,68	0,469	39,21	19,36	0,697
Rinópolis	SP	575º	83,88	22,41	53,00	38,14	0,531	32,24	0,00	0,683
Rio Acima	MG	1031º	86,93	12,50	46,13	43,81	0,460	40,21	13,06	0,648
Rio Azul	PR	2591º	91,09	10,26	33,88	54,44	0,520	41,13	7,68	0,538
Rio Bananal	ES	2493º	84,11	13,16	14,74	47,11	0,563	39,65	6,13	0,545
Rio Bom	PR	2509º	80,01	13,73	15,48	54,52	0,461	35,62	55,37	0,544
Rio Bonito	SP	1286º	86,58	18,50	35,16	34,95	0,571	36,33	20,12	0,630
Rio Bonito do Iguaçu	PR	5362º	80,88	5,31	19,47	72,36	0,592	48,86	94,26	0,339
Rio Branco	AC	2332º	83,55	22,28	14,78	44,23	0,622	46,60	35,17	0,558
Rio Branco	MT	2269º	78,42	15,20	13,39	54,93	0,565	40,61	0,00	0,563
Rio Branco do Ivaí	PR	4042º	75,47	10,41	9,16	71,76	0,603	47,50	26,21	0,437
Rio Branco do Sul	PR	2544º	82,91	11,46	20,89	50,90	0,548	44,52	37,49	0,542
Rio Brilhante	MS	2703º	84,97	15,50	36,95	46,67	0,580	43,98	66,25	0,529
Rio Casca	MG	1945º	84,10	17,74	40,25	56,31	0,611	40,14	0,00	0,588
Rio Claro	SP	117º	92,67	31,81	37,49	15,20	0,542	33,92	23,78	0,749
Rio Claro	SP	1461º	82,14	14,28	35,13	41,47	0,516	37,22	18,49	0,618
Rio Crespo	RO	3757º	79,47	7,83	21,80	43,82	0,759	44,43	0,00	0,453
Rio da Conceição	TO	3988º	67,64	10,23	20,51	71,88	0,523	54,84	0,00	0,440
Rio das Antas	SC	1571º	91,07	9,65	24,25	35,03	0,474	38,52	16,32	0,610
Rio das Flores	SP	1123º	88,78	20,38	42,72	50,14	0,562	37,23	0,00	0,642
Rio das Ostras	SP	2289º	87,54	20,67	28,70	30,71	0,578	38,25	85,12	0,562
Rio das Pedras	SP	331º	89,39	23,20	48,06	25,45	0,499	38,46	17,03	0,710

*a partir da melhor situação social ou maior IES)

Nome do Município 2000	UF	Posição*	Indicador de Alfabetização	Indicador de Escolaridade	Indicador de Emprego	Indicador de Pobreza	Índice de Gini	Indicador de Juventude	Indicador de Violência	Índice de Exclusão
Rio de Contas	BA	3096º	74,80	11,51	14,40	68,33	0,551	40,89	0,00	0,497
Rio de Janeiro	SP	246º	93,58	38,36	46,66	19,10	0,615	31,22	49,54	0,721
Rio do Antônio	BA	4679º	68,13	4,84	11,76	78,74	0,676	43,62	0,00	0,402
Rio do Campo	SC	2010º	91,40	9,79	24,12	39,48	0,515	40,46	15,33	0,583
Rio do Fogo	RN	4731º	59,82	4,42	11,69	80,78	0,590	49,06	0,00	0,399
Rio do Oeste	SC	644º	92,60	12,90	23,50	23,31	0,439	35,20	0,00	0,678
Rio do Pires	BA	3708º	68,41	7,08	10,18	68,51	0,581	42,48	0,00	0,455
Rio do Prado	MG	3663º	65,12	9,65	32,73	67,48	0,607	45,06	0,00	0,458
Rio do Sul	SC	107º	93,13	24,58	49,88	16,42	0,517	36,16	5,81	0,751
Rio Doce	MG	1717º	82,79	13,36	17,20	52,71	0,529	37,45	0,00	0,602
Rio dos Bois	TO	3027º	75,42	11,98	19,12	66,07	0,563	47,03	44,07	0,502
Rio dos Cedros	SC	105º	94,15	14,84	50,93	23,64	0,462	32,14	0,00	0,752
Rio dos Índios	RS	3678º	84,03	4,81	4,91	61,76	0,570	40,43	21,27	0,457
Rio Espera	MG	3213º	82,22	7,86	11,27	70,13	0,528	38,50	14,41	0,488
Rio Formoso	PE	3489º	62,85	8,42	30,26	74,99	0,552	49,22	14,45	0,468
Rio Fortuna	SC	732º	93,34	14,02	22,64	25,15	0,430	36,97	0,00	0,671
Rio Grande	RS	702º	90,54	21,60	39,44	29,66	0,568	35,39	11,79	0,673
Rio Grande da Serra	SP	1187º	88,62	19,48	49,59	39,31	0,462	41,51	35,05	0,638
Rio Grande do Piauí	PI	4120º	63,60	5,14	6,59	74,50	0,471	45,29	16,31	0,433
Rio Largo	AL	2636º	69,31	14,33	38,47	66,03	0,540	44,54	14,40	0,534
Rio Manso	MG	1887º	81,31	10,88	18,30	50,00	0,457	36,40	0,00	0,591
Rio Maria	PA	3920º	79,96	7,22	8,67	58,00	0,621	46,22	11,43	0,444
Rio Negrinho	SC	341º	92,56	15,42	60,54	32,19	0,489	41,67	5,30	0,708
Rio Negro	MS	1788º	82,39	15,23	28,93	52,37	0,518	38,31	0,00	0,597
Rio Negro	PR	412º	93,03	26,13	36,96	35,24	0,541	39,75	3,48	0,700

*a partir da melhor situação social ou maior IES)

Nome do Município 2000	UF	Posição*	Indicador de Alfabetização	Indicador de Escolaridade	Indicador de Emprego	Indicador de Pobreza	Índice de Gini	Indicador de Juventude	Indicador de Violência	Índice de Exclusão
Rio Novo	MG	1360º	86,83	22,33	33,50	40,52	0,590	35,52	17,37	0,625
Rio Novo do Sul	ES	2055º	85,10	13,82	21,94	47,44	0,552	38,13	0,00	0,579
Rio Paranaíba	MG	833º	88,39	11,01	39,36	36,27	0,473	35,96	8,52	0,663
Rio Pardo	RS	1189º	87,12	16,89	33,90	37,47	0,555	35,52	7,94	0,638
Rio Pardo de Minas	MG	4290º	65,06	6,53	21,98	80,52	0,587	49,70	0,00	0,423
Rio Piracicaba	MG	2029º	88,08	13,32	38,04	56,60	0,607	37,69	7,07	0,581
Rio Pomba	MG	1581º	84,51	16,65	32,46	41,69	0,569	36,02	17,26	0,610
Rio Preto	MG	1688º	83,17	11,10	30,10	46,08	0,567	34,68	0,00	0,604
Rio Preto da Eva	AM	4701º	74,21	9,05	12,53	75,12	0,604	50,81	17,06	0,400
Rio Quente	GO	1098º	92,08	15,62	40,18	30,06	0,630	37,77	0,00	0,644
Rio Real	BA	4431º	68,82	5,96	14,29	73,79	0,577	48,78	12,03	0,416
Rio Rufino	SC	3569º	88,28	7,13	26,06	69,69	0,731	42,75	0,00	0,463
Rio Sono	TO	4868º	69,23	8,21	43,11	82,61	0,624	49,53	0,00	0,390
Rio Tinto	PB	2931º	66,75	10,98	12,48	71,66	0,542	42,01	0,00	0,509
Rio Verde	GO	1577º	87,72	19,33	34,18	34,20	0,608	39,06	19,73	0,610
Rio Verde de Mato Grosso	MS	2574º	84,35	12,39	31,53	46,58	0,556	40,63	55,13	0,539
Rio Vermelho	MG	3982º	67,86	7,29	17,91	69,42	0,559	48,79	11,88	0,441
Riolândia	SP	1132º	83,16	18,86	41,90	33,29	0,604	33,64	0,00	0,642
Riozinho	RS	329º	87,31	5,80	52,39	30,52	0,434	36,01	0,00	0,710
Riqueza	SC	2470º	88,64	9,26	14,00	34,46	0,518	39,64	38,71	0,547
Ritápolis	MG	1620º	86,32	10,20	29,01	57,81	0,475	34,45	0,00	0,607
Riversul	SP	2670º	82,22	13,36	43,48	61,89	0,558	40,23	0,00	0,532
Roca Sales	RS	63º	93,39	16,14	46,38	20,09	0,432	29,14	10,77	0,765
Rochedo	MS	2292º	85,32	11,41	37,17	53,35	0,577	40,55	22,95	0,561
Rochedo de Minas	MG	1636º	84,59	10,52	27,33	51,61	0,453	37,76	0,00	0,607
Rodeio	SC	3º	94,00	19,96	66,03	14,27	0,403	32,18	0,00	0,836

*a partir da melhor situação social ou maior IES)

Nome do Município 2000	UF	Posição*	Indicador de Alfabetização	Indicador de Escolaridade	Indicador de Emprego	Indicador de Pobreza	Índice de Gini	Indicador de Juventude	Indicador de Violência	Índice de Exclusão
Rodeio Bonito	RS	1454º	90,63	20,25	25,57	39,29	0,576	37,42	0,00	0,618
Rodeiro	MG	905º	85,42	15,37	42,04	44,59	0,494	36,95	0,00	0,658
Rodelas	BA	2755º	74,69	19,98	15,07	59,64	0,528	44,65	0,00	0,524
Rodolfo Fernandes	RN	3964º	61,24	11,24	23,46	77,04	0,576	41,53	22,39	0,442
Rodrigues Alves	AC	5218º	46,15	5,80	40,02	77,88	0,600	59,20	0,00	0,361
Rolândia	PR	518º	88,86	24,34	51,73	28,79	0,561	35,61	16,19	0,690
Rolante	RS	96º	89,97	11,95	59,38	23,51	0,427	35,63	5,60	0,755
Rolim de Moura	RO	2726º	84,64	11,86	5,98	47,31	0,586	43,84	18,99	0,527
Romaria	MG	1799º	88,90	14,42	44,21	42,71	0,711	38,83	0,00	0,596
Romelândia	SC	2688º	87,05	8,06	11,55	51,42	0,475	41,49	15,41	0,530
Roncador	PR	2877º	82,14	11,51	45,18	62,37	0,600	40,63	0,00	0,515
Ronda Alta	RS	2136º	89,36	16,30	22,62	40,83	0,593	36,17	29,85	0,573
Rondinha	RS	468º	92,38	18,59	20,27	25,75	0,448	30,83	0,00	0,695
Rondon	PR	1021º	84,38	19,81	20,17	41,04	0,510	37,27	11,73	0,649
Rondon do Pará	PA	4298º	73,92	8,70	22,61	62,64	0,592	48,23	60,20	0,423
Rondonópolis	MT	1763º	88,29	23,32	27,07	38,87	0,598	40,12	37,94	0,598
Roque Gonzales	RS	2441º	88,17	11,86	13,21	52,15	0,572	36,43	0,00	0,550
Rorainópolis	RR	4551º	76,06	11,33	19,20	65,34	0,692	53,48	11,50	0,409
Rosana	SP	1088º	89,87	28,88	31,45	37,75	0,606	42,35	12,38	0,645
Rosário	MA	4633º	73,15	14,09	16,06	79,82	0,612	52,17	14,85	0,404
Rosário da Limeira	MG	3111º	79,44	5,41	17,81	63,27	0,562	42,21	0,00	0,495
Rosário do Catete	SE	2977º	76,76	13,21	44,02	70,89	0,549	46,71	42,24	0,506
Rosário do Ivaí	PR	3026º	77,12	13,04	38,45	63,87	0,609	41,05	0,00	0,502
Rosário do Sul	RS	1262º	88,59	17,68	35,16	41,71	0,545	35,85	14,61	0,632
Rosário Oeste	MT	2911º	75,24	13,15	15,76	60,41	0,574	45,59	5,33	0,511

*a partir da melhor situação social ou maior IES)

Nome do Município 2000	UF	Posição*	Indicador de Alfabetização	Indicador de Escolaridade	Indicador de Emprego	Indicador de Pobreza	Índice de Gini	Indicador de Juventude	Indicador de Violência	Índice de Exclusão
Roseira	SP	674º	91,16	24,34	19,38	40,10	0,507	39,91	0,00	0,676
Roteiro	AL	5058º	51,30	4,57	17,83	85,50	0,552	51,95	14,32	0,376
Rubelita	MG	4444º	72,45	7,59	20,30	79,24	0,707	45,08	0,00	0,416
Rubiácea	SP	987º	85,70	14,78	44,80	36,10	0,498	36,71	42,79	0,651
Rubiataba	GO	1435º	85,80	16,66	29,64	43,77	0,502	37,37	11,06	0,619
Rubim	MG	3567º	69,39	9,40	11,25	71,00	0,581	41,53	0,00	0,463
Rubinéia	SP	191º	90,58	24,36	42,59	28,89	0,467	34,19	0,00	0,731
Rurópolis	PA	4626º	70,36	6,20	10,53	67,33	0,588	53,59	4,06	0,405
Russas	CE	2887º	71,89	11,24	26,69	67,66	0,533	43,41	5,23	0,514
Ruy Barbosa	BA	3753º	70,55	11,77	15,02	69,89	0,609	45,41	3,45	0,453
Ruy Barbosa	RN	4062º	57,11	6,46	14,99	83,79	0,560	46,34	0,00	0,436
Sabará	MG	632º	90,14	19,88	48,68	39,04	0,492	40,04	7,80	0,679
Sabáudia	PR	919º	86,84	16,48	18,36	39,08	0,474	36,21	0,00	0,657
Sabino	SP	897º	89,43	20,33	48,98	35,31	0,526	34,70	0,00	0,658
Sabinópolis	MG	3046º	75,06	14,09	26,24	65,67	0,596	43,44	12,29	0,501
Saboeiro	CE	5435º	54,93	2,86	7,04	83,21	0,700	48,34	18,49	0,323
Sacramento	MG	843º	87,10	17,54	41,22	34,65	0,529	36,68	11,34	0,662
Sagrada Família	RS	3053º	83,67	10,48	11,88	60,15	0,516	38,26	37,76	0,500
Sagres	SP	1293º	80,60	17,73	41,74	53,53	0,443	37,19	0,00	0,630
Sairé	PE	3400º	60,27	4,34	35,45	72,86	0,467	41,37	0,00	0,475
Saldanha Marinho	RS	731º	93,14	18,39	21,80	35,37	0,472	31,52	0,00	0,671
Sales	SP	1197º	85,46	20,84	28,39	34,19	0,506	35,79	21,92	0,637
Sales Oliveira	SP	414º	91,14	21,61	30,89	22,11	0,497	35,92	21,45	0,700
Salesópolis	SP	1818º	84,30	20,40	27,36	36,78	0,556	38,98	27,86	0,595
Salete	SC	1086º	91,62	14,89	45,53	37,73	0,506	42,18	13,96	0,645
Salgadinho	PB	4373º	61,91	3,21	14,82	77,63	0,562	46,12	0,00	0,419
Salgadinho	PE	4021º	58,11	4,92	11,37	74,37	0,510	44,91	0,00	0,438
Salgado	SE	4032º	65,64	6,58	17,74	75,77	0,565	47,74	0,00	0,438
Salgado de São Félix	PB	3734º	59,81	6,18	8,38	77,94	0,515	43,45	0,00	0,454
Salgado Filho	PR	2983º	85,04	11,67	31,91	58,26	0,568	44,68	0,00	0,506

*a partir da melhor situação social ou maior IES)

Nome do Município 2000	UF	Posição*	Indicador de Alfabetização	Indicador de Escolaridade	Indicador de Emprego	Indicador de Pobreza	Índice de Gini	Indicador de Juventude	Indicador de Violência	Índice de Exclusão
Salgueiro	PE	3544º	76,29	16,49	9,30	65,73	0,648	44,69	31,03	0,464
Salinas	MG	2925º	78,37	13,23	22,11	63,54	0,591	41,63	7,56	0,509
Salinas da Margarida	BA	3205º	80,83	11,61	19,40	75,53	0,517	45,98	0,00	0,489
Salinópolis	PA	4163º	78,61	11,07	16,31	64,02	0,622	51,91	14,95	0,430
Salitre	CE	5324º	49,99	1,19	3,84	86,06	0,531	50,46	14,36	0,346
Salmourão	SP	951º	81,83	16,46	40,55	47,05	0,418	36,11	22,72	0,655
Saloá	PE	4961º	56,78	6,09	23,67	75,66	0,599	43,72	33,32	0,384
Saltinho	SC	3212º	84,53	7,46	10,18	48,19	0,541	45,07	23,26	0,488
Saltinho	SP	47º	93,93	24,95	26,63	12,66	0,473	32,83	0,00	0,773
Salto	SP	260º	91,19	22,99	40,45	21,88	0,510	38,13	8,59	0,720
Salto da Divisa	MG	3450º	65,62	10,13	23,85	67,22	0,625	44,93	0,00	0,471
Salto de Pirapora	SP	831º	86,67	15,81	43,00	29,35	0,487	40,18	11,41	0,663
Salto do Céu	MT	2702º	76,96	13,52	25,96	54,31	0,548	42,70	0,00	0,529
Salto do Itararé	PR	2743º	79,23	12,77	15,25	58,96	0,582	37,41	0,00	0,525
Salto do Jacuí	RS	2310º	85,11	13,24	23,01	49,14	0,589	39,75	0,00	0,560
Salto do Lontra	PR	2685º	84,42	12,35	13,73	52,78	0,553	41,12	15,68	0,531
Salto Grande	SP	983º	85,80	20,32	48,07	39,40	0,555	36,39	0,00	0,652
Salto Veloso	SC	1251º	90,54	17,49	36,04	26,27	0,555	40,26	25,58	0,633
Salvador	BA	1002º	91,11	34,51	40,46	39,98	0,657	37,67	11,83	0,650
Salvador das Missões	RS	625º	96,83	14,30	17,49	33,38	0,388	32,27	0,00	0,679
Salvador do Sul	RS	183º	92,90	14,80	43,47	16,21	0,431	32,34	28,93	0,732
Salvaterra	PA	4150º	80,60	8,98	9,77	73,44	0,549	50,00	6,61	0,431
Sambaíba	MA	5209º	71,64	7,28	12,80	79,15	0,704	53,30	0,00	0,362
Sampaio	TO	5033º	67,13	7,15	10,58	87,58	0,614	55,12	0,00	0,378
Sananduva	RS	1207º	90,34	18,05	24,92	32,05	0,601	33,08	0,00	0,637
Sanclerlândia	GO	2022º	83,94	17,37	19,62	51,89	0,530	37,41	0,00	0,582

*a partir da melhor situação social ou maior IES)

Nome do Município 2000	UF	Posição*	Indicador de Alfabetização	Indicador de Escolaridade	Indicador de Emprego	Indicador de Pobreza	Índice de Gini	Indicador de Juventude	Indicador de Violência	Índice de Exclusão
Sandolândia	TO	2955º	78,52	7,89	20,05	58,73	0,561	42,14	0,00	0,507
Sandovalina	SP	1174º	85,79	19,83	40,40	46,31	0,522	40,56	0,00	0,639
Sangão	SC	1681º	86,68	7,40	35,12	27,65	0,571	43,86	0,00	0,604
Sanharó	PE	4529º	63,13	9,98	7,78	67,15	0,646	42,99	37,79	0,411
Santa Adélia	SP	116º	89,77	15,64	37,10	22,08	0,467	33,86	0,00	0,749
Santa Albertina	SP	1664º	84,55	18,24	41,13	38,09	0,645	31,01	0,00	0,605
Santa Amélia	PR	2454º	78,55	16,39	18,73	56,08	0,565	40,71	45,38	0,549
Santa Bárbara	BA	4080º	69,81	7,78	11,72	75,45	0,522	44,01	27,88	0,435
Santa Bárbara	MG	1576º	88,16	17,92	39,32	49,71	0,563	41,54	0,00	0,610
Santa Bárbara de Goiás	GO	1692º	84,50	10,17	35,47	53,74	0,482	39,98	0,00	0,603
Santa Bárbara do Leste	MG	2832º	81,43	4,75	8,05	57,84	0,447	41,76	0,00	0,518
Santa Bárbara do Monte Verde	MG	2303º	79,98	9,26	24,82	51,80	0,600	35,55	0,00	0,560
Santa Bárbara do Pará	PA	2821º	82,96	14,75	28,22	67,71	0,507	49,84	0,00	0,519
Santa Bárbara do Sul	RS	1151º	90,36	22,27	37,90	40,53	0,580	37,23	10,00	0,641
Santa Bárbara do Tugúrio	MG	2949º	79,64	7,43	16,99	65,68	0,586	37,39	0,00	0,507
Santa Bárbara d'Oeste	SP	124º	91,67	21,95	52,08	17,36	0,447	36,23	21,75	0,746
Santa Branca	SP	538º	89,17	22,77	19,82	33,24	0,515	36,29	7,69	0,687
Santa Brígida	BA	5292º	54,55	2,53	5,98	81,79	0,629	50,09	0,00	0,351
Santa Carmem	MT	2639º	84,79	11,89	21,44	33,26	0,658	45,90	54,64	0,534

*a partir da melhor situação social ou maior IES)

Nome do Município 2000	UF	Posição*	Indicador de Alfabetização	Indicador de Escolaridade	Indicador de Emprego	Indicador de Pobreza	Índice de Gini	Indicador de Juventude	Indicador de Violência	Índice de Exclusão
Santa Cecília	PB	5034º	49,74	0,40	11,77	81,80	0,514	50,89	0,00	0,378
Santa Cecília	SC	2297º	87,51	9,92	50,23	53,87	0,550	45,53	40,54	0,561
Santa Cecília do Pavão	PR	2004º	78,08	15,71	38,89	54,36	0,494	39,32	0,00	0,583
Santa Clara do Sul	RS	71º	94,17	14,24	40,54	22,40	0,373	31,04	0,00	0,761
Santa Clara d'Oeste	SP	934º	80,10	15,03	50,22	41,62	0,463	33,91	0,00	0,656
Santa Cruz	PB	3360º	75,11	7,70	18,32	74,56	0,513	38,68	15,45	0,477
Santa Cruz	PE	5426º	54,90	2,80	12,50	81,41	0,722	47,23	26,63	0,326
Santa Cruz	RN	3270º	69,54	18,53	14,18	67,78	0,620	46,35	9,59	0,484
Santa Cruz Cabrália	BA	3570º	75,74	11,56	19,23	59,90	0,644	48,10	4,19	0,463
Santa Cruz da Baixa Verde	PE	4143º	73,38	7,69	10,67	74,21	0,530	44,51	27,63	0,432
Santa Cruz da Conceição	SP	154º	88,81	21,94	41,19	19,50	0,517	36,51	0,00	0,738
Santa Cruz da Esperança	SP	798º	88,40	17,19	31,67	38,49	0,562	40,31	0,00	0,665
Santa Cruz da Vitória	BA	2471º	67,53	8,37	37,46	75,90	0,439	43,02	0,00	0,547
Santa Cruz das Palmeiras	SP	426º	88,13	16,86	50,68	29,01	0,519	37,10	19,56	0,699
Santa Cruz de Goiás	GO	1594º	86,74	9,38	27,34	40,99	0,549	35,16	0,00	0,609
Santa Cruz de Minas	MG	1089º	88,65	12,75	38,81	47,12	0,457	38,82	0,00	0,645
Santa Cruz de Monte Castelo	PR	1671º	83,61	19,52	24,96	48,59	0,528	38,37	0,00	0,604
Santa Cruz de Salinas	MG	4861º	75,15	4,70	20,76	80,82	0,750	46,59	0,00	0,390

*a partir da melhor situação social ou maior IES)

Nome do Município 2000	UF	Posição*	Indicador de Alfabetização	Indicador de Escolaridade	Indicador de Emprego	Indicador de Pobreza	Índice de Gini	Indicador de Juventude	Indicador de Violência	Índice de Exclusão
Santa Cruz do Arari	PA	4419º	69,17	5,11	28,74	86,71	0,611	50,68	0,00	0,417
Santa Cruz do Capibaribe	PE	3777º	73,11	9,03	9,98	44,21	0,525	43,81	71,13	0,452
Santa Cruz do Escalvado	MG	2814º	77,76	3,83	23,88	67,68	0,522	39,44	0,00	0,520
Santa Cruz do Piauí	PI	4049º	62,60	6,58	9,50	77,08	0,556	42,90	0,00	0,437
Santa Cruz do Rio Pardo	SP	494º	89,86	22,85	51,90	24,68	0,539	36,08	14,66	0,692
Santa Cruz do Sul	RS	137º	92,58	26,50	48,71	20,21	0,534	33,61	12,08	0,743
Santa Cruz dos Milagres	PI	3815º	61,62	4,31	31,91	85,94	0,552	47,24	0,00	0,450
Santa Efigênia de Minas	MG	4189º	72,45	5,27	16,27	70,03	0,632	47,79	0,00	0,428
Santa Ernestina	SP	146º	89,33	19,97	55,40	26,67	0,469	38,50	17,42	0,740
Santa Fé	PR	684º	85,55	19,69	26,00	38,57	0,506	34,60	0,00	0,676
Santa Fé de Goiás	GO	2290º	82,97	10,62	34,83	56,94	0,449	40,12	48,98	0,561
Santa Fé de Minas	MG	3633º	68,72	12,20	16,46	70,58	0,560	48,14	0,00	0,460
Santa Fé do Araguaia	TO	3760º	70,76	6,15	16,91	68,58	0,582	51,84	18,16	0,452
Santa Fé do Sul	SP	420º	89,78	29,70	41,47	27,40	0,578	32,62	3,77	0,700
Santa Filomena	PE	5301º	58,25	1,38	7,60	84,94	0,628	48,58	8,25	0,350
Santa Filomena	PI	5090º	65,62	6,59	3,01	76,02	0,574	53,97	0,00	0,373
Santa Filomena do Maranhão	MA	5270º	54,45	2,48	6,26	84,29	0,553	53,33	0,00	0,355

*a partir da melhor situação social ou maior IES)

Nome do Município 2000	UF	Posição*	Indicador de Alfabetização	Indicador de Escolaridade	Indicador de Emprego	Indicador de Pobreza	Índice de Gini	Indicador de Juventude	Indicador de Violência	Índice de Exclusão
Santa Gertrudes	SP	87º	89,38	17,01	62,97	21,72	0,424	37,05	6,29	0,757
Santa Helena	MA	5203º	68,29	6,23	8,73	82,53	0,631	51,89	6,48	0,363
Santa Helena	PB	3351º	66,26	7,07	15,70	72,04	0,533	42,79	0,00	0,478
Santa Helena	PR	2034º	90,68	22,59	37,93	43,83	0,597	38,20	29,28	0,581
Santa Helena	SC	2487º	88,10	8,36	11,10	49,19	0,504	40,19	0,00	0,546
Santa Helena de Goiás	GO	1517º	83,74	14,66	32,16	42,04	0,519	38,67	8,68	0,614
Santa Helena de Minas	MG	4102º	62,18	11,87	16,70	75,17	0,537	48,88	17,38	0,434
Santa Inês	BA	3389º	69,82	10,28	16,88	70,33	0,522	44,82	9,07	0,475
Santa Inês	MA	3468º	76,14	13,33	21,23	72,20	0,583	47,79	2,93	0,469
Santa Inês	PB	5086º	57,24	4,14	23,18	85,65	0,576	47,83	28,18	0,374
Santa Inês	PR	752º	82,51	20,64	25,82	45,77	0,494	37,68	0,00	0,669
Santa Isabel	GO	1482º	84,13	16,23	20,07	52,78	0,434	35,19	0,00	0,616
Santa Isabel	SP	924º	87,22	18,73	34,68	29,01	0,527	39,68	9,14	0,657
Santa Isabel do Ivaí	PR	1275º	86,33	20,69	45,17	47,61	0,540	35,07	0,00	0,631
Santa Isabel do Pará	PA	2798º	82,42	16,65	26,02	61,73	0,566	47,27	2,31	0,521
Santa Isabel do Rio Negro	AM	5354º	60,18	6,22	14,59	85,41	0,681	55,17	0,00	0,341
Santa Izabel do Oeste	PR	2860º	84,03	12,37	29,99	50,32	0,576	41,14	25,62	0,516
Santa Juliana	MG	865º	88,90	16,52	37,12	34,95	0,538	36,10	0,00	0,661
Santa Leopoldina	ES	2889º	80,32	7,69	12,62	57,26	0,558	39,48	0,00	0,513
Santa Lúcia	PR	2447º	82,90	12,54	17,27	48,83	0,576	37,40	0,00	0,549
Santa Lúcia	SP	235º	84,28	17,52	56,95	37,32	0,451	39,96	0,00	0,723
Santa Luz	PI	4214º	71,73	7,83	13,18	84,01	0,465	48,49	20,92	0,427
Santa Luzia	BA	3536º	66,07	4,87	15,20	78,21	0,428	49,60	6,23	0,465
Santa Luzia	MA	5300º	56,43	4,15	6,00	85,35	0,563	54,02	2,89	0,350

*a partir da melhor situação social ou maior IES)

Nome do Município 2000	UF	Posição*	Indicador de Alfabetização	Indicador de Escolaridade	Indicador de Emprego	Indicador de Pobreza	Índice de Gini	Indicador de Juventude	Indicador de Violência	Índice de Exclusão
Santa Luzia	MG	1229º	90,20	16,31	45,44	42,00	0,479	41,32	31,91	0,635
Santa Luzia	PB	2624º	74,75	15,52	38,20	65,33	0,529	40,17	7,14	0,535
Santa Luzia do Itanhy	SE	5333º	51,16	2,09	10,27	86,77	0,509	53,47	28,68	0,344
Santa Luzia do Norte	AL	3730º	68,12	8,38	29,41	78,92	0,549	48,37	15,65	0,454
Santa Luzia do Pará	PA	5206º	62,80	5,99	10,05	84,62	0,588	54,76	0,00	0,363
Santa Luzia do Paruá	MA	4903º	65,55	4,86	9,84	84,93	0,525	52,95	0,00	0,388
Santa Luzia D'Oeste	RO	3128º	80,41	7,80	30,36	61,45	0,486	45,08	17,24	0,494
Santa Margarida	MG	3462º	83,32	9,01	10,67	56,27	0,670	42,62	0,00	0,470
Santa Maria	RN	3975º	61,46	4,04	12,42	75,18	0,530	45,90	0,00	0,441
Santa Maria	RS	162º	92,77	34,11	45,63	22,66	0,565	34,71	10,26	0,736
Santa Maria da Boa Vista	PE	5191º	67,30	9,85	7,86	70,58	0,579	51,28	59,60	0,365
Santa Maria da Serra	SP	1345º	87,89	13,95	37,66	28,40	0,466	40,38	42,80	0,626
Santa Maria da Vitória	BA	4161º	71,71	9,94	10,21	68,36	0,658	48,01	0,00	0,430
Santa Maria das Barreiras	PA	4335º	66,82	4,31	10,15	64,36	0,609	46,57	9,13	0,421
Santa Maria de Itabira	MG	2518º	79,21	12,11	36,50	55,87	0,575	43,15	19,33	0,544
Santa Maria de Jetibá	ES	3492º	81,81	6,82	10,77	51,46	0,624	42,83	20,85	0,467
Santa Maria do Cambucá	PE	5278º	57,95	4,93	9,08	78,40	0,648	46,21	25,56	0,354
Santa Maria do Herval	RS	17º	95,34	9,30	50,97	14,22	0,336	31,90	0,00	0,798
Santa Maria do Oeste	PR	3694º	81,12	8,62	14,17	70,45	0,525	46,57	22,00	0,456
Santa Maria do Pará	PA	4055º	69,93	10,76	11,53	68,34	0,563	47,16	19,18	0,437

*a partir da melhor situação social ou maior IES)

Nome do Município 2000	UF	Posição*	Indicador de Alfabetização	Indicador de Escolaridade	Indicador de Emprego	Indicador de Pobreza	Índice de Gini	Indicador de Juventude	Indicador de Violência	Índice de Exclusão
Santa Maria do Salto	MG	3729º	67,30	6,50	10,38	72,12	0,520	44,85	0,00	0,454
Santa Maria do Suaçuí	MG	3829º	72,46	10,03	13,83	66,72	0,617	46,63	0,00	0,449
Santa Maria do Tocantins	TO	3432º	66,84	6,73	32,96	79,45	0,501	47,21	0,00	0,472
Santa Maria Madalena	SP	1240º	81,12	14,50	37,01	44,42	0,529	36,15	0,00	0,634
Santa Mariana	PR	975º	82,68	16,94	14,63	45,30	0,517	36,14	29,70	0,653
Santa Mercedes	SP	1272º	78,93	17,32	62,25	49,19	0,532	37,03	0,00	0,631
Santa Mônica	PR	2602º	76,64	14,98	52,24	59,17	0,469	40,53	31,35	0,537
Santa Quitéria	CE	4995º	62,54	6,83	11,35	79,85	0,647	47,25	7,08	0,381
Santa Quitéria do Maranhão	MA	5315º	62,33	6,98	4,95	87,90	0,583	54,96	0,00	0,347
Santa Rita	MA	4894º	68,39	9,18	15,89	83,51	0,647	51,34	0,00	0,388
Santa Rita	PB	2720º	71,38	11,00	8,68	69,69	0,508	42,86	25,90	0,527
Santa Rita de Caldas	MG	1825º	87,75	11,02	17,36	36,97	0,535	31,98	25,13	0,595
Santa Rita de Cássia	BA	4905º	73,32	8,14	15,78	75,71	0,677	50,19	0,00	0,387
Santa Rita de Ibitipoca	MG	2904º	78,48	8,45	28,14	62,42	0,612	38,68	0,00	0,512
Santa Rita de Jacutinga	MG	1457º	83,17	15,56	40,36	42,08	0,495	33,33	19,16	0,618
Santa Rita de Minas	MG	2466º	78,38	7,82	22,71	58,18	0,543	41,29	0,00	0,547
Santa Rita do Araguaia	GO	2140º	84,30	17,19	24,35	47,22	0,597	39,63	0,00	0,573
Santa Rita do Itueto	MG	3285º	76,51	4,91	15,61	66,09	0,535	41,13	0,00	0,483
Santa Rita do Novo Destino	GO	2282º	77,44	4,77	31,72	63,91	0,431	42,25	0,00	0,562

*a partir da melhor situação social ou maior IES)

Nome do Município 2000	UF	Posição*	Indicador de Alfabetização	Indicador de Escolaridade	Indicador de Emprego	Indicador de Pobreza	Índice de Gini	Indicador de Juventude	Indicador de Violência	Índice de Exclusão
Santa Rita do Pardo	MS	1845º	80,06	10,62	34,52	49,60	0,485	42,58	0,00	0,594
Santa Rita do Passa Quatro	SP	58º	90,49	29,21	26,08	14,61	0,560	31,20	7,65	0,766
Santa Rita do Sapucaí	MG	630º	87,18	23,85	40,22	34,38	0,590	37,65	6,40	0,679
Santa Rita do Tocantins	TO	2676º	81,01	7,54	25,58	68,03	0,463	41,79	0,00	0,531
Santa Rita d'Oeste	SP	935º	85,91	19,36	49,67	44,66	0,498	30,58	0,00	0,656
Santa Rosa	RS	563º	91,50	24,21	38,95	30,69	0,556	36,37	9,23	0,684
Santa Rosa da Serra	MG	698º	83,01	13,07	23,17	32,23	0,396	38,60	0,00	0,674
Santa Rosa de Goiás	GO	3126º	81,05	9,17	10,51	64,75	0,547	35,37	28,18	0,494
Santa Rosa de Lima	SC	1654º	92,69	10,90	12,94	33,08	0,487	37,77	0,00	0,605
Santa Rosa de Lima	SE	2836º	66,21	5,29	27,62	73,38	0,491	46,18	0,00	0,518
Santa Rosa de Viterbo	SP	384º	90,37	20,61	47,89	28,23	0,538	36,44	4,67	0,704
Santa Rosa do Piauí	PI	5004º	62,80	3,66	4,77	82,98	0,654	47,81	0,00	0,380
Santa Rosa do Purus	AC	5491º	32,54	0,00	20,06	86,99	0,573	64,38	0,00	0,280
Santa Rosa do Sul	SC	1638º	87,73	8,20	18,83	36,87	0,460	38,50	0,00	0,606
Santa Rosa do Tocantins	TO	4722º	74,96	8,05	21,23	79,82	0,657	51,16	23,17	0,399
Santa Salete	SP	816º	88,50	18,30	17,23	40,44	0,450	28,86	0,00	0,664
Santa Teresa	ES	1562º	85,10	16,97	24,46	36,50	0,553	36,49	9,70	0,611
Santa Teresinha	BA	3537º	62,79	5,66	8,51	73,65	0,465	45,55	0,00	0,465
Santa Teresinha	PB	3345º	66,61	7,28	9,27	76,81	0,497	42,81	21,15	0,479
Santa Tereza	RS	220º	91,54	7,54	20,35	15,07	0,406	26,47	0,00	0,726

*a partir da melhor situação social ou maior IES)

Nome do Município 2000	UF	Posição*	Indicador de Alfabetização	Indicador de Escolaridade	Indicador de Emprego	Indicador de Pobreza	Índice de Gini	Indicador de Juventude	Indicador de Violência	Índice de Exclusão
Santa Tereza de Goiás	GO	2661º	83,87	15,07	18,86	54,84	0,634	38,96	0,00	0,532
Santa Tereza do Oeste	PR	1960º	86,50	16,57	29,21	47,87	0,450	41,26	37,20	0,587
Santa Tereza do Tocantins	TO	4380º	77,01	10,86	25,90	79,12	0,582	49,29	0,00	0,419
Santa Terezinha	MT	3877º	80,61	8,40	22,09	69,09	0,619	50,83	15,95	0,447
Santa Terezinha	PE	3933º	67,89	9,79	5,66	77,11	0,551	46,32	0,00	0,443
Santa Terezinha	SC	4010º	90,01	6,94	9,75	62,60	0,637	44,54	22,62	0,439
Santa Terezinha de Goiás	GO	3051º	80,26	11,85	14,56	64,46	0,579	41,22	0,00	0,500
Santa Terezinha de Itaipu	PR	1767º	89,64	21,32	32,71	35,10	0,554	42,11	38,11	0,598
Santa Terezinha do Progresso	SC	3523º	85,26	6,96	5,15	44,49	0,534	42,48	58,55	0,465
Santa Terezinha do Tocantins	TO	4464º	67,40	6,42	8,85	86,12	0,539	50,10	0,00	0,415
Santa Vitória	MG	1774º	84,59	18,38	17,44	44,18	0,569	34,02	35,01	0,597
Santa Vitória do Palmar	RS	2220º	89,52	18,36	38,83	40,68	0,804	36,43	15,01	0,567
Santaluz	BA	4182º	68,75	9,87	21,25	73,96	0,637	46,27	0,00	0,429
Santana	AP	3648º	80,84	19,66	41,11	60,70	0,638	53,17	33,57	0,459
Santana	BA	3854º	68,54	10,68	12,95	70,80	0,634	44,54	0,00	0,448
Santana da Boa Vista	RS	2621º	81,62	11,78	41,60	61,65	0,636	31,35	11,60	0,535
Santana da Ponte Pensa	SP	734º	79,51	18,77	35,03	33,03	0,482	29,83	0,00	0,670
Santana da Vargem	MG	449º	84,43	19,65	17,97	32,08	0,547	39,82	0,00	0,697

*a partir da melhor situação social ou maior IES)

Nome do Município 2000	UF	Posição*	Indicador de Alfabetização	Indicador de Escolaridade	Indicador de Emprego	Indicador de Pobreza	Índice de Gini	Indicador de Juventude	Indicador de Violência	Índice de Exclusão
Santana de Cataguases	MG	2122º	82,93	13,22	21,15	56,08	0,491	33,99	29,76	0,574
Santana de Mangueira	PB	4690º	57,09	5,41	25,34	85,26	0,520	48,31	0,00	0,401
Santana de Parnaíba	SP	1815º	89,92	30,44	39,73	31,30	0,722	42,28	44,10	0,595
Santana de Pirapama	MG	2756º	78,68	7,45	24,61	59,53	0,539	39,40	0,00	0,524
Santana do Acaraú	CE	5258º	61,76	5,83	9,77	79,23	0,677	49,22	3,82	0,357
Santana do Araguaia	PA	3915º	75,01	5,91	18,95	66,12	0,609	47,76	9,61	0,444
Santana do Cariri	CE	5228º	61,70	6,54	6,13	80,55	0,639	50,76	17,81	0,360
Santana do Deserto	MG	1028º	83,19	8,71	29,83	39,99	0,479	37,25	0,00	0,649
Santana do Garambéu	MG	2891º	80,72	9,30	10,89	68,93	0,595	38,40	0,00	0,513
Santana do Ipanema	AL	5080º	59,90	10,01	11,58	74,83	0,689	49,36	12,05	0,374
Santana do Itararé	PR	2682º	78,65	11,64	21,09	56,23	0,583	38,97	0,00	0,531
Santana do Jacaré	MG	1507º	77,92	14,58	49,55	46,90	0,489	36,77	0,00	0,615
Sant'Ana do Livramento	RS	992º	91,39	24,25	22,76	35,63	0,608	36,84	9,91	0,651
Santana do Manhuaçu	MG	2553º	77,67	9,79	33,14	53,44	0,459	43,52	0,00	0,541
Santana do Maranhão	MA	5448º	47,80	1,62	3,48	90,36	0,561	55,29	0,00	0,319
Santana do Matos	RN	3796º	64,34	7,36	28,35	80,14	0,564	39,83	6,26	0,451
Santana do Mundaú	AL	5266º	50,60	4,31	10,52	81,84	0,544	52,15	26,01	0,356
Santana do Paraíso	MG	2240º	82,00	11,75	30,40	58,89	0,519	43,32	18,05	0,565
Santana do Piauí	PI	3983º	59,42	2,41	14,12	82,51	0,432	42,61	0,00	0,441
Santana do Riacho	MG	2678º	79,38	6,67	56,87	53,87	0,563	41,48	0,00	0,531

*a partir da melhor situação social ou maior IES)

Nome do Município 2000	UF	Posição*	Indicador de Alfabetização	Indicador de Escolaridade	Indicador de Emprego	Indicador de Pobreza	Índice de Gini	Indicador de Juventude	Indicador de Violência	Índice de Exclusão
Santana do São Francisco	SE	3469º	60,93	9,95	38,85	75,19	0,522	49,88	0,00	0,469
Santana do Seridó	RN	2315º	75,41	12,66	17,78	69,43	0,421	43,00	0,00	0,559
Santana dos Garrotes	PB	4144º	64,85	8,70	9,54	77,34	0,537	44,24	12,54	0,432
Santana dos Montes	MG	2778º	85,54	6,50	24,02	70,56	0,495	38,77	0,00	0,523
Santanó-polis	BA	4090º	68,38	6,79	14,45	79,38	0,537	44,50	0,00	0,434
Santarém	PA	3341º	84,20	18,65	21,05	66,08	0,620	50,14	2,29	0,479
Santarém Novo	PA	4902º	69,57	5,95	14,94	77,39	0,609	54,71	0,00	0,388
Santiago	RS	682º	91,94	24,15	37,13	33,18	0,569	35,11	3,84	0,676
Santiago do Sul	SC	3300º	92,26	5,89	8,87	65,43	0,601	39,80	0,00	0,481
Santo Afonso	MT	3097º	86,89	11,53	28,28	60,04	0,597	44,64	0,00	0,496
Santo Amaro	BA	2557º	80,56	17,18	25,67	63,75	0,537	42,07	8,56	0,541
Santo Amaro da Imperatriz	SC	268º	92,22	19,87	42,75	23,32	0,460	38,52	0,00	0,719
Santo Amaro das Brotas	SE	3335º	70,84	8,98	26,39	72,16	0,569	46,40	0,00	0,480
Santo Amaro do Maranhão	MA	5465º	60,21	2,40	6,18	93,63	0,568	57,76	10,40	0,310
Santo Anastácio	SP	860º	88,68	27,00	22,76	39,98	0,555	35,00	9,64	0,661
Santo André	PB	3929º	70,58	6,04	13,20	75,16	0,606	39,96	0,00	0,443
Santo André	SP	194º	93,52	35,47	43,16	16,17	0,532	32,87	54,90	0,731
Santo Ângelo	RS	855º	91,79	27,54	35,58	31,61	0,584	35,97	19,55	0,661
Santo Antônio	RN	4079º	59,67	9,72	12,98	70,19	0,656	45,13	0,00	0,435

*a partir da melhor situação social ou maior IES)

Nome do Município 2000	UF	Posição*	Indicador de Alfabetização	Indicador de Escolaridade	Indicador de Emprego	Indicador de Pobreza	Índice de Gini	Indicador de Juventude	Indicador de Violência	Índice de Exclusão
Santo Antônio da Alegria	SP	965º	88,28	16,71	34,80	30,21	0,519	36,64	0,00	0,654
Santo Antônio da Barra	GO	2111º	76,01	9,26	36,69	54,08	0,529	41,66	0,00	0,575
Santo Antônio da Patrulha	RS	677º	86,32	15,93	24,54	34,83	0,475	34,25	16,20	0,676
Santo Antônio da Platina	PR	1136º	85,64	20,20	18,42	40,41	0,545	38,02	10,01	0,642
Santo Antônio das Missões	RS	2735º	86,96	11,88	18,46	56,81	0,614	36,62	31,52	0,526
Santo Antônio de Goiás	GO	1146º	86,50	16,26	40,16	40,12	0,500	42,11	0,00	0,641
Santo Antônio de Jesus	BA	2521º	82,65	16,30	27,27	58,28	0,570	41,32	14,22	0,544
Santo Antônio de Lisboa	PI	3704º	63,88	7,28	7,83	63,44	0,539	41,39	19,40	0,456
Santo Antônio de Pádua	SP	1087º	85,48	18,91	33,64	38,86	0,556	34,44	5,17	0,645
Santo Antônio de Posse	SP	895º	87,41	14,55	45,86	27,21	0,548	37,09	33,11	0,658
Santo Antônio do Amparo	MG	1699º	82,36	13,30	38,27	51,43	0,524	40,96	0,00	0,603
Santo Antônio do Aracanguá	SP	212º	86,87	20,28	29,05	35,87	0,435	36,64	0,00	0,727
Santo Antônio do Aventureiro	MG	1840º	82,40	8,11	19,46	53,63	0,459	33,35	0,00	0,594
Santo Antônio do Caiuá	PR	2035º	83,61	17,34	39,15	51,39	0,438	37,07	69,49	0,581

*a partir da melhor situação social ou maior IES)

Nome do Município 2000	UF	Posição*	Indicador de Alfabetização	Indicador de Escolaridade	Indicador de Emprego	Indicador de Pobreza	Índice de Gini	Indicador de Juventude	Indicador de Violência	Índice de Exclusão
Santo Antônio do Descoberto	GO	3016º	80,27	9,30	35,67	57,60	0,513	47,76	52,03	0,503
Santo Antônio do Grama	MG	2231º	81,65	8,00	33,41	61,32	0,514	40,26	0,00	0,566
Santo Antônio do Içá	AM	5490º	49,34	4,19	7,45	88,67	0,655	61,56	3,54	0,281
Santo Antônio do Itambé	MG	3908º	68,05	3,45	15,54	71,27	0,493	50,70	0,00	0,444
Santo Antônio do Jacinto	MG	4216º	64,26	7,56	15,06	78,65	0,594	45,78	0,00	0,427
Santo Antônio do Jardim	SP	436º	88,27	16,21	47,63	31,65	0,462	35,07	0,00	0,698
Santo Antônio do Leverger	MT	3168º	80,53	14,33	31,60	57,83	0,646	42,62	32,39	0,491
Santo Antônio do Monte	MG	635º	89,58	14,75	36,20	25,18	0,497	36,81	4,26	0,678
Santo Antônio do Palma	RS	2125º	90,48	13,07	39,93	35,80	0,570	32,80	45,31	0,574
Santo Antônio do Paraíso	PR	1425º	81,48	22,87	32,65	54,42	0,502	39,50	0,00	0,620
Santo Antônio do Pinhal	SP	1572º	87,99	14,48	51,31	36,30	0,579	39,87	0,00	0,610
Santo Antônio do Planalto	RS	638º	93,61	18,74	33,70	36,44	0,497	34,38	0,00	0,678
Santo Antônio do Retiro	MG	4917º	65,69	2,94	13,96	81,45	0,603	50,73	0,00	0,386
Santo Antônio do Rio Abaixo	MG	2379º	80,73	14,34	20,40	50,86	0,547	41,14	0,00	0,555

*a partir da melhor situação social ou maior IES)

Nome do Município 2000	UF	Posição*	Indicador de Alfabetização	Indicador de Escolaridade	Indicador de Emprego	Indicador de Pobreza	Índice de Gini	Indicador de Juventude	Indicador de Violência	Índice de Exclusão
Santo Antônio do Sudoeste	PR	2525º	86,40	14,87	33,75	53,44	0,557	42,59	16,79	0,543
Santo Antônio do Tauá	PA	3256º	77,75	11,80	25,13	74,33	0,513	50,23	0,00	0,485
Santo Antônio dos Lopes	MA	4957º	61,08	6,15	10,53	85,48	0,535	48,68	21,05	0,384
Santo Antônio dos Milagres	PI	4750º	65,91	6,28	9,01	89,24	0,529	48,83	0,00	0,397
Santo Augusto	RS	2079º	87,64	16,71	29,91	48,86	0,598	36,95	20,80	0,578
Santo Cristo	RS	1178º	94,25	14,76	21,17	37,33	0,498	34,13	0,00	0,639
Santo Estêvão	BA	4098º	68,64	8,46	11,91	73,47	0,553	48,39	2,43	0,434
Santo Expedito	SP	1152º	85,69	23,48	39,66	50,24	0,528	34,28	39,59	0,641
Santo Expedito do Sul	RS	1911º	89,27	16,34	14,95	51,68	0,514	34,66	0,00	0,590
Santo Hipólito	MG	3013º	77,99	8,79	30,02	64,26	0,617	44,50	0,00	0,503
Santo Inácio	PR	1337º	85,04	19,65	24,95	43,54	0,514	37,95	19,28	0,627
Santo Inácio do Piauí	PI	4170º	60,40	5,70	6,60	73,09	0,572	42,65	0,00	0,430
Santópolis do Aguapeí	SP	1835º	83,34	21,08	31,04	53,57	0,465	38,44	78,62	0,594
Santos	SP	18º	94,87	42,12	45,31	9,36	0,536	28,30	32,30	0,798
Santos Dumont	MG	940º	88,55	21,07	41,23	42,76	0,544	36,30	8,55	0,656
São Benedito	CE	5059º	63,89	6,99	9,24	78,13	0,633	49,17	12,53	0,376
São Benedito do Rio Preto	MA	5447º	58,90	7,46	7,35	91,09	0,666	55,28	0,00	0,319
São Benedito do Sul	PE	4107º	56,16	6,38	12,86	84,11	0,557	48,87	0,00	0,433

*a partir da melhor situação social ou maior IES)

Nome do Município 2000	UF	Posição*	Indicador de Alfabetização	Indicador de Escolaridade	Indicador de Emprego	Indicador de Pobreza	Índice de Gini	Indicador de Juventude	Indicador de Violência	Índice de Exclusão
São Bentinho	PB	3237º	69,51	5,48	9,40	79,25	0,435	41,40	0,00	0,487
São Bento	MA	4303º	72,68	10,82	9,81	82,46	0,537	49,49	0,00	0,423
São Bento	PB	3945º	65,10	4,68	8,21	68,76	0,489	43,83	22,88	0,443
São Bento Abade	MG	2074º	81,93	10,29	45,96	55,23	0,487	44,69	26,76	0,578
São Bento do Norte	RN	4487º	71,11	6,76	25,30	75,26	0,630	47,90	0,00	0,413
São Bento do Sapucaí	SP	1191º	87,71	17,68	45,79	39,80	0,537	35,09	0,00	0,638
São Bento do Sul	SC	99º	93,41	21,89	9,09	21,01	0,493	39,19	4,58	0,755
São Bento do Tocantins	TO	4540º	70,08	9,43	16,71	75,98	0,561	52,73	26,75	0,410
São Bento do Trairí	RN	4398º	62,69	8,91	19,14	78,17	0,581	48,77	30,83	0,418
São Bento do Una	PE	5366º	60,08	8,09	27,17	73,41	0,766	47,50	39,49	0,339
São Bernardino	SC	3348º	85,84	5,42	60,78	53,41	0,599	44,36	0,00	0,479
São Bernardo	MA	5290º	59,99	7,50	8,18	87,60	0,622	52,83	0,00	0,352
São Bernardo do Campo	SP	395º	92,62	35,81	45,67	18,66	0,556	35,75	60,44	0,702
São Bonifácio	SC	1061º	93,46	9,61	22,57	42,77	0,437	32,07	0,00	0,647
São Borja	RS	1722º	89,14	19,37	35,50	45,74	0,602	38,47	15,42	0,601
São Brás	AL	4640º	59,22	8,66	16,32	78,02	0,600	48,28	15,26	0,404
São Brás do Suaçuí	MG	1834º	88,75	13,28	29,79	54,57	0,579	34,40	0,00	0,594
São Braz do Piauí	PI	4391º	62,93	1,41	5,60	78,91	0,460	48,12	0,00	0,418
São Caetano de Odivelas	PA	3959º	78,94	8,74	5,13	74,44	0,458	51,45	0,00	0,442
São Caetano do Sul	SP	2º	95,98	45,09	28,84	5,22	0,505	26,41	27,11	0,840
São Caitano	PE	4414º	58,57	6,18	13,46	70,29	0,584	44,52	35,90	0,417

*a partir da melhor situação social ou maior IES)

Nome do Município 2000	UF	Posição*	Indicador de Alfabetização	Indicador de Escolaridade	Indicador de Emprego	Indicador de Pobreza	Índice de Gini	Indicador de Juventude	Indicador de Violência	Índice de Exclusão
São Carlos	SC	1643º	92,55	15,12	19,73	27,63	0,640	35,51	0,00	0,606
São Carlos	SP	34º	92,00	34,80	45,74	15,64	0,525	33,64	14,51	0,779
São Carlos do Ivaí	PR	701º	83,07	14,72	35,54	35,29	0,435	38,89	0,00	0,673
São Cristóvão	SE	2403º	79,42	16,15	39,33	61,46	0,539	45,49	15,47	0,553
São Cristovão do Sul	SC	1064º	86,85	7,91	51,18	38,23	0,467	41,05	22,20	0,646
São Desidério	BA	4112º	60,79	5,99	18,05	68,13	0,559	50,40	5,26	0,433
São Domingos	BA	2873º	78,40	12,14	11,01	76,13	0,422	41,18	0,00	0,515
São Domingos	GO	4333º	69,72	6,88	11,39	70,42	0,621	45,45	10,38	0,421
São Domingos	PB	4886º	61,68	2,63	13,46	75,03	0,593	41,99	40,03	0,389
São Domingos	SC	2084º	89,42	17,33	22,24	40,53	0,635	38,85	0,00	0,577
São Domingos	SE	3826º	62,15	4,12	14,78	76,87	0,420	46,48	21,60	0,449
São Domingos das Dores	MG	3789º	84,40	5,33	6,83	58,06	0,536	47,65	19,26	0,451
São Domingos do Araguaia	PA	4775º	67,70	7,37	13,86	71,84	0,573	52,39	24,99	0,396
São Domingos do Azeitão	MA	4480º	66,42	6,86	9,86	83,81	0,499	50,41	0,00	0,413
São Domingos do Capim	PA	5183º	61,52	4,06	10,33	80,77	0,556	56,81	0,00	0,365
São Domingos do Cariri	PB	2975º	74,56	6,11	10,03	64,15	0,462	41,16	0,00	0,506
São Domingos do Maranhão	MA	4818º	63,54	4,97	5,70	77,69	0,550	50,44	0,00	0,393

*a partir da melhor situação social ou maior IES)

Nome do Município 2000	UF	Posição*	Indicador de Alfabetização	Indicador de Escolaridade	Indicador de Emprego	Indicador de Pobreza	Índice de Gini	Indicador de Juventude	Indicador de Violência	Índice de Exclusão
São Domingos do Norte	ES	2924º	81,41	14,74	19,23	52,74	0,534	38,29	65,04	0,509
São Domingos do Prata	MG	2255º	86,49	12,15	31,87	56,52	0,615	37,19	5,67	0,564
São Domingos do Sul	RS	65º	90,49	20,48	34,88	14,33	0,380	32,89	0,00	0,764
São Felipe	BA	3579º	69,35	7,46	10,78	69,82	0,541	42,77	0,00	0,462
São Felipe D'Oeste	RO	3397º	82,00	4,29	11,42	62,95	0,534	44,66	0,00	0,475
São Félix	BA	2917º	75,33	13,58	9,18	71,10	0,594	42,80	0,00	0,510
São Félix de Balsas	MA	4579º	65,77	4,91	7,74	78,54	0,521	50,27	0,00	0,407
São Félix de Minas	MG	3866º	67,65	5,57	8,79	70,59	0,587	41,29	0,00	0,447
São Félix do Araguaia	MT	3510º	81,52	19,19	34,83	51,33	0,645	45,34	65,50	0,466
São Félix do Coribe	BA	3605º	78,66	9,77	28,97	67,37	0,553	47,24	0,00	0,461
São Félix do Piauí	PI	3315º	65,33	9,11	17,96	72,17	0,539	42,57	0,00	0,480
São Félix do Tocantins	TO	5394º	79,98	4,42	20,30	90,93	0,768	56,26	0,00	0,334
São Félix do Xingu	PA	5231º	71,58	3,77	8,88	55,86	0,719	51,27	37,55	0,360
São Fernando	RN	2555º	67,46	9,76	19,15	70,73	0,413	38,99	0,00	0,541
São Fidélis	SP	1497º	85,02	18,42	12,91	44,93	0,546	34,17	27,18	0,615
São Francisco	MG	4148º	77,45	10,88	17,20	72,83	0,613	51,70	0,00	0,431
São Francisco	PB	3423º	65,95	3,38	24,86	84,31	0,473	38,11	0,00	0,473
São Francisco	SE	2923º	69,63	8,81	23,21	73,13	0,477	43,13	0,00	0,510
São Francisco	SP	1033º	86,53	18,48	47,88	41,92	0,473	33,71	0,00	0,648
São Francisco de Assis	RS	2307º	87,37	12,07	23,00	51,18	0,584	35,05	19,22	0,560

*a partir da melhor situação social ou maior IES)

Nome do Município 2000	UF	Posição*	Indicador de Alfabetização	Indicador de Escolaridade	Indicador de Emprego	Indicador de Pobreza	Índice de Gini	Indicador de Juventude	Indicador de Violência	Índice de Exclusão
São Francisco de Assis do Piauí	PI	5053º	53,67	0,97	5,35	87,64	0,519	47,79	0,00	0,376
São Francisco de Goiás	GO	2330º	81,01	12,29	23,07	54,86	0,547	39,08	0,00	0,558
São Francisco de Itabapoana	SP	3475º	75,94	8,28	32,88	63,24	0,615	41,00	9,64	0,469
São Francisco de Paula	MG	1817º	81,30	8,64	34,53	53,35	0,491	39,37	0,00	0,595
São Francisco de Paula	RS	1234º	87,22	17,02	39,26	39,93	0,567	37,17	10,14	0,634
São Francisco de Sales	MG	2227º	84,76	13,34	26,15	47,53	0,577	37,83	17,72	0,566
São Francisco do Brejão	MA	4698º	72,10	5,04	10,34	77,59	0,579	51,10	0,00	0,401
São Francisco do Conde	BA	2662º	81,15	14,87	33,19	62,66	0,587	45,16	3,80	0,532
São Francisco do Glória	MG	2533º	77,85	11,48	13,90	51,07	0,487	38,78	17,56	0,543
São Francisco do Guaporé	RO	3560º	81,00	5,34	9,09	41,12	0,510	48,75	63,15	0,463
São Francisco do Maranhão	MA	5066º	56,80	5,46	8,33	85,17	0,593	48,73	0,00	0,375
São Francisco do Oeste	RN	3463º	67,87	7,99	38,80	77,45	0,574	40,95	0,00	0,470
São Francisco do Pará	PA	4279º	77,50	10,48	11,91	73,97	0,636	48,20	0,00	0,424

*a partir da melhor situação social ou maior IES)

Nome do Município 2000	UF	Posição*	Indicador de Alfabetização	Indicador de Escolaridade	Indicador de Emprego	Indicador de Pobreza	Índice de Gini	Indicador de Juventude	Indicador de Violência	Índice de Exclusão
São Francisco do Piauí	PI	5065º	60,94	2,71	3,37	82,30	0,573	48,02	0,00	0,375
São Francisco do Sul	SC	964º	92,54	19,58	41,82	31,44	0,595	39,06	6,19	0,654
São Gabriel	BA	5103º	74,24	8,36	12,49	80,18	0,743	48,83	0,00	0,372
São Gabriel	RS	1503º	86,77	19,18	35,14	45,34	0,609	35,06	11,25	0,615
São Gabriel da Cachoeira	AM	4443º	71,48	13,40	29,77	68,97	0,780	51,31	6,68	0,416
São Gabriel da Palha	ES	1404º	84,53	20,06	34,61	39,11	0,554	38,74	15,04	0,622
São Gabriel do Oeste	MS	1865º	87,89	21,25	38,24	33,32	0,687	41,85	17,83	0,592
São Geraldo	MG	1775º	81,72	10,08	30,79	51,15	0,542	35,12	0,00	0,597
São Geraldo da Piedade	MG	3836º	75,87	6,62	19,69	73,71	0,578	48,45	0,00	0,449
São Geraldo do Araguaia	PA	5007º	73,40	5,79	10,70	71,73	0,624	51,14	25,32	0,380
São Geraldo do Baixio	MG	3146º	74,73	7,17	14,93	68,07	0,535	40,89	0,00	0,493
São Gonçalo	SP	477º	92,50	25,75	42,15	29,99	0,486	33,78	42,53	0,694
São Gonçalo do Abaeté	MG	2033º	86,33	12,74	31,39	49,64	0,551	41,73	0,00	0,581
São Gonçalo do Amarante	CE	4088º	71,41	7,78	16,79	77,97	0,559	46,46	14,04	0,434
São Gonçalo do Amarante	RN	2420º	74,03	13,11	21,79	65,21	0,507	45,14	7,20	0,551
São Gonçalo do Gurguéia	PI	4416º	63,68	2,92	6,58	72,56	0,472	51,81	0,00	0,417
São Gonçalo do Pará	MG	850º	89,71	13,24	36,65	44,09	0,470	34,76	0,00	0,661
São Gonçalo do Piauí	PI	3407º	68,92	13,29	16,64	79,47	0,498	45,89	0,00	0,474

*a partir da melhor situação social ou maior IES)

Nome do Município 2000	UF	Posição*	Indicador de Alfabetização	Indicador de Escolaridade	Indicador de Emprego	Indicador de Pobreza	Índice de Gini	Indicador de Juventude	Indicador de Violência	Índice de Exclusão
São Gonçalo do Rio Abaixo	MG	2394º	82,06	9,96	35,52	63,07	0,534	40,84	11,82	0,554
São Gonçalo do Rio Preto	MG	3209º	75,46	14,28	14,21	65,65	0,604	46,00	0,00	0,488
São Gonçalo do Sapucaí	MG	1139º	87,82	17,66	21,76	41,85	0,567	39,18	0,00	0,642
São Gonçalo dos Campos	BA	2946º	75,88	12,29	27,55	69,00	0,574	43,55	3,70	0,508
São Gotardo	MG	1824º	87,60	15,21	42,92	25,18	0,726	38,79	12,49	0,595
São Jerônimo	RS	1072º	88,16	19,82	37,49	36,14	0,612	35,75	0,00	0,646
São Jerônimo da Serra	PR	3288º	74,99	11,31	38,85	60,68	0,590	42,66	8,51	0,482
São João	PE	4971º	59,35	6,77	17,43	77,68	0,574	46,87	25,04	0,383
São João	PR	2459º	87,57	15,33	13,63	46,82	0,604	38,55	17,85	0,548
São João Batista	MA	5479º	68,35	7,01	5,11	91,46	0,796	50,24	10,26	0,295
São João Batista	SC	189º	93,22	17,52	26,61	19,62	0,437	37,05	0,00	0,731
São João Batista do Glória	MG	1170º	84,28	10,45	35,97	39,53	0,521	37,39	0,00	0,640
São João da Baliza	RR	3430º	82,08	11,08	20,59	62,17	0,581	51,90	0,00	0,472
São João da Barra	SP	1800º	85,76	13,79	27,60	49,03	0,513	36,47	14,45	0,596
São João da Boa Vista	SP	109º	92,29	28,94	52,36	18,78	0,537	32,84	10,34	0,751
São João da Canabrava	PI	5452º	60,02	2,65	7,29	77,82	0,667	44,76	70,75	0,317
São João da Fronteira	PI	5441º	55,21	3,38	10,91	83,63	0,749	51,49	0,00	0,321
São João da Lagoa	MG	3700º	74,59	9,64	39,63	66,26	0,609	45,70	0,00	0,456
São João da Mata	MG	1392º	86,50	10,95	13,16	35,30	0,460	35,68	0,00	0,623

*a partir da melhor situação social ou maior IES)

Nome do Município 2000	UF	Posição*	Indicador de Alfabetização	Indicador de Escolaridade	Indicador de Emprego	Indicador de Pobreza	Índice de Gini	Indicador de Juventude	Indicador de Violência	Índice de Exclusão
São João da Paraúna	GO	2356º	82,86	23,57	20,91	49,84	0,631	35,62	0,00	0,556
São João da Ponta	PA	5010º	72,72	5,68	10,33	74,49	0,673	51,45	0,00	0,380
São João da Ponte	MG	4288º	64,67	1,68	17,22	76,12	0,556	50,36	0,00	0,424
São João da Serra	PI	4737º	54,05	2,60	12,62	85,62	0,557	45,89	0,00	0,398
São João da Urtiga	RS	1770º	88,67	13,53	12,33	48,02	0,496	32,68	0,00	0,598
São João da Varjota	PI	5016º	59,88	4,19	8,09	83,45	0,617	46,83	0,00	0,379
São João d'Aliança	GO	4379º	79,81	11,74	10,85	66,76	0,739	45,65	29,69	0,419
São João das Duas Pontes	SP	869º	83,02	21,77	23,95	42,98	0,588	34,70	0,00	0,660
São João das Missões	MG	5409º	53,45	3,50	20,58	82,77	0,688	54,65	0,00	0,330
São João de Iracema	SP	1579º	84,99	20,36	46,97	51,06	0,664	33,93	0,00	0,610
São João de Meriti	SP	979º	91,81	21,12	41,21	32,80	0,474	36,57	59,18	0,652
São João de Pirabas	PA	5060º	69,14	6,87	13,31	78,42	0,635	52,37	11,44	0,376
São João del Rei	MG	455º	92,02	22,44	12,80	34,90	0,548	32,95	1,27	0,696
São João do Araguaia	PA	5389º	61,49	3,74	11,97	83,73	0,612	52,98	32,66	0,335
São João do Arraial	PI	5283º	55,69	4,60	5,15	81,89	0,572	50,96	17,44	0,353
São João do Caiuá	PR	1422º	83,02	14,10	19,65	55,65	0,496	38,70	0,00	0,620
São João do Cariri	PB	2348º	78,37	7,95	14,92	63,27	0,455	40,10	0,00	0,557
São João do Carú	MA	5429º	44,03	0,53	7,36	89,17	0,552	55,96	0,00	0,324
São João do Itaperiú	SC	1631º	88,58	10,56	13,84	37,60	0,528	39,13	0,00	0,607

*a partir da melhor situação social ou maior IES)

Nome do Município 2000	UF	Posição*	Indicador de Alfabetização	Indicador de Escolaridade	Indicador de Emprego	Indicador de Pobreza	Índice de Gini	Indicador de Juventude	Indicador de Violência	Índice de Exclusão
São João do Ivaí	PR	1450º	79,18	14,71	40,55	48,04	0,495	36,91	0,00	0,619
São João do Jaguaribe	CE	2935º	70,52	10,32	14,35	68,07	0,564	35,79	0,00	0,508
São João do Manhuaçu	MG	3505º	80,73	7,64	41,37	56,40	0,646	44,25	11,47	0,466
São João do Manteninha	MG	2313º	76,49	10,12	15,73	56,06	0,515	36,02	0,00	0,560
São João do Oeste	SC	1598º	97,36	13,41	41,54	43,25	0,458	37,29	0,00	0,609
São João do Oriente	MG	2546º	79,52	10,30	18,70	60,31	0,508	40,39	0,00	0,542
São João do Pacuí	MG	4169º	65,38	4,89	20,38	80,65	0,491	47,54	0,00	0,430
São João do Paraíso	MA	5061º	74,22	5,18	7,12	77,48	0,628	52,37	0,00	0,376
São João do Paraíso	MG	3952º	67,13	5,90	10,37	77,16	0,518	47,85	0,00	0,442
São João do Pau d'Alho	SP	506º	85,56	20,85	44,05	42,93	0,442	32,57	0,00	0,691
São João do Piauí	PI	4300º	69,35	8,98	15,03	70,56	0,621	46,70	16,98	0,423
São João do Polêsine	RS	727º	92,47	23,88	21,51	26,31	0,559	32,09	0,00	0,671
São João do Rio do Peixe	PB	3686º	68,03	10,86	32,36	77,67	0,598	41,41	0,00	0,457
São João do Sabugi	RN	2392º	77,21	15,26	28,07	61,12	0,518	39,36	0,00	0,554
São João do Soter	MA	5194º	52,51	1,98	4,86	86,77	0,519	51,07	0,00	0,364
São João do Sul	SC	2183º	86,91	10,25	12,00	39,66	0,480	38,58	14,74	0,570
São João do Tigre	PB	4976º	55,83	4,09	6,69	79,66	0,630	45,08	0,00	0,383
São João do Triunfo	PR	3474º	87,23	7,71	31,21	65,72	0,573	44,20	8,01	0,469
São João dos Patos	MA	3837º	72,72	9,71	15,26	72,22	0,605	45,78	0,00	0,449

*a partir da melhor situação social ou maior IES)

Nome do Município 2000	UF	Posição*	Indicador de Alfabetização	Indicador de Escolaridade	Indicador de Emprego	Indicador de Pobreza	Índice de Gini	Indicador de Juventude	Indicador de Violência	Índice de Exclusão
São João Evangelista	MG	3289º	77,08	12,19	15,17	66,67	0,600	44,90	0,00	0,482
São João Nepomuceno	MG	423º	88,49	18,37	18,84	31,90	0,502	34,85	0,00	0,699
São Joaquim	SC	1323º	89,70	15,86	39,13	47,29	0,564	37,53	0,00	0,628
São Joaquim da Barra	SP	340º	91,35	22,99	37,77	24,58	0,540	35,22	16,83	0,708
São Joaquim de Bicas	MG	2422º	84,86	10,60	42,73	53,48	0,533	43,65	28,51	0,551
São Joaquim do Monte	PE	4614º	54,24	4,46	7,04	72,72	0,551	45,35	14,91	0,405
São Jorge	RS	257º	92,37	19,59	27,17	23,34	0,419	32,31	0,00	0,720
São Jorge do Ivaí	PR	1032º	88,10	19,59	25,89	37,43	0,531	33,65	0,00	0,648
São Jorge do Patrocínio	PR	2328º	83,68	12,58	17,01	58,56	0,532	35,81	0,00	0,559
São Jorge d'Oeste	PR	2097º	88,15	13,83	11,32	44,06	0,555	38,21	0,00	0,576
São José	SC	33º	93,00	33,81	52,13	14,78	0,487	36,85	10,95	0,779
São José da Barra	MG	846º	90,92	18,10	36,34	35,02	0,547	39,42	0,00	0,662
São José da Bela Vista	SP	802º	85,24	13,71	35,30	42,12	0,481	40,26	0,00	0,665
São José da Boa Vista	PR	2849º	81,87	9,46	17,42	58,75	0,585	39,98	0,00	0,517
São José da Coroa Grande	PE	4545º	64,82	13,79	7,25	73,71	0,636	49,41	42,95	0,410
São José da Lagoa Tapada	PB	4012º	55,46	5,46	13,95	82,14	0,529	42,44	0,00	0,439
São José da Laje	AL	4233º	59,76	8,12	36,37	79,87	0,613	48,44	33,22	0,427
São José da Lapa	MG	705º	88,35	17,61	42,53	38,11	0,476	40,78	6,67	0,673
São José da Safira	MG	3859º	73,71	2,87	47,33	74,37	0,495	49,95	0,00	0,447

*a partir da melhor situação social ou maior IES)

Nome do Município 2000	UF	Posição*	Indicador de Alfabetização	Indicador de Escolaridade	Indicador de Emprego	Indicador de Pobreza	Índice de Gini	Indicador de Juventude	Indicador de Violência	Índice de Exclusão
São José da Tapera	AL	5493º	51,60	3,82	5,40	84,00	0,730	55,35	17,71	0,279
São José da Varginha	MG	1976º	86,14	10,75	16,56	55,55	0,483	39,26	0,00	0,586
São José da Vitória	BA	3393º	68,10	3,91	29,69	77,02	0,475	50,34	0,00	0,475
São José das Missões	RS	2936º	89,86	7,23	12,60	60,73	0,601	37,83	0,00	0,508
São José das Palmeiras	PR	2629º	81,97	12,22	17,40	55,66	0,506	42,42	24,38	0,535
São José de Caiana	PB	4947º	57,46	3,87	14,54	83,51	0,562	52,17	0,00	0,385
São José de Espinharas	PB	3628º	69,89	4,14	14,85	80,51	0,489	43,57	0,00	0,460
São José de Mipibu	RN	3373º	67,29	11,92	16,81	69,07	0,550	46,31	25,78	0,476
São José de Piranhas	PB	3688º	68,68	7,31	21,92	74,72	0,566	43,67	5,43	0,457
São José de Princesa	PB	4525º	62,13	5,48	8,20	77,81	0,551	46,80	40,24	0,411
São José de Ribamar	MA	2940º	84,62	23,26	26,24	69,21	0,608	48,50	0,93	0,508
São José de Ubá	SP	2306º	81,56	12,61	20,74	53,37	0,597	34,94	0,00	0,560
São José do Alegre	MG	1354º	87,34	16,03	27,27	43,29	0,543	37,43	0,00	0,626
São José do Barreiro	SP	2189º	82,54	16,86	46,57	48,33	0,666	39,44	0,00	0,569
São José do Belmonte	PE	4402º	65,23	9,81	25,31	75,82	0,577	47,00	22,12	0,418
São José do Bonfim	PB	3802º	58,35	5,55	23,11	81,27	0,457	42,46	0,00	0,450
São José do Brejo do Cruz	PB	3167º	65,58	3,80	28,91	84,48	0,403	43,93	0,00	0,491
São José do Calçado	ES	1812º	83,33	18,55	23,57	46,03	0,554	35,89	9,54	0,595
São José do Campestre	RN	3881º	64,03	8,55	19,02	72,17	0,587	46,02	0,00	0,447

*a partir da melhor situação social ou maior IES)

Nome do Município 2000	UF	Posição*	Indicador de Alfabetização	Indicador de Escolaridade	Indicador de Emprego	Indicador de Pobreza	Índice de Gini	Indicador de Juventude	Indicador de Violência	Índice de Exclusão
São José do Cedro	SC	1841º	88,51	14,27	22,74	36,67	0,548	39,52	7,31	0,594
São José do Cerrito	SC	2716º	83,57	7,42	19,20	58,10	0,591	37,66	0,00	0,528
São José do Divino	MG	3419º	71,13	9,11	33,15	69,73	0,591	45,38	0,00	0,473
São José do Divino	PI	4635º	62,26	1,22	8,86	86,57	0,475	48,58	0,00	0,404
São José do Egito	PE	3449º	70,75	12,58	14,58	70,61	0,581	41,40	6,79	0,471
São José do Goiabal	MG	1749º	83,57	12,81	22,41	63,09	0,468	40,52	0,00	0,599
São José do Herval	RS	2311º	77,16	11,67	30,85	50,84	0,595	40,47	0,00	0,560
São José do Hortêncio	RS	19º	94,72	8,37	47,67	14,41	0,307	31,62	0,00	0,797
São José do Inhacorá	RS	1287º	96,32	11,41	9,09	39,61	0,433	31,72	0,00	0,630
São José do Jacuípe	BA	4229º	63,84	3,54	12,46	79,59	0,520	46,85	0,00	0,427
São José do Jacuri	MG	3103º	75,70	8,33	38,30	63,74	0,507	45,07	0,00	0,496
São José do Mantimento	MG	2922º	79,84	16,48	15,26	61,68	0,603	41,36	0,00	0,510
São José do Norte	RS	2334º	78,07	6,48	18,78	54,36	0,517	35,39	0,00	0,558
São José do Ouro	RS	1094º	89,90	20,68	27,12	40,24	0,558	33,17	0,00	0,644
São José do Peixe	PI	4838º	64,46	6,32	10,87	78,83	0,629	48,63	0,00	0,392
São José do Piauí	PI	4951º	56,77	3,61	6,76	79,57	0,581	45,06	14,91	0,384
São José do Povo	MT	1543º	76,29	16,53	36,18	58,35	0,451	37,43	0,00	0,612
São José do Rio Claro	MT	2096º	82,01	11,07	25,86	37,49	0,582	44,51	7,85	0,576
São José do Rio Pardo	SP	224º	91,02	25,53	49,13	23,72	0,521	36,45	5,99	0,725
São José do Rio Preto	SP	112º	92,70	34,49	32,96	15,47	0,561	32,22	12,27	0,750

*a partir da melhor situação social ou maior IES)

Nome do Município 2000	UF	Posição*	Indicador de Alfabetização	Indicador de Escolaridade	Indicador de Emprego	Indicador de Pobreza	Índice de Gini	Indicador de Juventude	Indicador de Violência	Índice de Exclusão
São José do Sabugi	PB	2434º	69,92	11,88	10,64	72,51	0,453	40,43	0,00	0,550
São José do Seridó	RN	2491º	80,72	17,53	11,18	55,11	0,566	41,14	0,00	0,546
São José do Vale do Rio Preto	SP	1624º	84,48	11,58	30,23	42,05	0,532	38,61	0,00	0,607
São José do Xingu	MT	4710º	78,13	8,17	17,05	41,97	0,568	44,67	151,41	0,400
São José dos Ausentes	RS	2400º	84,70	9,05	32,58	49,06	0,549	40,37	32,22	0,553
São José dos Basílios	MA	5144º	57,90	3,40	2,13	87,74	0,490	51,92	0,00	0,369
São José dos Campos	SP	411º	92,83	36,14	46,76	20,45	0,574	37,90	48,90	0,700
São José dos Cordeiros	PB	3862º	73,10	3,36	18,74	71,98	0,492	43,09	24,18	0,447
São José dos Pinhais	PR	633º	91,61	21,38	23,49	26,37	0,526	40,32	19,09	0,679
São José dos Quatro Marcos	MT	1965º	84,93	13,99	19,86	51,06	0,490	39,77	10,16	0,587
São José dos Ramos	PB	4466º	49,39	3,61	17,76	77,75	0,569	47,73	0,00	0,415
São Julião	PI	4249º	57,89	6,49	16,28	75,86	0,660	41,58	0,00	0,426
São Leopoldo	RS	536º	91,97	25,70	47,56	23,76	0,552	37,30	37,72	0,687
São Lourenço	MG	707º	91,26	23,48	15,38	29,20	0,640	35,26	2,34	0,673
São Lourenço da Mata	PE	3304º	77,21	15,13	13,06	66,13	0,549	42,58	80,75	0,481
São Lourenço da Serra	SP	2375º	85,46	15,63	41,16	42,27	0,588	41,59	49,18	0,555
São Lourenço do Oeste	SC	1431º	89,48	16,44	32,38	34,89	0,543	39,63	15,27	0,620

*a partir da melhor situação social ou maior IES)

Nome do Município 2000	UF	Posição*	Indicador de Alfabetização	Indicador de Escolaridade	Indicador de Emprego	Indicador de Pobreza	Índice de Gini	Indicador de Juventude	Indicador de Violência	Índice de Exclusão
São Lourenço do Piauí	PI	3769º	73,13	3,66	7,39	77,85	0,487	43,12	0,00	0,452
São Lourenço do Sul	RS	1364º	91,32	12,39	21,08	37,90	0,526	33,46	0,00	0,625
São Ludgero	SC	422º	92,12	17,45	49,67	21,91	0,541	40,63	0,00	0,699
São Luís	MA	1925º	90,24	35,78	34,14	51,74	0,655	43,17	14,94	0,589
São Luís de Montes Belos	GO	1469º	87,97	19,66	29,98	45,35	0,572	36,11	3,79	0,617
São Luís do Curu	CE	4408º	67,87	10,84	10,73	76,53	0,624	45,18	8,70	0,418
São Luís do Paraitinga	SP	1787º	83,18	14,19	48,04	42,79	0,538	36,85	19,18	0,597
São Luis do Piauí	PI	4483º	60,68	7,89	17,82	79,69	0,555	44,01	40,19	0,413
São Luís do Quitunde	AL	3710º	51,56	6,38	42,05	82,05	0,516	51,96	13,54	0,455
São Luís Gonzaga do Maranhão	MA	5208º	57,38	3,61	4,52	88,19	0,561	49,61	0,00	0,363
São Luiz	RR	3499º	80,95	12,43	26,14	62,73	0,643	52,25	0,00	0,467
São Luíz do Norte	GO	3352º	77,75	8,31	14,75	61,63	0,508	40,13	48,91	0,478
São Luiz Gonzaga	RS	1613º	89,04	18,95	31,45	39,77	0,559	37,94	25,28	0,608
São Mamede	PB	2989º	71,45	9,50	22,28	70,86	0,565	39,36	0,00	0,505
São Manoel do Paraná	PR	1030º	87,54	19,00	45,50	42,01	0,459	36,63	0,00	0,648
São Manuel	SP	324º	86,88	21,26	34,73	26,44	0,518	36,94	13,68	0,710
São Marcos	RS	200º	93,44	15,07	42,51	16,13	0,484	34,20	5,27	0,729
São Martinho	RS	1127º	92,42	17,25	20,76	35,07	0,530	32,99	0,00	0,642
São Martinho	SC	2238º	91,92	11,70	16,06	35,00	0,703	33,51	0,00	0,565
São Martinho da Serra	RS	2295º	84,31	8,50	25,88	51,48	0,669	31,82	0,00	0,561

*a partir da melhor situação social ou maior IES)

Nome do Município 2000	UF	Posição*	Indicador de Alfabetização	Indicador de Escolaridade	Indicador de Emprego	Indicador de Pobreza	Índice de Gini	Indicador de Juventude	Indicador de Violência	Índice de Exclusão
São Mateus	ES	2413º	84,02	18,73	33,94	48,66	0,615	43,64	24,32	0,552
São Mateus do Maranhão	MA	4822º	61,99	6,34	10,94	79,75	0,593	49,99	0,00	0,393
São Mateus do Sul	PR	2247º	91,93	16,55	26,90	47,89	0,642	40,66	16,41	0,564
São Miguel	RN	4627º	60,84	7,87	9,82	76,92	0,622	45,14	9,94	0,405
São Miguel Arcanjo	SP	1903º	87,94	15,10	29,06	40,43	0,544	42,77	6,49	0,590
São Miguel da Baixa Grande	PI	4494º	50,28	1,71	4,56	83,23	0,468	43,99	0,00	0,413
São Miguel da Boa Vista	SC	2971º	88,81	5,09	6,24	56,02	0,542	39,49	0,00	0,506
São Miguel das Matas	BA	3410º	73,13	3,83	7,35	65,97	0,490	43,06	0,00	0,474
São Miguel das Missões	RS	3025º	85,93	9,95	20,88	56,70	0,714	38,61	0,00	0,502
São Miguel de Taipu	PB	3799º	56,95	3,24	14,60	77,15	0,464	45,79	0,00	0,451
São Miguel do Aleixo	SE	5463º	60,02	3,45	18,59	82,28	0,574	47,58	116,04	0,312
São Miguel do Anta	MG	2762º	83,24	8,93	42,10	56,88	0,556	38,68	15,06	0,524
São Miguel do Araguaia	GO	2727º	80,87	12,37	23,27	49,31	0,608	40,31	21,94	0,527
São Miguel do Fidalgo	PI	5431º	58,53	1,26	3,39	90,97	0,627	51,32	0,00	0,324
São Miguel do Gostoso	RN	5135º	50,86	4,56	26,49	83,72	0,547	53,06	0,00	0,369
São Miguel do Guamá	PA	4123º	74,01	7,81	16,63	70,53	0,591	51,30	0,00	0,432
São Miguel do Guaporé	RO	3892º	80,92	3,41	24,67	57,92	0,533	48,71	25,13	0,446
São Miguel do Iguaçu	PR	2296º	89,06	17,10	32,57	43,81	0,653	40,93	12,28	0,561
São Miguel do Oeste	SC	562º	91,28	24,67	38,13	25,86	0,512	37,83	18,56	0,684

*a partir da melhor situação social ou maior IES)

Nome do Município 2000	UF	Posição*	Indicador de Alfabetização	Indicador de Escolaridade	Indicador de Emprego	Indicador de Pobreza	Índice de Gini	Indicador de Juventude	Indicador de Violência	Índice de Exclusão
São Miguel do Passa Quatro	GO	1996º	87,98	13,22	12,05	42,44	0,490	38,26	0,00	0,584
São Miguel do Tapuio	PI	4847º	51,22	1,94	10,02	81,97	0,546	47,53	0,00	0,391
São Miguel do Tocantins	TO	5158º	69,16	6,14	22,86	82,27	0,579	51,87	11,78	0,368
São Miguel dos Campos	AL	3319º	69,31	12,30	39,58	70,22	0,593	47,90	31,09	0,480
São Miguel dos Milagres	AL	4977º	58,34	9,24	20,10	77,10	0,593	45,44	68,26	0,383
São Nicolau	RS	3406º	79,89	8,04	15,08	57,38	0,561	40,27	46,83	0,474
São Patrício	GO	2390º	80,30	10,36	23,28	61,30	0,550	35,97	0,00	0,554
São Paulo	SP	526º	92,74	35,57	51,79	18,32	0,618	34,36	58,47	0,689
São Paulo das Missões	RS	2229º	92,34	9,96	12,66	54,42	0,467	35,41	13,91	0,566
São Paulo de Olivença	AM	5485º	52,36	6,07	8,02	87,54	0,691	59,53	4,33	0,289
São Paulo do Potengi	RN	3284º	66,21	7,60	16,07	70,72	0,576	44,22	0,00	0,483
São Pedro	RN	3652º	64,23	7,56	12,42	74,75	0,546	43,95	0,00	0,459
São Pedro	SP	546º	90,81	23,58	28,65	22,74	0,523	35,87	17,92	0,687
São Pedro da Água Branca	MA	4365º	63,79	5,75	18,03	78,02	0,542	52,03	0,00	0,419
São Pedro da Aldeia	SP	1640º	88,83	19,67	33,98	36,35	0,535	38,63	47,45	0,606
São Pedro da Cipa	MT	941º	78,89	12,79	40,88	39,67	0,490	42,03	0,00	0,656
São Pedro da Serra	RS	150º	95,01	12,79	50,63	19,52	0,454	36,97	0,00	0,739
São Pedro da União	MG	1494º	81,91	13,57	18,25	34,73	0,493	35,99	0,00	0,615
São Pedro de Alcântara	SC	32º	91,35	16,58	46,81	19,23	0,380	32,00	0,00	0,779
São Pedro do Butiá	RS	1339º	93,22	17,57	15,13	34,13	0,439	33,30	34,94	0,627

*a partir da melhor situação social ou maior IES)

Nome do Município 2000	UF	Posição*	Indicador de Alfabetização	Indicador de Escolaridade	Indicador de Emprego	Indicador de Pobreza	Índice de Gini	Indicador de Juventude	Indicador de Violência	Índice de Exclusão
São Pedro do Iguaçu	PR	2654º	82,47	13,16	28,76	54,09	0,509	40,24	27,48	0,533
São Pedro do Ivaí	PR	1449º	85,99	21,53	17,85	45,91	0,578	38,51	21,11	0,619
São Pedro do Paraná	PR	1038º	81,73	18,16	41,44	42,44	0,470	37,33	0,00	0,648
São Pedro do Piauí	PI	4718º	59,38	6,99	11,71	79,94	0,574	46,60	15,99	0,400
São Pedro do Suaçuí	MG	3597º	72,35	6,41	11,06	69,92	0,541	43,96	0,00	0,462
São Pedro do Sul	RS	1371º	91,65	15,61	27,95	40,30	0,580	33,20	5,89	0,624
São Pedro do Turvo	SP	1261º	86,82	17,37	44,64	43,40	0,482	38,23	14,52	0,632
São Pedro dos Crentes	MA	5161º	74,36	3,08	8,39	85,06	0,575	54,22	0,00	0,367
São Pedro dos Ferros	MG	1862º	82,68	12,05	17,41	55,31	0,538	40,91	0,00	0,593
São Rafael	RN	3625º	61,10	9,49	15,10	70,24	0,563	40,25	12,19	0,460
São Raimundo das Mangabeiras	MA	5187º	73,58	7,54	12,23	77,62	0,735	51,45	0,00	0,365
São Raimundo do Doca Bezerra	MA	5251º	54,49	1,36	9,73	86,75	0,507	56,20	0,00	0,358
São Raimundo Nonato	PI	3151º	74,90	13,55	15,18	67,31	0,544	44,20	0,00	0,493
São Roberto	MA	5407º	49,47	2,34	6,61	91,01	0,571	54,11	0,00	0,330
São Romão	MG	3574º	73,91	16,93	39,80	68,95	0,622	50,61	0,00	0,463
São Roque	SP	719º	91,12	23,82	35,39	24,11	0,610	36,76	21,01	0,672
São Roque de Minas	MG	1627º	88,56	12,64	22,10	31,97	0,534	33,44	0,00	0,607
São Roque do Canaã	ES	1213º	86,41	13,88	27,51	41,50	0,476	36,04	0,00	0,636
São Salvador do Tocantins	TO	4759º	71,36	6,25	5,89	78,24	0,560	50,80	36,50	0,397

*a partir da melhor situação social ou maior IES)

Nome do Município 2000	UF	Posição*	Indicador de Alfabetização	Indicador de Escolaridade	Indicador de Emprego	Indicador de Pobreza	Índice de Gini	Indicador de Juventude	Indicador de Violência	Índice de Exclusão
São Sebastião	AL	5387º	51,01	3,48	12,75	81,68	0,636	50,57	30,90	0,335
São Sebastião	SP	1326º	88,96	21,22	33,95	23,49	0,556	39,70	49,97	0,627
São Sebastião da Amoreira	PR	1608º	80,54	20,83	32,51	48,46	0,513	41,79	11,70	0,608
São Sebastião da Bela Vista	MG	690º	81,50	11,75	10,57	40,57	0,435	37,76	0,00	0,675
São Sebastião da Boa Vista	PA	4924º	71,87	5,43	9,96	83,61	0,493	56,52	5,66	0,386
São Sebastião da Grama	SP	754º	87,57	18,37	43,21	33,81	0,519	36,65	16,06	0,669
São Sebastião da Vargem Alegre	MG	2813º	85,48	6,21	45,19	60,63	0,587	39,45	0,00	0,520
São Sebastião de Lagoa de Roça	PB	3946º	69,19	5,98	18,19	71,90	0,647	43,43	0,00	0,443
São Sebastião do Alto	SP	1399º	81,83	15,96	28,64	48,43	0,494	35,72	0,00	0,622
São Sebastião do Anta	MG	3434º	75,80	5,34	21,21	65,87	0,482	47,73	0,00	0,472
São Sebastião do Caí	RS	482º	91,60	18,00	41,53	22,39	0,555	34,57	10,15	0,693
São Sebastião do Maranhão	MG	4515º	71,13	7,13	11,50	72,74	0,589	48,91	8,62	0,412
São Sebastião do Oeste	MG	1125º	86,33	8,88	9,99	48,52	0,483	32,77	0,00	0,642
São Sebastião do Paraíso	MG	409º	90,14	19,98	35,56	24,39	0,535	36,61	1,71	0,701

*a partir da melhor situação social ou maior IES)

Nome do Município 2000	UF	Posição*	Indicador de Alfabetização	Indicador de Escolaridade	Indicador de Emprego	Indicador de Pobreza	Índice de Gini	Indicador de Juventude	Indicador de Violência	Índice de Exclusão
São Sebastião do Passé	BA	2684º	80,68	13,31	29,12	65,49	0,552	43,29	5,01	0,531
São Sebastião do Rio Preto	MG	1849º	87,09	10,71	43,18	52,16	0,441	33,45	56,21	0,594
São Sebastião do Rio Verde	MG	1523º	90,98	17,83	32,57	43,60	0,696	32,59	0,00	0,614
São Sebastião do Tocantins	TO	4578º	67,87	10,49	19,03	81,62	0,600	53,20	0,00	0,407
São Sebastião do Uatumã	AM	4732º	77,19	10,57	10,51	79,31	0,538	57,68	0,00	0,399
São Sebastião do Umbuzeiro	PB	3088º	65,29	10,04	9,37	72,87	0,449	40,19	0,00	0,497
São Sepé	RS	1135º	88,59	18,67	32,86	43,45	0,565	33,66	0,00	0,642
São Simão	GO	2077º	83,70	12,21	28,75	48,68	0,590	36,39	7,38	0,578
São Simão	SP	385º	90,94	27,28	36,68	29,30	0,539	36,88	21,94	0,703
São Thomé das Letras	MG	2123º	79,83	13,59	22,74	46,05	0,548	40,47	0,00	0,574
São Tiago	MG	1821º	89,45	14,53	35,21	53,32	0,510	36,46	0,00	0,595
São Tomás de Aquino	MG	1055º	86,26	13,33	24,62	34,77	0,458	38,67	0,00	0,647
São Tomé	PR	1604º	85,91	17,20	36,01	52,66	0,538	37,34	0,00	0,608
São Tomé	RN	4051º	63,38	8,07	19,31	75,37	0,593	43,29	9,26	0,437
São Valentim	RS	2121º	88,86	9,57	17,40	48,04	0,549	35,22	0,00	0,574
São Valentim do Sul	RS	620º	89,60	9,53	19,12	20,64	0,476	28,69	0,00	0,679
São Valério da Natividade	TO	3996º	80,11	9,46	19,18	65,43	0,623	48,67	0,00	0,440
São Valério do Sul	RS	3215º	80,65	9,96	9,19	57,29	0,599	41,90	0,00	0,488

*a partir da melhor situação social ou maior IES)

Nome do Município 2000	UF	Posição*	Indicador de Alfabetização	Indicador de Escolaridade	Indicador de Emprego	Indicador de Pobreza	Índice de Gini	Indicador de Juventude	Indicador de Violência	Índice de Exclusão
São Vendelino	RS	13º	97,28	16,36	52,22	17,30	0,384	31,09	0,00	0,803
São Vicente	RN	3080º	72,05	14,81	19,67	74,74	0,571	40,33	0,00	0,498
São Vicente	SP	708º	90,90	27,04	43,09	24,30	0,523	37,04	53,88	0,673
São Vicente de Minas	MG	1873º	85,50	18,46	29,93	52,94	0,602	39,12	0,00	0,592
São Vicente do Seridó	PB	4539º	64,84	3,46	17,61	83,19	0,545	50,38	0,00	0,410
São Vicente do Sul	RS	2250º	88,61	16,78	31,18	45,49	0,663	37,44	23,99	0,564
São Vicente Ferrer	MA	5170º	61,87	7,82	5,84	84,65	0,583	52,52	0,00	0,367
São Vicente Ferrer	PE	4621º	61,68	7,21	34,46	74,12	0,574	48,76	31,24	0,405
Sapé	PB	3702º	60,76	6,90	23,51	77,00	0,532	44,21	16,89	0,456
Sapeaçu	BA	3058º	74,66	10,74	22,50	65,71	0,556	45,01	0,00	0,500
Sapezal	MT	778º	88,33	14,70	19,52	19,72	0,456	41,43	25,43	0,667
Sapiranga	RS	254º	90,49	14,60	62,58	21,38	0,472	38,88	34,69	0,720
Sapopema	PR	2864º	77,96	8,85	31,61	62,33	0,482	43,16	14,55	0,516
Sapucaia	PA	2631º	83,51	5,25	32,04	47,89	0,478	48,71	26,34	0,535
Sapucaia	SP	1405º	82,13	16,34	35,77	40,17	0,569	34,94	17,49	0,622
Sapucaia do Sul	RS	309º	91,99	20,27	46,86	25,86	0,466	37,55	16,29	0,712
Sapucaí-Mirim	MG	3033º	78,25	7,70	35,00	44,81	0,522	40,55	93,21	0,502
Saquarema	SP	1746º	86,52	18,14	25,71	34,84	0,551	37,44	30,50	0,599
Sarandi	PR	868º	88,66	12,36	20,22	39,86	0,437	39,25	8,40	0,660
Sarandi	RS	514º	91,41	24,33	45,30	34,71	0,563	35,49	5,51	0,691
Sarapuí	SP	1969º	88,04	15,26	49,23	41,48	0,631	40,23	0,00	0,586
Sardoá	MG	3127º	76,69	13,66	30,53	70,08	0,582	48,13	0,00	0,494
Sarutaiá	SP	1496º	83,91	11,44	42,63	46,92	0,493	39,85	0,00	0,615
Sarzedo	MG	1148º	89,40	15,38	29,10	40,64	0,446	42,88	26,40	0,641
Sátiro Dias	BA	4983º	60,94	4,05	6,17	81,62	0,596	47,38	0,00	0,382
Satuba	AL	2527º	74,91	17,30	40,86	62,06	0,554	43,69	31,86	0,543
Satubinha	MA	5336º	58,77	2,61	7,46	89,94	0,583	53,23	0,00	0,343

*a partir da melhor situação social ou maior IES)

Nome do Município 2000	UF	Posição*	Indicador de Alfabetização	Indicador de Escolaridade	Indicador de Emprego	Indicador de Pobreza	Índice de Gini	Indicador de Juventude	Indicador de Violência	Índice de Exclusão
Saubara	BA	2608º	80,37	10,59	16,76	67,53	0,453	40,51	0,00	0,537
Saudade do Iguaçu	PR	3408º	87,63	10,51	41,33	47,98	0,715	44,34	0,00	0,474
Saudades	SC	1357º	92,70	13,72	23,88	36,72	0,498	38,23	0,00	0,625
Saúde	BA	3613º	66,10	9,02	19,43	70,84	0,580	44,06	8,70	0,461
Schroeder	SC	131º	93,86	18,39	62,70	17,42	0,561	38,79	0,00	0,744
Seabra	BA	3949º	77,32	12,34	10,74	69,37	0,629	46,72	0,00	0,442
Seara	SC	521º	92,46	17,85	40,27	25,58	0,497	36,89	12,13	0,690
Sebastianópolis do Sul	SP	355º	87,58	22,33	31,23	37,04	0,414	31,11	0,00	0,706
Sebastião Barros	PI	4776º	66,52	2,20	2,12	88,77	0,441	49,58	0,00	0,396
Sebastião Laranjeiras	BA	3918º	68,20	7,80	13,76	74,47	0,523	48,76	0,00	0,444
Sebastião Leal	PI	4436º	60,22	2,52	4,93	84,71	0,449	46,54	0,00	0,416
Seberi	RS	2596º	89,48	14,58	17,25	50,31	0,570	36,90	35,25	0,537
Sede Nova	RS	2196º	87,79	8,61	14,03	49,00	0,514	35,97	0,00	0,568
Segredo	RS	2616º	85,38	9,16	8,97	52,39	0,517	38,91	0,00	0,536
Selbach	RS	960º	94,40	21,22	31,57	22,05	0,689	33,53	0,00	0,654
Selvíria	MS	1948º	83,74	11,12	18,42	51,44	0,543	40,51	0,00	0,588
Sem-Peixe	MG	2569º	81,77	4,82	26,10	62,37	0,529	39,15	0,00	0,540
Sena Madureira	AC	4687º	63,88	9,45	17,17	70,60	0,616	54,51	6,80	0,401
Senador Alexandre Costa	MA	4855º	53,14	5,94	9,73	79,78	0,520	50,39	11,67	0,391
Senador Amaral	MG	3238º	82,87	6,85	12,45	54,61	0,622	42,53	0,00	0,486
Senador Canedo	GO	1864º	86,05	10,04	39,67	48,20	0,461	44,59	20,71	0,593
Senador Cortes	MG	1650º	80,30	8,23	31,52	57,35	0,442	36,45	0,00	0,606
Senador Elói de Souza	RN	3931º	57,42	8,41	35,26	75,52	0,565	46,98	0,00	0,443

*a partir da melhor situação social ou maior IES)

Nome do Município 2000	UF	Posição*	Indicador de Alfabetização	Indicador de Escolaridade	Indicador de Emprego	Indicador de Pobreza	Índice de Gini	Indicador de Juventude	Indicador de Violência	Índice de Exclusão
Senador Firmino	MG	1792º	82,85	16,55	28,21	54,69	0,495	39,28	0,00	0,596
Senador Georgino Avelino	RN	3184º	67,66	10,90	16,39	73,16	0,481	48,55	30,28	0,490
Senador Guiomard	AC	3071º	73,51	10,27	9,54	58,34	0,570	49,78	5,06	0,498
Senador José Bento	MG	916º	88,20	12,06	20,12	32,25	0,521	27,41	0,00	0,657
Senador José Porfírio	PA	5174º	62,89	3,19	12,53	71,59	0,593	55,20	19,08	0,367
Senador La Rocque	MA	4666º	58,07	4,55	10,77	80,31	0,520	50,60	0,00	0,403
Senador Modestino Gonçalves	MG	4890º	74,07	7,15	5,07	72,73	0,674	48,30	0,00	0,388
Senador Pompeu	CE	4016º	64,79	10,22	14,61	70,19	0,605	42,83	22,04	0,439
Senador Rui Palmeira	AL	5484º	48,78	2,81	10,27	88,31	0,699	54,58	16,70	0,290
Senador Sá	CE	5217º	56,66	4,50	5,59	83,25	0,607	49,81	0,00	0,361
Senador Salgado Filho	RS	1977º	92,65	10,27	18,16	52,12	0,499	35,77	0,00	0,586
Sengés	PR	2633º	83,38	11,68	11,41	52,81	0,718	44,90	11,25	0,534
Senhor do Bonfim	BA	3172º	77,20	15,45	20,50	62,29	0,664	41,57	7,38	0,491
Senhora de Oliveira	MG	3110º	79,81	8,93	16,79	70,87	0,524	39,22	17,72	0,495
Senhora do Porto	MG	3198º	71,23	7,31	15,98	69,07	0,561	39,55	0,00	0,489
Senhora dos Remédios	MG	3054º	80,75	6,37	16,01	71,59	0,572	36,61	0,00	0,500
Sentinela do Sul	RS	1396º	88,22	10,14	24,81	40,32	0,498	35,12	0,00	0,622
Sento Sé	BA	4756º	64,17	6,37	11,74	81,43	0,580	50,08	6,16	0,397
Serafina Corrêa	RS	30º	92,91	21,66	51,68	15,34	0,471	32,77	0,00	0,781
Sericita	MG	4191º	75,64	7,04	2,34	60,73	0,654	44,28	0,00	0,428

*a partir da melhor situação social ou maior IES)

Nome do Município 2000	UF	Posição*	Indicador de Alfabetização	Indicador de Escolaridade	Indicador de Emprego	Indicador de Pobreza	Índice de Gini	Indicador de Juventude	Indicador de Violência	Índice de Exclusão
Seringueiras	RO	4348º	81,97	6,29	13,30	58,62	0,560	49,27	42,90	0,421
Sério	RS	2032º	77,64	5,65	7,83	44,00	0,429	34,00	0,00	0,581
Seritinga	MG	1808º	84,03	8,88	27,45	57,16	0,452	37,05	0,00	0,596
Seropédica	SP	1860º	88,94	17,54	34,87	39,72	0,560	39,21	41,37	0,593
Serra	ES	2145º	89,16	22,39	41,98	39,75	0,537	41,97	90,91	0,572
Serra Alta	SC	1195º	88,27	10,92	22,78	31,97	0,432	39,01	0,00	0,637
Serra Azul	SP	738º	86,04	15,45	35,31	37,76	0,498	41,89	0,00	0,670
Serra Azul de Minas	MG	3838º	65,73	6,35	18,06	59,87	0,582	51,11	0,00	0,449
Serra Branca	PB	2819º	75,05	8,79	16,37	63,92	0,526	38,92	0,00	0,519
Serra da Raiz	PB	3333º	62,75	7,58	19,39	80,70	0,448	44,67	0,00	0,480
Serra da Saudade	MG	1585º	76,20	10,34	42,06	42,40	0,581	38,72	0,00	0,609
Serra de São Bento	RN	4506º	56,56	8,50	13,31	77,74	0,600	49,01	0,00	0,412
Serra do Mel	RN	3399º	66,55	9,23	14,95	76,81	0,451	45,62	0,00	0,475
Serra do Navio	AP	3007º	84,71	20,26	26,51	65,60	0,662	54,27	0,00	0,503
Serra do Ramalho	BA	5192º	66,87	5,53	14,16	82,66	0,636	53,40	0,00	0,365
Serra do Salitre	MG	1506º	84,44	14,21	33,74	40,80	0,540	40,55	21,30	0,615
Serra dos Aimorés	MG	2363º	74,89	13,23	42,35	62,05	0,542	41,99	0,00	0,556
Serra Dourada	BA	4531º	74,52	6,45	6,91	76,42	0,588	46,90	5,45	0,411
Serra Grande	PB	4644º	56,05	3,16	9,28	68,99	0,566	50,23	0,00	0,404
Serra Negra	SP	174º	90,91	24,46	50,95	16,31	0,548	32,54	4,19	0,734
Serra Negra do Norte	RN	3493º	67,14	8,07	6,37	68,17	0,515	39,07	39,77	0,467
Serra Preta	BA	4008º	66,94	5,56	10,37	75,51	0,530	45,70	0,00	0,439
Serra Redonda	PB	2895º	63,33	5,54	30,49	71,10	0,495	43,03	0,00	0,513

*a partir da melhor situação social ou maior IES)

Nome do Município 2000	UF	Posição*	Indicador de Alfabetização	Indicador de Escolaridade	Indicador de Emprego	Indicador de Pobreza	Índice de Gini	Indicador de Juventude	Indicador de Violência	Índice de Exclusão
Serra Talhada	PE	3669º	71,75	14,09	17,87	66,07	0,590	43,09	42,31	0,458
Serrana	SP	517º	87,06	16,98	28,58	29,90	0,446	40,89	18,40	0,690
Serrania	MG	704º	83,79	13,78	48,50	39,93	0,464	39,90	0,00	0,673
Serrano do Maranhão	MA	5037º	64,71	1,44	5,34	88,25	0,483	52,15	0,00	0,378
Serranópolis	GO	2252º	84,11	11,74	26,01	43,27	0,608	37,54	15,51	0,564
Serranópolis de Minas	MG	2700º	74,11	2,48	24,71	63,83	0,438	43,68	0,00	0,529
Serranópolis do Iguaçu	PR	2239º	92,55	20,90	46,93	43,13	0,636	34,14	21,10	0,565
Serranos	MG	2362º	77,87	7,13	24,53	59,94	0,476	39,69	0,00	0,556
Serraria	PB	4412º	59,39	4,70	15,88	77,93	0,579	47,35	0,00	0,417
Serrinha	BA	3637º	72,00	13,88	16,99	70,30	0,606	46,31	3,61	0,459
Serrinha	RN	5282º	56,23	3,79	15,18	80,45	0,683	47,83	0,00	0,353
Serrinha dos Pintos	RN	3756º	72,52	7,73	13,27	77,18	0,622	40,37	0,00	0,453
Serrita	PE	4343º	68,11	6,39	19,30	77,16	0,533	48,56	5,60	0,421
Serro	MG	4138º	71,40	10,21	18,63	69,00	0,674	48,29	0,00	0,432
Serrolândia	BA	4068º	68,25	7,46	9,76	73,08	0,605	43,31	0,00	0,436
Sertaneja	PR	1109º	88,41	20,91	14,02	44,59	0,580	36,05	0,00	0,643
Sertânia	PE	4064º	65,80	13,03	10,48	68,96	0,619	42,99	34,75	0,436
Sertanópolis	PR	1487º	87,47	20,43	38,47	35,83	0,617	36,15	19,81	0,616
Sertão	RS	883º	91,33	18,99	25,30	30,46	0,518	35,09	0,00	0,659
Sertão Santana	RS	1856º	90,08	8,74	12,01	32,66	0,558	33,80	0,00	0,593
Sertãozinho	PB	3019º	68,81	8,28	25,27	80,54	0,501	40,56	0,00	0,503
Sertãozinho	SP	456º	89,75	22,37	41,34	19,47	0,521	37,20	32,75	0,696
Sete Barras	SP	2963º	83,98	13,23	50,05	59,70	0,584	43,98	21,57	0,507
Sete de Setembro	RS	2320º	94,75	6,69	10,24	63,04	0,505	30,97	0,00	0,559
Sete Lagoas	MG	785º	90,75	23,80	42,79	36,92	0,576	38,51	1,11	0,666
Sete Quedas	MS	3158º	76,72	10,47	35,11	50,26	0,632	42,55	18,29	0,492

*a partir da melhor situação social ou maior IES)

Nome do Município 2000	UF	Posição*	Indicador de Alfabetização	Indicador de Escolaridade	Indicador de Emprego	Indicador de Pobreza	Índice de Gini	Indicador de Juventude	Indicador de Violência	Índice de Exclusão
Setubinha	MG	4817º	58,13	5,31	44,81	77,56	0,544	54,75	0,00	0,393
Severiano de Almeida	RS	1013º	93,80	14,51	15,82	27,80	0,468	34,75	0,00	0,650
Severiano Melo	RN	4154º	66,70	9,92	15,05	84,31	0,531	43,64	18,91	0,431
Severínia	SP	1084º	82,92	14,48	46,12	41,41	0,520	39,65	0,00	0,645
Siderópolis	SC	208º	92,79	20,35	45,72	23,46	0,472	37,62	0,00	0,727
Sidrolândia	MS	2675º	85,81	12,90	32,06	51,44	0,651	44,27	8,52	0,531
Sigefredo Pacheco	PI	4703º	57,99	1,58	1,94	87,83	0,469	44,86	0,00	0,400
Silva Jardim	SP	2495º	79,26	10,93	32,45	47,14	0,569	41,45	32,92	0,545
Silvânia	GO	2176º	88,74	12,87	25,28	47,69	0,591	37,51	9,83	0,570
Silvanópolis	TO	3788º	74,05	10,90	11,03	67,51	0,571	47,92	21,16	0,451
Silveira Martins	RS	820º	93,42	17,11	20,93	32,66	0,531	29,25	0,00	0,663
Silveirânia	MG	2367º	82,94	13,21	14,23	62,10	0,489	39,34	0,00	0,556
Silveiras	SP	2065º	84,99	15,09	24,56	51,08	0,598	39,42	0,00	0,578
Silves	AM	4393º	81,12	10,84	19,70	77,68	0,588	56,40	0,00	0,418
Silvianópolis	MG	1200º	84,87	11,66	19,29	30,36	0,510	33,39	17,08	0,637
Simão Dias	SE	3891º	65,79	8,58	11,14	72,64	0,527	44,47	13,53	0,446
Simão Pereira	MG	1118º	83,50	9,70	27,59	46,34	0,502	36,55	0,00	0,643
Simões	PI	5152º	57,48	5,98	7,06	82,20	0,567	48,77	22,02	0,368
Simões Filho	BA	2452º	85,33	17,33	35,07	58,81	0,593	45,41	5,32	0,549
Simolândia	GO	4461º	72,41	8,49	20,98	72,81	0,672	48,00	16,08	0,415
Simonésia	MG	3275º	81,26	7,54	43,35	60,61	0,562	43,70	0,00	0,484
Simplício Mendes	PI	4301º	70,09	6,92	7,28	69,09	0,611	44,48	9,12	0,423
Sinimbu	RS	1933º	87,07	7,05	13,45	39,90	0,511	34,14	0,00	0,589
Sinop	MT	1142º	88,74	17,69	26,94	25,98	0,554	43,31	24,05	0,641
Siqueira Campos	PR	1381º	87,05	15,22	32,74	44,33	0,517	36,43	6,25	0,623
Sirinhaém	PE	4226º	64,74	7,71	16,12	80,08	0,553	49,29	66,57	0,427
Siriri	SE	3087º	71,64	9,31	34,52	69,27	0,552	46,60	14,46	0,497

*a partir da melhor situação social ou maior IES)

Nome do Município 2000	UF	Posição*	Indicador de Alfabetização	Indicador de Escolaridade	Indicador de Emprego	Indicador de Pobreza	Índice de Gini	Indicador de Juventude	Indicador de Violência	Índice de Exclusão
Sítio d'Abadia	GO	4367º	74,64	9,03	3,01	66,16	0,599	48,97	0,00	0,419
Sítio do Mato	BA	5204º	68,26	4,86	7,25	80,21	0,605	54,46	0,00	0,363
Sítio do Quinto	BA	4831º	57,76	2,54	9,98	77,62	0,620	45,74	0,00	0,392
Sítio Novo	MA	4949º	72,96	5,08	9,03	79,82	0,579	53,36	0,00	0,384
Sítio Novo	RN	4712º	56,79	7,47	28,04	81,95	0,598	48,85	0,00	0,400
Sítio Novo do Tocantins	TO	4895º	67,68	10,03	18,38	79,41	0,637	51,87	0,00	0,388
Sobradinho	BA	3095º	79,27	15,98	24,56	66,67	0,599	45,23	9,38	0,497
Sobradinho	RS	1703º	87,79	19,67	24,71	38,74	0,570	36,69	18,37	0,602
Sobrado	PB	4516º	58,38	3,83	8,20	78,19	0,520	44,72	14,52	0,412
Sobral	CE	3091º	72,75	15,64	33,22	65,67	0,627	45,84	14,81	0,497
Sobrália	MG	2734º	76,26	9,55	10,79	70,32	0,505	42,06	0,00	0,526
Socorro	SP	580º	88,85	18,68	44,02	23,30	0,499	32,60	6,12	0,682
Socorro do Piauí	PI	4803º	60,48	4,71	13,19	81,17	0,575	50,37	0,00	0,394
Solânea	PB	4354º	60,00	8,67	15,17	70,32	0,629	43,70	22,83	0,420
Soledade	PB	3355º	71,51	7,47	22,04	69,47	0,581	42,48	8,29	0,478
Soledade	RS	1515º	86,73	20,00	32,19	40,26	0,579	38,46	10,09	0,614
Soledade de Minas	MG	1255º	88,36	15,34	26,28	47,76	0,443	36,41	38,80	0,633
Solidão	PE	5127º	61,12	8,25	13,71	81,09	0,644	49,91	18,08	0,370
Solonópole	CE	3624º	65,01	5,31	13,52	76,10	0,507	41,97	5,92	0,460
Sombrio	SC	1476º	91,23	14,03	31,54	32,73	0,547	40,04	13,07	0,617
Sonora	MS	2579º	82,66	11,83	45,97	45,56	0,646	45,06	41,92	0,539
Sooretama	ES	2850º	79,68	8,30	30,30	60,02	0,548	45,78	10,95	0,517
Sorocaba	SP	217º	92,42	31,28	31,30	17,67	0,554	36,73	21,08	0,726
Sorriso	MT	1877º	90,57	18,70	50,75	25,66	0,625	42,72	33,70	0,592
Sossêgo	PB	4346º	54,76	5,76	16,52	83,39	0,459	44,46	38,49	0,421
Soure	PA	3396º	79,52	14,73	24,67	69,15	0,605	49,23	5,01	0,475
Sousa	PB	2883º	74,90	14,03	20,63	65,71	0,586	40,05	1,60	0,514
Souto Soares	BA	4746º	71,55	4,86	7,43	76,61	0,588	49,75	0,00	0,398

*a partir da melhor situação social ou maior IES)

Nome do Município 2000	UF	Posição*	Indicador de Alfabetização	Indicador de Escolaridade	Indicador de Emprego	Indicador de Pobreza	Índice de Gini	Indicador de Juventude	Indicador de Violência	Índice de Exclusão
Sucupira	TO	2905º	74,16	12,77	11,76	62,87	0,600	42,82	0,00	0,511
Sucupira do Norte	MA	4787º	67,71	7,91	8,88	83,42	0,584	49,37	0,00	0,395
Sucupira do Riachão	MA	4620º	62,38	4,04	13,16	84,74	0,555	47,66	0,00	0,405
Sud Mennucci	SP	587º	85,83	19,45	26,11	38,75	0,537	37,38	0,00	0,682
Sul Brasil	SC	3204º	87,57	7,91	8,36	65,06	0,552	41,50	0,00	0,489
Sulina	PR	3139º	87,45	12,26	30,96	57,29	0,600	38,11	25,52	0,493
Sumaré	SP	937º	88,98	19,72	46,61	24,86	0,473	39,04	64,34	0,656
Sumé	PB	3055º	73,41	9,02	18,88	71,08	0,531	41,15	0,00	0,500
Sumidouro	SP	2563º	80,53	9,68	15,91	43,99	0,544	38,45	21,16	0,540
Surubim	PE	3504º	68,62	11,61	16,67	65,32	0,595	42,22	19,87	0,466
Sussuapara	PI	3441º	64,84	5,56	12,03	77,84	0,492	40,08	0,00	0,472
Suzanápolis	SP	1252º	80,37	13,96	45,06	47,30	0,503	35,45	0,00	0,633
Suzano	SP	1466º	89,09	23,37	49,71	33,24	0,565	41,36	41,96	0,618
Tabaí	RS	685º	87,03	8,48	30,12	30,01	0,439	33,09	0,00	0,675
Tabaporã	MT	4063º	80,05	7,69	38,47	56,09	0,749	45,92	18,45	0,436
Tabapuã	SP	338º	86,84	16,74	35,20	32,37	0,497	32,91	0,00	0,708
Tabatinga	AM	4075º	71,68	13,01	24,23	60,71	0,631	55,44	15,82	0,435
Tabatinga	SP	988º	86,41	13,95	39,32	33,26	0,534	37,30	7,70	0,651
Tabira	PE	4029º	69,25	11,77	8,67	72,42	0,602	43,40	8,31	0,438
Taboão da Serra	SP	1051º	91,12	26,24	44,89	23,86	0,532	39,41	72,86	0,647
Tabocas do Brejo Velho	BA	4811º	60,17	7,15	9,52	76,23	0,610	47,92	7,92	0,393
Taboleiro Grande	RN	2690º	61,72	8,81	21,50	76,70	0,400	43,12	0,00	0,530
Tabuleiro	MG	2210º	79,66	11,36	39,85	61,20	0,550	37,05	0,00	0,568
Tabuleiro do Norte	CE	3210º	71,70	9,72	15,80	66,63	0,569	40,73	3,69	0,488
Tacaimbó	PE	4336º	59,74	4,30	8,07	76,60	0,521	44,96	7,57	0,421
Tacaratu	PE	4919º	63,19	7,35	8,93	73,97	0,590	47,96	29,25	0,386
Taciba	SP	1545º	82,47	18,59	39,66	48,11	0,557	37,69	19,15	0,612
Tacima	PB	4496º	58,80	5,30	17,17	77,77	0,592	43,60	10,65	0,413

*a partir da melhor situação social ou maior IES)

Nome do Município 2000	UF	Posição*	Indicador de Alfabetização	Indicador de Escolaridade	Indicador de Emprego	Indicador de Pobreza	Índice de Gini	Indicador de Juventude	Indicador de Violência	Índice de Exclusão
Tacuru	MS	3572º	79,04	8,42	28,42	65,97	0,510	50,21	45,89	0,463
Taguaí	SP	977º	88,60	15,59	44,69	38,59	0,504	38,67	0,00	0,652
Taguatinga	TO	4152º	75,91	11,00	25,03	63,86	0,656	47,02	30,37	0,431
Taiaçu	SP	1106º	82,59	15,86	39,77	36,28	0,523	37,07	17,80	0,643
Tailândia	PA	4479º	68,56	5,42	19,47	61,46	0,617	53,92	15,61	0,413
Taió	SC	811º	91,20	16,41	37,34	31,05	0,535	37,75	0,00	0,664
Taiobeiras	MG	3357º	74,40	10,36	30,18	69,82	0,601	44,27	0,00	0,478
Taipas do Tocantins	TO	3939º	63,66	4,65	18,48	72,00	0,508	51,72	0,00	0,443
Taipu	RN	4396º	61,45	5,70	20,08	80,31	0,570	49,00	8,67	0,418
Taiúva	SP	502º	87,31	21,76	38,07	27,52	0,541	34,29	0,00	0,692
Talismã	TO	4471º	80,43	6,67	19,61	64,38	0,701	44,58	43,37	0,414
Tamandaré	PE	5181º	58,51	7,77	20,40	75,10	0,626	49,58	57,87	0,366
Tamarana	PR	2976º	78,33	10,76	9,46	56,45	0,564	43,58	20,59	0,506
Tambaú	SP	269º	90,73	18,25	40,26	26,95	0,477	37,20	4,49	0,718
Tamboara	PR	715º	82,56	19,65	22,49	39,62	0,458	34,90	0,00	0,672
Tamboril	CE	5043º	58,58	3,17	7,51	83,31	0,580	47,15	7,70	0,377
Tamboril do Piauí	PI	4164º	47,87	1,97	14,57	79,50	0,439	48,69	0,00	0,430
Tanabi	SP	552º	89,54	21,55	36,95	29,35	0,533	32,01	8,85	0,686
Tangará	RN	3638º	70,69	9,35	16,48	76,20	0,556	46,93	0,00	0,459
Tangará	SC	1217º	91,19	12,49	29,64	32,70	0,556	36,01	0,00	0,635
Tangará da Serra	MT	1842º	86,57	20,85	44,70	35,70	0,601	41,28	32,29	0,594
Tanguá	SP	1936º	84,18	10,81	33,21	45,36	0,478	38,48	38,38	0,589
Tanhaçu	BA	3823º	72,15	6,68	8,66	70,87	0,557	44,14	0,00	0,449
Tanque d'Arca	AL	4851º	51,52	5,94	18,43	81,01	0,644	48,21	0,00	0,391
Tanque do Piauí	PI	4289º	66,48	4,81	9,81	81,49	0,513	47,02	0,00	0,424
Tanque Novo	BA	4192º	63,67	4,09	8,92	74,94	0,559	44,16	0,00	0,428
Tanquinho	BA	3239º	76,52	14,24	21,19	71,43	0,601	41,29	13,40	0,486
Taparuba	MG	2432º	79,98	15,42	21,18	63,46	0,520	36,71	0,00	0,551
Tapauá	AM	5488º	45,55	5,14	6,91	88,09	0,621	63,25	0,00	0,286

*a partir da melhor situação social ou maior IES)

Nome do Município 2000	UF	Posição*	Indicador de Alfabetização	Indicador de Escolaridade	Indicador de Emprego	Indicador de Pobreza	Índice de Gini	Indicador de Juventude	Indicador de Violência	Índice de Exclusão
Tapejara	PR	927º	84,43	15,64	32,86	45,06	0,496	38,33	7,62	0,656
Tapejara	RS	661º	90,97	19,17	34,57	30,56	0,515	34,86	6,62	0,677
Tapera	RS	711º	91,03	21,08	34,83	29,87	0,566	35,28	0,00	0,672
Taperoá	BA	4686º	62,26	8,80	18,35	78,60	0,595	51,23	12,55	0,401
Taperoá	PB	3979º	66,61	6,84	14,28	74,05	0,556	45,33	15,04	0,441
Tapes	RS	1288º	88,24	20,20	36,57	38,64	0,609	37,03	6,14	0,630
Tapira	MG	1215º	87,39	10,67	16,40	36,55	0,455	37,33	30,06	0,635
Tapira	PR	2062º	83,75	13,35	47,51	50,86	0,504	35,71	15,92	0,579
Tapiraí	MG	1369º	83,93	7,09	37,02	45,48	0,438	34,68	0,00	0,624
Tapiraí	SP	2272º	81,12	13,38	49,05	48,17	0,577	43,55	11,67	0,563
Tapiramutá	BA	4813º	66,97	5,23	6,20	78,87	0,516	52,13	5,86	0,393
Tapiratiba	SP	320º	88,60	16,50	33,66	30,52	0,505	38,47	7,73	0,711
Tapurah	MT	3596º	88,50	13,39	32,97	41,19	0,665	44,62	77,85	0,462
Taquara	RS	437º	89,84	20,05	46,09	21,82	0,532	36,34	20,82	0,698
Taquaraçu de Minas	MG	2198º	86,58	6,05	26,11	52,39	0,513	38,38	0,00	0,568
Taquaral	SP	605º	85,69	8,07	34,72	32,70	0,453	36,59	0,00	0,681
Taquaral de Goiás	GO	2913º	84,09	10,22	23,21	56,05	0,675	34,82	27,88	0,511
Taquarana	AL	5116º	53,38	4,62	11,89	81,99	0,614	49,35	5,87	0,371
Taquari	RS	271º	89,17	19,10	46,73	28,60	0,486	34,94	3,86	0,718
Taquaritinga	SP	511º	88,71	23,33	58,29	30,93	0,563	35,63	3,84	0,691
Taquaritinga do Norte	PE	3580º	73,11	7,65	14,13	59,21	0,522	42,97	45,55	0,462
Taquarituba	SP	1979º	87,15	14,59	43,54	44,32	0,588	38,66	4,55	0,586
Taquarivaí	SP	3262º	82,30	6,79	43,92	61,05	0,634	46,99	22,36	0,484
Taquaruçu do Sul	RS	2594º	90,77	14,57	14,31	50,63	0,564	36,02	34,23	0,538
Taquarussu	MS	2278º	78,55	8,39	26,12	57,07	0,512	38,68	0,00	0,562
Tarabai	SP	1408º	86,01	16,77	27,72	52,65	0,468	39,04	17,28	0,622
Tarauacá	AC	5172º	56,35	8,10	29,19	74,20	0,670	57,43	0,00	0,367
Tarrafas	CE	5138º	61,00	3,69	12,88	83,96	0,650	44,84	21,71	0,369
Tartarugalzinho	AP	4778º	73,63	6,74	26,72	73,15	0,609	59,60	14,04	0,395
Tarumã	SP	555º	86,51	15,92	34,81	36,68	0,500	38,88	9,31	0,685

*a partir da melhor situação social ou maior IES)

Nome do Município 2000	UF	Posição*	Indicador de Alfabetização	Indicador de Escolaridade	Indicador de Emprego	Indicador de Pobreza	Índice de Gini	Indicador de Juventude	Indicador de Violência	Índice de Exclusão
Tarumirim	MG	3313º	78,83	11,08	23,87	65,69	0,618	40,01	6,90	0,481
Tasso Fragoso	MA	4406º	74,08	9,82	12,82	79,46	0,537	53,46	0,00	0,418
Tatuí	SP	475º	90,52	23,01	38,61	23,98	0,531	38,09	24,62	0,694
Tauá	CE	4510º	62,66	7,75	9,80	74,32	0,609	44,38	13,48	0,412
Taubaté	SP	259º	92,90	34,17	54,21	20,69	0,577	36,22	24,16	0,720
Tavares	PB	4310º	61,12	3,21	16,19	81,61	0,496	48,86	0,00	0,423
Tavares	RS	2245º	80,41	8,71	13,58	46,65	0,592	30,98	0,00	0,564
Tefé	AM	4575º	73,95	10,87	17,74	70,27	0,581	56,89	15,51	0,408
Teixeira	PB	4131º	66,55	9,06	25,91	71,59	0,612	46,68	8,37	0,432
Teixeira de Freitas	BA	2818º	77,85	16,57	27,81	56,19	0,631	44,38	8,37	0,519
Teixeira Soares	PR	2105º	89,48	14,77	20,94	48,98	0,562	43,66	0,00	0,576
Teixeiras	MG	2399º	84,37	12,83	13,70	59,14	0,599	37,37	8,97	0,554
Teixeiró-polis	RO	3242º	80,02	3,87	9,66	57,70	0,530	45,89	0,00	0,486
Tejuçuoca	CE	5277º	65,86	4,72	14,20	85,95	0,703	50,57	0,00	0,354
Tejupá	SP	2600º	81,83	10,21	47,40	55,98	0,573	42,47	0,00	0,537
Telêmaco Borba	PR	1009º	88,09	21,99	30,50	37,75	0,581	39,64	13,06	0,650
Telha	SE	4073º	67,37	8,12	18,99	81,48	0,606	44,92	0,00	0,435
Tenente Ananias	RN	4104º	58,97	6,20	22,48	81,74	0,595	41,83	0,00	0,434
Tenente Laurentino Cruz	RN	3183º	74,18	9,30	20,86	72,34	0,507	46,74	0,00	0,490
Tenente Portela	RS	2209º	86,64	18,91	20,90	49,21	0,595	39,54	0,00	0,568
Tenório	PB	3272º	57,34	4,92	11,63	73,41	0,435	48,85	0,00	0,484
Teodoro Sampaio	BA	3157º	68,88	12,15	22,10	73,47	0,503	43,94	11,26	0,492
Teodoro Sampaio	SP	2673º	84,81	21,11	46,32	53,93	0,682	40,70	34,99	0,532
Teofilândia	BA	4808º	66,33	8,72	19,35	77,67	0,662	50,78	9,79	0,394
Teófilo Otoni	MG	2051º	81,52	20,40	29,31	51,09	0,607	40,02	3,09	0,580
Teolândia	BA	5226º	60,18	3,92	10,36	80,90	0,565	52,30	22,83	0,360

*a partir da melhor situação social ou maior IES)

Nome do Município 2000	UF	Posição*	Indicador de Alfabetização	Indicador de Escolaridade	Indicador de Emprego	Indicador de Pobreza	Índice de Gini	Indicador de Juventude	Indicador de Violência	Índice de Exclusão
Teotônio Vilela	AL	4709º	58,81	5,24	31,29	81,39	0,637	52,38	10,85	0,400
Terenos	MS	2218º	84,41	10,42	38,96	53,54	0,582	41,95	8,57	0,567
Teresina	PI	2187º	84,34	26,49	37,43	52,18	0,651	42,49	20,27	0,570
Teresina de Goiás	GO	3296º	74,27	10,96	25,22	54,73	0,624	50,91	0,00	0,482
Teresópolis	SP	980º	88,37	20,86	35,97	26,47	0,581	35,96	21,73	0,652
Terezinha	PE	5179º	55,77	4,46	7,13	83,29	0,641	47,06	0,00	0,366
Terezópolis de Goiás	GO	2341º	79,63	8,86	22,17	48,69	0,508	42,04	0,00	0,558
Terra Alta	PA	4612º	82,71	7,43	16,80	77,65	0,614	52,10	12,11	0,406
Terra Boa	PR	603º	84,22	19,85	46,33	40,31	0,461	36,93	13,66	0,681
Terra de Areia	RS	1917º	88,03	12,18	24,92	41,13	0,566	37,03	8,73	0,590
Terra Nova	BA	2785º	81,12	10,55	34,04	72,23	0,526	44,87	7,77	0,522
Terra Nova	PE	3542º	70,25	11,80	10,51	68,70	0,491	44,00	26,60	0,464
Terra Nova do Norte	MT	3252º	84,90	8,87	21,17	54,92	0,568	44,10	41,71	0,485
Terra Rica	PR	1587º	85,05	16,45	45,54	44,72	0,543	36,61	0,00	0,609
Terra Roxa	PR	1573º	85,10	18,10	26,12	44,20	0,513	36,04	12,27	0,610
Terra Roxa	SP	458º	88,08	16,14	26,09	36,72	0,448	37,10	0,00	0,696
Terra Santa	PA	4251º	81,19	10,02	15,12	77,50	0,558	53,85	0,00	0,426
Tesouro	MT	2515º	83,73	16,36	35,28	46,72	0,606	38,82	31,95	0,544
Teutônia	RS	22º	93,77	17,95	56,28	15,67	0,431	32,81	0,00	0,795
Theobroma	RO	5201º	79,44	3,35	13,31	68,24	0,588	47,37	79,26	0,363
Tianguá	CE	4557º	63,73	8,41	14,32	77,58	0,584	49,36	8,61	0,409
Tibagi	PR	2529º	80,50	10,53	24,34	58,57	0,568	44,01	0,00	0,543
Tibau	RN	2978º	73,66	8,93	25,92	72,16	0,500	42,41	0,00	0,506
Tibau do Sul	RN	3056º	66,66	10,93	22,27	59,05	0,563	45,76	0,00	0,500
Tietê	SP	113º	92,85	25,13	33,73	16,02	0,529	34,85	6,31	0,750
Tigrinhos	SC	2806º	83,58	4,65	5,61	60,97	0,427	40,26	0,00	0,520
Tijucas	SC	872º	90,57	24,19	44,05	28,75	0,637	38,68	8,51	0,660
Tijucas do Sul	PR	2428º	84,14	7,94	32,98	51,55	0,533	42,10	0,00	0,551
Timbaúba	PE	3471º	71,90	14,43	25,66	69,79	0,605	44,04	29,87	0,469

*a partir da melhor situação social ou maior IES)

Nome do Município 2000	UF	Posição*	Indicador de Alfabetização	Indicador de Escolaridade	Indicador de Emprego	Indicador de Pobreza	Índice de Gini	Indicador de Juventude	Indicador de Violência	Índice de Exclusão
Timbaúba dos Batistas	RN	2997º	70,97	13,57	18,90	65,37	0,615	38,88	0,00	0,504
Timbé do Sul	SC	1899º	86,28	12,40	18,06	30,92	0,522	38,27	18,79	0,590
Timbiras	MA	5380º	50,13	3,73	7,91	87,68	0,614	52,77	0,00	0,336
Timbó	SC	9º	94,41	21,88	61,16	10,02	0,458	34,07	3,41	0,810
Timbó Grande	SC	2974º	82,99	7,12	37,27	67,78	0,539	48,47	15,38	0,506
Timburi	SP	1138º	84,09	14,59	44,79	35,53	0,476	36,14	0,00	0,642
Timon	MA	3358º	74,14	11,46	25,95	72,83	0,532	47,22	17,73	0,478
Timóteo	MG	346º	92,24	28,28	31,41	32,49	0,534	37,81	5,60	0,707
Tiradentes	MG	1309º	86,96	17,03	46,95	37,21	0,564	36,74	0,00	0,629
Tiradentes do Sul	RS	2791º	87,44	5,81	7,02	55,07	0,518	35,81	13,34	0,522
Tiros	MG	1329º	85,40	9,79	29,94	37,46	0,481	33,38	13,21	0,627
Tobias Barreto	SE	4218º	64,50	6,85	13,13	69,67	0,572	45,10	23,16	0,427
Tocantínia	TO	4185º	68,93	12,12	27,56	76,88	0,637	53,52	0,00	0,429
Tocantinó-polis	TO	3414º	74,71	17,00	24,20	65,83	0,616	49,40	8,78	0,474
Tocantins	MG	1510º	85,23	14,71	25,63	45,10	0,541	36,38	0,00	0,614
Tocos do Moji	MG	2260º	87,12	8,87	29,63	56,05	0,482	33,66	0,00	0,563
Toledo	MG	2771º	79,36	5,72	9,24	48,67	0,569	36,88	0,00	0,523
Toledo	PR	478º	91,31	24,46	23,96	28,75	0,548	38,18	5,09	0,694
Tomar do Geru	SE	5076º	59,51	3,76	7,15	85,79	0,536	51,59	0,00	0,374
Tomazina	PR	2469º	83,43	12,88	44,47	53,46	0,595	37,62	0,00	0,547
Tombos	MG	1270º	85,50	17,07	8,88	44,60	0,506	33,95	0,00	0,632
Tomé-Açu	PA	4035º	74,62	7,39	23,08	64,57	0,614	53,75	4,22	0,437
Tonantins	AM	5367º	61,16	3,81	6,54	84,67	0,544	59,91	0,00	0,339
Toritama	PE	3028º	69,23	7,56	8,58	40,53	0,449	45,74	32,11	0,502
Torixoréu	MT	2044º	86,23	13,89	20,97	47,25	0,564	38,60	0,00	0,580
Toropi	RS	1947º	90,29	6,64	8,35	49,41	0,459	31,35	0,00	0,588
Torre de Pedra	SP	1212º	87,60	12,71	49,11	42,13	0,459	34,70	46,64	0,636

*a partir da melhor situação social ou maior IES)

Nome do Município 2000	UF	Posição*	Indicador de Alfabetização	Indicador de Escolaridade	Indicador de Emprego	Indicador de Pobreza	Índice de Gini	Indicador de Juventude	Indicador de Violência	Índice de Exclusão
Torres	RS	673º	91,66	23,70	36,04	27,57	0,532	37,22	12,95	0,676
Torrinha	SP	327º	89,59	17,54	25,55	23,38	0,475	33,86	0,00	0,710
Touros	RN	4729º	62,42	6,11	13,68	78,17	0,606	49,89	0,00	0,399
Trabiju	SP	404º	80,60	13,21	41,38	37,57	0,467	39,28	0,00	0,701
Tracuateua	PA	5233º	66,37	4,02	4,17	85,49	0,554	53,77	0,00	0,360
Tracunhaém	PE	3014º	65,73	6,88	36,62	79,77	0,468	44,70	16,14	0,503
Traipu	AL	5476º	46,07	5,22	7,11	85,71	0,746	51,28	8,25	0,299
Trairão	PA	4657º	73,86	3,66	5,91	71,96	0,510	54,95	0,00	0,403
Trairi	CE	5055º	65,16	4,44	7,41	81,12	0,572	51,05	6,74	0,376
Trajano de Moraes	SP	2262º	79,03	13,48	30,93	50,69	0,624	37,07	9,79	0,563
Tramandaí	RS	1540º	90,27	19,44	28,44	32,62	0,596	40,09	6,44	0,613
Travesseiro	RS	234º	91,43	5,82	24,43	21,57	0,346	28,40	0,00	0,723
Tremedal	BA	4827º	59,74	2,10	10,93	75,27	0,649	44,51	4,72	0,393
Tremembé	SP	352º	92,10	30,81	35,83	20,23	0,557	36,33	14,36	0,706
Três Arroios	RS	639º	91,90	12,30	16,46	29,98	0,440	27,80	0,00	0,678
Três Barras	SC	1874º	89,66	16,28	47,17	50,18	0,602	44,36	11,68	0,592
Três Barras do Paraná	PR	3175º	83,99	10,65	19,12	57,68	0,608	42,89	8,46	0,491
Três Cachoeiras	RS	1015º	89,32	14,49	23,93	30,54	0,485	36,05	0,00	0,649
Três Corações	MG	786º	88,11	20,81	25,30	36,09	0,569	39,35	7,66	0,666
Três Coroas	RS	104º	90,96	13,43	56,55	18,89	0,457	36,54	0,00	0,753
Três de Maio	RS	945º	91,33	20,22	27,12	34,96	0,516	34,14	8,29	0,655
Três Forquilhas	RS	1830º	83,25	6,74	18,88	47,92	0,459	34,89	0,00	0,595
Três Fronteiras	SP	771º	84,23	17,35	59,61	34,86	0,505	33,01	0,00	0,667
Três Lagoas	MS	1083º	87,54	23,78	41,58	34,54	0,573	38,89	22,77	0,645
Três Marias	MG	989º	87,04	21,97	49,00	42,70	0,530	41,08	0,00	0,651
Três Palmeiras	RS	2531º	86,61	13,14	16,71	46,26	0,621	39,57	0,00	0,543
Três Passos	RS	721º	92,57	21,68	30,81	31,27	0,527	33,51	12,17	0,671
Três Pontas	MG	553º	86,25	18,19	42,78	34,36	0,558	38,84	3,92	0,686

*a partir da melhor situação social ou maior IES)

Nome do Município 2000	UF	Posição*	Indicador de Alfabetização	Indicador de Escolaridade	Indicador de Emprego	Indicador de Pobreza	Índice de Gini	Indicador de Juventude	Indicador de Violência	Índice de Exclusão
Três Ranchos	GO	1264º	87,46	17,13	32,56	49,07	0,516	35,64	0,00	0,632
Três Rios	SP	713º	90,25	22,11	45,05	35,50	0,542	35,39	25,01	0,672
Treviso	SC	35º	93,36	10,70	43,63	11,30	0,318	35,37	0,00	0,778
Treze de Maio	SC	993º	89,75	9,63	29,95	24,78	0,495	38,34	0,00	0,651
Treze Tílias	SC	796º	90,30	22,34	35,19	28,99	0,552	38,99	0,00	0,665
Trindade	GO	1550º	86,74	14,94	36,71	46,12	0,495	40,50	17,19	0,612
Trindade	PE	5196º	65,22	10,00	17,38	71,40	0,768	48,97	27,36	0,364
Trindade do Sul	RS	2816º	84,12	12,48	15,30	54,59	0,559	40,43	16,89	0,520
Triunfo	PB	4061º	62,51	5,94	15,34	74,11	0,533	46,71	0,00	0,436
Triunfo	PE	3476º	79,57	15,91	15,63	66,61	0,590	42,83	32,55	0,469
Triunfo	RS	1140º	89,22	17,61	36,42	31,67	0,563	37,78	13,53	0,641
Triunfo Potiguar	RN	5182º	60,89	3,99	15,17	77,40	0,678	46,95	27,30	0,365
Trizidela do Vale	MA	3343º	69,02	7,54	19,19	75,46	0,441	46,20	12,19	0,479
Trombas	GO	2115º	83,53	13,60	22,66	57,90	0,472	39,98	0,00	0,575
Trombudo Central	SC	460º	92,76	16,47	41,27	26,84	0,495	37,38	0,00	0,696
Tubarão	SC	127º	93,40	27,63	44,59	19,66	0,511	35,37	2,26	0,745
Tucano	BA	4395º	62,93	7,17	8,56	75,53	0,565	46,32	3,93	0,418
Tucumã	PA	4384º	81,06	8,08	10,78	50,04	0,677	48,69	35,56	0,419
Tucunduva	RS	683º	92,23	21,01	26,79	32,27	0,482	31,72	15,86	0,676
Tucuruí	PA	2444º	84,89	15,76	38,88	52,32	0,584	49,40	8,13	0,550
Tufilândia	MA	5443º	61,73	2,07	2,14	92,11	0,618	52,69	0,00	0,320
Tuiuti	SP	547º	86,28	13,44	37,96	30,99	0,464	33,17	0,00	0,687
Tumiritinga	MG	2970º	76,31	6,03	55,58	62,64	0,516	41,93	17,15	0,507
Tunápolis	SC	1687º	93,71	16,08	15,14	42,75	0,486	38,12	0,00	0,604
Tunas	RS	2968º	79,49	4,95	9,94	62,17	0,465	42,11	0,00	0,507
Tunas do Paraná	PR	3342º	70,55	2,63	14,76	53,41	0,592	46,47	27,69	0,479
Tuneiras do Oeste	PR	1882º	83,08	13,86	30,74	53,26	0,448	38,53	11,10	0,591

*a partir da melhor situação social ou maior IES)

Nome do Município 2000	UF	Posição*	Indicador de Alfabetização	Indicador de Escolaridade	Indicador de Emprego	Indicador de Pobreza	Índice de Gini	Indicador de Juventude	Indicador de Violência	Índice de Exclusão
Tuntum	MA	5006º	61,19	6,48	7,33	84,34	0,563	50,97	0,00	0,380
Tupã	SP	262º	89,50	28,31	31,15	27,37	0,570	32,39	6,32	0,719
Tupaciguara	MG	1534º	87,52	17,58	22,74	46,43	0,600	34,74	0,00	0,613
Tupanatinga	PE	5412º	50,23	4,01	7,68	83,25	0,601	51,47	28,84	0,329
Tupanci do Sul	RS	2488º	84,61	12,69	17,27	46,88	0,513	33,80	57,87	0,546
Tupanciretã	RS	2023º	90,17	15,60	35,90	50,23	0,620	37,49	19,10	0,582
Tupandi	RS	69º	95,66	13,50	37,86	13,53	0,395	31,54	0,00	0,763
Tuparendi	RS	1363º	92,18	16,47	18,62	38,49	0,528	31,85	10,48	0,625
Tuparetama	PE	3598º	71,45	12,96	18,03	66,88	0,625	41,46	25,75	0,462
Tupãssi	PR	1789º	88,71	19,64	24,29	44,38	0,628	35,23	0,00	0,596
Tupi Paulista	SP	278º	89,07	29,69	34,44	30,61	0,552	30,31	7,53	0,718
Tupirama	TO	3274º	72,78	6,33	14,74	62,77	0,538	44,19	0,00	0,484
Tupiratins	TO	3362º	74,19	5,31	31,84	74,39	0,597	45,86	0,00	0,477
Turiaçu	MA	5318º	65,31	2,52	6,86	86,34	0,568	56,00	0,00	0,347
Turilândia	MA	5365º	56,06	1,55	5,59	87,82	0,598	52,02	0,00	0,339
Turiúba	SP	167º	87,10	22,66	43,95	33,84	0,466	30,29	0,00	0,735
Turmalina	MG	3144º	76,95	9,68	30,63	63,93	0,565	48,07	12,78	0,493
Turmalina	SP	680º	79,70	20,72	39,04	41,84	0,444	30,90	0,00	0,676
Turuçu	RS	1307º	89,30	4,37	27,00	42,99	0,453	33,91	0,00	0,629
Tururu	CE	5051º	58,00	6,68	14,28	82,07	0,612	49,17	17,39	0,376
Turvânia	GO	1317º	83,75	17,09	25,03	44,28	0,498	35,00	0,00	0,628
Turvelândia	GO	2686º	78,35	9,70	39,13	58,42	0,596	41,83	28,38	0,531
Turvo	PR	3309º	83,62	8,95	23,96	65,47	0,556	45,57	20,65	0,481
Turvo	SC	637º	93,05	17,14	30,55	21,42	0,505	37,69	0,00	0,678
Turvolândia	MG	1402º	84,21	10,85	29,87	42,91	0,468	37,38	0,00	0,622
Tutóia	MA	5360º	57,95	4,54	8,48	86,04	0,600	55,00	5,30	0,340
Uarini	AM	5253º	55,88	3,85	6,87	75,85	0,515	60,47	0,00	0,357
Uauá	BA	3720º	72,88	8,66	13,86	74,45	0,551	45,12	3,77	0,454
Ubá	MG	678º	88,85	19,14	28,05	35,46	0,548	36,79	3,53	0,676
Ubaí	MG	4807º	74,93	8,70	45,41	79,29	0,638	50,97	0,00	0,394
Ubaíra	BA	3972º	68,15	7,72	12,76	72,73	0,512	46,34	18,84	0,442

*a partir da melhor situação social ou maior IES)

Nome do Município 2000	UF	Posição*	Indicador de Alfabetização	Indicador de Escolaridade	Indicador de Emprego	Indicador de Pobreza	Índice de Gini	Indicador de Juventude	Indicador de Violência	Índice de Exclusão
Ubaitaba	BA	3871º	71,46	8,74	25,31	69,89	0,572	48,23	29,35	0,447
Ubajara	CE	4100º	64,25	7,02	14,25	74,65	0,564	46,52	3,69	0,434
Ubaporanga	MG	3294º	80,77	8,44	11,25	58,78	0,577	42,67	23,57	0,482
Ubarana	SP	714º	85,97	12,90	43,11	48,53	0,430	40,24	0,00	0,672
Ubatã	BA	3718º	69,77	12,80	20,76	71,68	0,620	46,74	4,59	0,454
Ubatuba	SP	1983º	88,01	21,81	27,38	30,39	0,585	41,48	50,85	0,585
Uberaba	MG	205º	91,83	28,63	16,49	21,70	0,566	34,47	12,68	0,728
Uberlândia	MG	279º	93,26	30,24	47,65	24,02	0,564	36,06	10,57	0,717
Ubirajara	SP	1049º	87,48	17,05	51,40	42,02	0,473	38,84	0,00	0,647
Ubiratã	PR	1989º	84,32	18,35	21,50	49,88	0,547	37,03	8,85	0,585
Ubiretama	RS	2192º	89,89	8,01	6,22	56,42	0,451	32,72	0,00	0,569
Uchoa	SP	313º	87,67	21,71	31,20	33,29	0,484	32,20	0,00	0,712
Uibaí	BA	3478º	78,55	9,88	7,07	69,13	0,545	43,40	0,00	0,468
Uiramutã	RR	5507º	61,50	3,07	4,85	88,60	0,786	62,65	68,94	0,183
Uirapuru	GO	2991º	79,96	9,55	23,73	71,25	0,557	42,36	0,00	0,505
Uiraúna	PB	3578º	65,72	10,72	11,67	68,63	0,636	41,20	0,00	0,462
Ulianópolis	PA	4482º	72,15	4,90	29,18	63,17	0,753	51,89	5,19	0,413
Umari	CE	4511º	65,03	9,22	18,14	77,91	0,698	45,37	0,00	0,412
Umarizal	RN	3602º	69,51	14,02	17,61	71,68	0,579	42,19	27,05	0,461
Umbaúba	SE	4071º	62,78	5,93	15,95	73,66	0,508	49,07	10,41	0,435
Umburanas	BA	5166º	54,60	2,15	3,75	83,74	0,544	49,87	0,00	0,367
Umburatiba	MG	3079º	69,41	8,74	44,75	70,26	0,528	44,67	0,00	0,498
Umbuzeiro	PB	5084º	50,94	5,61	19,13	79,24	0,630	47,64	10,88	0,374
Umirim	CE	5044º	56,74	6,97	10,48	83,26	0,602	49,36	5,77	0,377
Umuarama	PR	728º	89,23	25,64	22,77	29,91	0,544	36,05	17,64	0,671
Una	BA	3550º	61,05	4,39	31,98	70,79	0,551	48,60	9,60	0,464
Unaí	MG	2329º	86,82	18,13	25,10	43,03	0,702	41,12	8,57	0,559
União	PI	4475º	59,25	6,06	15,28	82,48	0,548	48,62	0,00	0,414
União da Serra	RS	1059º	92,74	10,57	11,59	26,13	0,492	29,93	0,00	0,647
União da Vitória	PR	804º	91,94	23,79	35,79	33,77	0,565	39,66	12,37	0,665
União de Minas	MG	1923º	83,59	11,32	32,09	50,88	0,558	37,73	0,00	0,589

*a partir da melhor situação social ou maior IES)

Nome do Município 2000	UF	Posição*	Indicador de Alfabetização	Indicador de Escolaridade	Indicador de Emprego	Indicador de Pobreza	Índice de Gini	Indicador de Juventude	Indicador de Violência	Índice de Exclusão
União do Oeste	SC	2415º	89,25	7,77	15,33	40,07	0,575	40,19	0,00	0,552
União do Sul	MT	1173º	84,89	6,38	21,12	19,69	0,467	46,52	0,00	0,639
União dos Palmares	AL	3978º	56,83	7,63	28,87	75,44	0,573	48,72	13,65	0,441
União Paulista	SP	653º	83,32	15,57	34,00	43,44	0,430	33,31	0,00	0,678
Uniflor	PR	1467º	80,45	16,52	44,17	44,33	0,490	38,40	42,34	0,617
Unistalda	RS	2645º	87,65	4,65	25,86	58,08	0,598	38,84	0,00	0,533
Upanema	RN	3705º	66,20	12,14	20,24	78,73	0,590	45,05	0,00	0,455
Uraí	PR	1380º	84,90	19,60	43,33	43,90	0,553	36,01	8,42	0,623
Urandi	BA	3927º	75,80	7,18	15,74	73,85	0,578	46,44	6,22	0,443
Urânia	SP	823º	85,94	20,80	39,19	38,43	0,514	32,44	0,00	0,663
Urbano Santos	MA	5433º	62,00	9,36	9,40	89,66	0,687	56,25	0,00	0,323
Uru	SP	377º	88,74	17,39	35,67	32,56	0,467	33,97	0,00	0,704
Uruaçu	GO	2519º	83,94	17,05	23,86	54,16	0,583	40,29	17,89	0,544
Uruana	GO	2265º	86,28	16,90	17,78	49,60	0,557	37,24	14,35	0,563
Uruana de Minas	MG	2937º	83,32	7,00	31,95	72,76	0,524	44,90	0,00	0,508
Uruará	PA	3830º	74,55	5,13	9,81	51,68	0,588	49,47	6,64	0,449
Urubici	SC	2308º	86,92	12,78	22,30	43,84	0,582	40,17	9,75	0,560
Uruburetama	CE	3849º	65,26	8,42	20,53	77,38	0,481	49,08	18,24	0,448
Urucânia	MG	1885º	82,54	13,68	27,88	60,97	0,520	43,38	0,00	0,591
Urucará	AM	5383º	78,25	12,55	9,99	80,54	0,758	56,66	5,44	0,336
Uruçuca	BA	3216º	64,59	8,83	31,22	69,32	0,518	46,47	19,68	0,488
Uruçuí	PI	4313º	68,41	7,50	9,03	76,08	0,545	47,61	5,88	0,422
Urucuia	MG	4745º	74,50	9,19	44,42	75,71	0,635	50,60	20,80	0,398
Urucurituba	AM	5078º	79,12	10,00	12,93	81,39	0,629	57,69	0,00	0,374
Uruguaiana	RS	1298º	90,51	23,54	39,10	36,57	0,604	40,00	16,54	0,629
Uruoca	CE	5088º	55,05	3,99	9,40	83,12	0,608	48,51	0,00	0,373
Urupá	RO	3831º	81,68	5,28	10,30	63,55	0,585	47,90	6,72	0,449
Urupema	SC	2498º	90,20	9,27	19,39	52,40	0,637	35,42	0,00	0,545

*a partir da melhor situação social ou maior IES)

Nome do Município 2000	UF	Posição*	Indicador de Alfabetização	Indicador de Escolaridade	Indicador de Emprego	Indicador de Pobreza	Índice de Gini	Indicador de Juventude	Indicador de Violência	Índice de Exclusão
Urupês	SP	649º	89,11	22,21	28,41	29,86	0,534	31,64	0,00	0,678
Urussanga	SC	102º	94,44	20,89	46,60	18,90	0,468	34,85	0,00	0,754
Urutaí	GO	624º	90,89	21,34	45,15	41,97	0,559	34,60	0,00	0,679
Utinga	BA	4329º	69,71	7,08	9,42	74,95	0,551	49,32	0,00	0,422
Vacaria	RS	672º	90,99	21,61	50,90	30,01	0,569	36,77	31,39	0,676
Vale do Anari	RO	3561º	78,00	4,15	10,62	48,83	0,588	49,11	0,00	0,463
Vale do Paraíso	RO	3632º	81,17	4,14	40,83	55,41	0,613	46,20	0,00	0,460
Vale do Sol	RS	1827º	91,30	5,56	60,86	39,50	0,453	33,16	0,00	0,595
Vale Real	RS	8º	95,02	13,10	15,73	14,85	0,362	34,10	0,00	0,812
Vale Verde	RS	2006º	85,71	6,48	6,56	45,43	0,565	30,00	0,00	0,583
Valença	BA	3435º	72,65	13,89	20,79	64,87	0,605	45,66	15,48	0,472
Valença	SP	626º	89,42	23,32	42,03	34,58	0,552	34,91	12,06	0,679
Valença do Piauí	PI	3775º	69,35	10,78	14,52	66,34	0,649	41,06	15,09	0,452
Valente	BA	3031º	73,56	12,26	21,80	70,82	0,556	42,48	0,00	0,502
Valentim Gentil	SP	253º	89,51	19,60	40,23	23,69	0,471	34,62	0,00	0,720
Valinhos	SP	31º	92,07	31,22	26,22	11,72	0,542	32,83	4,82	0,780
Valparaíso	SP	306º	86,51	23,84	39,21	28,98	0,558	36,01	5,38	0,713
Valparaíso de Goiás	GO	1377º	88,59	24,75	42,64	34,87	0,544	44,52	34,79	0,624
Vanini	RS	223º	90,01	22,75	24,94	23,48	0,398	32,43	0,00	0,725
Vargeão	SC	2707º	87,14	11,73	26,44	37,55	0,616	40,16	56,72	0,529
Vargem	SC	2842º	89,39	7,30	15,68	45,11	0,553	41,09	31,01	0,518
Vargem	SP	681º	84,87	12,78	50,17	31,14	0,486	36,47	0,00	0,676
Vargem Alegre	MG	2536º	80,95	13,92	16,47	68,24	0,499	41,11	0,00	0,542
Vargem Alta	ES	2322º	82,78	9,58	22,48	46,24	0,518	40,88	11,51	0,559
Vargem Bonita	MG	859º	83,98	14,08	23,17	33,85	0,470	34,76	0,00	0,661
Vargem Bonita	SC	1048º	90,12	12,07	47,04	41,69	0,491	42,85	0,00	0,647
Vargem Grande	MA	5246º	54,46	3,92	5,87	88,93	0,511	53,46	2,88	0,358

*a partir da melhor situação social ou maior IES)

Nome do Município 2000	UF	Posição*	Indicador de Alfabetização	Indicador de Escolaridade	Indicador de Emprego	Indicador de Pobreza	Índice de Gini	Indicador de Juventude	Indicador de Violência	Índice de Exclusão
Vargem Grande do Rio Pardo	MG	4465º	69,72	4,25	29,58	80,21	0,580	48,75	0,00	0,415
Vargem Grande do Sul	SP	348º	88,66	17,78	52,86	24,35	0,478	35,81	5,51	0,707
Vargem Grande Paulista	SP	1034º	89,48	20,39	39,80	27,52	0,523	41,15	39,78	0,648
Varginha	MG	157º	91,55	29,92	15,84	23,04	0,564	36,61	2,75	0,737
Varjão	GO	1338º	79,16	12,59	28,69	46,85	0,449	36,15	0,00	0,627
Varjão de Minas	MG	1331º	84,12	13,99	51,46	47,67	0,455	43,12	21,27	0,627
Varjota	CE	4114º	65,89	7,12	11,65	71,14	0,559	47,06	6,03	0,433
Varre-Sai	SP	2704º	80,67	12,82	19,66	54,32	0,572	40,27	12,73	0,529
Várzea	PB	2651º	82,19	18,66	10,79	70,38	0,428	37,79	48,76	0,533
Várzea	RN	3714º	62,70	5,36	19,32	74,95	0,540	45,48	0,00	0,455
Várzea Alegre	CE	4097º	67,04	8,66	9,23	73,04	0,610	42,89	2,87	0,434
Várzea Branca	PI	5353º	58,34	2,65	3,50	87,13	0,599	51,55	0,00	0,341
Várzea da Palma	MG	2580º	82,61	14,27	47,59	62,17	0,582	45,53	6,32	0,539
Várzea da Roça	BA	4386º	67,40	3,57	12,96	77,08	0,580	46,79	0,00	0,419
Várzea do Poço	BA	3445º	73,68	8,64	13,85	68,81	0,539	42,66	13,31	0,471
Várzea Grande	MT	1753º	88,77	23,14	24,24	40,69	0,553	42,74	41,34	0,599
Várzea Grande	PI	3909º	61,30	5,05	16,12	75,03	0,569	43,71	0,00	0,444
Várzea Nova	BA	4392º	67,03	6,58	12,18	77,79	0,527	48,32	14,13	0,418
Várzea Paulista	SP	363º	91,10	14,78	41,27	26,89	0,440	40,05	15,09	0,705
Varzedo	BA	3588º	71,92	3,98	7,45	73,98	0,492	42,08	0,00	0,462
Varzelândia	MG	4791º	68,57	6,17	36,59	75,16	0,620	52,78	0,00	0,395
Vassouras	SP	1192º	88,78	18,80	43,97	34,67	0,585	36,20	34,98	0,638
Vazante	MG	1646º	88,56	18,83	14,23	41,94	0,581	39,07	10,57	0,606

*a partir da melhor situação social ou maior IES)

Nome do Município 2000	UF	Posição*	Indicador de Alfabetização	Indicador de Escolaridade	Indicador de Emprego	Indicador de Pobreza	Índice de Gini	Indicador de Juventude	Indicador de Violência	Índice de Exclusão
Venâncio Aires	RS	402º	91,69	15,27	40,57	27,72	0,483	33,29	9,80	0,701
Venda Nova do Imigrante	ES	1530º	87,88	19,27	27,71	35,20	0,589	38,41	6,19	0,613
Venha-Ver	RN	5157º	55,10	4,59	22,03	87,48	0,647	52,57	0,00	0,368
Ventania	PR	2632º	80,94	8,25	42,20	58,92	0,578	44,08	24,93	0,535
Venturosa	PE	4069º	64,30	9,13	12,51	71,87	0,572	44,68	14,86	0,436
Vera	MT	1324º	85,79	8,90	24,06	28,82	0,464	45,79	22,09	0,628
Vera Cruz	BA	2945º	82,95	15,73	24,77	62,81	0,637	43,07	6,72	0,508
Vera Cruz	RN	4481º	56,79	7,62	10,89	68,57	0,578	45,95	23,47	0,413
Vera Cruz	RS	759º	91,41	13,76	37,86	37,22	0,512	34,46	0,00	0,669
Vera Cruz	SP	305º	86,99	26,04	44,04	31,46	0,512	35,14	9,02	0,714
Vera Cruz do Oeste	PR	2986º	83,42	14,07	21,88	53,08	0,622	39,42	41,45	0,505
Vera Mendes	PI	4543º	51,65	1,12	6,24	83,44	0,499	43,31	0,00	0,410
Veranópolis	RS	37º	94,44	22,11	53,26	12,75	0,529	31,06	5,14	0,778
Verdejante	PE	4426º	67,71	11,06	14,68	75,49	0,569	46,76	33,91	0,417
Verdelândia	MG	4866º	61,61	1,94	31,96	82,62	0,518	54,66	0,00	0,390
Verê	PR	1879º	86,02	14,55	19,78	43,64	0,513	38,96	0,00	0,591
Vereda	BA	3774º	63,40	4,52	19,01	73,06	0,553	45,72	0,00	0,452
Veredinha	MG	3416º	75,96	5,83	15,56	67,96	0,491	48,11	0,00	0,473
Veríssimo	MG	1186º	80,99	6,16	14,93	36,19	0,565	34,79	0,00	0,638
Vermelho Novo	MG	2829º	82,60	9,59	42,57	59,64	0,520	40,57	0,00	0,518
Vertente do Lério	PE	5332º	58,56	3,36	11,97	78,92	0,587	48,42	58,58	0,344
Vertentes	PE	4094º	62,58	9,06	9,09	68,97	0,523	42,21	40,11	0,434
Vespasiano	MG	1553º	89,24	17,38	11,28	45,03	0,529	42,34	34,02	0,612
Vespasiano Correa	RS	362º	92,40	11,19	18,21	23,42	0,415	26,48	0,00	0,706
Viadutos	RS	1400º	90,95	12,03	12,82	34,38	0,490	33,19	0,00	0,622
Viamão	RS	787º	90,89	19,54	44,60	31,56	0,499	39,02	29,90	0,666
Viana	ES	2161º	87,55	15,67	40,47	44,43	0,472	41,26	84,19	0,571
Viana	MA	4771º	72,69	11,76	9,47	82,70	0,579	51,78	6,79	0,396

*a partir da melhor situação social ou maior IES)

Nome do Município 2000	UF	Posição*	Indicador de Alfabetização	Indicador de Escolaridade	Indicador de Emprego	Indicador de Pobreza	Índice de Gini	Indicador de Juventude	Indicador de Violência	Índice de Exclusão
Vianópolis	GO	2535º	86,51	12,94	21,47	40,67	0,675	39,06	8,85	0,542
Vicência	PE	3531º	70,40	10,08	33,24	77,46	0,549	48,19	24,29	0,465
Vicente Dutra	RS	3219º	81,67	6,54	6,59	58,96	0,507	41,17	16,32	0,488
Vicentina	MS	2656º	79,81	14,34	13,95	52,55	0,597	34,94	17,30	0,533
Vicentinópolis	GO	2337º	84,35	9,81	24,73	46,11	0,593	40,15	0,00	0,558
Viçosa	AL	4637º	57,87	7,63	21,40	76,74	0,655	47,71	11,42	0,404
Viçosa	MG	694º	90,35	28,86	46,31	35,85	0,610	37,23	7,71	0,674
Viçosa	RN	5269º	78,88	7,68	19,18	87,00	0,486	44,71	131,49	0,355
Viçosa do Ceará	CE	5234º	58,89	4,28	11,63	85,20	0,623	51,48	2,20	0,360
Victor Graeff	RS	481º	95,18	18,60	26,39	20,38	0,449	32,11	25,48	0,693
Vidal Ramos	SC	2360º	87,03	9,03	11,80	39,59	0,467	41,77	15,93	0,556
Videira	SC	238º	92,27	23,67	51,99	22,43	0,517	37,87	16,83	0,722
Vieiras	MG	2316º	79,59	11,49	45,07	51,77	0,517	38,16	0,00	0,559
Vieirópolis	PB	4260º	61,87	3,39	7,58	84,31	0,558	41,18	0,00	0,425
Vigia	PA	3942º	83,21	9,23	14,71	70,58	0,600	49,24	2,49	0,443
Vila Bela da Santíssima Trindade	MT	4456º	80,75	7,59	30,50	55,30	0,696	47,99	39,48	0,415
Vila Boa	GO	4417º	72,98	8,71	30,66	66,56	0,531	50,05	91,27	0,417
Vila Flor	RN	3671º	63,32	4,86	54,56	73,59	0,729	51,78	0,00	0,458
Vila Flores	RS	27º	93,18	15,62	40,83	16,31	0,337	31,43	0,00	0,785
Vila Lângaro	RS	1478º	89,65	10,80	14,21	40,85	0,476	32,45	0,00	0,617
Vila Maria	RS	413º	89,55	13,32	26,89	20,70	0,453	31,68	0,00	0,700
Vila Nova do Piauí	PI	4162º	64,02	4,13	4,82	84,36	0,505	41,09	0,00	0,430
Vila Nova do Sul	RS	2151º	87,72	10,61	22,68	51,78	0,605	33,64	0,00	0,572
Vila Nova dos Martírios	MA	4682º	64,59	2,64	12,69	79,27	0,533	51,74	0,00	0,402
Vila Pavão	ES	2723º	80,51	8,04	11,84	57,60	0,454	40,49	12,00	0,527
Vila Propício	GO	3746º	72,67	4,97	22,45	68,93	0,530	43,68	44,52	0,453
Vila Rica	MT	4585º	81,76	7,14	37,41	51,93	0,586	44,55	109,09	0,407
Vila Valério	ES	3092º	82,19	8,93	10,29	53,66	0,571	40,76	14,41	0,497

*a partir da melhor situação social ou maior IES)

Nome do Município 2000	UF	Posição*	Indicador de Alfabetização	Indicador de Escolaridade	Indicador de Emprego	Indicador de Pobreza	Índice de Gini	Indicador de Juventude	Indicador de Violência	Índice de Exclusão
Vila Velha	ES	652º	92,23	34,98	41,93	23,05	0,577	36,13	56,94	0,678
Vilhena	RO	1720º	88,61	20,10	24,39	36,24	0,571	44,14	33,58	0,601
Vinhedo	SP	64º	91,66	33,98	51,16	12,09	0,556	34,48	8,47	0,765
Viradouro	SP	596º	89,66	21,32	46,75	29,55	0,500	38,48	18,79	0,682
Virgem da Lapa	MG	3187º	74,91	12,25	28,80	69,63	0,606	46,53	0,00	0,490
Virgínia	MG	2344º	83,64	12,28	24,28	62,26	0,534	38,20	0,00	0,557
Virginópolis	MG	2795º	85,03	14,12	23,61	60,54	0,570	43,92	9,24	0,521
Virgolândia	MG	3486º	77,82	10,00	17,48	71,98	0,598	44,32	0,00	0,468
Virmond	PR	2437º	89,86	9,18	25,62	52,70	0,529	39,91	0,00	0,550
Visconde do Rio Branco	MG	1001º	86,22	19,07	43,28	43,16	0,556	36,70	6,14	0,650
Viseu	PA	5404º	59,63	3,17	6,94	84,41	0,590	57,79	1,96	0,331
Vista Alegre	RS	1642º	90,88	18,23	15,80	44,36	0,483	38,02	0,00	0,606
Vista Alegre do Alto	SP	264º	89,93	16,59	47,65	16,87	0,546	33,82	0,00	0,719
Vista Alegre do Prata	RS	610º	97,94	13,99	8,56	24,81	0,438	27,50	0,00	0,680
Vista Gaúcha	RS	1700º	91,23	14,47	9,52	38,13	0,493	35,52	0,00	0,603
Vista Serrana	PB	2941º	70,19	7,08	9,35	59,84	0,427	43,35	0,00	0,508
Vitor Meireles	SC	2811º	89,43	7,07	16,66	41,89	0,557	44,74	18,12	0,520
Vitória	ES	265º	93,54	46,40	45,88	19,99	0,608	34,75	54,40	0,719
Vitória Brasil	SP	1715º	81,66	12,92	43,39	46,07	0,455	35,64	0,00	0,602
Vitória da Conquista	BA	2717º	80,16	18,39	26,28	55,31	0,628	41,61	18,29	0,528
Vitória das Missões	RS	2979º	88,83	6,91	12,57	62,58	0,506	33,43	50,26	0,506
Vitória de Santo Antão	PE	3512º	72,66	13,77	22,82	64,45	0,568	41,99	58,67	0,466
Vitória do Jari	AP	4129º	77,02	6,84	38,79	75,13	0,643	58,11	0,00	0,432
Vitória do Mearim	MA	4945º	62,83	9,61	11,21	78,42	0,576	52,93	13,35	0,385
Vitória do Xingu	PA	4735º	66,57	6,87	14,05	68,09	0,675	51,09	0,00	0,399

*a partir da melhor situação social ou maior IES)

Nome do Município 2000	UF	Posição*	Indicador de Alfabetização	Indicador de Escolaridade	Indicador de Emprego	Indicador de Pobreza	Índice de Gini	Indicador de Juventude	Indicador de Violência	Índice de Exclusão
Vitorino	PR	1745º	84,62	13,18	24,37	42,02	0,535	38,55	0,00	0,599
Vitorino Freire	MA	4696º	61,63	7,77	9,35	79,28	0,576	48,57	3,64	0,401
Volta Grande	MG	1630º	82,39	16,51	38,48	49,77	0,576	38,97	0,00	0,607
Volta Redonda	SP	513º	93,28	30,01	45,16	25,39	0,534	34,59	55,77	0,691
Votorantim	SP	242º	91,68	23,02	43,95	23,48	0,484	39,08	12,51	0,722
Votuporanga	SP	185º	90,73	30,38	16,01	21,52	0,573	32,28	2,64	0,732
Wagner	BA	4232º	71,26	11,33	12,33	71,96	0,619	49,03	0,00	0,427
Wall Ferraz	PI	5122º	52,89	0,82	1,47	86,05	0,451	47,02	25,11	0,370
Wanderlândia	TO	3115º	75,70	11,19	15,15	68,13	0,462	45,80	9,73	0,495
Wanderley	BA	4879º	61,89	5,22	11,88	79,58	0,622	48,90	0,00	0,389
Wenceslau Braz	MG	1575º	82,25	11,42	47,52	53,80	0,622	35,59	0,00	0,610
Wenceslau Braz	PR	2465º	85,27	16,97	31,73	49,81	0,615	39,07	20,45	0,547
Wenceslau Guimarães	BA	4825º	52,46	4,84	11,80	83,18	0,511	50,18	8,36	0,393
Witmarsum	SC	2259º	89,99	12,31	14,85	41,04	0,576	39,28	0,00	0,563
Xambioá	TO	3887º	72,68	12,75	22,47	65,38	0,620	48,85	24,72	0,446
Xambrê	PR	2100º	81,37	13,39	22,35	56,07	0,537	35,31	0,00	0,576
Xangri-lá	RS	1349º	91,66	17,23	28,65	29,59	0,492	40,88	24,40	0,626
Xanxerê	SC	932º	90,20	22,98	39,17	35,23	0,550	38,94	10,69	0,656
Xapuri	AC	3277º	66,03	11,80	18,88	61,01	0,554	50,54	0,00	0,483
Xavantina	SC	1626º	91,11	11,42	11,81	41,33	0,462	34,79	0,00	0,607
Xaxim	SC	1333º	89,38	16,62	38,43	33,18	0,577	39,33	17,50	0,627
Xexéu	PE	4631º	55,25	5,98	31,62	82,25	0,514	50,91	51,48	0,404
Xinguara	PA	3882º	80,84	8,82	16,47	51,54	0,603	46,93	50,90	0,446
Xique-Xique	BA	4562º	68,41	9,51	14,17	75,40	0,609	51,40	2,24	0,409
Zabelê	PB	2560º	70,49	12,23	19,95	74,32	0,410	40,10	0,00	0,541
Zacarias	SP	326º	88,93	24,04	50,06	45,79	0,423	33,95	0,00	0,710
Zé Doca	MA	5041º	64,63	6,92	7,68	83,07	0,557	52,34	6,50	0,377
Zortéa	SC	299º	93,10	5,31	62,72	35,67	0,424	40,03	0,00	0,714

*a partir da melhor situação social ou maior IES)